Zurück zu mir

Aus dem Schatten ins Licht

von

Anja Reiche

1. Auflage

ISBN: 978-1-520-82718-6

Weitere Informationen zur Autorin und Impressum:
www.wendungsreiche-kommunikation.de

Für alle, die suchen.
Für alle, die zweifeln.
Für alle, die auf dem Weg sind.
Für alle, die sich voll und ganz selbst leben wollen.
Für alle, die echt sein wollen.
Ihr seid wunderbar!

Inhaltsverzeichnis

„Du denkst vielleicht, dass dieses "Sei-wer-du-wirklich-bist" eine einfache Sache ist, doch handelt es sich dabei um die größte Herausforderung, der du dich je in deinem Leben stellst."

Aus „Gespräche mit Gott 1" von Neale Donald Walsch

Vorwort

Ich bin ihn gegangen, diesen Weg zurück zu mir. Diesen Weg durch all die Schatten und alten Wunden hindurch, körperlich wie psychisch. Diesen Weg durch meine ganz persönliche Hölle. Durch Ängste, Wut, Ohnmacht, Unfrieden, Schuld, Scham, Armut, Abhängigkeit, abgelehnte Anteile, hinderliche Glaubenssätze. Mittendurch! Nicht außen rum. Bin gegangen von der Begrenzung in die Freiheit, von der Schwere in die Leichtigkeit, von der Krankheit in die Gesundheit, von der Dunkelheit ins Licht. Ich habe mich wieder heil gemacht, ganz und vollständig, bin zurückgekommen in meine mir ureigene Kraft und Weisheit, bin wieder angebunden an die Energie, die alles durchströmt, die uns Leben gibt.

Und von diesem Weg möchte ich dir erzählen. Ich möchte dir von meinem Weg erzählen, meinem Weg zurück zu mir. Raus aus den ganzen alten Begrenzungen, raus aus den hinderlichen Überzeugungen, den Schleifen aus negativen Gefühlen, den sich immer wieder wiederholenden Zuständen von Mangel, Ablehnung, Minderwertigkeit, Ohnmacht und Wut. Raus aus der Schleife von Müssen und Zwängen, rein in die Freiheit und Leichtigkeit. Hin zu mir und dem, was ich wirklich will!

Ich möchte dir Mut machen. Dir, der du weißt und tief in dir spürst, dass das Leben noch mehr für dich in der Hand haben muss, dass da mehr sein muss als dieses stete Hamsterrad, in dem sich ein Tag dem anderen so sehr zu gleichen scheint. So viele Pflichten und augenscheinlich kein Entkommen. So viel Müssen und so wenig Können. Ich sage dir, es gibt diesen Weg und ich sage dir, das Leben hat mehr für dich. Du erliegst keinem Wunschtraum, so wie ich das so oft befürchtet habe. Dieses Leben ist wirklich als leichtes gedacht, voller Genuss und Überfluss, Erfüllung und vor allem Freiheit!

Diesen Weg wird es auch für dich geben. Es gibt ihn für jeden, der ihn will, wirklich will, mit allen Konsequenzen. Da sind tausend Möglichkeiten, sich selbst wieder zu finden, frei zu sein, und da du jetzt gerade dieses Buch in Händen hältst, scheint wohl etwas für dich drin zu sein, eine Anregung, eine Sichtweise, ein Hinweis. Jeder kann nur seinen ganz individuellen Weg gehen. Es geht nicht darum, etwas zu kopieren, was andere getan haben. Es geht darum, sich aus der Fülle von Möglichkeiten das auszusuchen, was sich für dich selbst richtig und stimmig anfühlt, was für dich passt und bei dem dein Herz ganz laut JAAAA ruft.

Fühle dich eingeladen, mit mir einzutauchen in mein Innerstes, mit mir diese Reise zurück zu mir noch einmal zu erleben, während ich sie hier schildere. Fühle dich eingeladen, dir das daraus zu nehmen, was für dich passt, was dir guttut, was dein Herz weit und warm werden lässt und den Rest einfach liegen zu lassen. Du musst nichts glauben, was für dich nicht wahr ist.

Und wenn du am Ende dieses Buches angekommen bist, oder vielleicht passiert es ja auch schon mittendrin, dann wünsche ich mir, dass du den Mut hast, in deine wahre Größe aufzustehen, rauszugehen in diese Welt und dein eigener König zu sein, wissend, dass du ein machtvolles, wunderbares Geschöpf bist, dem nichts unmöglich ist, das alles schaffen kann und das hier ist, um endlich sein wahres Wesen zum Ausdruck zu bringen und das zu leben, was es an Potentialen und Fähigkeiten mitgebracht hat auf diese Erde. Das ist mein Wunsch! Darum gibt es dieses Buch. Ich möchte dich erinnern, wer du wirklich bist.

Einiges vorab

Dass es dieses Buch irgendwann geben wird, weiß ich schon Jahre, was konkret drinstehen soll, erst einige Tage – mein persönliches Tagebuch – meine Blogartikel, die ich auf dem Weg zurück zu mir geschrieben habe – mein Innerstes. Das Cover ist bereits vor eineinhalb Jahren eigentlich eher zufällig entstanden. Als mir klargeworden war, was ich da gerade gemalt hatte, habe ich geweint. Wieder ein wichtiger Schritt Richtung Buch. Dieses Buch ist einer meiner größten Herzenswünsche, ein Grund, warum ich hier auf diese Erde gekommen bin.

Es hat Jahre in mir geschlummert, ist gereift und ich mit ihm. Über die Jahre hat es bestimmt 5 ernsthafte Anläufe gegeben, bei denen ich mir sicher war, dass es JETZT dran ist und dann wurde es wieder nichts. Die Vision aber und das starke Gefühl dazu sind geblieben und ich wusste, dass dieses Buch eine Tatsache ist. Was im Geiste so klar existiert mit so einer Intensität fühlbar ist, kommt früher oder später zur Welt. Daran führt kein Weg vorbei.

Und nun ist es tatsächlich so weit. JETZT ist es wirklich dran und ich habe mich gefragt, warum ausgerechnet jetzt? Die Antwort ist gar nicht so einfach zu finden, aber ich glaube, ich habe mit allem Frieden gemacht. Da ist eine neue Tiefe in mir, ein neues Vertrauen in mich und das Leben, eine Ruhe, dieser Frieden mit allem, was ist, der einfach nicht in Worte zu fassen ist. Ich bin in mir angekommen, bei meinem Kern, bei meinem wahren Wesen.

Manche Themen, die ich in den Artikeln beschreibe, habe ich zwar bis heute noch, aber ich lehne nichts mehr ab. Heute habe ich die innere Kraft und Weisheit, dass ich wirklich alles so annehmen kann, wie es eben ist. Es gibt nichts mehr in meinem Leben, das ich ablehne und von dem ich sage, dass MUSS jetzt aber anders werden, das darf jetzt aber nicht so sein, denn so wie es gerade ist, ist es falsch. Ganz im Gegenteil, alles ist genau so richtig, wie es eben ist. Sicher will und werde ich auch noch Dinge verändern, ich bin ja nun mal Schöpfer, aber ich verurteile den jetzigen Zustand nicht mehr, denn auch er ist meine Schöpfung. Und das ist mein allergrößter Erfolg. Ich liebe was ist und damit verschwinden alle Dramen wie von selbst. Naja gut, mein allergrößter Erfolg ist das vielleicht nicht, aber einer der größten. Mein allergrößter Erfolg ist tatsächlich, dass ich mich selbst erkannt habe und den Mut habe, mich zu leben, komplett zu mir zu stehen, mit allem, was mich in jedem Moment ausmacht. Und ich muss sagen für MICH war das die größte Herausforderung – „einfach" ich zu sein, allem Raum zu geben, was Raum braucht, das zu mögen, was ich mag, das nicht zu mögen, was ich nicht mag, mir zuzugestehen, dass ich in manchen Belangen einfach anders bin und zwar egal, was andere denken und sagen, egal, ob ich damit der Masse folge oder eher alleine damit bin.

Ihr solltet auch noch wissen, dass ich kein Fan von wissenschaftlichen Fakten bin. Was für mich wahr ist und was nicht, sagt mir mein Gefühl. Seht es mir also nach, dass ich nicht alles mit irgendwelchen Versuchen und Studien belege. Nichts ist für mich gruseliger. Wenn du einen Beweis dafür haben willst, dass etwas nicht stimmt, wirst du in den Weiten des Internets einen finden. Wenn du für die gleiche Sache den Beweis haben willst, dass sie sehr wohl stimmt, wirst du auch diesen Beweis finden. Meine Wahrheit ist nicht von Studien und Belegen abhängig und auch nicht davon, was darüber in Büchern geschrieben wurde. Meine Wahrheit ist in mir. Ich fühle, was für mich passt und was nicht und wenn ich etwas lese oder höre, das in mir ein tiefes, warmes JA erzeugt, dann weiß ich, dass es für mich wahr ist, dann spreche und schreibe ich darüber als meine Wahrheit und nicht, weil es ein anderer gesagt hat. Alles, was ihr hier lest, ist für mich wahr, weil ich es fühle. Und deshalb bitte ich euch, euch immer wieder vor Augen zu halten, dass das MEINE Ansichten sind, mein Weg ist, das, was für mich stimmig und richtig ist. Bitte erklärt das nicht zu DER Wahrheit. Es ist meine Wahrheit.

Es gibt tausend Möglichkeiten diesen Weg zu gehen. Für jeden Einzelnen gibt es genau die richtigen Mittel. Auch möchte ich nicht sagen, dass es bei jedem so zugehen muss, wie es bei mir in Meditationen zugeht. Vergleicht euch nicht mit mir, vergleicht euch mit keinem, seid Unikate. Findet heraus, wie es bei euch ist. Ich sehe viele innere Bilder, aber das ist nicht der Kanal, den alle haben. Manche Menschen sind eher auditiv, hören vielleicht innere Stimmen oder Klänge, andere sehen Farben und Formen statt Bilder, wieder andere fühlen eher als dass sie sehen und hören. Manche haben tiefe Erkenntnisse, wenn sie einen Stein anstarren, andere beim Rauschen eines Baches, wieder andere bei einer Trance zu schamanischen Trommeln. Meditation heißt einfach, immer im Hier und Jetzt zu sein und wahrzunehmen, was es gerade wahrzunehmen gibt, wie immer sich das zeigen mag. Findet euren eigenen Zugang, eure eigene Art und Weise, probiert aus, erforscht euch. Auch die Art, wie ich mit körperlichen Symptomen umgehe ist nicht DIE Wahrheit. Auch das ist MEINE Wahrheit, das was für mich passt. Wenn dich etwas anspricht, wenn beim Lesen etwas in dir zum Schwingen kommt, wenn du es für wahr hältst, weil es tief in dir Ja sagt, dann mach, aber alles andere lass getrost an dir vorbeiziehen. Ich zeige euch meinen Weg. Meinen Weg, der mir bis hierhin schon in so viel mehr Freiheit, Gesundheit, Zufriedenheit, Gelassenheit, Selbstliebe, Selbstbewusstsein und Erfüllung geholfen hat.

Ich habe lange überlegt, ob ich für dieses Buch manche Blogartikel rauslassen sollte, weil ich mich wiederhole und befürchtete, die Leser damit zu langweilen. Allerdings bin ich zu dem Schluss gekommen, dass ihr alles erfahren sollt und ich nicht für euch entscheiden kann, was gerade wichtig ist. Manche Dinge kann man nicht oft genug wiederholen, weil sie einfach enorm wichtig sind und weil es Zeit braucht, sie wirklich zu verinnerlichen. Manche Dinge wiederholen sich, weil Entwicklung in Wellen passiert. Mal gibt es Phasen, da löst und klärt sich etwas, man fühlt sich herrlich frei und so, als ob das Thema nun endlich erledigt wäre und im nächsten Moment fällt man wieder in alte Muster und das Thema steht wieder auf der Matte. Wir legen das, was wir nicht sind, Schicht für Schicht ab. Der ganze Panzer fällt nicht auf einmal ab, sondern in Lagen. Ihr sollt wissen, wie es mir wirklich ging, dieses ständige auf und ab mitverfolgen können. So oft habe ich geschrieben, dass ich bei den unterschiedlichsten Themen das Gefühl habe, endlich angekommen zu sein, Dinge endgültig verstanden und geklärt zu haben. Rückblickend muss ich sagen, diese Kraft und Klarheit, die ich in solchen Momenten hatte, war lediglich ein Teilerfolg, das Fühlen, was wirklich möglich ist, ein Wegweiser in die richtige Richtung. Wenn ich dann sehe, was ich die Monate darauf noch so erleben durfte, war ich in dem Moment alles andere als DA. Aber ich habe es da so gefühlt, hatte in dem Moment die Chance, mich dafür zu entscheiden, noch mehr von diesem wunderbaren Gefühl in mein Leben holen zu wollen und an diesen Augenblicken, an dieser Vision, kann ich mich festhalten, wenn dann wieder eine Phase der Transformation kommt und das Hochgefühl erstmal wieder altem Schmerz weicht, denn ich weiß nun, dass dieses Gefühl der Freiheit tatsächlich möglich ist, weiß wie es sein kann. Mit jeder Welle bin ich wieder etwas leichter geworden, wieder ein Stückchen mehr ich, habe mich noch etwas mehr von dem gelöst, was mich von meiner Freiheit abhält und das darf in dem Moment gefeiert werden. Wenn ich heute mal wieder das Gefühl habe, ein Thema endlich erledigt zu haben, dann bin ich weiser. Ich bin mir dessen bewusst, dass es sehr wohl wieder auftauchen kann. Alles bleibt eben immer so lange, wie noch etwas für mich drin ist.

Ein anderer Grund, nichts zu löschen, ist der, dass ich nicht nur die Quintessenz mitteilen will, sondern den gesamten Prozess mit allem, was für mich dazugehört. Es soll nicht noch ein Buch geben mit wunderbaren theoretischen Tipps. Ich will euch die Praxis zeigen. Ich will euch zeigen wie ich es tatsächlich erfahren und gelebt habe, wie es für mich funktioniert hat, was für mich z. B. Meditation bedeutet und was da genau bei mir passiert. Was es wirklich bedeutet Gefühle anzunehmen, mit ihnen Freundschaft zu schließen, wie so etwas gelebt und umgesetzt werden kann. Meist erfährt man doch nur, was „man" machen sollte, wie es sich aber für den einzelnen anfühlt, wie die Praxis wirklich aussieht, erfährt man nur selten. Ich will euch die Durststrecken genauso wie die Erfolge zeigen und die Tatsache, dass das Ganze ein Prozess ist, der einfach die Zeit braucht, die er eben braucht.

Immer wenn ich auf meinem Weg zu mir selbst Geschichten von Menschen gelesen oder gehört habe, die auch auf dem Weg sind, dann wollte ich genau das wissen. Wie sieht die Praxis aus? Welche Ängste hat der Mensch? Wie sieht sein tiefstes Inneres aus, sein Alltag dieses Weges? Ich kann mich noch erinnern, als ich das Buch "Ich bin dann mal weg" von Hape Kerkeling gelesen habe. Er hat sich darin sehr mit Gott auseinandergesetzt und mit der Frage, ob es ihn überhaupt gibt und wenn ja, wer oder was er ist. Als es dann wirklich daranging, dass Hape Kerkeling Erfahrungen mit seinem Gott gemacht hat, hat er sie nicht geschildert, weil er sie gerne für sich behalten wollte. Das fand ich damals total doof, denn genau das hätte mich interessiert. Und all das gibt es in meinen Artikeln und damit in meinem Buch. Das ist mein Innerstes ohne jedes Tabu, ohne Geheimnisse, ganz offen. Das ist es, was ich geben will. Absolute Offenheit!

Meine Artikel sind eine bunte Mischung. Es gibt natürlich ganz viele Artikel mit meinen Erkenntnissen und Erlebnissen aus Meditationen, über meinen Heilungsprozess, über meine Vergangenheit, über meine Suche nach mir. In manchen Texten habe ich auch zusammengefasst, was ich in bestimmten Bereichen für mich erkannt habe, was mir geholfen hat. Sie sind quasi kleine Ratgeber. Es gibt aber auch Artikel, in denen ich über die gerade vorherrschende Zeitqualität spreche. Ein jeder Tag, ein jeder Monat hat seine besondere Energie, seine besonderen Themen. Manchmal habe ich einfach nur reingespürt und aufgeschrieben, wie ich die Zeit wahrnehme. Auch das will ich euch nicht vorenthalten, weil ich es einfach wunderbar finde, einen jeden Tag so zu nehmen, wie er eben ist. Jeder Tag ist einzigartig und an jedem Tag will etwas Anderes gelebt werden. Das braucht Platz und seine Berechtigung. Dann gibt es Artikel, die von wunderbaren Begegnungen mit Hilfesuchenden erzählen. Artikel, die wichtige Botschaften für einen Menschen enthalten, von denen ich merkte, dass sie für viele wichtig sind und die ich mit Erlaubnis des jeweiligen Klienten und geändertem Namen geschrieben habe. Auch so etwas ist dabei und gibt euch einen Einblick in meine Arbeit, in die Schätze, die ich in mir gefunden habe, in meine Gaben, von denen ich so lange nicht wusste, dass ich sie habe und die sich immer mehr entfalten und einfach nur unfassbar schön sind.

Manchmal habe ich geschrieben, um selbst wieder klar zu werden. Für mich hat das Schreiben eine herrlich heilende und klärende Wirkung. Ich tippe einfach drauf los und beim Schreiben gebe ich mir meine Antworten selbst. Auch solche Texte findest du hier.

Es ist einfach mein persönliches Tagebuch. Ich habe immer über das geschrieben, was mir gerade wichtig war, was gerade raus wollte, was ich gerade mitteilen wollte. Da kann ich nichts löschen.

Meine Aufzeichnungen beginnen eher zaghaft. Es hat gedauert, bis ich begriffen habe, was Schreiben für mich bedeutet und dass es anderen helfen könnte, wenn ich meine Gedanken veröffentliche. Auch das war ein Findungsprozess.

Was ich euch auch gerne noch vorab sagen will – es kostet mich großen Mut über meine Familie zu sprechen und darüber, wie ich die einzelnen Mitglieder als Kind wahrgenommen habe und wie ich sie heute wahrnehme. Ich glaube den Genannten ist es oft nicht klar, dass ich sie so wahrgenommen habe bzw. wahrnehme. Sie mögen sich anders sehen, das Erlebte anders sehen. Aber das macht uns Menschen aus, wir erleben und erfahren die gleichen Situationen unterschiedlich. Ich kann hier wieder nur von meiner Warte aus schreiben, von dem, wie es für mich war und ist. Das ist eine Seite, ein Blickwinkel, MEIN Blickwinkel und der ist nicht wegzudiskutieren, auch wenn andere es anders beurteilen würden und erlebt haben. Vieles von meinen Erfahrungen, Wunden und Eindrücken werden meine Eltern wohl nur erfahren, wenn sie dieses Buch lesen oder eben meinen Blog. Beides eher unwahrscheinlich. Mein Papa möchte von dem Ganzen nicht wirklich viel wissen. Ich glaube, der

Schmerz wäre zu groß, wenn er hinsehen würde. Mit meiner Mama habe ich öfter versucht zu reden, allerdings leben wir in unterschiedlichen Welten und sprechen unterschiedliche Sprachen. So blieb mir nur, die Dinge für mich selbst zu klären und genau das könnt ihr in diesem Buch lesen. Ich möchte euch bitten, niemanden zu verurteilen. Jeder ist wie er ist und dazu hat er sein gutes Recht und seine Gründe. Jeder macht es in jedem Moment so gut er kann. Natürlich hatten und haben wir auch schöne Zeiten, hatten Spaß zusammen und es gibt unzählige wunderbare und warme Kindheitserinnerungen. Hier geht es aber um die Wunden, denn die sind es, die uns daran hindern, unseren eigenen Weg zu gehen.

Du hast bestimmt gemerkt, dass ich dich mal persönlich anspreche und dann wieder euch alle, die ihr je zu diesem Buch finden werdet. In meinen Artikeln ist das genauso. Ich meine dich und einen jeden einzelnen und ich meine alle zugleich. Ich hoffe, du kannst mir das nachsehen.

Alle Links und Videos findet ihr auf meinem Blog an genau der gleichen Stelle in den Artikeln wie auch hier. Sie sind hier unterstrichen und somit leicht zu erkennen. Ihr könnt also alles, was euch noch zusätzlich interessiert online nachschauen und dort die Links verfolgen. Gebt einfach auf www.wendungsreiche-kommunikation.de rechts in das Suchfenster den Titel des Artikels ein oder schaut im Blog-Archiv nach, das nach Datum sortiert ist.

Fotografieren und Malen sind ebenfalls zwei große Leidenschaften von mir und die Ergebnisse sind ein weiterer Ausdruck meiner Seele. Die Bilder in diesem Buch habe ich auf das nötige Minimum reduziert. Auf meinem Blog findest du zu jedem Artikel mindestens ein Foto von mir. Mögen diese Schöpfungen auch auf euch wirken und euch berühren. Sollten solche Werke ausnahmsweise einmal doch nicht von mir sein, dann steht es unter der Abbildung.

Ach und noch etwas: Alle Einträge, die vor dem 16.04.2015 gemacht wurden, habe ich nachträglich in den Blog eingefügt. Es sind Gedanken, die ich bis dahin nur für mich aufgeschrieben hatte oder bei Facebook geteilt hatte. Sie gehören aber ebenso zu meinem Weg.

So, ich glaube, nun habe ich alles erwähnt, was ich vorab noch erwähnen wollte. Nun bleibt mir nicht mehr, als dich willkommen zu heißen. Willkommen auf meinem Weg, in meinen Gedanken, Ängsten, Freuden und Träumen. Willkommen in meinem Innersten. Ich lade dich ein. Hab eine schöne Reise mit meinem Tagebuch.

Mein Tagebuch

Dienstag, 4. Oktober 2011

Stille

Manchmal erfüllend
zuweilen beunruhigend
dennoch ein großer Quell
nur hier sind Offenbarungen möglich
nur hier hörst Du Dich selbst
kannst Dir lauschen
und Dir dann sicher folgen
Die Stille, der erste Schritt auf dem Weg zu Dir selbst!

Donnerstag, 13. Oktober 2011

Kleinigkeiten

Warme Sonnenstrahlen auf der Haut, das Zwitschern der Vögel, der Duft von frisch gemahlenem Kaffee, weicher Waldboden unter den Füßen, eine liebevolle Umarmung, eine Tasse Tee an einem kuscheligen Winterabend, das Lachen eines Kindes, eine Schulter zum Anlehnen, der Geruch von Kiefernnadeln im Sommer, Kirchenglocken aus der Ferne hören, das Schnurren einer zufriedenen Katze, das Lächeln eines vertrauten Menschen, die Ruhe der Natur, das Leuchten in den Augen eines Menschen, dem man etwas Nettes gesagt hat...
Es sind die Kleinigkeiten, die das Leben lebenswert machen!!!

Mittwoch, 25. Januar 2012

Sich kennen

Sich erkennen und kennen geht für mich darüber hinaus, zu wissen, dass man keine Hühnersuppe mag. Sich kennen umfasst für mich u. a. folgendes:

- Wo liegen meine Neigungen und Fähigkeiten?
- Was lässt mein Herz singen?

- Was glaube ich über mich und das Leben und wie beeinflusst dieser Glaube mein Leben?
- Welche Werte sind mir wichtig?
- Was macht meine Persönlichkeit aus?
- Wo liegen meine Stärken und Schwächen?
- Was brauche ich, um wirklich glücklich zu sein?
- Was möchte ich am Lebensende über mich sagen können?

Das alles betrifft das "Menschsein" hier auf Erden. Es ist eine wichtige Bestandsaufnahme, denn nur, wenn ich weiß, was ich tue, wo ich stehe und wer ich bin, kann ich es auch ändern. Darüber hinaus, und davon bin ich fest überzeugt, ist es noch wichtiger zu wissen, wer ich im spirituellen Sinne bin.

- Aus welchem "Stoff" bin ich gemacht?
- Welche Aufgabe hat die Seele?
- Wo kommt sie her, wo geht sie hin?
- Wie kann ich die Stimme meiner Seele hören?
- Warum bin ich auf der Erde?
- Wie funktionieren die universellen Gesetze und wie kann ich mit ihnen im Einklang leben?
- Wie kann ich sie nutzen?
- Was ist meine wahre Natur?

Ich glaube, erst wenn ich den Hintergrund verstanden habe, die Gesetze und "Regeln", kann ich mein Leben mit Leichtigkeit leben. Denn wie könnte ich ein Spiel spielen und gewinnen, dessen Regeln ich nicht kenne?

Freitag, 21. Juni 2013

Veränderung

Alles im Leben ist Veränderung.

Freitag, 19. Juli 2013

Durststrecken

Manchmal wünsche ich mir jemanden, der mir sagt, dass ich das Richtige tue und genau auf dem richtigen Weg bin. Das sind solche Momente, in denen ich selbst nicht ganz glauben kann, dass es wirklich so einfach sein soll. Zu schön, um wahr zu sein quasi. Dann habe ich fast ein schlechtes Gewissen, dass ich mich nicht abrackere und mich anstrenge wie so viele andere, dass ich so viele schöne Dinge tun kann, einfach im Moment bin und das fließen lassen kann, was gerade fließen möchte. Wie absurd! Da ist es endlich so, wie ich es mir gewünscht habe und dann kann ich es doch nicht richtig genießen. Anscheinend flackern da wieder ein paar alte Überzeugungen auf. Solche die vom Leben behaupten, dass man hart arbeiten muss für sein Geld, dass einem nichts geschenkt wird und dass man um Gottes Willen keinen Spaß haben darf. In all meinen Meditationen wurden mir die Weisheiten und Wahrheiten über das Leben auf einem Silbertablett präsentiert und mein Herz atmete erleichtert auf, hüpfte vor Freude und sagte mir: „Genau so ist es!" Nun ist es an mir und meinem Verstand, diese Dinge ganz einfach zu glauben. Ich möchte so gerne! Und dennoch bleibt da die Angst, dass ich mir selbst etwas vormache und einem Wunschtraum erliege. Dabei ist es tatsächlich so einfach und über weite Strecken kann ich es. In jedem Moment, in jedem einzelnen Augenblick, in jedem JETZT einfach das tun, was dran ist, dem Gefühl folgen. Der Stimme des Herzens vertrauen, denn der Verstand kann über die Zukunft nichts wissen. Nur das Herz kann mich sicher durch das Unbekannte führen und mich zu meiner höchsten Vision von mir bringen. Davon hat der Verstand keine Ahnung. Wie viele wundervolle Dinge sind schon geschehen, weil ich auf mein Gefühl gehört und Dinge getan habe, die vielleicht im ersten Moment keinen Sinn zu machen schienen. Ich habe sie dennoch getan und es war jedes verdammte Mal goldrichtig. Und selbst meine Gallenblase, die eine Zeit lang hunderte von Gallensteinen beherbergte, hat mich in meinen Heilmeditationen förmlich angeschrien und mir gesagt, ich soll doch endlich aufhören, ständig zu zweifeln und einfach auf meinen

Bauch hören. Krampfanfälle haben mich darauf hingewiesen, doch einfach die Dinge um der Dinge Willen zu tun und nicht, um ein bestimmtes Ziel damit zu erreichen. Mein Körper sagt es mir, die großen Lehren sagen es mir, meine Seele sagt es mir und dennoch kommt manchmal Unsicherheit auf. Es ist an der Zeit, sich dieser Angst noch einmal zu stellen und herauszufinden, was sie mir noch schenken möchte! Es ist an der Zeit, endlich dem Leben voll und ganz zu vertrauen!

Donnerstag, 17. Oktober 2013

Erntezeit

Über so lange Strecken war ich mutig und entschlossen. Ich habe mein Innerstes erkundet und nach außen gekehrt. Da war so viel Schmerz, körperlich wie seelisch. Ich habe mir so vieles angesehen, es angenommen und war immer auf tiefgehende Heilung bedacht. Zeitweise gab es Durststrecken, Verwirrung und die Frage, ob ich noch auf dem richtigen Weg bin. Ich habe gehadert, gezweifelt und war kraftlos. So oft habe ich nicht gemacht, was „man" normal so macht. So viele Dinge habe ich anders gesehen. Aber es war der richtige Weg. Definitiv und nichts hätte ich anders machen wollen. Gott sei Dank habe ich so viele Dinge anders gesehen. Mir hat sich so viel offenbart, ich habe so viel verstanden, so viel über mich und das Leben erkannt, mich wieder daran erinnert, wie es wirklich ist, das Leben. Wie es gedacht ist in seinem Ursprung und was die Natur der Dinge ist. Der Lohn ist ein unendlicher innerer Reichtum, der mit nichts zu vergleichen ist. Geschenke, die von unschätzbarem Wert sind. Ein Gefühl für mich und das Leben, für meinen Weg und vor allen Dingen für das, was mein Herz, meine Seele will. Dieses Gefühl ist unfehlbar und es wird mich immer sicher führen. Das weiß ich! Und nun bin ich erschöpft nach all der Arbeit, richtig erschöpft! Ich habe die Felder bestellt, gesät, Unkraut gezupft, die Erde gelockert und die neuen Pflänzchen gehegt und gepflegt, sie vor Sturm beschützt und sie gegossen, wenn der nährende Regen ausblieb. Und nun ist es Herbst und an der Zeit, die Früchte der harten Arbeit zu ernten. Es ist Zeit mich auszuruhen, zu genießen und mich daran zu erfreuen, was ich vollbracht habe. Es ist Zeit die Arbeit zu würdigen und voller Stolz zurückzublicken, sie als das zu sehen, was sie ist: Das wichtigste und festete Fundament für mein Lebensbauwerk! Ich freue mich darauf im Außen zu erfahren, was im Inneren gereift ist!

Dienstag, 29. Oktober 2013

Auf sein Gefühl hören

Auf sein Gefühl hören, das ist immer so einfach gesagt. Vor kurzem hat mich eine ganz liebe Freundin gefragt, ob ich sie nicht zu ihrer Bachelor-Verabschiedung im feierlichen Rahmen begleiten würde. Ihre Eltern wollte sie nicht mitnehmen und sie hätte gerne jemanden um sich, den sie sehr mag. Als ich diese Frage in ihrer Email las, schrie sofort alles in mir: „NEIN!! Da gehörst du nicht hin. Du müsstest dich verkleiden und du wärst da nicht du selbst!" Bei der Vorstellung tatsächlich zu dieser Veranstaltung zu fahren, sträubten sich mir die Nackenhaare. Dann kamen natürlich diese Gedanken, von wegen: „Komm, das ist eine ganz liebe Freundin und die könnte gerade echt deine Unterstützung gebrauchen. Du kannst dich doch für sie die paar Stunden zusammenreißen." Irgendwann kam der Punkt, an dem mir klar wurde, was zu tun ist. Ich erinnerte mich daran, dass mich damals meine Galle in einer Meditation förmlich angeschrien hat, ich solle doch um Gottes Willen eeeeendlich auf mein Gefühl hören, auf meinen Bauch, egal, ob der Verstand das gerade verstehen kann oder nicht. Meine Galle zeigte mir damals ganz genau, warum sie mir u. a. Schmerzen bereitete und wo ich mir diese „(Gallen-)Steine" selber in den Weg gelegt hatte. Ich merkte oft, dass mich mein Körper immer wieder in Form von Krankheiten, Schmerzen und Symptomen aus gewissen Situationen herausholte. Z. B. bekam ich eine Magen-Darm-Grippe, wenn ich Dinge tat oder mich mit Menschen umgab, die mir in diesem Moment überhaupt nicht guttaten. Und hätte ich von Anfang an auf mein Gefühl gehört, hätte ich diese Dinge gar nicht erst getan oder diese Menschen gar nicht erst getroffen. Als ich nun diese Frage von meiner Freundin wälzte, kam mir das alles wieder in den Sinn. Und in diesem Augenblick entschied ich mich dafür, dass ich meinem Körper diese Verantwortung abnehmen möchte. Ich wollte meinen Körper nicht mehr damit belasten, dass er mich retten musste. Ich wollte meinen Organen diese Last ersparen. Ich nahm meine Verantwortung wieder zu mir! Und so traf ich ganz bewusst die Entscheidung, IMMER auf meinen Bauch zu hören und IMMER mein Gefühl ganz genau zu prüfen und entsprechend zu handeln. Auch wenn es mit dem Verstand vielleicht nicht greifbar war. Jemand hat einen Wunsch oder ein Anliegen an mich? Gut, passt dieser Wunsch oder dieses Anliegen auch gerade zu mir? Möchte ich diesem Wunsch nachkommen, oder ist das im Moment nicht stimmig? Warum um alles in der Welt, sollte ich die Belange anderer über meine stellen? Und vor allen Dingen würde ich dem anderen in diesem Augenblick auch etwas vormachen, ich würde ihn in gewisser Weise anlügen, denn ich tat etwas, was ich eigentlich gar nicht wollte. Dann bin ich nicht ich, dann bin ich nicht authentisch. Ich belüge mich und den anderen gleich mit. Damit ist niemandem geholfen. Als ich nun meiner Freundin diese Entscheidung mitteilte und auch entsprechend erklärte, bedankte sie sich bei mir. Dafür, dass ich so ehrlich zu ihr war und dafür, dass sie nun selber wieder ein Stück mehr den Mut hatte, auf ihr eigenes Gefühl zu vertrauen, darauf zu hören und Verantwortung für sich zu übernehmen. Mein Bauchgefühl wird mich NIE in Schwierigkeiten bringen!

Mittwoch, 28. Mai 2014

Geschenke, die ich mit euch teilen möchte

Die letzten 1 ½ Jahre waren ziemlich anstrengend für mich und ich habe die meiste Zeit meinem Innenleben und meinem Körper gewidmet. Die Galle, ihr wisst ja...

Das Leben hatte mal wieder etwas ganz Anderes mit mir vor, als ich geplant hatte. Und die Geschenke, die ich auf diese unerwartete Weise empfangen durfte, sind so enorm, die Einsichten so unglaublich, dass ich sie gerne mit euch teilen möchte. Ich möchte euch an meinem Weg teilhaben lassen und vielleicht ist er für euch tatsächlich unfassbar oder gar unglaublich. Ihr dürft davon halten, was immer ihr wollt.

Ich habe meine Flügel entdeckt, meine Wurzeln gefunden und meine verborgenen Gaben wurden sichtbar. Meine Dankbarkeit ist grenzenlos. Aber nun von vorne und eins nach dem anderen...

Der Heilungsweg meiner Galle war lang, schmerzvoll, intensiv und von Durststrecken durchzogen. Oft habe ich wirklich gezweifelt, ob ich das Richtige tue, gibt es doch nur wenige Beispiele, an denen ich mich hätte orientieren können. Wer geht denn schon diesen Weg? Fast täglich habe ich meditiert, manchmal auch mehrmals täglich. Ich habe mich voll und ganz auf meine innere Führung verlassen. Ich kann euch sagen, das war nicht immer leicht und oft war ich der Verzweiflung nahe. Die Schmerzen und deren Häufigkeit haben an meinen Nerven gezerrt. Aber ich blieb stark und richtete den Fokus immer wieder nach innen. Die Kraft meiner Seele und der geistigen Führung war stärker als meine Zweifel.

Die Erkenntnisse waren enorm. Was seit dieser Zeit in Meditationen mit mir geschieht und was sich mir zeigt, ist fast nicht in Worte zu fassen. Ich habe durch diese Krankheit so viel über mich und das Leben gelernt und durfte erkennen, wie es zu dieser Erkrankung kam und was mein Anteil daran war. Alte Überzeugungen, Begrenzungen und unterdrückte Gefühle kamen zum Vorschein und konnten verwandelt werden, Lebensgesetze und Weisheiten, die ich noch nicht gelebt hatte, haben sich mir offenbart. Diese Krankheit war eine einzige Offenbarung und eines der größten Geschenke, die mir das Leben je gemacht hat. Sie war der bisher größte Schritt auf dem Weg zu mir, zu meinem wahren selbst. Durch sie habe ich diesen enormen Zugang zu mir selbst bekommen, dieses sichere Gefühl für meinen Weg und meine Bedürfnisse. Und durch sie habe ich meine medialen Fähigkeiten entdeckt, meine Hellfühligkeit, meine Hellsichtigkeit, mein Hellwissen, die Gabe der Seelenaufstellungen. Und hier kommen wir zu den Geschenken.

Bemerkt habe ich das mehr oder weniger durch einen dummen "Zufall". Ich habe mich schon vor Jahren mit systemischen Aufstellungen auf dem Brett beschäftigt. Das ist sowas Ähnliches wie Familienaufstellungen nur mit Figuren und auf einem Brett. Also in klein. Und als ich so krank war und auch die Probleme mit meinen Eltern wieder deutlicher wurden, habe ich für mich Aufstellungen gemacht.

Irgendwann habe ich angefangen, das auch für Bekannte zu machen. In andere reinversetzen konnte ich mich ja schon immer gut. Ich merkte, dass ich mich nur auf denjenigen zu konzentrieren brauchte, und alles begann zu fließen. So saß ich alleine in meinem Kämmerlein und machte Aufstellungen für Menschen, die zum Teil hunderte von Kilometern weit weg waren. Die Ergebnisse und Rückmeldungen waren der Hammer. Einige haben ihr Leben mal eben auf links gedreht, sich von ihrem Partner getrennt, andere sprachen von einer ganz neuen Lebensenergie und Klarheit, von vielen Fortschritten in Situationen, in denen sie schon so lange festzustecken schienen. Was ich mit meinen Aufstellungen bewirken kann, merkte ich erst durch diese Rückmeldungen. Ich hatte ja keine Ahnung...

Mit der Seele des anderen verbunden, fließt also alles, was zum gerade vorherrschenden Problemsystem oder einer Krankheit gehört, durch mich hindurch. Ich stelle dieses System vor mir mit Figuren nach. Von meiner Intuition sicher geleitet bekomme ich klare Impulse, welche Elemente daran beteiligt sind. Schon wenn ich eine stellvertretende Figur in die Hand nehme, beginnt die Energie zu fließen und ich bin sofort in die Lage dieser Figur versetzt. Ich fühle mich in jede einzelne Figur ein und lasse mich leiten, welchen Platz diese auf dem zur Verfügung stehenden Brett haben möchte. Die Figuren treten vor meinem inneren

Auge in Interaktion, manchmal entstehen sogar Dialoge und ich sehe, wie die Figuren in Zusammenhang stehen, was wen beeinflusst und was für jedes Element nötig ist, um eine Lösung herbeizuführen. Ich bewege mich vom Problemsystem zum Lösungssystem.

Ich stelle durch meine Gabe sozusagen die göttliche Ordnung im Energiefeld wieder her. Ich überbringe dir Botschaften, die deine Seele an dich hat und zu denen du im Moment vielleicht noch keinen Zugang hast. Ich zeige dir, auf was dich deine Seele JETZT aufmerksam machen möchte. Und die Rückmeldungen sprechen für sich...

Da stehe ich also heute und bin Dank Heilmeditationen, Homöopathie, Energiearbeit und Leberreinigungen stolzer Besitzer einer putzmunteren Gallenblase. Ich habe mein Innerstes entrümpelt, alte Wunden geheilt, unbewusste Glaubenssätze aufgedeckt und verwandelt, habe staunend beobachtet, wie sehr die Prägungen der Kindheit, mein Erwachsenenleben beeinflussen können, ohne, dass ich es je für möglich gehalten hätte. Ich bin so viel reicher an Einsichten, Vertrauen und natürlich an Gaben. Ich bin noch mehr ich! Und wer hätte gedacht, dass dieses ICH so aussehen würde? Im Traum wäre ich nicht auf so etwas gekommen... Meine Krankheit war soooo wichtig!

Und das alles bewegt und berührt mich so sehr, dass ich es in die ganze Welt hinausschreien möchte:

- Hinter jeder Krankheit, jedem Problem steckt eine positive Absicht
- Krankheit und Probleme sind eine Sprache der Seele, eine Möglichkeit, mehr du selbst zu werden
- Schau hin! Es lohnt sich so sehr!

Ich möchte diese Botschaften verbreiten, Menschen Hoffnung geben und einen Weg zur Selbstheilung aufzeigen. Die Geschenke des Lebens verbergen sich manchmal hinter den schmerzvollsten Ecken.

Mit diesen abschließenden Worten überlasse ich euch nun euren eigenen Gedanken und Eindrücken!

Herzensgrüße von mir!
Anja

Mittwoch, 4. Juni 2014

auf dem Weg

Fast 5 Jahre ist es nun her, seit ich meinen Job an den Nagel gehängt habe und mich auf die Suche nach mir und meinem Lebenssinn gemacht habe. Meine Erfahrungen in der Wirtschaft, als Betriebsrat, das Ausgebranntsein, als ich den Job schmiss, der Umzug nach NRW, die Ausbildung zum psychologischen Berater, zur Entspannungspädagogin, die Zeit der Arbeitslosigkeit, der Umweg über die ERGO Versicherung und die damit verbundenen Erfahrungen, die nochmalige Arbeitslosigkeit, die vielen Sorgen um Geld, die Krankheit, die extreme Schwäche, die Schmerzen, das komplette körperliche Knock-out, die Schwierigkeiten mit den Eltern - all das war nötig. All das fügt sich zusammen und bildet heute die perfekte Grundlage für meine Arbeit und mein Leben. Diese ganzen Ereignisse reihen sich wie Perlen auf eine wunderschöne Kette. Ohne das alles, wäre ich heute nicht da, wo ich bin. Bei mir, bei meinen Gaben, bei all meinen Potentialen, auf meinem Herzensweg, in einem Leben, wie ich es immer wollte! So viele Jahre habe ich „gewartet", habe ich gewünscht, gehofft, gesucht und immer mehr Teile gefunden, an mir gearbeitet, das gemacht, was dran war, stur und vehement auf mein Herz gehört. Das größte Geschenk, das man sich machen kann! Und heute, in diesem Moment, kann ich sagen: ICH BIN DA!!!

Mittwoch, 20. August 2014

Alles auf seine Weise

Alles ist auf seine Weise perfekt.

Samstag, 30. August 2014

Wow! Und wieder ein "neuer" Aspekt von mir... Hochsensitivität

Unfassbar... Neulich Abend stößt mich Wolfgang (mein Lebensgefährte) auf die Ausprägung der Hochsensitivität. Eigentlich mehr "per Zufall". Nach einiger Recherche war schnell klar, dass ich mich hier durchaus einordnen kann. Bei hochsensitiven Menschen ist es so, dass alle 5 Sinne besonders stark ausgeprägt sind und Reize weit intensiver aufgenommen werden, als bei den meisten anderen Personen. Was natürlich eine enorme Auswirkung auf das Alltagsleben hat. Nun kann ich es mir noch besser erklären, warum ich lieber mit einigen wenigen Menschen rede, als auf Partys mit großen Menschenansammlungen rumzuspringen, denn ich nehme die Emotionen von anderen total wahr. Ich kann nun zuordnen, warum ich auf Gewaltszenen so extrem reagiere, denn der Schmerz kommt 100% bei mir an. Ich kann mir vorstellen, wie es ist zu ertrinken, wie es sich anfühlt, ein Mann zu sein, wie es ist, wenn beim Sterben die Seele den Körper verlässt. Und das kann ich nun auch besser erklären. Irgendwie stehen mir mehr "Kanäle" zur Verfügung. Ich kann mich in alles und jeden reinversetzen. Mir ist jetzt völlig klar, warum ein Bürojob nichts mehr für mich ist, warum ich so viel Ruhe brauche und so viel Freiheit, warum ich mein Bauchgefühl nicht übertölpeln kann. Nun weiß ich auch, warum mir Smalltalk ein Graus ist und ich tiefgreifende Gespräche bevorzuge, denn Hochsensiblen ist es immer wichtig in allem einen tieferen Sinn zu sehen. Alles muss sinnvoll sein. Der größere Zusammenhang ist allgegenwärtig. Mir ist es völlig klar, dass außerhalb von mir noch andere Energien existieren, dass alles eins ist und dass das Leben ein wunderbares System ist, das perfekt funktioniert.

Mir ist auch völlig klar, wie es funktioniert. Wie ich den Berichten entnommen habe, denke ich anscheinend umfassender, ja einfach anders als andere. Und ich konnte nie verstehen, wieso denn nicht jedem klar ist, was mir klar ist. Somit hatte ich schon immer hohe Ansprüche an meine Mitmenschen, was mich natürlich schnell zu der Annahme brachte, dass ich viel zu kritisch und kleinkariert bin. Nun weiß ich, dass ich einfach anders denke, mehr sehe und fühle als die meisten und es tut unwahrscheinlich gut, dass das Kind nun einen Namen hat. Viele "Eigenarten" von mir kann ich nun zuordnen und mich noch besser akzeptieren. Ich kann milder mit mir sein und mit meinem Umfeld. DAS tut gut! Wieder ein Schritt näher zu mir, wieder ein Schritt hin zu meinem wahren Wesen! Ich liebe es, dass es immer so weitergehen wird!

Herzensgrüße von mir!!!

PS: Ich glaube übrigens, dass jeder, der es wirklich will, hochsensibel werden kann und mehr Kanäle für sich öffnen kann! Jeder auf seine Weise...

Mittwoch, 10. September 2014

Wunden der Kindheit

Heute fließt wieder alter Schmerz. Schon heute Morgen, als ich mich total schlecht gelaunt aus dem Bett geschält habe, hätte ich es mir denken können. Es war diese ganz besondere schlechte Laune, die ich immer dann habe, wenn ich kurz davor bin, dass wieder alter Schmerz hochkommt, der dann neuer Klarheit und neuen Erkenntnissen Platz macht. Und so war es dann auch. Die letzten Tage waren geprägt von Unruhe, Verwirrung und der Suche nach dem Haken. Da weiß ich nun seit Kurzem, dass meine Fähigkeiten noch besonderer sind, als ich es bisher eh schon vermutet habe - ihr erinnert euch, Hochsensitivität und so - und dennoch wurde ich das Gefühl nicht los, meine 300 PS nicht auf die Straße zu bringen, wie Anne Heintze so schön sagt. Ich bin talentiert, habe besondere Gaben und Fähigkeiten, einen wachen Verstand und ne riesen Portion Intuition. Ich bin mächtig stolz auf all das und ich liebe es, dieses Potenzial auszuleben. Und dennoch komme ich immer wieder an den Punkt, dass ich mir keine Gedanken darum machen möchte, wie meine Bezahlung aussehen kann, dass ich nicht sagen möchte, DAS kostet es, meine Dienste in Anspruch zu nehmen. Bei Freunden und Bekannten fällt mir das besonders schwer. Wie kann das sein? Ich weiß doch um die Besonderheit!

Heute haben sich dann die Erkenntnisse überschlagen und meine Aufmerksamkeit wurde nochmal auf alte Wunden der Kindheit gelenkt. Nun habe ich ja die große Herausforderung eine narzisstische Mutter zu haben und auch mein Vater lässt immer wieder durchblicken, dass uns Kindern seine Bedürfnisse am Herzen liegen sollten. Und so habe ich als Kind, dessen Eltern zum Großteil die eigenen Bedürfnisse in den Vordergrund gestellt haben und so auch nie viel Zeit hatten, die Erfahrung gemacht,

- dass ich es nicht wert bin, dass man Zeit mit mir verbringt. Dass ich mich vielmehr äußert glücklich schätzen kann, wenn sich doch mal jemand mit mir abgibt.
- dass ich für das, was ich gebe, nichts bekomme, denn das Geben wird erwartet und ist selbstverständlich.

Solche Erlebnisse schmerzen, auch nach all den Jahren noch, und es ist gut, dass der Schmerz nun fließen und so meinen Körper verlassen kann. Wie sich solche Glaubenssätze auf das Thema Geld verdienen auswirken, ist wahrscheinlich klar. Es ist nämlich ein echt großer Schritt von dem Punkt "Du bist es nicht wert, dass man Zeit mit dir verbringt." bis zu dem Punkt "Ich nehme dafür, dass jemand Zeit mit mir verbringt, Geld.".

Diese Gewohnheit, für das Geben nichts zu bekommen, spricht für sich, bin ich doch zum Beliefern und zum Bedürfnisse befriedigen erzogen worden. Was ich nun tue? Ich bin sehr dankbar, dass mir das alles in dieser Klarheit vor Augen geführt wird. Denn wenn ich weiß, was ich denke, kann ich es ändern. Nun beobachte ich mich ganz gezielt und erforsche, wo und wann diese Glaubenssätze greifen, nehme sie dankbar an, denn sie haben all die Jahre perfekt ihren Dienst erwiesen und dann lasse ich sie immer mehr los. Neue Glaubenssätze dürfen dann ihren Platz einnehmen. "Für das, was ich gebe, bekomme ich." und "Es ist wertvoll, Zeit mit mir zu verbringen."

Auch mit der Wertlosigkeit an sich, mit diesem Gefühl, werde ich immer wieder in Meditationen Kontakt aufnehmen. Bisher haben sich all meine negativen Gefühle in Meditationen in Tiere verwandelt, mit denen ich reden und unsere Beziehung heilen konnte. Die meisten wollten einfach nur gesehen werden, Liebe und Annahme. So konnte sich die Schlange der Angst in den Adler des Vertrauens wandeln, der Elefant der Schuld in den Schmetterling der Leichtigkeit und Freiheit. Es könnte treffender nicht sein, dass meine Wertlosigkeit ein Krokodil ist, das mich vom Ozean der Fülle zurückdrängt und davon abhält. Nun darf ich gespannt sein, zu welchem Geschenk mich dieses Krokodil noch führt und wie die Verwandlung aussehen wird.

Herzensgrüße von mir!

PS: Ich mache meinen Eltern keinerlei Vorwürfe! Sie machen es immer so gut sie es können und ich weiß, dass sie immer unser Bestes wollen. Sie lieben uns! Auch das weiß ich. Dennoch habe ich es so empfunden, wie ich es hier schildere und dieses Empfinden und Erleben hat Spuren hinterlassen. Sicherlich waren diese Spuren nicht ihre Absicht.

Dienstag, 23. September 2014

alles in Arbeit

Ihr Lieben,

die letzten Tage erlebe ich mich als sehr unruhig. Die Träume sind wirr und durcheinander. Oft habe ich nach dem Aufwachen das Gefühl, als wäre im Schlaf etwas Wichtiges passiert, als hätte meine Seele viel Arbeit geleistet, sich gekümmert und transformiert. Ich brauche auch gerade extrem viel Ruhe und Schlaf. In mir wirbelt alles umher. Alle Themen und Gefühle, die ich in den letzten Monaten so angeschaut habe, ploppen nochmal kurz hoch. Mal die Angst, mal die Ohnmacht, mal das Schuldgefühl, mal die Wertlosigkeit, etc. Das wechselt täglich, manchmal auch mehrmals täglich. Mir kommt es so vor, als ob es in mir wirklich richtig arbeitet, als ob neue Synapsen geknüpft werden, als ob energetisch vieles im Wandel ist, als ob ich eine einzige Transformationsbaustelle wäre, in der es hämmert und sägt, einreißt und aufbaut. Meine Seele scheint sehr beschäftigt zu sein und viel zu erledigen. Zumindest kommt es mir so vor, als ob sie ständig unterwegs wäre und tut und macht. Es ist, als würde sich mein inneres Energieniveau, dem äußeren angehobenen Energieniveau anpassen. Heute hatte ich den Gedanken, dass man sich so wohl auch in der Pubertät fühlt, wenn man es da schon in Worte fassen könnte. Ich bin weder Fisch noch Fleisch, weiß nicht recht auf was ich gerade Lust habe, schwebe im Durcheinander und vermeintlichen Chaos, das doch nur die Vorstufe zu neuer Klarheit ist, zu einer neuen Phase, zu einer neuen Entwicklungsstufe.

Ich wollte das gerne mit euch teilen, weil ich mir ziemlich sicher bin, dass es einigen gerade ganz ähnlich geht, schon ging oder noch gehen wird. Vielleicht hilft es ja, zu wissen, dass ihr damit nicht alleine seid. Das von mir und meinen derzeitigen Eindrücken.

Herzensgrüße!

Montag, 13. Oktober 2014

Wie ich den Zugang zu mir fand

Ich werde öfter gefragt, wie ich den Zugang zu mir und zu meinen medialen Fähigkeiten erlangt habe. Hier eine meiner ausführlichen Antworten auf diese Frage:

"Bei mir kam diese Fähigkeit so nach und nach. Früher war ich der absolute Kopf- und Verstandesmensch. Da hat noch nicht mal ein Pendel auf mich reagiert. Ich war völlig zu und ständig im Tun. Erst als ich 2009 meinen Job an den Nagel gehängt habe, weil ich dermaßen fertig und ausgebrannt war, begann der Weg zu mir. Da hatte ich das erste Mal das Bedürfnis nach Stille. Ich hab mich einfach hingesetzt und war still. Irgendwann hab ich dann gemerkt, dass meine Gedanken auch still werden und dass das total entspannend und angenehm ist. Das waren meine ersten Erfahrungen mit Meditation. Ich hatte davon keine Ahnung, bin einfach meinem Gefühl gefolgt. Stille ist dann immer wichtiger geworden. Ich konnte keinen Radio mehr anhaben. Mir wurde bewusst, wie sehr ich mich schon verloren hatte und dass es ganz wichtig für mich ist, dass ich genügend Auszeiten habe, dass ich immer Rückzugsmöglichkeiten habe. Wenn ich mir diese Zeiten nicht nahm, lief ich über. Im wahrsten Sinne des Wortes. Irgendwann kam dann immer der Moment, in dem ich weinen musste, und mir "meine" Zeit nehmen MUSSTE. Mein Job hatte mich damals so vereinnahmt, da wollte ich auf keinen Fall mehr hin und deshalb bin ich immer achtsamer mit mir geworden.

Engelkarten und die Gebete zu Engeln waren schon länger ein wichtiger Teil für mich. An die habe ich schon immer geglaubt. Also mir war von Kindesbeinen an klar, dass es da noch mehr gibt. Nur war das sehr aus dem Fokus geraten.

Irgendwann wollte ich dann wissen, was da eigentlich so genau passiert in der Stille und wie das genau "geht" mit der Meditation. Da hab ich dann eine Ausbildung zur Entspannungspädagogin gemacht. Einfach weil ich neugierig war und mehr wissen wollte. Schließlich wollte ich ja wissen, was ich da genau machte. Ich war zum Zeitpunkt der Ausbildung immer noch sehr auf der Suche nach mir und dem Sinn des Lebens. In einer Mittagspause war ich alleine im Wald bei der Ausbildungsstätte, die Sonne schien und es war schön mild. Ich setzte mich auf den Waldboden, auf ein Fleckchen, auf das die Sonne schien und machte die Augen zu. In dem Moment war ich einfach nur zufrieden. Plötzlich hatte ich ein Bild vor meinem inneren Auge und auch ein ganz starkes Gefühl dazu, dass sich mir aus der geistigen Welt zwei Hände reichen und mir ganz viel Kraft geben. Ich spürte, dass ich nicht alleine war und dass ich Hilfe bekam. Diese Hände reichten sich mir noch lange danach, immer, wenn ich am Verzweifeln war und meinen Weg nicht mehr sehen konnte.

Nach und nach wurden die Bilder immer deutlicher, die Verbindung immer intensiver. Ich hab angefangen mit meinem Schutzengel zu reden, mit Schutzengeln von anderen. Ich habe mich in Menschen eingefühlt, einfach weil ich wusste, ich kann es. Vorwiegend, wenn es um Krankheiten ging. Dann hab ich angefangen systemische Aufstellungen auf dem Brett zu machen, für mich. (das ist sowas wie Familienstellen, nur im Kleinen und mit Figuren) Diese Aufstellungen hab ich dann irgendwann für andere gemacht, ohne dass die Menschen anwesend waren und ich konnte alle Zusammenhänge fühlen und vor meinem inneren Auge sehen. Ich bekam Informationen, welche Elemente noch zum Problem gehören, welche Gefühle im Spiel waren und was passieren musste, damit es zur Lösung kommt. Und da kam ich dann mal auf die Idee, dass es ja schön wäre, wenn die Seele auch mit aufgestellt wird. Eine wunderbare Sache.

So kam es dann auch, dass verstorbene Seelen noch eine Botschaft für denjenigen hatten, für den ich die Aufstellung machte. Sie waren einfach da, ich spürte die Anwesenheit und wusste, was sie sagen wollten. Ich wurde jeden Tag aufs Neue überrascht und das werde ich heute noch. Jeden Tag kommen neue Facetten und Sichtweisen dazu. Jeden Tag geschieht etwas Unerwartetes und Wundervolles.

Ich habe mir angewöhnt, nichts von meinen Wahrnehmungen anzuzweifeln oder in Frage zu stellen, sondern einfach alle Wahrnehmungen da sein zu lassen. Irgendwann haben sie bisher immer Sinn ergeben. Bezüglich des Lebens und seinem Sinn dagegen habe ich mir angewöhnt, ALLES in Frage zu stellen und nur das zu glauben, was mein Herz für richtig hält.

Was mich nochmal richtig zurück zu mir gebracht hat und mir einen enormen Zugang zu mir selbst gebracht hat, war meine Krankheit. Ich gehe davon aus, dass alles Energie ist und wir somit mit allem verbunden sind. Weiterhin gehe ich davon aus, dass wir mit unserem Geist alles erschaffen, dass wir mächtige Wesen sind. Meist jedoch erschaffen wir unbewusst, weil wir nicht wissen, dass wir erschaffen. So kommt es dann auch zu Krankheiten. Wenn ich also auch meine Krankheiten selber erschaffe, dann kann ich mich auch wieder heilen. Und das hat sehr gut funktioniert. Ich habe in Meditation mit meinen Organen gesprochen, immer und immer wieder. Die Antworten waren der Hammer und absolut erhellend. Verdrängte Gefühle, hinderliche Glaubenssätze, all sowas setzt sich im Körper fest.

Du siehst also, ich habe nicht gezielt versucht, mein drittes Auge zu öffnen. Vielmehr bin ich immer meinem Gefühl gefolgt und habe das getan, was gerade dran war. Ich bin immer meiner Neugier gefolgt und den Bedürfnissen meines Körpers. Mein Weltbild durfte ich dafür auf links drehen. Dabei haben mir unter anderem die Bücher "Gespräche mit Gott" von Neale Donald Walsch sehr geholfen. Ich habe viele Vorträge von Robert Betz gehört und seine Meditationen gemacht.

Es gibt so viele Möglichkeiten in Meditation zu gehen. Für jeden gibt es den richtigen Zugang. Meist wird ein riesen Ding dahinter vermutet, dabei ist es nichts anderes, als ganz im Hier und Jetzt zu sein. Dein Körper ist immer genau im Hier und Jetzt. Daher eignen sich zum Beispiel Achtsamkeitsmeditationen sehr gut. Du konzentrierst dich einfach auf deinen Körper, auf deine Atmung, oder du gehst gedanklich von den Zehen an jeden Körperteil durch bis hoch zu den Haarspitzen. Dabei wird dein Geist still und die Gedanken hören auf, zu quatschen. Du kannst geführte Meditationen machen oder Fantasiereisen, bei denen dich eine Stimme mit auf eine Reise nimmt. Du kannst einfach so in die Stille gehen und schauen, was gerade fließen möchte. Du kannst einfach die Frage in das Universum schicken "Was ist jetzt gerade wichtig für mich?" und warten, was sich dir zeigt, innerlich, während der Meditation oder danach im Außen. Vielleicht liest du dann "zufällig" einen Artikel und erhältst so eine Antwort. Es gibt sooo viele Möglichkeiten.

Und eins ist wirklich wichtig: du kannst es nicht verkehrt machen, wenn du das tust, was dir guttut. Ich glaube, dein Glaube und dein Weltbild sind entscheidend für deine Erfahrungen. So wie du glaubst, dass die Welt ist, so wird sie sich dir zeigen, und wenn du glaubst, dass du Engel sehen kannst und eine Verbindung zu ihnen aufbauen kannst, dann wird es auch so sein. Du entscheidest, was in deinem Leben möglich ist.

Ich grüße dich herzlich!"

Dienstag, 18. November 2014

Was Leben ausmacht...

Was Leben ausmacht und wozu ich hier bin

- ♥ mich jeden Tag selbst erleben und neu erfinden, mich entdecken und mich selbst verzaubern
- ♥ wachsen bei jeder Gelegenheit
- ♥ Erfüllung und Bewusstheit bei allem, was ich tue, bei allem, was ich bin

- frei sein - jeden Moment das tun, was ich tun möchte, das fließen lassen, was gerade fließen möchte, die sein, die ich gerade sein möchte
- Vollkommenheit in mir selbst sehen
- mir der Anbindung an die Quelle allen Seins gewahr sein
- wissen, dass ich alles habe und nichts brauche
- ein Auge für Wunder haben
- fühlen, dass der Fluss des Lebens mich trägt
- erfahren, dass die Welt zu meinen Füßen liegt
- wissen, dass alles möglich ist
- lieben was ist
- Schicht um Schicht das ablegen, was nicht ich bin
- mein wahres Wesen leben
- selbst der Sinn meines Lebens sein
- bei mir sein, mit mir sein, durch mich sein

Das ist es, was Leben ausmacht und wozu ich hier bin!

Anja

Mittwoch, 19. November 2014

Wer nicht an Wunder glaubt...

Wer nicht an Wunder glaubt, ist kein Realist.
David Ben-Gurion

Montag, 5. Januar 2015

Willkommen im neuen Jahr! Ein Rückblick auf das vergangene...

Ihr Lieben,
da wollte ich eben in meinem Blog (den "alten" auf meiner nicht mehr existenten Homepage) einen kleinen Rückblick auf das Jahr 2014 geben und in einem Moment der Unachtsamkeit habe ich gleich den ganzen Blog gelöscht, statt einen neuen Artikel hinzuzufügen. Nach der einsetzenden Schnappatmung, als ich gemerkt habe, was ich da gerade getan hatte, habe ich natürlich sofort die Hotline angerufen. WEG! Nix mehr zu machen. Jelöscht!

Na gut, dann fangen wir 2015 eben wirklich nochmal ganz neu an. Es ist wie es ist.

Den Rückblick auf 2014 und einen Ausblick für 2015 soll es natürlich trotzdem geben. Daran hat sich ja erstmal nicht viel geändert. Nur dass ich auf die To-Do-Liste für 2015 nun noch draufschreiben kann, dass ich irgendwie versuche, den Blog teilweise wiederherzustellen. Seufz...

Aber nun zum eigentlichen Thema dieses Artikels:
Das Jahr 2014 war für mich ein Hammerjahr. Es ist so viel passiert. Ich habe so viel entdeckt und erkannt und es ist ganz viel in Heilung gegangen. Körperlich wie seelisch.

Meine anfängliche Verunsicherung bezüglich der Heilungsmethoden meiner Gallenblase hat sich im Januar 2014 ziemlich schnell in Luft aufgelöst. Wurde mir doch durch einen Ultraschall bestätigt, dass das Organ gesund ist und nur noch ein paar wenige Gallensteine vorhanden sind. Ich kann mich heute noch an die unfassbare Erleichterung erinnern, als ich das hörte und damit wusste, dass ich genau das Richtige getan hatte. Es war richtig, meinem Gefühl zu folgen und mir die Themen hinter der Krankheit anzuschauen, es war richtig, die Steine mit einer alternativen Methode auf natürlichem Wege auszuscheiden, anstatt mir die Gallenblase entfernen zu lassen. Es war richtig, an meine Selbstheilungskräfte und meine Schöpferkraft zu glauben. Was habe ich geweint, vor Erleichterung, Stolz und Freude, als ich damals vom Arzt nach Hause gefahren bin! Heute braucht mir in Sachen Gesundheit, Körpergefühl und Selbstheilungskräfte niemand mehr was erzählen. Bei solchen Sachen habe ich mittlerweile einen eisernen Willen, ein super gutes Gefühl für mich und meinen Körper und das absolute Wissen, dass ich alles in der Hand habe. Ein Riesengeschenk!

Im Laufe des Jahres 2014 durfte ich auch immer mehr erkennen und erfahren, welche wunderbaren feinfühligen Talente in mir stecken. Ich habe erkannt, dass ich die Energien von anderen Menschen wahrnehmen kann, dass ich Blockaden und hinderliche Glaubenssätze erspüren kann. Mir passierte es, dass ich Kontakt zu anderen Seelen hatte, verstorbene wie lebende. Von ihnen durfte ich tiefere Zusammenhänge erfahren und noch mehr vom Leben verstehen. Durch sie habe ich viel erkannt in Angelegenheiten, in denen es noch das ein oder andere Fragezeichen für mich gab. Zum Ende des Jahres konnte ich feststellen, dass ich diese Fähigkeit auch bei Tieren habe und auch hier gut wahrnehmen kann, wie es dem Wesen gerade geht und was es braucht. Ich habe herausgefunden, dass ich hochsensibel bin, hellfühlig, hellwissend und in mancher Hinsicht hellsehend. Dafür bin ich soooo dankbar!

Ich hatte wundervolle Begegnungen mit Menschen, die meine Hilfe suchten und mehr als einmal hatte ich Tränen in den Augen, weil es so heilsame und heilige Momente gab, weil wir uns gegenseitig berührten. Es gab sehr viele Anfragen und ich konnte nicht allen nachkommen. Im November merkte ich dann, dass ich einen Rückzug brauchte und meine Energie bei mir behalten wollte. So ist es im Prinzip jetzt noch. Ich weiß, dass ich diese Fähigkeiten habe, ich weiß allerdings noch nicht, welche Rolle sie bei meiner Lebensaufgabe spielen. Aktuell ist mir einfach nur danach, von meinem Weg zu erzählen und andere zu ermutigen, ebenfalls ihren eigenen Weg zu gehen. Also mache ich das auch...

Das ganze Jahr war ich immer wieder mit dem Thema "Frieden mit der Ursprungsfamilie" beschäftigt. Dazu habe ich mir viel angeschaut, habe viel gelesen, habe viel erkannt und verstanden. Es wurden alte Muster sichtbar und lange verdrängter Schmerz kam an die Oberfläche. Ich durfte erleben, wie sehr uns die Erfahrungen aus der Kindheit noch im Erwachsenenleben prägen und beeinflussen, oft ohne, dass wir uns dessen bewusst sind. Immer wieder habe ich mir die Frage gestellt, wie wohl ein wirklich geheiltes Verhältnis mit der Familie aussieht. Diesem Frieden und dem geheilten Verhältnis habe ich mich Schritt für Schritt genähert. Tatsächlich war es viel innere Arbeit. Es wollte viel gesehen und nochmal gefühlt werden. Und dazu war ich bereit. Im Mai noch habe ich es nicht aushalten können, in meinem Elternhaus zu sein. Ich wollte nur weg. Zu viel kam hoch, zu viel hat mich bewegt. Der Kontakt war das ganze Jahr eigentlich nicht vorhanden. Ich brauchte Abstand und Zeit zum Sortieren. Und nun zum Jahresende ist das eingetreten, was ich so lange gesucht hatte: Frieden! Ich konnte meiner Familie begegnen, ohne dass irgendwas hochkam, ohne dass irgendwas getriggert wurde. Keine Wut, keine Verletzungen, kein Schmerz, keine Schuld, keine Scham, keine Ohnmacht, keine Angst mehr. Einfach nur Frieden und jeden so sein lassen können, wie er eben ist. Meine Grenzen wahren und auch zeigen. Für mich sorgen und dennoch Kontakt haben. Und wenn ich so darüber nachdenke, kommen mir schon wieder die Tränen. Ihr könnt euch vielleicht vorstellen, welch riesen Erfolgserlebnis das für mich darstellt. So lange habe ich gesucht, hinterfragt, in mein Innerstes geschaut. Immer wieder habe ich mein inneres Kind besucht, meine angestauten Emotionen durchfühlt, mit ihnen gesprochen und sie da sein lassen, bin meinen Familienmitgliedern in Meditationen begegnet. Und nun zeigt sich auch hier: Das ist der richtige Weg! So geht es! Es zeigt sich im Außen, was ich im Innen geleistet habe! Ein unbeschreibliches Gefühl! Stolz, Ehrfurcht, Dankbarkeit, Demut, all das erfüllt mich.

Und das waren noch lange nicht alle Ereignisse. Ich bin meiner Dualseele begegnet, ohne zu wissen, dass es sowas überhaupt gibt. Aber mich wundert so schnell nichts mehr. ;) Eine kurze, aber heftige, intensive und absolut aufschlussreiche Begegnung. Hier durfte ich lernen, dass ich alles, was ich wirklich brauche, in mir trage und auf niemanden angewiesen bin, um meinen Weg gehen zu können und meine Berufung zu leben. Ich merkte, dass ich bereits vollkommen und vollständig bin. Was Freundschaft für mich bedeutet und was sie wirklich ausmacht, konnte ich ebenfalls für mich definieren. Auch ein Prozess in 2014. Die Themen Fülle, Fluss des Lebens und Reichtum haben mich auch das ganze Jahr begleitet. Auch hier habe ich schon viel geheilt und verstanden, mich von alten Begrenzungen befreit und meine Ängste angenommen. Hier fühle ich, dass ich da in Kürze den Haken dranmachen kann. Eben alles zu seiner Zeit. Ich werde berichten.

Es macht mich sprachlos, wenn ich so zurückdenke und feststelle, dass das alles wirklich nur in einem Jahr passiert ist. Die Ereignisse reichen fast schon für ein Leben. Und auch diese rasante Entwicklung, diese Schnelligkeit und die Fähigkeit all diese Neuerungen verarbeiten zu können, macht mich absolut dankbar! Ich danke diesem wundervollen System "Universum", in dem wir leben. Ich danke meiner wundervollen Seele und ich danke mir, für meinen Mut und meine Ausdauer! Die Zusammenhänge und Gesetzmäßigkeiten hier in diesem Leben sind einfach nur grandios. Da hatte jemand richtig Ahnung, als er sich das ausgedacht hat. DANKE!!!

Für 2015 gilt deshalb wieder einmal und noch mehr als je zuvor: Ich höre auf mein Herz. Ich folge meiner Seele. Ich schaue mir an, was sich mir zeigt. Ich bin achtsam, liebevoll mit mir und anderen und tue in jeder Sekunde das, was dran ist. Ich freue mich auf alles, was kommen mag, auf meinen Weg, von dem ich nicht weiß wohin er führt, nur dass ich ihn gehe und dass er goldrichtig ist. Und selbstverständlich versuche ich, nicht wieder meinen Blog zu löschen. Mal sehen, ob mir das 2015 gelingt. ;)

Fühlt euch umarmt und geherzt! Ich wünsche mir für das neue Jahr, dass immer mehr ihren Weg gehen und auf ihr Herz vertrauen! Ich kann nur sagen, das lohnt sich so dermaßen, dass ich es gar nicht in Worte fassen kann.

Herzensgrüße von mir
die Anja

Samstag, 31. Januar 2015

noch mehr Heilung

Gestern ist etwas ganz Wundervolles geschehen. (Mal wieder ;)) In einer Meditation hat mal wieder plötzlich etwas Sinn gemacht, was ich mir über Monate nur spärlich erklären konnte. Es fand etwas einen krönenden Abschluss, was ich schon lange bearbeitet habe und mir immer wieder angeschaut habe. Und wieder wurde ich für all die Mühe belohnt, für meine Geduld und meine Ausdauer, für meine Beharrlichkeit und meine Bereitschaft, in allem einem tieferen Sinn zu sehen.

Seit August letzten Jahres macht sich mein rechtes Knie immer wieder bemerkbar. Angefangen hat es nach einer längeren Wanderung. Das Knie schmerzte und ich hatte das Gefühl, keinen rechten Halt mehr zu haben. Nach ein paar Tagen Ruhe und Schonen schien es wieder in Ordnung. Doch immer, wenn ich nun längere Strecken gelaufen bin, fing es wieder an zu Schmerzen. Ich „kam nicht mehr weit“, konnte „meinen Weg nicht gehen“. Ich versuchte selbstverständlich, immer wieder Kontakt mit meinem Knie aufzunehmen, das Thema dahinter zu erkennen. Aber ich schien nicht so richtig ranzukommen. In den Büchern, die ich über Krankheitsdeutung habe (Ruediger Dahlke – Krankheit als Sprache der Seele; Louise L. Hay – Gesundheit für Körper und Seele), stand, dass das Knie ganz viel mit Demut zu tun hat (demütig in die Knie gehen, Demütigungen in Demut verwandeln), weiterhin steht da zu lesen, dass der Oberschenkel für die Familientradition steht, für die Familiengeschichte und der Unterschenkel für den eigenen Weg. Das Knie dazwischen ist die Verbindung dieser beiden Aspekte und somit auch die Stelle, die sich bemerkbar macht, wenn es zwischen dem eigenen Weg und der Familientradition Spannungen gibt. Das machte für mich alles Sinn. Und dennoch hatte ich noch nicht das Gefühl, dass der Groschen gefallen ist. Ich hatte auch nicht den Impuls, zum Arzt zu gehen. Wenn ich mich in mein Knie einfühlte, dann kam es mir so vor, als ob eine Fehlstellung/Verrenkung da wäre und das Außenband dadurch bei längerer Belastung gereizt wird. Ich sah ein Bild, dass dies Auswirkungen auf meine Hüfte und auch auf den Nacken hatte.

Im November dann, bei einem weiteren Versuch, das Thema zu erkennen, kam das Bild, dass in meinem Knie ein Messer steckt. Meine Mutter hatte es dort „platziert“. Sie wollte nicht, dass ich „gehe“. (Wir hatten zu der Zeit keinen persönlichen Kontakt, da ich immer noch dabei war, mir meine Themen bezüglich meiner Ursprungsfamilie anzuschauen.) Das Messer konnte ich herausziehen. Sehr einfach sogar. Nur die Spitze blieb stecken und ich merkte, dass ich daran auch erst mal nichts ändern konnte. Das war noch nicht dran. In der Meditation konnte ich ihr das Messer auch zurückgeben. Vorher hatte sich das Messer noch in eine Blume verwandelt, mit dem Hintergrund, dass sie nicht nochmal auf die Idee kommt, das Messer anderweitig einzusetzen. ;) Sie war zwar nicht sehr begeistert, aber sie ließ es zu und nahm die Blume an sich.

Ein paar Tage nach dieser Meditation wurde mein Knie wieder eingerenkt, durch „Zufall“. Ich saß auf dem Sofa, hatte die Beine lang ausgestreckt und Wolfgang wollte drübersteigen und aufstehen. Dabei gab er versehentlich sehr viel Gewicht auf mein Bein und es knackte einmal ordentlich im Knie, genau auf die Art und Weise, wie ich immer fühlte, dass es knacken müsste, damit es wieder richtig wäre. Ich musste echt herzlich lachen, weil das so eben mal „nebenbei“ passiert ist. Nachts im Bett bekam ich dann Schmerzen in der Hüfte und am Tag danach im Nacken. Es fühlte sich so an, als ob jetzt wieder alles an Ort und Stelle wäre und sich die Verspannungen durch die Fehlstellung lösen würden. Die Schmerzen in Hüfte und Nacken waren auch schnell wieder vorbei und beim Laufen hatte ich auch plötzlich wieder Halt im Knie. Allerdings war es bei längeren Strecken immer noch so, dass das Knie anfing weh zu tun. Das Thema war also noch nicht abgeschlossen. Natürlich schaute ich in Meditationen immer wieder nach dem Knie, aber ich merkte, dass da gerade nichts zu machen war. Also ließ ich es, wie es war...

Gestern hatte ich dann endlich den Impuls, da nochmal hinzuschauen. Ich ging innerlich mit meinem Blick in das Knie. Das Außenband erregte sofort meine Aufmerksamkeit. Es sah aus, als ob es auf Höhe der Kniescheibe dünn gescheuert wäre. Dann habe ich geguckt, wo es denn reibt und sah einen spitzen, scharfen Gegenstand. Erst sah es so aus, als ob es ein gesplitterter Knochen wäre, doch bei genauerem Hinsehen erkannte ich, dass es sich um die Messerspitze handelte, die ja damals steckengeblieben ist. Schon als ich gestern mit dieser Meditation anfing, hatte ich sofort das Gefühl, dass es etwas Bedeutendes passieren würde. Ich merkte, dass etwas hochkam, in Fluss kam und mir kamen sehr schnell die Tränen. Bei mir ein sicheres Zeichen dafür, dass sich was löst und klärt. Da saß ich also und hatte diese Messerspitze entdeckt. Ich wollte sie entfernen, doch das ging nicht gleich. Also wartete ich etwas ab und ließ es einfach noch so. Und plötzlich ging es. In dem Moment, in dem sich die Messerspitze löste, ging ein riesen Ruck durch meinen Körper, wie wenn explosionsartig etwas nach außen gedrungen wäre, wie wenn sich etwas Luft gemacht hatte. Ich hatte nun diese Messerspitze in der Hand und sah sie an. Ich fragte, was diese Messerspitze symbolisiert und da fing alles an, mir wie Schuppen von den Augen zu fallen. Die Messerspitze stand für all die „Spitzen“, die ich als Kind eingesteckt habe, für all die Demütigungen, die ich empfunden habe, für alle Verletzungen, die ich erfahren habe. Und mit diesem Wissen begann sich die Messerspitze in eine Art Verband zu verwandeln, den ich um die dünn geriebene Stelle an meinem Außenband legen konnte. Ich konnte mit der verwandelten Messerspitze mein Knie wieder heilen. Das, was mich verletzt hat, war auch in der Lage, mich wieder zu heilen.

Die Demütigungen verwandelten sich in Demut, denn ich begriff plötzlich, dass alles, was ich als Kind an Verletzungen erlebt habe, die beste Vorbereitung auf meine jetzige Arbeit waren, auf meinen Weg, auf mein wahres Wesen. Es ist die beste Basis und die beste Schule, die ich mir nur wünschen konnte. Wie könnte ich den Menschen besser helfen, als mit eigenen Erfahrungen. All die Klarheit, mit der ich die Zusammenhänge und Verstrickungen zwischen Klienten und deren Eltern sehen kann, verdanke ich nur meiner eigenen Erfahrung, meinen eigenen Erlebnissen, meiner Vergangenheit. Und plötzlich war auch der Hintergrund von meinem Knie sonnenklar. Die Spannungen, die ich tatsächlich zwischen der Familiengeschichte und meinem eigenen Weg gefühlt habe, dieses Gefühl von „ich bin anders und muss mich schützen und befreien“, drückten sich in diesem Schmerz aus. Diese gedankliche Spannung war auf einmal weg, denn ich erkannte, dass sich das alles gar nicht widerspricht. Das sind keine zwei Magneten die sich abstoßen, sondern vielmehr ist unsere Familiengeschichte und meine Vergangenheit das wunderbarste Fundament, auf dem ich jetzt gehen kann, das ich mir für meinen eigenen Weg nur wünschen kann. Als mir das klar wurde, legten in dieser Meditation meine Eltern heilend ihre Hände auf mein Knie und es floss unendlich viel Liebe. Ich wusste, dass diese Wunde nun heilen kann. Ihr könnt euch vielleicht vorstellen, wie sehr ich weinen musste. Zum ersten Mal sah ich meine Eltern als das, was sie wirklich sind: Zwei wunderbare Seelen, mit denen ich mich verabredet habe, damit sie mich auf perfekte Art und Weise auf meinen eigenen Weg vorbereiten und mich durchströmte unendliche Liebe, Dankbarkeit und Demut. Für meine Eltern, für diese liebevollen, großartigen Seelen, die sie sind, die sich auf einer höheren Ebene dafür bereit erklärt haben, mir diese ganzen Verletzungen „anzutun“, für dieses wunderbare, perfekte System, in dem wir hier leben. Da fiel mir der eine Satz wieder ein, den Gott in der Geschichte „Eine kleine Seele spricht mit Gott“ gesagt hat: "Denke stets daran", hatte Gott mit einem Lächeln gesagt, "ich habe dir immer nur Engel geschickt!" Und so ist es auch. Manchmal dauert es einfach, bis einem das wieder bewusst wird und man es wirklich fühlen kann.

Wenn ich heute mein rechtes Bein anschaue, dann sehe ich kein gebrechliches Etwas mehr, mit dem ich nicht weit komme und das ich nicht belasten kann. Wenn ich heute mein Bein anschaue, dann sehe ich ein wundervolles, kraftvolles Gebilde mit einer perfekten, robusten Basis als Oberschenkel (die Familiengeschichte) und einen agilen, wendigen Unterschenkel (meinen Weg), die beide absolut im Knie harmonieren und mit dem ich perfekt MEINEN Weg gehen kann. Meinen Weg mit einer Familiengeschichte, die mir den Rücken stärkt und mir alles gegeben hat, was ich für meine eigene Geschichte brauche!

Ich verneige mich in Demut vor all meinen Vorfahren, vor meinen Eltern und all den wunderbaren Seelen, die mich für meinen Weg vorbereitet haben.

Herzensgrüße von mir!
Anja

Donnerstag, 16. April 2015

Alles beginnt mit dem ersten Schritt...

Irgendwann muss man halt auch einfach mal anfangen, oder? ;) Den Blog angelegt hab ich schon vor Wochen, geschrieben irgendwie noch nichts. Und dabei hab ich so viel zu sagen, zu erzählen, mich bewegt so viel, das ich teilen möchte. Den eigenen Weg gehen, das hört sich immer so einfach an. Ich selbst sein und mein Ding machen. Dabei finde ich, könnte es kaum etwas geben, das schwieriger ist. Für mich war es immer wieder eine große Herausforderung, manchmal ist es das noch. Dabei bin ich schon so weit gegangen, hab meine persönliche Hölle durchlebt und es überstanden und bin schon ganz schön nah bei mir und meinem wahren Wesen. Wirklich, ich hab die letzten Jahre echt geackert und mich ganz der Selbstfindung und Selbstwerdung gewidmet. Dennoch gibt es immer wieder Herausforderungen beim "ich selber sein". Sie werden kleiner, leichter. Generell wird alles immer leichter. Gott sei

Dank! ;) Doch! Es lohnt sich schon wirklich, diesen Weg zu gehen. Und ich kann es nur jedem empfehlen.

Für mich ist klar, warum ich hier auf dieser Erde, in diesem Leben bin. Da gibt es keinen Zweifel. Ich weiß, dass ich irgendwann, wenn ich richtig alt bin, aus meinem gesunden Körper gehen kann mit dem Wissen, dass ich alles richtig gemacht habe, dass ich mein Ding gemacht habe. Ich weiß, dass ich auf ein erfülltes, glückliches Leben voller wunderbarer Erfahrungen zurückblicken werde. Ich kenne dieses Gefühl, mit dem ich zurückschauen werde. (Diese Situation habe ich mal in einer Meditation erlebt. Meditieren ist mir ziemlich heilig. Da hab ich schon echt krasse Dinger erlebt. Aber dazu später mehr...) Dieses Leben ist für mich dafür da, dass ich all meine alten Wunden heile, alles, was nicht meinem wahren Wesen entspricht, ablege und voll und ganz ich selbst bin. In diesem Leben entdecke ich all meine Potentiale, entfalte mich immer mehr und schwinge mich immer wieder zur nächsthöheren Version meiner höchsten Vision auf. Ich glaube, dass wir genau dafür hier sind. Also ich schon mal auf jeden Fall. ;)

Ich möchte hier erzählen, was ich schon alles erlebt habe, wie ich mit meinen Themen umgehe, wie ich zu mir gefunden habe, was ich glaube über das Leben, über mich, über die Zusammenhänge, über Gott. Das Leben ist so spannend und so wundervoll! Dieses System in dem wir Leben ist einfach nur der Hammer und ich staune so oft über die vielen Zahnrädchen, die so perfekt ineinandergreifen. WOW!

Da ich immer wieder merke, wie sehr es Menschen hilft, wenn ich mal ganz offen erzähle, was mich wirklich bewegt, wenn ich offen ausspreche, was andere vielleicht nur denken, und ich das auch wirklich gerne teile, lag die Idee mit dem Blog natürlich nahe. Ich hatte auch schon mal so eine Blogfunktion auf meiner alten Homepage. Leider habe ich allen Inhalt in einem Moment der Unachtsamkeit jelöscht. War alles wech, ohne Vorwarnung. Daher dachte ich, dass ich es hier nochmal versuche, mit einem externen Blog quasi. Mal sehen, ob ich es auch hinbekomme und hier auch ältere Texte teilen kann. Ist ja nicht so, dass ich vorher noch nie was von meinen Gedanken aufgeschrieben hätte. ;)

Auf was ich mich hier einlasse und wem ich so alles "begegnen" werde, kann ich noch gar nicht einschätzen. Was ich mir aber wirklich wünsche ist, dass ich Menschen mit meinen Geschichten, Gedanken und Gefühlen berühren kann, dass ich Mut machen kann, auf sein Herz zu hören und wirklich ganz und gar sein Leben zu leben. Ich weiß, wie schwer es sein kann, ich kenne die Durststrecken, die Stolpersteine und Herausforderungen. Aber ich weiß auch und erlebe es jeden Tag, wie sehr es sich lohnt, sich alte Wunden anzuschauen, Verletzungen zu heilen, negative Gefühle zuzulassen und auszuhalten, abgelehnte Persönlichkeitsanteile wieder zu integrieren und zu lernen, sich selbst zu lieben, so wie man eben gerade ist und da, wo man eben gerade steht. Mein Leben wird jeden Tag reicher, leichter, schöner, intensiver, tiefer, friedvoller und harmonischer. Ich liebe die heiligen Momente, in denen ich ganz bei mir bin, völlig zentriert und mich selbst erleben kann. Ich genieße diese tiefe Ruhe, die Freude am Sein und das unendliche Vertrauen in dieses unbeschreiblich großartige Leben. Das alles möchte ich mit euch teilen. Darauf freue ich mich!

Herzensgrüße von mir und bis ganz bald
die Anja

PS: Ich hoffe, ich finde noch eine Möglichkeit, mich hier noch ausführlicher vorzustellen. Mal sehen, ob ich im Profil dazu was sehe...

Dienstag, 21. April 2015

Selbst-bewusst-sein

Wie ihr bestimmt schon gemerkt habt, hab ich mal ganz tief in meiner Schatzkiste gegraben und viele Texte aus der Vergangenheit hier eingestellt. Wirklich interessant, was sich da so alles an Kostbarkeiten angesammelt hat. Und ich wühle immer noch und finde und finde...

Gerade ist mir ein Text über Selbst-bewusst-sein in die Hände gekommen. Den will ich euch natürlich nicht vorenthalten. Entstanden ist er vor ziemlich genau 3 Jahren. Unfassbar...

Selbst-Bewusst-Sein

Selbstbewusstsein... für viele ein Begriff, der für sicheres Auftreten, Authentizität und Souveränität steht.

Selbstbewusst sein... für viele eine erstrebenswerte Eigenschaft.

Ich verstehe Selbstbewusstsein als eine Haltung, die Tatsache **sich seiner selbst bewusst zu sein**. Ein klares Verhältnis zu sich als Mensch zu haben, zu seinem Körper, zu seinem Geist, zu seiner Seele. Bewusst Entscheidungen treffen, bewusst leben, bewusst kommunizieren mit sich und anderen.

Entspannungsübungen, Körperwahrnehmungsübungen und Achtsamkeitstraining befassen sich mit dem Körper. Wie geht es mir gerade? Was passiert in meinem Körper? Was braucht mein Körper? Den Körper bewusst wahrnehmen, bewusst behandeln, ein Gefühl für sich bekommen.

Mentaltraining, der Glaube, befasst sich mit dem Geist, unseren Gedanken, Glaubenssätzen und deren unglaubliche (Aus)Wirkung.

Beide Bereiche zusammen führen mich direkt zu meiner Seele, dem Wegweiser in meinem Leben.

Wer im Inneren klar ist, ist auch im Äußeren klar. Wer sich gut kennt, weiß, wer und was er ist, was er von sich und dem Leben denkt, der kann dies auch ausstrahlen. Der ist authentisch, sicher, souverän.

Bring dich selbst zum Strahlen, zum Ausstrahlen.

Dienstag, 21. April 2015

Was mir meine Krankheit geschenkt hat

Es ist hier ja nicht zu überlesen, dass ich ein ziemliches körperliches Knock-Out erlebt habe. Meine Galle und mein Bauch im Allgemeinen haben mir so einige Herausforderungen gestellt. Im Laufe der Zeit habe ich alles notiert, was ich aus der Krankheit alles gelernt habe und erfahren durfte. Hier eine Liste der wundervollen Geschenke:

- Ich darf das Leben in vollen Zügen genießen. (Die Galle ist auch ein Genussorgan. Sie hilft bei der Verdauung von Dingen, die ich "genossen" habe.)
- Mein Bauchgefühl ist der einzig richtige Wegweiser. Ich folge ihm, egal ob logisch oder unlogisch.
- Ich darf auch giftig sein. Die Wut will fließen. (sprichwörtlich "Gift und Galle spucken" - die Galle steht auch für die Wut)
- Ich tue die Dinge um der Dinge Willen und nicht um zu... (z.B. um etwas zu erreichen oder zu vermeiden) Ich wende Kraft auf, ohne dass es vielleicht immer gleich Sinn macht, sondern einfach, weil es Spaß macht. (Das haben mich die vielen Krämpfe gelehrt, die ich immer wieder hatte. Bei einem Krampf wird oft völlig "sinnlos" ganz viel Kraft aufgewendet, ohne ein Ziel zu verfolgen. Diesen Aspekt durfte ich in mein Leben integrieren. Kraft aufwenden, einfach aus Spaß an der Freude.)

- Das JETZT ist der einzig wichtige Moment.
- Jeder trägt prinzipiell alles in sich, um sich selbst zu heilen.
- Mein Körpergefühl und das Vertrauen in mich sind ins Unermessliche gewachsen.
- Ich habe mich ausführlich mit Quantenphysik, Geistheilung und den Zusammenhängen zwischen Körper und Seele befasst.
- Auch das Nichtstun hat seine Berechtigung. Das durfte ich lernen und wieder in mein Leben integrieren, mich mit dem abgelehnten Anteil des faul seins befassen.
- Ich habe mich von vielen alten Begrenzungen und Glaubenssätzen lösen können.
- Ich habe gelernt mit meinen negativen Gefühlen umzugehen und sie anzunehmen. Sie haben einen Platz bekommen und dürfen sein.
- Ich habe ein hervorragendes Gefühl für mich, meinen Körper und das, was ich gerade brauche und mir guttut, entwickelt.
- Ich habe gelernt Verantwortung für meinen Körper zu übernehmen und begriffen, dass wir keiner Krankheit einfach so ausgeliefert sind, dass keine Krankheit einfach so kommt. Mir wurde das Wesen des Schöpfers verdeutlicht.
- Mein Leben ist auf die Art und Weise wie ich denke, zurückzuführen.

Das alles hab ich durch die Beschäftigung und Auseinandersetzung mit meiner Krankheit gewonnen. Seither schaue ich mir jedes körperliche Symptom sehr genau an und blicke hinter die Kulissen. Es lohnt sich jedes Mal wieder und hilft mir, mir noch näher zu kommen und noch mehr ich zu werden.

Auch aus Steinen, die einem in den Weg gelegt werden,
kann man Schönes bauen!
Johann Wolfgang von Goethe

Dienstag, 21. April 2015

Wie mich meine Gefühle ins Paradies führten

In Meditationen begegne ich so ziemlich allem, was sich zeigt und schaue mir an, auf was mich meine Seele aufmerksam machen möchte, was die positive Absicht dahinter ist. Seien es negative Gefühle, körperliche Symptome, hinderliche Glaubenssätze. So habe ich mir auch meine Wut und die Ohnmacht in einer Meditation angeschaut. In den meisten Fällen nehmen solche Aspekte in Meditation Gestalt an, so auch damals. Was dabei geschah, bewegte mich so sehr, dass ich es einer lieben Freundin am Tag danach (18.02.2013) in einer Email beschrieb. Hier die Nachricht:

„Meine Gefühle haben mich gestern ins Paradies geführt... Meine Wut eine Katze, die ich auf dem Arm hatte, meine Ohnmacht ein Schimpanse. Der nahm mich an die Hand und führte mich an einen Abgrund, von dem man eine atemberaubende Aussicht auf das Paradies hatte. Als ich erkannte, dass es das Paradies ist, kletterte das Äffchen an mir hoch, drückte mich fest und liebevoll und sagte: „Schau, deine Gefühle haben dich ins Paradies geführt!" Dann gingen wir zurück in meinen inneren Raum und die beiden verabschiedeten sich von mir. Ich bräuchte sie jetzt nicht mehr. Sie gingen und kamen gleich darauf wieder. Sie hatten alle meine Anteile mitgebracht, alle meine Gefühle, alles, was mich ausmacht. Und sie stellten sich alle im Kreis um mich herum und sagten: „Das sind alle deine Aspekte, alle deine Anteile. Das bist du und du bist jetzt wieder komplett. Du hast dir alles angeschaut und alles angenommen." Und dann nahm ich all diese Anteile in mir auf und ich spürte Liebe, unendliche Liebe und Dankbarkeit.

Dann stand ich wieder am Abgrund, unter mir das Paradies und ich wusste: „Ich kann springen. Mir passiert nichts. Mut zum freien Fall und Vertrauen, dass ich gefangen werde!" Und so war es. Ich sprang und landete sanft und sicher. Und da stand ich im Paradies, fühlte Fülle, Liebe, Dankbarkeit, Vertrauen und das Wunder des Lebens. Ich fragte:

"Wie finde ich denn jetzt den richtigen Weg?" Und vor mir tat sich ein roter Faden auf dem Weg auf. Und mir wurde gesagt, dass ich den Weg nie verfehlen kann. Der rote Faden ist immer da und mein Bauchgefühl führt mich. Es kann nichts schiefgehen. Und plötzlich waren da alle Engel und alle Geistwesen, die ich je um Hilfe gebeten habe und die mir je geholfen haben. Sie waren alle da und sagten mir: "Wir waren immer für dich da und wir werden immer für dich da sein. Du bist nie alleine."

Kannst du dir vorstellen, wie ich bei und nach der Meditation geweint habe? Ich bin immer noch voll davon und fühle eine Sicherheit und Gewissheit für das Leben, wie ich sie noch nie hatte. Da ist ein Vertrauen in mich und ein so fester Glaube an all diese Botschaften, ein tief gefühltes Wissen, dass Worte nicht mehr ausreichen. Und dann sitz ich da und versuche, etwas davon zu Papier zu bringen und dann ist da plötzlich der Satz: „ICH BIN FREI!!!""

Wie sich herausstellte, haben einige meiner Erkenntnisse aus Meditationen einen hellsichtigen Aspekt, denn was ich manchmal erfahren und erlebt habe, manifestierte sich erst Wochen oder Monate später in meinem Leben. Es war quasi eine Heilmeditation mit Vorausschau. Ein absolut heiliger Moment in meinem Leben. Einer von vielen...

Montag, 27. April 2015

Wozu wir hier sind

Wir sind nicht geboren, um zu kämpfen. Wir sind nicht geboren, um ein Leben zu führen, das nur ab und zu ein paar Glücksmomente für uns bereithält. Wir sind nicht dazu geboren, uns fünf Tage die Woche mit unserer Arbeit zu quälen, um uns mit ein paar flüchtigen Augenblicken der Freude am Wochenende zufriedenzugeben. Wir sind nicht geboren, um auf Sparflamme zu leben und uns am Ende des Tages erschöpft zu fühlen. Wir sind nicht geboren, um uns Sorgen zu machen oder Angst zu haben. Wir sind nicht geboren, um zu leiden. Wir sind nicht geboren, um mit irgendetwas irgendwie unseren Lebensunterhalt zu verdienen. Wir sind nicht geboren, um andere zufriedenzustellen, deren Erwartungen zu erfüllen oder uns möglichst gut anzupassen.

Worauf kommt es denn dann wirklich an in unserem Leben?

Wir sind dazu bestimmt, das Leben in seiner Fülle auszuschöpfen und alles zu haben, nach was sich unser Herz sehnt, nach dem wir aus tiefster Seele streben. Wir sind dazu bestimmt all unsere Fähigkeiten und Potentiale zu entdecken, auszuschöpfen und uns immer weiter zu entfalten, zu wachsen und uns jeden Tag neu zu entdecken. Wir sind hier, um ein Leben voller Freude, Erfüllung, Begeisterung, Gesundheit, Vitalität und Liebe zu leben. Wir sind hier, um Erfahrungen zu sammeln und um uns zu erinnern, wer wir wirklich sind!

Und von all dem, sind wir in jedem Moment nur einen Gedanken entfernt!!!
(in Anlehnung an einen Auszug aus „The Power" von Rhonda Byrne mit Ergänzungen von mir)

Dienstag, 28. April 2015

Wenn man beginnt seinen Weg zu gehen...

Wenn man beginnt seinen Weg zu gehen, dann steht da irgendwie kein Stein mehr auf dem anderen. Vieles, was bisher völlig in Ordnung war, geht plötzlich nicht mehr, du weißt aber auch noch nicht genau, wie es anders aussehen könnte und soll. Umbruch halt. Zwischen den Welten... Nicht mehr das und noch nicht das andere. Oh Gott, wie oft war ich am Zweifeln, ob jetzt ich der Geisterfahrer bin oder alle anderen. Wie oft habe ich versucht, mich so gut wie möglich anzupassen. Frei nach dem Motto: Stell dich doch nicht so an! Aber das wollte ich auf Dauer einfach nicht. Warum sollen denn alle anderen so sein dürfen, wie sie eben sind und offen ihre Meinung und ihre Einstellung aussprechen dürfen und ich nicht, nur weil meine Meinung abweicht? Warum muss ich mich anpassen und nicht die?

Das waren alles so Fragen, die ich mir irgendwann gestellt habe. Wie oft habe ich mich verunsichern lassen und wieder aus meiner Mitte schubsen lassen, wenn ich Gespräche über die Rente oder über den anstrengenden Alltag, über Geldverdienen und sich anstrengen müssen verfolgt habe. Wie schnell habe ich an mir gezweifelt, ob ich mir denn nur einbilde, dass das Leben einfach sein soll. Ob es nur Wunschdenken ist, dass für mich gesorgt ist und ich einfach meinem Herzen folgen kann. Wie oft habe ich mich geschämt, dass ich mich eben nicht anstrengen will, dass ich es einfach will, dass ich mich nicht jeden Morgen aus dem Bett quälen will, dass ich ganz viel Freiheit brauche, um meine innere Stimme zu hören, dass ich mich nicht mehr betrinken möchte und damit meine Sinne vernebeln. War ich langweilig? Spießig? Hatte ich zu hohe Ansprüche? War ich zu empfindlich und zu weich für diese Welt? Machte ich mir was vor? Konnte ich mich wirklich selber heilen? Oder würde irgendwann das böse Erwachen kommen? Würde irgendwann der Moment kommen, in dem sich rausstellt, dass ich einem Trugbild, einem Wunschtraum aufgesessen bin?

All die Fragen habe ich mehr als einmal gewälzt und an mir gezweifelt. Und jede Begegnung, die diese Zweifel in mir ausgelöst hat, hat mich im Nachhinein stärker gemacht und wachsen lassen. Denn es war immer wieder ein Schritt zu mir. Ich habe mich jedes Mal wieder aufs Neue für MEINEN Weg entschieden, denn es gab keine Alternative. Ich wusste zwar nicht, wie mein Weg aussehen würde, aber ich wusste ganz genau, dass ich das, was ich von den anderen sah, was mir der größte Teil der Gesellschaft vorlebte, nicht wollte. Also hab ich mich für mich und das große Unbekannte entschieden. Jedes Mal wieder! Und soll ich dir was sagen? Ich würde es wieder tun. So hart das war und so oft ich auch verunsichert war, heute kann ich dir sagen, es war mehr als goldrichtig. Ich habe immer noch nicht alle Puzzleteile zusammen, aber ich habe so viele positive Erfahrungen gemacht, dass ich das jetzt gut aushalten kann. Mein Vertrauen in das Leben ist ins Unermessliche gewachsen. Da gibt es keine Zweifel mehr. Es stellt sich nicht die Frage ob, sondern lediglich wann z. B. ich mein Buch schreibe, ich alle alten Wunden geheilt habe, mein Konto überfließt. ICH WEISS DAS ALLES! Das ist so! Da gibt es nichts mehr zu zweifeln. Und mit diesem Wissen gestalte ich das Morgen. So "einfach" ist das. Wissen schafft Erfahrung und nicht umgekehrt.

Ich merke auch, dass ich andere immer besser so sein lassen kann, wie sie sind, umso mehr ich bei mir ankomme. Umso mehr ich mir meiner selbst bewusst bin, umso mehr ich weiß, wer ich wirklich bin. Ich fühle mich nicht mehr angegriffen, habe nicht mehr das Bedürfnis, mich verteidigen oder rechtfertigen zu müssen. Es gibt keine Aussagen mehr, die mich verunsichern oder zweifeln lassen. Da sind nur noch das Wissen und die Gewissheit, dass hier alles ganz perfekt und wie am Schnürchen für mich läuft, dass alles immer einfacher und leichter wird und dass ich jeden Tag wachsen kann. Die Evolution geht immer nach vorne! Ich bin auf meinem Weg und das ist alles, was zählt. Wo er hinführt? Zu mir! Wie es da ist? Herrlich! Mehr muss ich doch nicht wissen, oder?

Ich wünsche dir ganz viel Mut und Erfolg und Durchhaltevermögen auf deinem Weg!

Freitag, 1. Mai 2015

Der Schlüssel zur Freiheit

Heute hat sich wieder etwas gelöst! Ich bekam den Schlüssel zur Freiheit! Es gab so einige Puzzleteilchen, die dafür zusammengefügt werden wollten...

Die letzten Wochen habe ich mich sehr mit meinen vergangenen Leben beschäftigt und festgestellt, dass Unterdrückung oft ein Thema gewesen ist. Nicht das machen und leben können, was ich eigentlich wollte. Die Bedürfnisse und Ansprüche anderer über meine stellen. Als Frau dem Mann untergeben, als Kind den Eltern. Es gab wohl unzählige Situationen in meinen Leben, wo sich das gezeigt hat. Ich war aber nicht nur die Unterdrückte, sondern auch mal die, die unterdrückt hat. Ich habe also beide Seiten zur Genüge kennengelernt. Mal wurde ich von der Familie verstoßen, weil ich etwas getan hatte oder eine Überzeugung lebte, die Schande über die Familie gebracht hat, mal war ich diejenige, die ein Familienmitglied verstoßen hat. Thema war immer, dass jemand nicht so sein durfte, nicht so leben durfte, wie er es gerne hätte. Nicht frei sein durfte.

Anfang April in einer ruhigen Minute, nachdem ich Mandalas gemalt hatte, hatte ich das Bedürfnis noch etwas zu malen. Irgendwas wollte raus. Also nahm ich einfach einen schwarzen Buntstift und meinen allzeit bereiten Block und fing an, das zu malen, was sich gerade zeigen wollte. Die Gestalt einer Frau begann, sich zu formen. Erst dachte ich, es wäre eine Massai, die durch Wüstensand lief, den Wasserkrug auf dem Kopf. Doch beim Weiterzeichnen stellte sich heraus, dass die Frau im Wasser stand, das Gesicht bekam einen Schleier, am Ufer stand Schilf, im Hintergrund entstand ein orientalischer Palast. Die Frau blickte mir direkt in die Augen. Da war eine intensive Verbindung. Am selben Abend begann ich, ein neues Buch zu lesen. Es handelt von Ägypten nach dem 2. Weltkrieg bis heute. Darin ist von orientalischen Palästen die Rede, von verschleierten Frauen, die zum Nil gehen, um Wasser zu holen. Es handelt von verstoßenen Frauen, die Schande über die Familie gebracht haben, von Frauen, die ihrem Mann Untertan sind und das Haus nicht verlassen dürfen. Ich staunte nicht schlecht. Die Frau, die ich kurz vorher gemalt hatte, symbolisiert all das und all das habe ich schon erlebt. Ich weiß es einfach.

Einige Tage später überkam mich eine unbändige Wut. Wie aus dem nichts war sie einfach da. Ich spürte nach wo sie herkam. Es gab kein aktuelles Ereignis, auf das sich die Wut bezogen hätte. Und plötzlich war da das Wort "Unterdrückung" in meinem Kopf. Es war all die Wut und die Ohnmacht, die ich in all den Leben erlebt hatte. Sie kam ins Fließen und wollte raus. Wie so oft, wenn ich mit der Wut zu tun habe, lasse ich sie wirklich raus, nehme ein Sofakissen und verdresche im wahrsten Sinne des Wortes die Couch, schreie und tue das so lange, bis nichts mehr kommt. Anfangs hat mich das ziemlich Überwindung gekostet. Mittlerweile ist es eine Wohltat und schon selbstverständlich. Es tut einfach gut, all meinen Emotionen Raum zu geben und sie bereitwillig zu fühlen. Nach diesem Ausbruch hatte ich wieder das Bedürfnis zu malen. Wieder entstand eine Frauengestalt und alles was mir an Gedanken in den Sinn kam, schrieb ich einfach dazu. Aber seht selbst:

Ich liebe es, aus all den Emotionen etwas zu erschaffen, damit schöpferisch umzugehen. Dieses Bild und die dazugehörigen Gefühle haben mich doch sehr fasziniert. Denn es fühlte sich so an, wie wenn diese Eindrücke nicht alle aus diesem Leben kamen und auch nicht alle meine sind. Es fühlte sich eher an wie eine Familiengeschichte, wie wenn ich diejenige wäre, die dieses Thema für mich und all meine Vorfahren löst. Da fiel mir das intensive Gespräch mit meiner Oma wieder ein, dass ich Ende März noch hatte. Ein wirklich berührendes, bewegendes Gespräch. Wie so oft habe ich einer Freundin davon geschrieben. Die Nachricht findet ihr hier:

„Meine Oma, also die Mutter von meinem Vater, ist das einzige Großelternteil, das ich noch habe. Von ihr habe ich so einige Themen "geerbt". (Gallensteine z. B. und alles, was dazugehört, Nervenschmerzen, Krämpfe, etc.) Ich saß bei ihr in der Küche und seit ich weiß, wie wichtig die Vergangenheit und die Familiengeschichte ist, frag ich sie natürlich immer Löcher in den Bauch. Also hab ich die Chance genutzt. Erst hab ich sie noch über meinen Opa und sein Leben ausgefragt und dann auch über ihr Leben. Einiges wusste ich schon und vieles ist mir dann auch wieder gedämmert. Meine Oma ist auf dem Bauernhof geboren, den jetzt auch meine Eltern bewirtschaften. Sie hat den Hof von ihrem Vater geerbt und hat eigentlich nie was anderes gesehen. Ihr Vater, also mein Uropa, war ziemlich krass drauf, sehr aggressiv, hat getrunken, seine Frau geschlagen und auch die Kinder und Enkelkinder. Muss wohl ein ziemliches Ekel gewesen sein. (Er ist gestorben, da war ich ein Jahr alt. Ich kenne ihn also nicht persönlich.) Er hat auch immer alle anderen ordentlich zum Arbeiten angetrieben. Meine Oma hatte noch eine Schwester und die mochte er noch weniger, als den Rest der Familie. Die hat ihre Schläge bekommen bis sie geheiratet hat und ausgezogen ist. Es gab mal eine Geschichte, da sollten meine Oma und ihre Schwester den Dachboden von einem Stall erneuern, weil der schon modrig war. Also sind die beiden hoch und weil das alles schon total hinüber war, ist die Schwester von meiner Oma durchgebrochen und runtergefallen. Die hätte gut und gerne tot sein können. Liebevoll wie mein Urgroßvater war, hat er ihr zusätzlich noch eine geschmiert, weil sie sich so doof angestellt hat. So war das da... Meine Oma meinte, dass es in ihr heute, mit fast 85 Jahren, noch voll drinsteckt, nicht stillsitzen zu können und immer was machen zu müssen, weil sie Zeit ihres Lebens immer von ihrem Papa angetrieben und getriezt wurde. (Ein Thema, das ich auch geerbt habe! Machen, machen, machen, müssen, müssen, müssen).

Eine andere Geschichte war folgende: Es war an einem Sonntag. Ihre Mutter hat in der Küche gestanden und Klöße gemacht. Ihr Vater war wohl den ganzen Morgen schon ziemlich scheiße drauf und nur am rummaulen. Da wurde es ihrer Mutter zu doof und sie hat einen rohen Kloß genommen und ihn ihrem Mann ins Gesicht geschmissen. Daraufhin ist er ihr natürlich nach und wollte sie schlagen. Meine Oma hat geistesgegenwertig einen Stuhl in seinen Laufweg geschoben, so dass er sie nicht gleich erwischt hat. Aber er hat die Verfolgung natürlich trotzdem aufgenommen. An dem Tag war wohl auch ein großes Fest im Dorf und meine Oma musste bedienen. Sie meinte, sie hat sich den ganzen Tag gefragt, ob ihr Vater ihre Mutter erwischt hat und wenn ja, ob sie noch lebt. Ihm war wohl auch zuzutrauen, dass er sie erschlägt. Ich finde das total krass, wenn man sich sowas als "Kind" fragen muss. Meine Oma meinte dann auch noch, dass ihre Mutter oft davon geredet hat, sich das Leben zu nehmen. Und meine Oma musste eigentlich immer damit rechnen, wenn ihre Mutter alleine in den Wald zum Holz machen ging, dass sie nicht mehr wiederkommt, weil sie sich aufgehängt hat. Und es kam wohl öfter vor, dass sie bei Einbruch der Dunkelheit immer noch nicht daheim war. Es ist zwar nicht passiert. Ich glaube, sie ist zu Hause eines natürlichen Todes gestorben, aber in dieser ständigen Angst zu leben, ist schon krass. Vor allem, wenn die Mutter eigentlich die einzige ist, mit der man sich gut versteht und die so gut es geht, zu einem hält. Der Vater meiner Oma hatte damals auch beschlossen, dass sie heiraten muss. Klar! Sie kannte meinen Opa gerade ein paar Wochen und hatte auch noch ein paar andere Jungs am Start (das war so witzig! Die hatte es echt faustdick hinter den Ohren!!!) und da hat mein Uropa beschlossen, dass jetzt geheiratet werden muss, weil er alt ist und den Hof übergeben will. Meine Oma meinte, sie hat die ganze Nacht geweint, weil sie noch nicht heiraten wollte, sie wollte noch was haben von ihrem Leben. Und da sitzt meine Oma mit fast 85 Jahren, erzählt mir von ihrem Leben und sagt dann: "Ach Anja, was hatte ich denn von meinem Leben?" Sie hat immer nur gearbeitet und es anderen recht gemacht. Das war echt bewegend. Und dann meinte ich zu ihr, dass ich eben nicht vorhabe, in ihrem Alter das gleiche sagen zu müssen. Dass ich mein Ding machen möchte. Dass jetzt einfach eine andere Zeit ist und das auch möglich ist. In dem Moment hatten wir echt eine Verbindung und sie konnte total verstehen, dass ich es anders mache. Irgendwie war es fast so, als ob ich ihre Erlaubnis und ihr Einverständnis für meinen Weg bekommen habe, das Einverständnis meiner Ahnen. Als wir uns dann am nächsten Tag verabschiedet haben, weil wir wieder gefahren sind, hab ich sie gedrückt (das hab ich irgendwie noch nie gemacht) und sie hat voll fest zurückgedrückt, hatte Tränen in den Augen und meinte: "Mach's besser!". Jetzt kommen mir schon wieder die Tränen. Das war echt der Hammer und sooo schön! Das war alles echt ergreifend!“

Bevor mir diese Geschichte wieder eingefallen ist, hatte ich das Thema Unterdrückung eigentlich fast nur auf meine früheren Leben bezogen. Wenn man aber so hört, was meine Oma erlebt hat, dann ist Unterdrückung wohl auch ein Thema meiner jetzigen Familie.

Und heute hat sich der Kreis geschlossen. Hingesetzt zum Meditieren habe ich mich, weil die letzten Tage ein Backenzahn ziept, der eigentlich schon gar keinen Nerv mehr hat. (Ich hatte mit Mitte zwanzig drei Zahnwurzelbehandlungen, die ich damals ganz unbewusst vom Zahnarzt behandeln ließ und mir das Thema dahinter nicht weiter angeschaut habe.) Und heute habe ich mit diesem Zahn Kontakt aufgenommen und ihn gefragt, auf was er mich denn aufmerksam machen möchte. Es zeigte sich in winzig kleines Männchen, so klein, dass es in den Zahn passte. Es war völlig erschöpft und sagte: "Das war aber anstrengend, dich auf mich aufmerksam zu machen!" Ich nahm es in meine Hand und es legte sich sofort hin, weil es so erschöpft war, schloss die Augen und schlief ein. Ich ließ es schlafen und drückte es liebevoll und schützend an meine Brust. Ich merkte, dass es meinen Schutz und meine Liebe brauchte, wie die Luft zum Atmen. Es hätte sonst nicht schlafen können. Während ich das tat verwandelte sich das kleine Männchen in ein kleines Kind, in mich mit ca. 5 Jahren. Nun hatte ich mein inneres Kind auf dem Arm und hielt es an mich gedrückt, während es schlief. Ich spürte förmlich die Erschöpfung. Es schien zum ersten Mal seit Jahren wirklich in Ruhe schlafen zu können, ohne auf der Hut sein zu müssen, ohne sich anstrengen zu müssen, ohne angespannt zu sein, ohne sich darum kümmern zu müssen, ob es die Bedürfnisse von anderen befriedigen müsste, ohne sich fragen zu müssen, ob es jedem gerecht wurde. Mir liefen die Tränen nur so, als mir klar wurde, wie anstrengend das als Kind war. Immer auf der Hut, immer in Hab-Acht-Stellung, immer angespannt, immer unter Strom. Mein inneres Kind wurde wach und konnte noch nicht ganz glauben, dass all der Druck und Stress jetzt vorbei sein sollten. Ich sagte ihm, dass es nun immer das machen könnte, was es gerade wollte, dass es niemanden mehr gab, der etwas von ihm wollte, dessen Bedürfnisse über seinen standen. Ich würde es beschützen und ihm ermöglichen, einfach es selbst zu sein. Es war frei und hatte trotzdem meinen Rückhalt. Das Kind freute sich und war über die Maßen erleichtert. Nun wurden das Kind und ich eine Person. Ich legte eine Corsage ab, die ich immer getragen hatte, eingeschnürt und viel zu eng. Dann legte ich noch einen schwer bepackten Rucksack ab. Alles Last, die ich jetzt nicht mehr zu tragen brauchte. Und während ich den Rucksack auf die Erde stellte, fand ich einen wunderschönen, goldenen Schlüssel. Ich nahm ihn in die Hand und wusste, das war der Schlüssel zur Freiheit! Suchend und mit Tränen in den Augen blickte ich mich nach der Tür um, zu der der Schlüssel passte. Dann merkte ich, dass ich in einem goldenen Käfig war mit all meinen Ahnen, die das gleiche Thema hatten und die nur darauf warteten, dass ich es jetzt für sie lösen würde. Ich steckte den Schlüssel in das Schloss der Käfigtür und öffnete sie. Dann drehte ich mich zu meinen Ahnen um und sagte: "Ich entlasse mich und euch, hier und jetzt und für alle Zeit in die Freiheit! Ich tue es für alle, die da waren und die da noch kommen werden!" Und dann schwebten alle Ahnen durch die Tür in die Freiheit. Auch ich ging durch diese Tür und fand mich auf einer sonnigen Wiese liegend wieder. Der Käfig stand neben mir, zur Miniatur geschrumpft. Ich lag da einfach nur, die Sonne im Gesicht und spürte Leichtigkeit und unendliche Freiheit! Ich konnte genießen und musste mir um nichts und niemanden Gedanken machen. Ich war ganz bei mir und mit mir und einfach nur zufrieden. Wunderschön!

Nach der Meditation saß ich noch ganz beseelt da und dachte darüber nach, was mir gerade passiert war. Und dann fiel es mir wie Schuppen von den Augen, was das Ganze mit meinen Zähnen zu tun hatte. Ruediger Dahlke spricht in seinem Buch "Krankheit als Symbol" davon, dass eine Zahnwurzelentzündung für einen Konflikt stehen kann, der bis an die Wurzel der eigenen Existenz geht. Den Konflikt, den ich sooo lange hatte, war der zwischen meinen eigenen Bedürfnissen und meinem Weg und zwischen dem, was andere von mir wollen und erwarten. Über viele Leben hinweg hatte ich diesen Konflikt und auch in meiner Familiengeschichte war das immer wieder Thema. Von diesem Konflikt konnte

ich mein inneres Kind heute befreien und ihm, mir und meinen Ahnen die Freiheit schenken!!!
Ich verneige mich wie so oft in Demut vor diesem wundervollen Leben!

Namaste!

Montag, 4. Mai 2015

Die Zahnheilung geht weiter...

Wie ich in meinem Artikel Der Schlüssel zur Freiheit schon beschrieben habe, erfordern meine Zähne derzeit Aufmerksamkeit und wollen geheilt werden. In der Meditation vom 01. Mai hat sich mir schon unheimlich viel gezeigt. Danach wurden die Beschwerden auch besser. Allerdings waren sie noch nicht ganz weg und ich darf mich noch weiter mit dem Thema auseinandersetzen. Was Aufmerksamkeit möchte, bekommt Aufmerksamkeit und den nötigen Raum. Also ran an das Thema...

Generell glaube ich ja, dass wir alle das Zeug dazu haben, uns selbst zu heilen. Hier höre ich völlig auf mein Gefühl und tue nur das, was sich richtig anfühlt. Bei meiner Galle hat das super funktioniert. Es hat gedauert und es wollte viel angeschaut werden, aber es gab Heilung und zwar auf allen Ebenen. Also klappt das bei den Zähnen auch. Punkt! ;)

Ich musste feststellen, dass die Überzeugungen bezüglich der Zähne noch ziemlich hinderlich waren. Zu sehr wurde mir (und wohl auch den meisten von euch) von Kindesbeinen an eingetrichtert, dass der Gang zum Zahnarzt unumstößlich ist, dass nur er hier "helfen" kann und wenn man da nicht hingeht, die Zähne fleißig vor sich hinfaulen. Wie dämlich ist das denn bitte? Nur weil ich nicht zum Zahnarzt gehe, faulen meine Zähne? Alles klar! Erfahrungsberichte über Selbstheilung von Zähnen findet man nur selten. Ich glaube, das liegt daran, dass die meisten nicht in Erwägung ziehen, dass das überhaupt möglich ist. Also diese Erfahrungsberichte findet man selten, ABER man findet sie. Es gibt sogar Erfahrungsberichte darüber, dass gesunde, dritte Zähne nachgewachsen sind. Und auch das halte ich für absolut möglich. Für das Universum ist nichts zu groß. (Interessante Links zum Thema Zähne findet ihr in meiner Linkliste auf meinem Blog.)

Der Gang zum Zahnarzt bei Beschwerden kann für mich also nicht das richtige Mittel sein. Denn alles, was er macht, ist, dass er das Erkrankte wegbohrt oder gar den entzündeten Nerv entfernt. Was habe ich denn davon? Das ist für mich genauso, wie ein erkranktes Organ einfach rauszuschneiden. Die Wurzel der Erkrankung habe ich deshalb noch lange nicht gefunden. So lange nicht mein Leben davon abhängt, bin ich der Meinung, dass eine OP nicht der richtige Weg ist. Zu sehr bin ich davon überzeugt, dass wir bei allen Erkrankungen, auch von Zähnen, unseren Teil dazu beitragen und ein Thema auf sich aufmerksam machen möchte. Was sich in meiner Meditation von neulich bezüglich der Zähne ja schon bestätigt hat. Und ich weiß auch, dass die Zähne so lange auf sich aufmerksam machen, bis ich mir wirklich alles angeschaut habe und alles erkannt habe, was es diesbezüglich zu erkennen gibt. Ich weiß, dass da wieder wundervolle Erkenntnisse für mich drinstecken und ich weiß, dass es den Moment gibt, wo auch hier Heilung auf allen Ebenen stattgefunden hat.

Allerdings muss ich auch sagen, dass ich anfangs ziemlich wütend auf meine Zähne war, als ob die was dafür könnten, dass sie "krank" sind. Ich fühlte mich ohnmächtig, weil ich noch keine Alternative zum Zahnarzt hatte. Dieses Gefühl kenne ich auch von meiner Gallengeschichte. Damals hatte ich das Gefühl, dass ich mutterseelenalleine dastehe und niemand mir helfen kann. So fühlte es sich auch jetzt anfangs an. Aber mittlerweile habe ich ja so meine Erfahrungen gemacht und weiß, dass alles gut wird, wenn ich meinem Gefühl folge. Also so schnell verunsichern wie damals, lasse ich mich lange nicht. Dennoch wollte die Ohnmacht nochmal angeschaut werden und da sein. Ich finde Ohnmacht ist ein ziemlich heftiges Gefühl und es ist eine Herausforderung, sie da sein zu lassen und sie auszuhalten, sie nicht wegschieben zu wollen, sondern durch sie hindurchzugehen und sie zu fühlen. Ich denke, insgeheim habe ich hier versucht, sie wegzuschieben. Ich hatte vorhin das innere Bild, dass sie in einem Käfig saß, in den ich sie gesperrt hatte. Mein Schimpanse, der immer in Meditationen die Ohnmacht verkörpert. Und er war ganz traurig und geknickt, dass ich ihn noch immer nicht lieben wollte. Ich hab ihn rausgelassen und mich aufrichtig bei ihm entschuldigt. Es hat lange gedauert, bis ich ihn in die Arme nehmen durfte. Aber ich durfte. Wir beide dürfen unsere Freundschaft noch ausbauen. ;)

Früher hätte ich mich nicht getraut, diese Überzeugungen bezüglich der Selbstheilung öffentlich auszusprechen. Schon gar nicht, wenn ich noch keinen Erfolg vorzuweisen hatte. Zu sehr hätte ich befürchtet, dass ich als Spinner oder Träumer abgestempelt werde. Heute sieht das anders aus. Ich sitze hier und schreibe, weiß noch nicht wie mein Weg zu gesunden Zähnen aussieht, weiß aber mit einer absoluten Sicherheit, dass es diese Heilung geben wird und dass ich den Weg finden werde. Meinen Weg, das, was richtig für mich ist, das, was passend für mich ist. Und wieder merke ich, es stellt sich nicht die Frage "ob“, sondern "wann" dieser Zustand der völligen Heilung eintritt. So wundervoll!!! Dieses Vertrauen in das Leben haben zu können, zu wissen, dass alles immer zu meinem höchsten Wohl geschieht, dass immer Hilfe für mich da ist, wie auch immer sie aussehen mag. Einfach nur genial! Und eigentlich gibt es gar keinen Grund für Ohnmacht. Auch das wurde mir heute klar. Denn wir sind in unserem Urwesen allmächtig! Ist das nicht toll??? ;)

Im Moment nehme ich homöopathische Mittel und Schüsslersalze, spüle meinen Mund regelmäßig mit einer Salzwasserlösung und ziehe Kokosöl und das Wichtigste: Ich nehme immer wieder Kontakt zu meinen Zähnen auf und schaue, was sich gerade zeigen will, frage, was ich gerade wissen muss, was sie noch für die Heilung brauchen. Und das fühlt sich richtig gut an. So mache ich weiter...

Ich werde euch über meine Heilung auf dem Laufenden halten.

Herzensgrüße von mir!
Anja

PS: Hier noch ein Blogartikel der auch von der Selbstheilung der Zähne handelt. Der hat mir gestern richtig geholfen!!!

https://lichtrose2.wordpress.com/blog/selbstheilung-meiner-zahn-schmerzen-ein-erfahrungsbericht/

Mittwoch, 6. Mai 2015

An der Wurzel der Begrenzungen

Gott, ich kann euch gar nicht sagen, wie es heute in mir arbeitet. Vorhin ist mir wieder ein Aspekt klargeworden, in dem ich die Belange anderer vor meine eigenen stelle. Dabei dachte ich, dass ich in der Hinsicht schon alle "Karteileichen" gefunden hätte. Aber so kann man sich täuschen. Wieder einmal bin ich fasziniert, wie tief sich solche unbewussten Muster im Laufe der Zeit eingegraben haben. Ich bin wirklich ein sehr bewusster Mensch, reflektiere und schaue mir alles genau an. Und dennoch kommt es manchmal noch vor, dass sich ganz tief unten noch eine Begrenzung findet.

Ich habe heute Morgen alle geistigen Wesen, das Universum und überhaupt das ganze Leben darum gebeten, mich an die Wurzel der Begrenzungen zu führen und mir zu zeigen, wo ich ansetzen kann, um mich aus der Unfreiheit in die Freiheit zu begeben, um aus der Ohnmacht ein für alle Mal in die Macht zu kommen. Wieder hatte ich ein inneres Bild, dass ich mich durch die Erde tief nach unten gegraben habe, zu dem Ursprung der Unfreiheit. In einem kleinen Raum tief unten fand ich einen Stein, eine Art größeren Kieselstein. Er war kalt und als ich ihn anfasste durchlief mich ein eiskalter Schauer. Es stellte sich heraus, dass der Stein die Überzeugung darstellte, dass ich nie meinen eigenen Weg gehen kann, dass ich immer auf irgendeine Weise gehindert oder bestraft werde. Diese Überzeugung hat sich über viele Leben ganz tief in mir drin festgesetzt. So stark festgesetzt, dass ich noch nicht einmal mehr äußere Einflüsse für diese Einschränkungen brauchte, sondern ich sabotierte mich schon selber. Nun waren es keine Menschen oder Kulturen, die mich an meinem Weg und meiner Freiheit hinderten, sondern das übernahm mein Körper. Wie oft habe ich mich durch plötzliche, heftige Schmerzen und Krämpfe machtlos gefühlt. Wie sehr habe ich mich durch mein Knie, das bei längeren Strecken schmerzte, eingeschränkt gefühlt. Und immer, wenn eine "Krankheit" heilte, trat die nächste Einschränkung auf. Diesmal der Zahn, der mich daran hindert, im Moment zu genießen, in Form von genüsslich essen. Ich saß da also in dieser kleinen, unterirdischen Kammer, die zwar beleuchtet war, aber fernab der Welt, fernab vom Leben und erkannte, dass dieser Stein meine eigene Überzeugung, meine eigene Sabotage symbolisierte. Als ich merkte, dass ich mich selber in dieser kleinen Kammer festhielt und mich selber daran hinderte ans Licht und in die Welt zu kommen, begann ich mich freizuschaufeln. Ich musste lachen, als sich tatsächlich der Schimpanse der Ohnmacht zu mir gesellte und mir fleißig half. Selbst die Ohnmacht wartete anscheinend nur auf meinen Einsatz. ;)

Oben angekommen strahlte die Sonne. Dann fiel mir der goldene Käfig wieder ein, aus dem ich neulich noch meine ganzen Ahnen und mich in die Freiheit entlassen hatte. Den Schlüssel hatte ich immer noch. Meine Ohnmacht hatte ihn mir heute Morgen in einer kurzen Sequenz wiedergegeben. Welch Symbol, dass ich selbst den Schlüssel zur Freiheit in der Hand habe. Ich ging gedanklich noch einmal in den Käfig und stellte fest, dass jeder einzelne Gitterstab ein Erlebnis war, das meine Überzeugung festigte, dass ich machtlos bin und niemals meinen Weg gehen kann. Daraufhin schoben sich all die Stäbe zu einem Floß zusammen, auf dem ich in Freiheit auf dem Fluss des Lebens segelte. Meinem Fluss des Lebens. An meiner Seite die Ohnmacht (Schimpanse) und auch die Macht (ein starkes Gorillamännchen, das sich mir schon öfter gezeigt hat).

Nach diesen Bildern hatte ich noch immer nicht das Gefühl, dass es das gewesen ist. Irgendwas wollte noch gelöst und geheilt werden. Also fragte ich nach dem Anteil in mir, der immer dafür sorgte, dass ich mich selbst beschränkte. Es zeigte sich ein strenger Kontrolleur, der immer darauf bedacht war, dass die Bedürfnisse aus meinem Umfeld befriedigt wurden, dass ich brav und artig bin und immer den Ansprüchen der anderen gerecht werde. Ich fragte ihn, warum er das tun würde. Und dann bemerkte ich, dass er nur so streng war und andere in den Vordergrund stellte, weil er Angst hatte. Er hatte schreckliche Angst und wollte mich und sich schützen. Denn es war schon so oft, in so vielen Leben zu Nachtteilen und Strafen für mich gekommen, wenn ich mein Ding machte. Ich hatte dadurch mehr als einmal alles verloren, allen Besitz, allen Reichtum, ein Zuhause, eine Familie. Davor wollte er mich bewahren, in dem er peinlichst darauf achtete, was mein Umfeld von mir verlangte. Er war richtig gestresst von der Aufgabe. Logisch, es jedem recht zu machen ist nun mal anstrengend. Da kam mein Herz dazu, mein Herz, dem ich einfach nur folgen will, mein Herz, das den Weg kennt, das meine Fähigkeiten und Potentiale kennt, das weiß, warum ich hier bin, was ich hier leben möchte und was mich wirklich erfüllt. Sie standen sich gegenüber und mein Herz versicherte dem Kontrolleur, dass wir nun in einer Zeit leben, in der das Herz tatsächlich zum Erfolg führt, dass es nun keine Nachteile mehr daraus gibt, ganz man selbst zu sein. Der Kontrolleur war recht zögerlich, wollte es aber gerne glauben, was das Herz erzählte, denn ihm war sein Job wirklich zu anstrengend und er mochte auch nicht mehr in der ständigen Angst leben, irgendwen zu verärgern. Das Herz fragte, ob der Kontrolleur nun darauf achten wollte, ob wir wirklich immer den Herzensweg gehen. Und er stimmte zu, stellte sich an die Seite des Herzens und freute sich auf seine neue Tätigkeit.

Nach all den wunderbaren Ereignissen in meinem Inneren hatte ich zwar das Gefühl, dass sich schon viel gelöst hatte, aber der Knoten noch nicht ganz geplatzt war. Also bat ich die Engel mich zu führen und ging anderen Tätigkeiten nach.

Vorhin, am späten Nachmittag, überkam mich dann eine so unsagbare Wut über all den Schmerz, vor allem körperlichen Schmerz, den ich die letzten Jahre ertragen musste, dass ich nur so weinte. Und dann fiel es mir wie Schuppen von den Augen, wo ich mich noch immer selber beschränkte. Bei all meinen Beschwerden und Krankheiten, mit denen ich persönlich ziemlich gut umgehen kann, weil ich weiß, wie ich zur Heilung komme und sie alle einen Sinn haben, habe ich doch ganz tief drin immer noch die Befürchtung gehabt, dass mein Partner oder mein Umfeld das doof finden könnten, dass ich sie nerve oder sie wegen meinen "Ausfällen" Nachteile erleiden. Mir fielen Situationen ein, in denen es mir eh schon schlecht ging, ich krank war und ich noch dafür bestraft wurde, weil jemand sauer war, dass ich krank war. Wie doof kann man sein, wegen einer Krankheit dann auch noch ein schlechtes Gewissen haben zu müssen? Wie sehr stellt man sein eigenes Wohl hinter das der anderen, wenn man befürchtet, dass andere das doof finden könnten, obwohl man sich die Krankheit ja nicht bewusst ausgesucht hat und es einem eh schon schlecht geht? Und wieder habe ich mir Druck gemacht und die Bedürfnisse der anderen über meine gestellt. Ich habe sowas von keine Lust mehr, mich ständig selber zu sabotieren, dass ich vorhin am liebsten mit dem Kopf durch die Wand wäre. Es ist jetzt gut!!! Und bei all dem Schmerz fing mein Zahn, der sich schon fast wieder ganz beruhigt hatte, wieder an zu ziehen. Da wusste ich, dass ich im wahrsten Sinne des Wortes an der "Wurzel" der Begrenzungen angekommen war. Die Wurzel war ich selber mit meinen Überzeugungen. Welch Überraschung... ;)

Nachdem mir das klar wurde, floss ganz viel alter Schmerz, ich weinte viel und kanalisierte all die Schmerzen, die ich mir über Jahre selbst zugefügt hatte. Es fühlte sich tatsächlich an wie eine Reinigung, wie wenn mit den Tränen all der Ballast und die angestaute, niedrige Energie aus mir fließen würden, all die hinderlichen Überzeugungen und Muster. Ich erhielt auch heilendes Licht aus der geistigen Welt, in den Farben, die mir gerade am besten taten. Seither bin ich ziemlich erschöpft und immer wieder durchlaufen mich kalte Schauer, wie bei einer Erkältung. Die

Heilung setzt ein und ich merke, dass jetzt auch die Zeit ist, wirklich dieses alte Kapitel abzuschließen, tatsächlich alle alten Begrenzungen, woher auch immer sie stammen mögen, abzulegen, alle alten Wunden zu heilen und in eine neue Zukunft zu gehen. Heil und frei!

Heute war ich an der Wurzel aller Begrenzungen und habe die Transformation eingeleitet. Es ist JETZT an der Zeit, wirklich und wahrhaftig ganz meinen eigenen Weg zu gehen in absoluter Freiheit. Und hier und heute entscheide ich mich auf ein Neues genau dafür und ich freue mich auf diese neue Zeit!

Donnerstag, 7. Mai 2015

Der Weg meines Herzens wird reichlich belohnt

Nachdem ich ja gestern ganz tief, ganz hinten, ganz unten noch hinderliche Überzeugungen gefunden habe, ist mir eben ein Satz eingefallen, mit dem ich die alten Überzeugungen ersetzen möchte. Ein Satz, der sich herrlich kraftvoll anfühlt und mein Herz ganz weit werden lässt. War ich bis gestern unbewusst noch davon überzeugt, dass mein Herzensweg immer irgendwelche Nachteile mit sich bringt, denke ich ab heute Folgendes:

Der Weg meines Herzens wird reichlich belohnt!

Ein wundervoller, kraftvoller Satz und mein Herz signalisiert mir, dass er wahr ist. Der Satz fühlt sich frei an, weit, warm und geborgen. So wie sich die höchste Wahrheit eben anfühlt. ;)

Sonntag, 10. Mai 2015

Das Alte geht zu Ende

Irgendwie habe ich heute schon den ganzen Tag eine ganz feierliche Stimmung. Etwas scheint zu Ende zu gehen, etwas Altes. Es fühlt sich an, wie wenn ich endlich das Kapitel der Begrenzungen und Beschränkungen zu machen könnte. Ich kann es hinter mir lassen. Zurücklassen. Loslassen. Es ist, als ob ich alles Alte, das mir nicht mehr zuträglich ist, am Wegesrand stehenlassen könnte. Ich sehe es noch, wenn ich mich umdrehe, aber ich bin schon einen Schritt weiter. Und es ist ein gutes Gefühl, den Rucksack und all den Ballast da stehen zu lassen und zu wissen, dass ich es nicht mehr tragen muss, dass mein Weg jetzt um einiges leichter sein wird. Dass ich jetzt genießen kann, hüpfen, springen, tanzen, ohne dass mir das Gepäck auf die Schultern drückt und gegen den Rücken schlägt. Hüpfen, springen, tanzen in aller Leichtigkeit, nur ich mit mir. Mein Gott diese Freiheit, wenn ich mich jetzt wieder nach vorne wende und ganz leicht, ohne all die Last, meinen Weg vor mir liegen sehe. Ein herrliches Bild, ein wunderbares Gefühl. Da ist so viel Vorfreude, auf alles, was noch kommt. Da ist so viel Dankbarkeit für alles, was ich bisher erleben durfte, was ich erkennen durfte, für all die "Stolpersteine", die mich sooo viel reicher gemacht haben, die mich weiter zu mir geführt haben. Ich kann ohne Zorn zurückblicken. Es war wie es war und es war gut so, genau so! Und da stehe ich nun. FREI! Voller Demut und Dankbarkeit, voller Vertrauen, ganz bei mir, völlig zentriert, zufrieden.

Genauso wie heute mein Buch über Ägypten zu Ende ging, in dem ich mich und meine Themen so oft wiederfand, das mir so viel offenbart hat über mich und meine vergangenen Leben, geht auch heute anscheinend mein eigenes Kapitel der Begrenzungen zu Ende, hier in diesem Leben. Ich sitze gerade auf der Terrasse und schreibe, spüre in mich, wo ich stehe, Tränen der Rührung in den Augen. Die Vögel zwitschern und es herrscht eine himmlische Ruhe, ein alles durchdringender Friede, in mir und um mich. Der Frühling bringt neues Leben und kündigt Wachstum an. Genau! Eine neue Zeit bricht an, weil ich für mich gesorgt habe, weil ich mutig war, weil ich es wollte. Dafür danke ich mir!!!

Zeit, die Flügel auszubreiten und zu fliegen!!!

Dienstag, 12. Mai 2015

Hingabe - die Bereitschaft zu empfangen

Hingabe... Was für ein wunderbares Wort! Es fühlt sich für mich leicht an, leidenschaftlich, voller Vertrauen, sinnlich. Aber auch still, sanft und demütig. Hingabe fühle ich mit dem ganzen Körper, mit allen Zellen. Ich gebe mich dem Leben hin, lass geschehen und nehme alles, was kommt, in dem Wissen, dass es meinem höchsten Wohl dient, in dem Wissen, dass ich wirklich etwas bekomme und zwar alles, was ich brauche.

Hingabe, für mich die Grundvoraussetzung, um empfangen zu können, die Geschenke des Lebens entgegennehmen zu können. Wenn ich mich hingebe, dann möchte ich nichts kontrollieren, dann möchte ich nichts festhalten, dann stelle ich keine Bedingungen. Wenn ich mich hingebe, weiß ich, dass alles, was kommt, gut für mich ist.

In einer Meditation, in der ich vor einigen Jahren mal Kontakt zu meinem Bankkonto aufgenommen habe, habe ich gefragt, was ich denn tun muss, um im Reichtum zu leben. Die Antwort war einfach: "Nichts! Halt einfach die Füße still und vertraue. Dir wird gegeben." Damals war ich noch sehr Kopfmensch, getrieben von blindem Aktivismus und nicht in der Lage, loszulassen. Ich sah ein Bild von einer Frau in der Natur, die voller Vertrauen seitlich an einen umgefallenen Baumstamm gelehnt dasaß, hingebungsvoll, empfangsbereit und entspannt, voller Frieden. Ein Arm lag auf dem Baumstamm, die Handfläche nach oben, die andere Hand lag in ihrem Schoß, die Handfläche nach oben, empfangsbereit, aber ohne Forderung. Das Gefühl, das dieses Bild begleitet hat, ist kaum in Worte zu fassen. Diese Frau wusste, dass für sie gesorgt ist. Diese Frau wusste, dass sie dem Leben vertrauen kann, dass alles kommt, was sie braucht. Diese Frau liebte das Leben, war komplett im Augenblick, im Hier und Jetzt und nichts anderes zählte. Diese Frau wollte nichts festhalten, vielmehr war sie in der Lage alles loszulassen, sich fallenzulassen. Für diese Frau war gesorgt. Sie war geborgen in dieser Welt, eins mit dem Universum, Teil der Natur, angebunden.

Diese Frau und dieses Gefühl waren seitdem mein Vorbild, mein Ziel. Ich war fest entschlossen, das in meinem Leben zu manifestieren, dahinzukommen, wo diese Frau war. Mein Herz rief mir zu, dass das die höchste Wahrheit über Reichtum ist. So ist es vom Leben gedacht. Mein Verstand wollte Beweise. Doch so läuft das nun mal nicht. Erst weiß ich es, dann erlebe ich es und nicht umgekehrt. ;) Mein Verstand hat sich schon an vieles gewöhnt...

Der Weg zu dieser Hingabe verlief wellenförmig. Mal war ich oben und konnte ganz in diesem Vertrauen sein, mal war ich wieder unten und ganz weit weg davon. Immer wieder tauchten hinderliche Glaubenssätze und Überzeugungen auf, die gelöst werden wollten. Verdrängte Gefühle wie Schuld und Wertlosigkeit wollten angenommen werden. Die Ausschläge der Wellen wurden niedriger, das Vertrauen wuchs von Tag zu Tag, das Herz übernahm immer mehr die Führung. Irgendwann in dieser Zeit, in diesem Prozess ist dieses Bild entstanden.

Für mich drückt es all das aus, was diese Frau damals in der Meditation verkörpert hat. Ein Ausdruck meiner tiefsten Überzeugung! Ein Bild, das mein Herz gemalt hat!

Und heute fühle ich all das. Heute bin ich diese Frau!

Nachtrag vom 20.06.2015:
Gerade habe ich einen wundervollen Artikel über Hingabe im Netz gefunden. Den möchte ich euch gerne zeigen. http://eva-maria-eleni.blogspot.co.at/2015/06/sommersonnenwende-21615.html

Mittwoch, 13. Mai 2015

Wenn man sich selbst verleugnet...

In mir arbeitet es wieder und alter Schmerz sucht sich seinen Weg nach draußen. Die Tränen fließen und unterstützen mich bei der Reinigung. Der Frieden in mir ist erst mal wieder einem heftigen Schwung Ohnmacht gewichen, dann kam der Schmerz und das alte Leid. Der Zahn, der schon fast wieder gut war, pocht wieder. Also habe ich mal wieder Kontakt zu ihm aufgenommen.

Das, was mir der Zahn zeigt, ist schon uralt. Es fühlt sich an, als ob das ganze Leid, das ich mir in den vergangenen Jahren und Leben selber zugefügt habe, abfließen möchte. Es brodelt noch. So viele Konflikte hatte ich in mir bezüglich dem, was ich wollte und dem, was andere von mir erwartet haben. Diese Konflikte, die bis an die Wurzel der eigenen Existenz gehen. Diese Konflikte zwischen meinem wahren Wesen und den Ansprüchen anderer, der Gesellschaft, der Familie, der Tradition. Diese Zerrissenheit, dieser Kampf, der innere Druck. Das Hin und Her zwischen Herz und Verstand. Das alles war total anstrengend. Ich habe mich so oft selbst verletzt, mich verbogen und verleugnet und mich nicht getraut, einfach ich zu sein. Ich spüre, dass das jetzt zu Ende geht, dieses sich selbst verletzen. Aber wahrscheinlich will der Schmerz, das Leid nochmal gesehen werden und abfließen. Ich denke, dass es in nächster Zeit immer mal wieder diese Phasen geben wird, wo Altes abfließt und sich die angestauten Gefühle lösen können. Über Jahre und vielleicht Jahrhunderte hinweg hat sich das alles angesammelt. Die Heilung ist ein

Prozess und ich denke, dass sowas nicht von heute auf morgen geht. Allerdings glaube ich auch, dass wir mittlerweile in einer Zeit leben, in der es dennoch verhältnismäßig schnell geht. Wir haben alle erdenkliche Unterstützung aus der geistigen Welt und die Erdschwingung ist entsprechend hoch. Es wird keine Jahre dauern, eher vielleicht ein paar Wochen oder Monate. Und das ist verdammt kurz, im Vergleich zu der Zeitspanne, in der es entstanden ist.

Ich merke, dass es mir unendlich leidtut, dass ich mich so oft verleugnet habe, nicht zu mir gestanden habe und ich habe mich heute auch schon mehrmals bei mir selbst entschuldigt, dass ich mir all das angetan habe. Ich weiß, dass ich es nicht besser konnte, dennoch hat mein Körper ganz schön was einstecken müssen, an den Stellen, an denen sich all diese negativen Überzeugungen, die Konflikte, der Druck, der Stress, die verdrängten Gefühle "abgelagert" haben. Mein Körper hat mir schon an mehreren Stellen gezeigt, was ich da fabriziert habe.

Aber so ist es nun mal gerade und nun gilt es, die Heilung immer weiter voranzutreiben. Der Tag wird kommen, an dem alles gelöst ist, an dem alles geheilt ist. Und darauf freue ich mich!

Gestern habe ich ein Zitat aus dem Buch "Gespräche mit Gott" von Neale Donald Walsch gefunden, das auch hier ganz passend ist:

"Denn wenn ihr Gott gleichgestellt seid, dann bedeutet das,
dass euch nichts getan und alles von euch erschaffen wird.
Dann kann es keine Opfer und Schurken mehr geben - nur noch
das Ergebnis eures Gedankens in Bezug auf etwas."
Gespräche mit Gott 1, S. 122

Das gilt auch für Krankheiten, Symptome, Schmerzen. Uns geschieht nichts einfach so, wir sind kein Opfer unseres Körpers und seinen Erscheinungen. Wir sind kein Opfer von irgendeinem Gott, der zufällig und willkürlich Krankheiten verteilt. Wir sind Schöpfer und finden in unserem Leben lediglich das vor, was wir denken. Bewusst oder unbewusst...

Und wenn ich mich über lange Strecken selbst verleugne und mein wahres Wesen nicht zum Ausdruck bringe, dann braucht es niemanden zu wundern, dass der Körper irgendwann Signale sendet und uns darauf aufmerksam machen möchte. Ob wir hinhören und diese Signale sehen wollen, bleibt uns überlassen.

Montag, 18. Mai 2015

Wie in Watte - mittendrin und nicht dabei

Kennst du das Gefühl, völlig neben dir zu stehen? Dinge um dich herum geschehen und du bist zwar körperlich anwesend, aber es berührt dich nicht? Du bist irgendwie ganz weit weg, wie im Nebel oder von Watte umhüllt. Spürst nichts so richtig... Manchmal ist diese Watte fast greifbar. Nichts dringt zu dir durch. Du begegnest Menschen, aber sie erreichen dich nicht, vielleicht berühren sie dich körperlich, aber nicht deine Seele. Wie unter einer Glocke, mittendrin, aber nicht dabei. Abgegrenzt. Du funktionierst, gehst deiner Arbeit nach, lächelst, hältst munter den Kopf oben, obwohl dir eigentlich ganz tief drin, so gar nicht danach ist. Am liebsten würdest du schreien und den Kopf gegen die Wand schlagen, nur um endlich wieder etwas zu fühlen. Vielleicht lächelst du, um dir selber zu "beweisen", dass alles in Ordnung ist und du wirklich glücklich bist. Oder um nicht bei anderen anzuecken, wenn du mal nicht so gut drauf bist. Um keine Ablehnung zu erfahren, weil du ja eigentlich gar keine Probleme hast.

Ich könnte mir vorstellen, dass diese Watte vorwiegend dazu da ist, dass du all das Abgelehnte und Unterdrückte an dir und in dir nicht wahrnehmen musst. Eine Schutzfunktion quasi, weil du eventuell Angst vor all diesen Dingen hast, Angst sie zu fühlen, Angst, ihnen ins Auge zu sehen, Angst vor dem, was kommt, wenn du sie dir anschauen würdest. Trauer,

Angst, Wut, Ohnmacht, Schmerz, Schuld, Scham, Schwäche, Niedergeschlagenheit, Erschöpfung, Faulheit, all das gehört zu unserem Leben dazu. All das möchte da sein dürfen, angenommen werden und gefühlt werden. Es ist nichts, was dich umbringen könnte. Du bist jetzt erwachsen und hast die Kraft und die Macht da jetzt durchzugehen. Und dann löst sich auch die Watte. Durchfühle das "Negative", dann wird auch das "Positive" wieder zu dir finden.

Verdrängte Gefühle können sich durch Schmerz in der Brust, durch Druck, Schwere und Enge äußern. In der Brust sitzt das Herz und die Gegend rührt sich oft, wenn man seinem Herzen nicht folgt oder man Gefühle unterdrückt (welcher Art auch immer - meist sind es ja die unangenehmen Gefühle, die man nicht so recht haben will). Deine Herzgegend kann reagieren, wenn du dich verleugnest.

Du hast eine wunderbare und großartige Seele, die sich hier auf Erden zum Ausdruck bringen möchte, aber dein Körper und dein Verstand lassen es noch nicht zu. Zu groß ist die Angst vor der Ungewissheit, wo dich dein Herz hinführen würde. Zu groß die Angst davor, dass scheinbare Sicherheiten dann wegbrechen würden. Es scheint, als würdest du viele Aspekte von dir noch ablehnen und leugnen. Tiefe Wünsche, große Sehnsüchte, "Eigenarten", Wesenszüge, Vorlieben.

Nimm das Abgelehnte an, fühle das "Negative", umarme es, lade es ein, da zu sein. Meine Erfahrung und mein Herz sagen mir, dass das der einzige Weg ist, zu dir selbst zurückzukommen. Allen Mut zusammennehmen und sich all dem stellen. Sich all das sehenden Auges bewusstmachen, den Schmerz nochmal fühlen, die Angst durchleben und damit ins fließen bringen und loslassen können. Dinge, die du nicht an dir haben möchtest und ablehnst, denen gibst du umso mehr Macht und Energie und manifestierst sie damit immer fester in deinem Leben. Was du loswerden möchtest, klebt an dir. Was du liebst, kann in Frieden gehen.

Wenn du einen Weg zu dir finden möchtest, dann wird es ihn geben! Wenn du einen Weg in die Freude und die Leichtigkeit willst, wirklich willst, dann wird es einen geben! Wo ein Wille, da ein Weg. Und zwar immer! Deine Seele will sich entfalten und tanzen vor Freude, sie will raus aus ihrem Gefängnis, will explodieren und dich in deine wahre Größe führen, zu deinem wahren Wesen! Es ist an der Zeit!

Da, wo du gerade stehst, stehen im Moment ganz viele. Es ist ein kollektives Thema und viele brechen jetzt aus ihren alten Mustern. Es geht einfach nicht mehr so weiter wie bisher. Du bist nicht alleine! Und es ist völlig normal, dass es so ist, wie es ist. Du hast nichts verkehrt gemacht. In diesen Tagen geschieht viel Heilung und es zeigt sich auch viel an Themen. Altes zwickt enorm. Alles, was dir nicht mehr dienlich ist, möchte entlassen werden. Wir sind im Aufbruch, die Menschheit ist im Aufbruch in eine neue Zeit. Eine Zeit voller Leichtigkeit, Freude, Authentizität, Bewusstheit, Gesundheit, Selbstverwirklichung, Selbstliebe, Erfüllung und Fülle. Geh mit!

Heute vor genau drei Jahren habe ich die folgende Meditation zur Selbstliebe und Annahme von negativen Gefühlen veröffentlicht. Jetzt ist dieses Thema präsenter denn je.
(An dieser Stellte findest du in meinem Blog den Link zur Meditation.)
Ich schicke dir eine riesen Ladung Mut und positive Energie!

Herzensgrüße von mir
Anja

Donnerstag, 21. Mai 2015

Etwas Großes bahnt sich seinen Weg

Irgendetwas bahnt sich seinen Weg zu mir. Ich bin umtriebig und merke, dass sich mir etwas ganz Großes, Wunderbares, Gigantisches offenbaren möchte. Etwas möchte fließen und gesehen werden, in mein Leben treten. Den ganzen Tag schon fühle ich mich, wie wenn ich auf der Suche wäre nach dem entscheidenden Hinweis. Ein Satz oder ein Bild, das den Groschen fallen lässt. In einer ruhigen Minute bekam ich vorhin dazu ein ganz großartiges Gefühl. Da waren diese Vorfreude und dieses unbändige Glück. Ich sah ein großes etwas, das noch verhüllt zu sein schien. Es fühlte sich auch an wie Reichtum. Ob materiell oder immateriell kann ich noch nicht sagen. Vielleicht beides... Wenn ich daran denke, dann rieselt mir eine angenehme Gänsehaut über den ganzen Körper. Mehr zeigte sich mir vorhin nicht. Es ist noch nicht an der Zeit. Auch die zwei Karten der Erkenntnis, die ich dazu ziehen sollte, machen noch keinen Sinn. Aber auch das wird sich fügen, wenn es so weit ist. Noch kann ich das Ganze nicht greifen, noch weiß ich nicht, was es sein kann, was sich da ankündigt und wann es sich zeigt. In meinem Energiefeld arbeitet es auf Hochtouren. Ich weiß auch gar nicht auf was ich meine Energie richten soll. Ich könnte so viel machen, aber so richtig Lust und Kraft habe ich zu nichts und trotzdem fühlt es sich an, wie wenn ich überschüssige Energie hätte und einmal um den Block laufen müsste. ;) Ich kenne solche Zustände. Sie sind der Vorbote von ganz wichtigen Erkenntnissen und Momenten. Die Unruhe vor der neuen Klarheit, die Vorstufe zu einem neuen Wachstumsschritt, zu neuer Größe.

An solchen Tagen bin ich dann besonders aufmerksam und lausche ständig in mich, was ich denn möchte und gerade brauche, nach was mir ist und ob es denn schon etwas "Neues" von "oben" gibt. Ich bin empfangsbereit mit jeder Faser meines Körpers. Jede Zelle ist auf Annahme und Empfang programmiert, ganz weit und offen. Und im richtigen Moment werde ich es merken und neue Ruhe und Klarheit wird sich einstellen zusammen mit einer wundervollen Erkenntnis oder einem wunderbaren Ereignis. Ich freue mich darauf!

Samstag, 23. Mai 2015

Die Heilung des inneren Kindes – ein Praxisbericht

Heute Morgen hatte ich eine wundervolle Heilreise mit einem Klienten zu dessen innerem Kind. Ich bin jetzt noch ganz bewegt und möchte euch gerne daran teilhaben lassen. Den Namen habe ich selbstverständlich geändert und das Einverständnis für die Veröffentlichung vom Klienten eingeholt.

Wie so oft begann die Reise ohne Vorankündigung. Sie ist einfach passiert. Das Thema Selbstbewusstsein, Selbstliebe und eigene Wertschätzung waren für Gregor schon länger ein erstrebenswertes Ziel. Heute Morgen hatte ich dann plötzlich ein Bild von dem kleinen Gregor mit 4-6 Jahren. Er war total einsam und bekam von seinen Eltern nicht die nötige Aufmerksamkeit. Der Vater erschien zwar immer kurz am Blickfeldrand, war aber immer nur im Kommen und Gehen und beachtete den kleinen Gregor gar nicht. Der Vater war nur im Tun und ständig am Arbeiten. Er hatte Wichtigeres zu tun. Die Mutter war zwar da, aber auch immer viel zu beschäftigt mit all den anderen Kindern, dem Haushalt und ihren Pflichten. Auch sie konnte dem kleinen Gregor nicht genügend Aufmerksamkeit, Wärme und Zuneigung geben. Der Junge war völlig alleine, verlassen und war es nicht gewöhnt, dass sich jemand nur um seinetwillen mit ihm beschäftigte. Trotz der vielen Menschen um sich rum, bekam er nie das Gefühl vermittelt, dass er wertvoll ist, dass er es wert ist, dass man mit ihm Zeit verbringt, dass man ihm Aufmerksamkeit schenkt, einfach nur, weil er ist, wie er ist. Wenn er Aufmerksamkeit bekam, dann nur, weil er ein bestimmtes Verhalten an den Tag legte, brav und artig war oder fleißig. Zuneigung war mit Leistung verbunden.

Ich besuchte diesen kleinen Jungen im inneren Raum des erwachsenen Gregors. Der Kleine saß zusammengekauert auf der Erde und malte mit einem Stock in der Erde, alleine. Ich spürte eine enorme Einsamkeit, Verlassenheit und da war ganz viel brennender Schmerz in der Magengrube. Schmerz von den ganzen Verletzungen, Zurückweisungen und Enttäuschungen. Klein-Gregor litt schrecklich, krümmte sich unter seinem emotionalen Schmerz und all dieser Schmerz floss durch mich durch. Da kam der erwachsene Gregor in den Raum. Er blieb mit etwas Abstand zu dem Jungen stehen, schien noch etwas überfordert mit der Situation. Der Junge sah sein erwachsenes Ich und wusste sofort, dass nur von ihm wirkliche Hilfe und Heilung ausgehen konnte. Der Junge wusste sofort, dass er jetzt nur noch von dem großen Gregor all das bekommen konnte, was er von den Eltern hätte haben müssen. Er lief auf den Erwachsenen zu und schmiegte sich an ihn. Der große Gregor nahm den kleinen etwas verunsichert in den Arm, wurde aber zunehmend sicherer und fühlte sich wohler in seiner Rolle als Beschützer, Heiler und Erwachsener. Die beiden genossen die Nähe und der Kleine tankte richtig auf. So lange hatte er darauf gewartet, dass er gesehen wurde, dass er einfach geliebt wurde, so wie er war und Nähe bekam. Im nächsten Moment schienen die beiden zu verschmelzen und zurück blieb der erwachsene Gregor. Dann scharten sich Engel um ihn. Sie umringten ihn und sagten ihm, dass sie immer für ihn da waren und auch weiterhin sein werden. Ein Gefühl von Wärme und Geborgenheit breitete sich aus. Die Engel kamen näher und umschlossen Gregor, sie bildeten einen Energiering um ihn herum, hell und leuchtend, das Licht floss durch Gregor und eine Reinigung begann. Die Engelenergie durchdrang Gregor bis in die letzte Zelle und alles Alte, alles Hinderliche, Schmerzhafte, Angestaute, schwarz und klebrig, was noch in Gregor war, wurde gelöst und transformiert. Sein Energiekörper wurde immer lichter und heller, leichter und strahlender. Er stand da mit ausgebreiteten Armen und genoss diese Reinigung, Leichtigkeit stellte sich ein und ein neues Gefühl von Freiheit und Größe. Er leuchtete nun von innen heraus, golden und strahlend. Die Engel gingen so schnell wie sie gekommen waren. Da kam ein neuer Engel. Er stellte sich direkt vor Gregor und überreichte ihm sein Zepter. Dann hängte er ihm seinen weißen Umhang um und setzte ihm seine goldene Krone auf. Der Engel übergab ihm seine Symbole der eigenen Macht und erinnerte ihn an den König, der er immer schon gewesen ist, was er nur im Laufe des Lebens vergessen hatte. Ein wirklich bewegender, ergreifender Moment, die Tränen flossen nur so bei mir und auch Gregor war sichtlich berührt, aber auch noch etwas unsicher, ob seiner neuen Macht. An dieser Stelle wusste ich, dass es getan war. Mehr war für den Augenblick nicht zu erledigen. Gregor hatte auf energetischer Ebene alles bekommen, was gerade wichtig für ihn war.

Nun dürfen wir gespannt sein, was die nächsten Wochen und Monate für Gregor so bringen. In seinem Energiefeld ist die Macht vorhanden. Sie darf sich nun auch in der materiellen Welt zeigen und integrieren und er darf sich an den Gedanken gewöhnen wertvoll zu sein, machtvoll und göttlich!

Und auch hier passt wieder der Satz: Es ist an der Zeit, dass ein jeder in seine wahre Größe kommt! Ein jeder ist eigentlich sein eigener König, seine eigene Königin, ein jeder Schöpfer seines Lebens, ein jeder machtvoll, göttlich und heilig. Wir müssen uns nur daran erinnern!

Ich wünsche euch ein wundervolles Pfingstfest. Möge der Heilige Geist auch euch durchdringen!

Donnerstag, 28. Mai 2015

Was mir hilft, meinen Weg zu gehen...

Ihr Lieben,
gerade habe ich darüber nachgedacht, was mir eigentlich auf meinem Weg so geholfen hat und nach wie vor hilft. All die kleinen und großen Strohhalme, an denen ich mich festgehalten habe, wenn mal wieder eine Durststrecke oder Herausforderung kam.
Diese Strohhalme möchte ich euch natürlich nicht vorenthalten! ;)

Was mir alles geholfen hat und immer noch hilft:

1. der Glaube an eine höhere Macht und innere Führung

Ich glaube, dass es ein höheres Bewusstsein gibt, ich nenne es Seele. Meine Seele kennt den Weg und weiß, warum sie hier ist. Der Verstand kann dazu nichts sagen. Er kann lediglich bereits Erlebtes für seine Bewertung heranziehen. Über die Zukunft weiß der Verstand nichts, aber die Seele alles. Ich überlasse ihr die Führung!

Ich glaube an einen Gott (der mit der Kirche nicht viel zu tun hat) und dass wir aus dem gleichen Stoff wie dieser Gott gemacht sind. Wir besitzen die gleiche Macht. Bereits Jesus sagte: "Das alles und noch viel mehr werdet ihr auch tun!" Und meinte damit all die Wunder, die er vollbracht hat.
Ich glaube an Engel und Geistführer, die für uns da sind und uns unterstützen. Wenn ich also mal den Weg nicht vor mir liegen sehe, dann bitte ich um Hilfe und überlasse alles Weitere der geistigen Welt. Die Hilfe kam bisher immer.

2. alles liegt in mir

Alles, was ich glaube von anderen Menschen, Ereignissen oder Dingen bekommen zu müssen, kann ich mir nur selbst geben. Liebe, Erfüllung, Bestätigung, Anerkennung, Vertrauen, Zugehörigkeit, Versorgung, etc. Nichts und niemand, außer mir selbst, ist für all das verantwortlich. Nur ich kann mir all das geben und mein inneres Kind, das in vielerlei Hinsicht verletzt wurde und leer ausgegangen ist, wieder heilen und ihm alles geben, was es noch braucht. Ich übernehme die Verantwortung für mich und meine Bedürfnisse.

3. das Wissen, dass jeder etwas ganz Besonderes mitgebracht hat in dieses Leben

In jedem von uns liegt etwas ganz Besonderes, Talente, Fähigkeiten. Auch in mir und in dir! Es gilt, sie lediglich zu finden. Auch wenn sie im Laufe des Lebens zugeschüttet worden sind, sind sie da und es ist nie zu spät, sie auszugraben. Sie liegen näher, als wir meist denken. So nah vor unserer Nase, dass wir sie als selbstverständlich wahrnehmen und nicht als etwas Besonderes. So ging es mir. Aber je näher ich den Fokus auf mich gerichtet habe und meine direkte Umgebung, auf das Selbstverständliche, desto fündiger wurde ich. Jeder, wirklich jeder, kann etwas richtig gut. Jeder hat eine Berufung mitgebracht. Die Welt mag euch lange etwas anderes erzählt haben, auch mir, aber wenn du dich für den Gedanken öffnest, dass auch du etwas Besonderes in dir trägst und kannst, wird es sich dir zeigen.

4. das Wissen, dass alles vorübergehend ist und es immer ein "danach" gibt

So schlimm die Lage auch manchmal sein mag, es gibt immer ein danach. Mich an diesem Gedanken festzuhalten, konnte ich schon als Kind mit Bravour. Nämlich dann, wenn es zum Zahnarzt ging. Ich hasste es. Die Vorstellung, dass am Abend alles vorüber ist und ich wieder zu Hause sein kann, lesen, spielen, fernsehen kann, hat mich immer getragen und mir geholfen, es zu überstehen.

Und so mache ich es heute noch, wenn ich krank bin, unzufrieden, unruhig, verwirrt, unklar, etc. Alles ist vorübergehend und es gibt wieder eine Zeit, in der es mir gut geht.

5. das Wissen, dass Gedanken Wirklichkeit erschaffen und ich Schöpfer meines Lebens bin

Ich habe zu allem, was gerade in meinem Leben ist, beigetragen und habe somit auch die Macht, es wieder zu ändern. Ich kann immer etwas tun und verändern. Krankheit, Ärger, Konflikte, Probleme jeglicher Art, Wut, Ohnmacht, Einsamkeit... All das habe ich, meist unbewusst, erschaffen. Wenn ich herausfinde, wie das geschehen ist, kann ich es auch ändern.

6. zum Beobachter meiner selbst werden

Ich beobachte mich ständig. Wenn mich etwas stört, ärgert, verletzt, dann schaue ich mir die Situationen genau an: Was ärgert mich genau? Was löst diese Situation in mir aus? Welche Gefühle kommen hoch? Was macht das genau mit mir? Wie müsste es sein, dass es besser ist? Ich richte den Fokus immer auf mich, denn die anderen zeigen mir ja nur, wo ich noch wachsen kann. Das Problem liegt nämlich meistens nicht in der Situation an sich, sondern darin, wie wir mit der Situation umgehen, wie wir uns darin fühlen und was sie in uns auslöst. Und das gilt es, sich anzuschauen und zu heilen.

7. herausfinden, was man ablehnt und das wieder integrieren

Bei diesen Beobachtungen merke ich oft, was ich noch ablehne. Persönlichkeitsanteile wie faul sein, abhängig sein, giftig sein, schwach sein, usw. All das bin ich auch und darf ich auch sein. Ich erlaube es mir. Meistens lehnen wir auch unangenehme Gefühle ab. Bei mir waren das Wut, Ohnmacht, Angst, Wertlosigkeit, Schuld, Einsamkeit. Das waren so die Hauptgefühle, die ich nie so recht da sein lassen wollte und mich schnell von ihnen abgelenkt habe oder sie unterdrückt habe. Wer fühlt sich schon gerne ohnmächtig? Aber all das gehört dazu, all das darf sein und keine Emotion bringt uns um, wenn wir sie fließen und da sein lassen. Sie haben eine Daseinsberechtigung und gehören zu diesem Leben. Umso mehr ich Freundschaft mit ihnen geschlossen habe, umso seltener wollten sie meine Aufmerksamkeit und es ist Platz für das Gegenteil: Liebe und Kraft, Macht, Vertrauen, Selbstwert, Leichtigkeit, Verbundenheit!

8. Engelkarten, Bücher über das Leben und wie es gedacht ist, Erfolgsberichte anderer, Heilmeditationen und Vorträge von Robert Betz

Als ich angefangen habe, meinen Weg zu gehen, habe ich mich sehr oft alleine gefühlt und so, als ob ich das schwarze Schaf wäre, das gegen den Strom der Herde läuft. Mir hat es dann immer sehr geholfen, mich an Menschen zu orientieren, die ebenfalls ihren eigenen Weg gehen. Ich habe tonnenweise Bücher verschlungen, Vorträge gehört und immer wieder im Internet gestöbert, auf der Suche nach Mut machenden Erfolgsgeschichten und positiven Menschen. Das hat mir geholfen, immer weiter zu gehen und den nächsten Schritt auf meinem Weg zu tun.

9. der eiserne Wille und die Entscheidung, mich mit nichts Geringerem, als mit meiner Berufung zufrieden zu geben

Ich habe mich immer und immer wieder für meinen Weg entschieden! Wie oft habe ich gezweifelt und überlegt, ob ich da wirklich das Richtige tue oder mich verrenne. Sollte ich mir doch einen "sicheren" Job suchen? Sollte ich mich doch operieren lassen? Mein Gefühl sagte mir jedes Mal, dass das keine Alternativen sind und ich habe mich immer für mein Gefühl entschieden, auch wenn mir noch nicht klar war, wie es anders gehen könnte. Wenn du einen Weg finden willst, wird es einen geben! Das habe ich gelernt!

10. Entscheidungen treffen, Entscheidungen treffen, Entscheidungen treffen

Aus der Erkenntnis, dass es immer einen Weg gibt, wenn du einen finden möchtest, habe ich auch gelernt, dass wir uns für alles entscheiden können, was uns richtig erscheint. Wir haben den freien Willen und jeden Moment die Wahl! Ich wünsche nicht, ich entscheide mich! Ganz bewusst und mit Überzeugung. Diese Entscheidungen schreibe ich auf. Auf meinem Schreibtisch liegen Berge von Zetteln mit Entscheidungen, die ich über die Jahre getroffen habe. Viele habe ich auch an den Badezimmerspiegel geschrieben. Ich entscheide mich und lasse dann los. Mehr muss ich nicht tun. Den Rest erledigt das Leben.

Hier einige Kostproben meiner Entscheidungen:

- Ich entscheide mich für Leichtigkeit und Freiheit!
- Jetzt, in diesem Moment, kann ich alles bezahlen, was ich brauche!
- Der Weg meines Herzens wird reichlich belohnt!

- Ich stehe in meinem Leben an erster Stelle!
- Ich ziehe meine Grenzen und stehe für mich ein!
- Ich integriere die Kraft der Aggression in mein Leben!
- Ich sehe mich!
- Ich erkenne meinen wahren Wert und die Besonderheit meiner Gaben!
- Ich sehe in mir und anderen das Besondere und Wertvolle!
- Ich bin göttlich! Ich bin Gott!
- Ich kann mich auf mein Gefühl verlassen!
- Mir darf es besser gehen als anderen, weil ich für mich sorge!
- Ich darf so sein, wie ich bin!
- Ich entscheide mich für die Freude, bei allem, was ich tue!
- Ich gehe immer mehr in meine Verantwortung!
- Ich lasse das Geld in Liebe los und vertraue dem Fluss des Lebens!
- Ich habe tiefstes Vertrauen in das Leben, bin voller Macht und habe freien Zugang zur Fülle und dem Reichtum des Lebens! Ich genieße meine Freiheit!

Ich könnte ewig so weiterschreiben! ;) Tolle Entscheidungen...

11. der Mut, mir alles anzuschauen und durch alles durchzugehen, was sich mir zeigen mag

Auch das war eine Entscheidung. Ich wollte mich bis in den letzten Winkel meiner Seele kennenlernen und herausfinden, wer ich wirklich bin. Ich wollte alles ablegen, was nicht mein wahres Wesen ausdrückt. Ich wollte mir alle Wunden anschauen und alles heilen, auf allen Ebenen. Ich wollte ich sein, komplett! Dafür braucht es enormen Mut, denn all den Schmerz nochmal zu durchleben und damit zu heilen, ist eine echte Herausforderung. Dieser Mut hat sich bezahlt gemacht!

12. das Wissen, dass wir hier sind, um Erfahrungen zu machen und zu wachsen

Mein Herz sagt mir, dass wir hier sind, um Erfahrungen zu machen. Unsere Seele möchte sich in ganz vielen Situationen erleben. Für sie ist das Leben ein Spiel, in dem sie sich selbst erfahren, erleben und ausprobieren kann. Die Seele macht mit unserem Körper in dieser Welt Erfahrungen, die sie sonst nicht machen könnte. Sie braucht dafür einen Körper. Diese Sicht der Dinge hat mir schon oft geholfen, Situationen anders, milder zu bewerten. Geht etwas vermeintlich schief? Es war eine Erfahrung, wichtig wahrscheinlich noch dazu! Ein Projekt zeigt nicht den gewünschten Erfolg? Wieder eine Erfahrung mehr. Etwas, was ich unbedingt wollte, war vielleicht doch nicht das Richtige? Nun weiß ich, was ich nicht möchte. Eine wichtige Erfahrung! Für mich gibt es kein Scheitern. Ich mache Erfahrungen! Es gibt kein Richtig und Falsch, sondern nur das, was dir, deinem höchsten Wohl und dem höchsten Wohl aller zuträglich ist, und das, was dem nicht zuträglich ist. Erfahrungen, egal welcher Art, sind wertvolle Schätze! Unsere Seele lechzt danach. Erfahrungen lassen die Seele wachsen.

13. das Wissen um die universellen Gesetze

Habe ich verstanden, wie das Leben funktioniert, kann ich mir die Gesetzmäßigkeiten zu Nutzen machen. Hier ein kurzer Abriss:

- **Alles ist Energie**
  Zerlegen wir Materie in die kleinsten Teile, so sehen wir, dass im innersten Kern nur noch Schwingung besteht, Energie. Alles, was es auf dieser Welt gibt, ist im Kern also Energie. Unsere Körper genauso wie unsere Gedanken und der Stein in unserem Garten. Es besteht also alles aus dem gleichen Stoff, nur dass dieser Stoff unterschiedliche Formen annimmt. Wir sind also mit allem verbunden.

- **Alles hat seine Berechtigung**
  Jedes Gefühl und jede Eigenschaft hat seine Daseinsberechtigung. Und jedes dieser Gefühle und Eigenschaften ist ein Teil von uns, von jedem. Kein Gefühl und keine Eigenschaft ist weder gut noch schlecht. Sie sind einfach. Ob wir sie für gut oder schlecht halten, ist lediglich eine Bewertung, die wir vornehmen. Wir sind die Summe aller Gefühle und Eigenschaften. Genauso wie die Farbe Weiß, nicht das Abhandensein all der anderen Farben darstellt, sondern vielmehr die Summe aller anderen Farben. Was sich sehr gut sehen lässt, wenn wir weißes Licht brechen.

- **Was wir ablehnen, dem geben wir Macht**
  Alles, was wir nicht sein wollen oder was wir nicht fühlen wollen, dem geben wir Macht. Das erzeugen wir! Die Energie folgt der Aufmerksamkeit. Die Quantenphysik hat es bestätigt. Wenn wir uns also gegen etwas wehren, etwas ablehnen, dann ziehen wir genau das in unser Leben. Wenn wir also niemals so werden wollen wie unsere Eltern, dann darfst du raten, was wohl passieren wird.

- **Alles hat einen Gegenpol**
  Zu allem gibt es ein Gegenteil. Es gibt hell und dunkel, groß und klein, fröhlich und traurig, wütend und ausgeglichen, oben und unten, gewalttätig und friedlich, jung und alt, entspannt und angespannt, faul und fleißig, usw. Das Leben strebt immer nach Ausgleich. Wenn ich mich also nur auf jeweils einen Pol konzentriere und den anderen außer Acht lasse oder ablehne, dann sorgt das Leben irgendwann dafür, dass der Ausgleich stattfindet bzw. dass ich den Gegenpol auch akzeptiere und nicht verurteile. Wenn ich z. B. immer nur angespannt bin und im Tun, dann kommt irgendwann eine Phase, in der ich zum Nichtstun, zur Entspannung gezwungen werde, sei es durch

Krankheit oder durch einen anderen Umstand. Es käme auch niemand auf die Idee nur einzuatmen und nicht wieder aus.

- **Wie innen so außen**
  Unser Umfeld ist lediglich ein Spiegel unserer selbst, ein Spiegel unseres Inneren. Sind wir innerlich im Konflikt oder Unfrieden, so wird sich das auch in unserem Umfeld zeigen, durch äußere Konflikte oder unfriedliche Mitmenschen. Glauben wir, dass die Welt schwer und schlecht ist und dass man niemandem trauen kann, so werden wir genau das erleben. Betrügen wir uns selbst, weil wir uns immer wieder verraten und nicht unserer inneren Stimme folgen, so werden wir sehr wahrscheinlich auch von anderen betrogen. Sind wir friedlich und ausgeglichen und mit der Welt im Reinen, so haben wir auch ein entsprechendes Umfeld.

All diese Gesetzmäßigkeiten wirken für meine Begriffe immer und überall und es gibt keine Möglichkeit, sie zu umgehen. Sind wir uns ihrer Wirkung bewusst, können sie unser Leben ganz schön beflügeln und erleichtern.

Bestimmt gibt es noch viel mehr, was mir geholfen hat. Aber das soll erstmal reichen... Ich kann nur sagen: TUT ES!!!!! Geht euren Weg! Es gibt nichts Erfüllenderes als sich selbst in seiner Großartigkeit zu erleben.

Dienstag, 2. Juni 2015

Es kehrt wieder Ruhe ein

Ihr Lieben,
die ersten fünf Monate dieses Jahres hatten es nochmal so richtig in sich. Zumindest war das meine Erfahrung. So viel wollte nochmal angeschaut werden, um dann gehen zu können. Für meine Begriffe waren

das wirklich die wesentlichen Themen, die ich schon viele Leben lang mit mir herumgetragen habe. Einen Teil davon findet ihr hier:
http://anja-reiche.blogspot.de/2015/05/der-schlussel-zur-freiheit.html

Über die Jahre habe ich mich Schicht für Schicht vorgearbeitet, immer weiter zurück in meiner Geschichte. Habe erst die Themen aus meinem jetzigen Erwachsenenleben angeschaut und geheilt, ging weiter zurück in die Jugendzeit und die Kindheit und machte es da genauso. Und die letzten Wochen und Monate waren dann die früheren Leben dran und damit gefühlt die Wurzel aller Themen. Das alles war heilend, wichtig, erkenntnisreich, befreiend und auch schön, aber auch mal wieder total anstrengend. Ich habe die letzten Wochen so viel geleistet, gereinigt, geheilt, angeschaut, durchgefühlt, geklärt, gelöst. Ich bin erschöpft und mir ist nach Urlaub, Ruhe und Erholung. Das wurde mir vorhin so richtig klar und die Tränen flossen nur so und spülten die ganze Anstrengung, Anspannung und Reste des Schmerzes heraus.

Als ich dann die folgende Botschaft der geistigen Welt las und erneut in Tränen ausbrach, weil es so zutreffend war und mein Herz zum Schwingen brachte, hatte ich das Bedürfnis, meine derzeitige Stimmung mit euch zu teilen. Es scheint ja eine allgemeine Energie zu sein und viele zu betreffen. Hier nun der Link zur Botschaft:
http://www.praxis-levitas.de/media/Juni_Botschaft_2015.pdf
Der Gedanke, dass es jetzt an der Zeit ist, alles Alte abfließen zu lassen, dass das jetzt auch von der Erdenergie und der geistigen Welt unterstützt wird, dass alles jetzt ganz leicht gehen kann, auch wenn es nur "angelöst" ist, macht mein Herz ganz weit und warm und ich weiß, dass das stimmt. Mein Herz sagt mir, dass es wahr ist. Wieder wird mir bestätigt, dass ich immer, in jedem Moment, das Richtige getan habe und tue, wenn ich auf mein Gefühl höre. Wieder zeigt sich mir, dass sich das alles lohnt. Wieder ist ein Heilprozess, eine Heilphase, abgeschlossen, sind viele alte Schichten abgelegt. Wieder bin ich meinem wahren Wesen viele Schritte nähergekommen. Und ich weiß, es kommt in diesem Leben der Tag, an dem ich komplett ich bin, an dem ich nichts mehr in

mir trage, das nicht mein wahres Wesen ist und ausdrückt. Es kommt der Tag, an dem wirklich alles geheilt und angeschaut ist, an dem es keine alten Wunden mehr gibt. Dann gibt es nur noch Wachstum, sich am eigenen Sein erfreuen und ergötzen, sich in seiner wahren Natur erleben und sich jeden Tag zur nächsthöheren Version von seiner höchsten Vision aufzuschwingen. Und der Tag ist zum Greifen nahe!

Ich sende euch Herzensgrüße.
Anja

Freitag, 05. Juni 2015

Einfach nur sein - in und mit der Natur

In diesen Tagen spüre ich eine extreme Verbundenheit zur Natur. Der bloße Gedanke an ein Fleckchen Erde im Wald, auf das ich mich niederlassen kann, gibt mir so viel Energie, dass ich sie nur so fließen spüre. Die Momente, die ich dann tatsächlich in der Natur verbringe, bereichern mich so sehr, dass ich es kaum in Worte fassen kann. Es ist eine unbeschreibliche Erdung zu spüren, mein Wurzelchakra schlägt Purzelbäume und zieht unendlich Energie aus Mutter Erde. Angebunden sein, Verbundenheit, Erdung, Hingabe, versorgt sein sind nur einige Begriffe, die mir dazu einfallen. Es gibt im Moment nichts zu tun, als sich der Erde hinzugeben, einfach nur ein Teil der Natur zu sein, einfach hier im JETZT zu sein, einfach zu SEIN!!!

Geht so oft es möglich ist raus in die Natur, nehmt alles in euch auf, atmet tief ein und aus. Erlebt es mit allen Sinnen und mit jeder Faser eures Körpers!

Dienstag, 9. Juni 2015

Die Seelenfamilie - du bist nicht allein

Am Freitagabend hatte ich ein wunderbares Erlebnis mit einer ganz lieben Freundin von mir. Wie immer möchte ich dieses Erlebnis mit euch teilen, weil ich glaube, dass es für den ein oder anderen wichtig, hilfreich und erkenntnisreich sein kann.

Meine Freundin modelliert Seelenskulpturen. Sie arbeitet im Prinzip wie ich, drückt aber die Themen, die sie bei ihren Klienten erfühlt, nicht in Worten aus, sondern sie formt eine Skulptur. Dies kann manchmal ein Prozess über Wochen sein. Die Tätigkeit hatte sie lange nicht mehr ausgeübt, obwohl sie weiß, dass es ihre Berufung ist. Ihre Mutter hatte ihr Angst gemacht, indem sie ihr erzählt hat, dass ihre Arbeit energetisch negative Auswirkungen auf die Tochter meiner Freundin haben könnte. Der Samen des Zweifels war gesät, die Tochter wurde tatsächlich krank und so hat meine Freundin die Arbeit gelassen. Jahrelang... Als ich dieser Freundin, Silvia, Ende letzten Jahres begegnet bin und sie mir von ihrer Arbeit erzählt hat, wusste ich sofort, dass ich auch so eine Skulptur haben werde. Wir machten einen Deal. Meine Fähigkeiten im Tausch gegen ihre. Also fing sie Anfang dieses Jahres mit meiner Skulptur an. Die erste seit Jahren. Der Prozess begann und dauerte Wochen. Die Skulptur hat ordentlich mit mir gearbeitet während der Zeit. ;)

Sie veränderte sich immer wieder, wollte neu geformt, umgeformt werden. Irgendwann wurde die Modelliermasse trocken und die Skulptur war fertig. Nur die Botschaft, die immer mit zu einer Skulptur aus der geistigen Welt „geliefert" wurde, kam nicht. Und war auch bis Freitag nicht gekommen.

An diesem Freitag saßen wir also bei mir auf der Terrasse und unterhielten uns über meine Skulptur und die fehlende Botschaft. Silvia meinte, sie hätte wohl noch eine Blockade, gefühlt aber nicht mehr bezüglich der Ängste, die ihre Mutter geschürt hatte. Als sie so davon sprach, hatte ich plötzlich eine mega Gänsehaut und ein Energieschwall überkam mich. Ihr ging es im gleichen Moment genauso. Als das kurze Zeit später wiederkam, wusste ich, da wollte was fließen und schaute genauer hin. Ich sah Silvia vor meinem inneren Auge übersprudelnd vor Freude, hüpfend, lachend, unendlich glücklich und erfüllt. So wird sie sich fühlen, wenn sie ihre Berufung wieder lebt. Dann sah ich Bilder von ihrem jetzigen Zustand. Zurückgezogen, voller Sehnsucht danach, ihre Fähigkeiten auszuleben, dunkel, klein. So viel Sehnsucht war da, so sehr lechzte sie nach ihrer Berufung, dass es schon fast körperlich schmerzte. Sie hatte die Befürchtung, dass etwas Schlimmes geschieht, wenn sie ihrem Herzen folgt. Ich sah viele, viele Leben von ihr, in denen das auch immer auf die unterschiedlichste Art und Weise passiert ist. Immer wieder hatte es negative Auswirkungen, wenn sie ihrem Herzen folgte. Als ich ihr das mitteilte, bekam sie das Bild, dass ihr der Kopf abgeschlagen wird. Eine Sequenz aus einem früheren Leben. Sie wurde für ihre Berufung bestraft. Daher kam auch in diesem Leben die Angst vor negativen Auswirkungen. Plötzlich sah ich sie auf Seelenebene. Ihr Geistführer stand direkt vor ihr und hielt sie an den Händen. Er sagte ihr, dass es wirklich ganz oft so gewesen ist, dass ihre Berufung ihr geschadet hat und nicht geduldet wurde, aber nun wäre eine neue Zeit. Die Welt hat sich verändert, die Energie ist gestiegen, die Menschheit bewusster geworden. Sie ist in dieses Leben gekommen, um zu erfahren, dass es wundervoll ist, seine Berufung zu leben. Sie ist hier, um sich voll und ganz zu entfalten. Sie solle ihm vertrauen, dem Leben vertrauen, der jetzigen Zeit. Da begann ich mein Wurzelchakra zu spüren, das anfing zu arbeiten. Ich wusste, dass es für sie gleichermaßen arbeitete. Im Wurzelchakra sitzt das Urvertrauen. Das Chakra öffnete sich komplett und zog unendlich viel Energie von Mutter Erde. Ich konnte spüren, wie die Energie die Wirbelsäule hochzog und auch alle anderen Chakren ankurbelte. Alles lief auf Hochtouren und die Chakren waren in ihrem natürlichen, energetischen Fluss. Die Kundalini-Energie floss, wie es gedacht ist. Wundervoll!!!!

Dann bekam ich den Impuls, ihre Hand zu nehmen. Es floss unheimlich viel Energie zwischen uns, fast elektrisierend. Wir hatten beide ständig Gänsehaut. Dann nahm ich mit meiner anderen Hand auch noch ihre zweite Hand. Es fühlte sich für uns beide an, wie wenn die Energie im Kreis fließen würde. Bei mir rechts rein, links raus, bei ihr rechts rein und links wieder in mich raus. Anfangs war es total heftig und sie meinte, sie hätte das Gefühl, dass ihre Schädeldecke gleich springt, aber im positiven Sinne, so überbordend war diese Energie. Dann beruhigte es sich und Ruhe und Frieden kehrte ein. Die Energie floss sanfter.

Irgendwie hatten wir eine sehr intensive Verbindung, als ob wir zusammengehörten. Dann fühlte ich, dass wir der gleichen Seelenfamilie angehören. Wir sind aus dem gleichen Stoff gemacht. Die Mitglieder unserer Seelenfamilie haben alle heilende, hellfühlende, hellsehende, hellwissende Fähigkeiten und sind eine große Bereicherung für die Menschheit. Wir haben hier eine wichtige Aufgabe. Wir sind Lichtarbeiter. Unsere Seelenfamilie ist groß, das fühlte ich da, aber ich konnte sie nicht gleich sehen. Die Mitglieder waren noch weg, weit verstreut. Wir sind uns noch nicht begegnet. Dann merkte ich, dass immer mehr sich einfanden und ich wusste, dass wir uns alle in diesem Leben finden werden, um unsere Aufgabe zu erfüllen. Silvia erkannte das im gleichen Augenblick. Es kamen immer mehr. Eine wundervolle Energie. Ein Gefühl von nach Hause kommen. Und sie werden nach und nach in unser Leben treten. Wir sind eine Gemeinschaft, eine wundervolle große Familie und wir werden uns erkennen. Was für eine wundervolle energetische Lösungsarbeit und wie so oft, plötzlich und unerwartet. Wir saßen nach diesem Ereignis noch ganz beseelt da und hingen unseren Eindrücken nach, da wurde mir klar, dass es noch ein Mitglied dieser Familie gibt, das schon in meinem Leben ist. Ein ehemaliger Klient von mir gehört genauso dazu. Als ich ihm das am gleichen Abend noch erzählte, meinte er nur, dass er das schon lange wüsste. ;) Auch er wohnt gleich um die Ecke.

Noch heute zehre ich von diesem Gefühl, von diesem Wissen, dass es diese Gemeinschaft von Gleichgesinnten gibt, meine Familie. So oft habe ich mich wie das schwarze Schaf gefühlt, missverstanden, anders als die anderen, habe gezweifelt, ob ich auf dem richtigen Weg bin, fühlte mich wie der Geisterfahrer. Und nun ist da meine Familie, eine Gemeinschaft, in die ich wundervoll passe, in der ich sein darf, wie ich bin. Wir reichen uns immer wieder gegenseitig die Hand und helfen uns in unsere wahre Größe, wir sehen im anderen, was er wirklich ist und unterstützen uns, bewusst oder unbewusst. In dieser Familie gibt es nichts zu erklären. Wir verstehen uns ohne Worte. Da ist eine Kommunikation auf einer anderen Ebene, weil Worte manchmal schon gar nicht mehr ausreichen. Ich bin so dankbar für dieses Gefühl, für dieses Wissen, für diese Zugehörigkeit, für dieses Erlebnis an einem lauen Sommerabend, unverhofft, bei mir im Garten. Und ich freue mich auf alle, die noch in mein Leben kommen werden. Ich freue mich auf unsere gemeinsame Arbeit, auf den Austausch, die Harmonie und das wortlose Verstehen mit immer mehr Brüdern und Schwestern von meiner Familie.

Herzensgrüße von mir
Anja

PS: Ich glaube übrigens, dass jeder so eine Familie hat. Nur jede Familie möchte andere Aspekte von sich erfahren und hat andere Fähigkeiten und Leidenschaften mitgebracht in dieses Leben. Jeder hat Gleichgesinnte, bei denen es nichts zu erklären gibt. Jeder hat diese Familie, in der er sein kann wie er ist. Mir tut es auch sehr gut, zu wissen, dass mein Partner nicht zu meiner Seelenfamilie gehört. Uns verbindet etwas Anderes. Wir haben in diesem Leben eine andere Verabredung für gemeinsames Wachstum. Er hat andere Fähigkeiten und Potentiale und die darf er auch haben. Er muss nicht die gleichen Erfahrungen machen wie ich, er muss nicht medial sein. Er darf seinen ganz eigenen Weg gehen. Es reicht, wenn er ganz er selbst ist, seine Leidenschaft lebt und sein wahres Wesen zum Ausdruck bringt und weiß, dass es auch für ihn eine Familie gibt. Mehr braucht es nicht!

Freitag, 12. Juni 2015

Loslassen will gelernt sein

Irgendwie kann ich gar nicht so richtig sagen, wie es mir im Moment geht. Ich bin so erfüllt vom Leben selbst, so berührt und ganz da, dass es manchmal schon fast weh tut vor Glück. So intensiv wie jetzt, habe ich das Leben noch nie gespürt. Ich streiche über meinen Lavendel im Garten, der im Begriff ist, zu blühen. Der Anblick dieser wunderschönen Pflanze, der Duft, den sie verströmt, treibt mir die Tränen in die Augen. Ich spüre das Leben in ihr und gleichzeitig in mir und mein Herzchakra schlägt Purzelbäume, mein Solarplexus explodiert förmlich. Ich koche italienisch. Der Geruch der gebratenen Zwiebeln, von Knoblauch und frischem Rosmarin aus dem eigenen Garten geht mir wieder direkt ins Herz und berührt mich so sehr, dass ich vor Freude schon wieder weinen könnte. Ich gehe in den Wald. Die Sonne scheint und wärmt den Waldboden. Der Duft nach warmen Kiefernnadeln ist so überwältigend und ich atme ihn tief ein, schließe die Augen und stehe einfach nur da und bin! So wunderbar, so berührend, so lebendig! In mir pulsiert die pure Freude am einfachen sein und nie hätte ich gedacht, dass sich das Leben so anfühlen kann. Geahnt vielleicht, aber dass es so intensiv sein kann, hätte ich nie vermutet und irgendwie reichen mal wieder nicht die Worte aus, um das zu beschreiben, was ich in diesen Tagen erlebe.

Und dennoch fühlt es sich so an, wie wenn ich gerade die ersten unsicheren Schritte gehe, weil ich mich erst noch an dieses Urvertrauen und dieses Lebensgefühl gewöhnen muss, an das komplett loslassen und einfach sein. Da ist noch manchmal der Impuls da, dass ich mich wieder anspannen und anstrengen will, weil ich es so sehr gewöhnt bin. Ich lasse es aber jedes Mal sein, weil es sich nicht mehr richtig anfühlt. Komplett loslassen, sich tragen lassen vom Fluss des Lebens, vertrauen, das will erstmal gelernt sein und gefühlt lerne ich das gerade. Schritt für Schritt, Tag für Tag. Manchmal überlege ich aus Gewohnheit, ob nicht doch irgendwo der Haken ist, aber mein Herz sagt mir jedes Mal, dass das nicht so ist. Da ist kein Haken. Das Leben ist tatsächlich als ein leichtes gedacht und es ist an mir, es zu glauben und danach zu leben. Das Leben wird es mir nicht beweisen, ich darf es vorher glauben und mir damit erschaffen. Raus gehen in die Welt, die nur darauf wartet, von mir entdeckt zu werden mit den leuchtenden Augen eines Kindes. Machen, nach was mein Herz sich sehnt, nach was mir der Sinn steht und vertrauen! Da wartet so viel auf mich. So viel will noch erfahren und erlebt werden. Die Welt liegt mir im wahrsten Sinne des Wortes zu Füßen und nichts könnte mir im Weg stehen, außer mir selbst und irgendwelchen hinderlichen Überzeugungen. Und ich habe keine Lust mehr, mir im Weg zu stehen. Das Spiel habe ich zu lange gespielt, in so vielen Leben. Jetzt ist Zeit für Freiheit und Leichtigkeit, für Genuss und Erfüllung, für ich sein und Selbstwerdung. Also raus in die Welt! Es ist Zeit, mit dem Leben anzufangen!

Herzensgrüße von mir!
Anja

PS: In den nächsten Tagen kommt ein Artikel darüber, was mir geholfen hat, loszulassen.

Dienstag, 16. Juni 2015

11 Möglichkeiten, um seine Intuition anzuzapfen

Viele wünschen sich einen guten Zugang zu ihrer Intuition und hätten gerne ein ausgeprägtes Bauchgefühl. Dass das manchmal nicht einfach ist, gerade wenn der Verstand noch ziemlich laut und vordergründig ist, weiß ich aus eigener Erfahrung. Früher war sich selbst ein Pendel zu schade, um auf mich zu reagieren. ;) Ich war einfach zu und völlig verkopft. Nach und nach habe ich mich dann durchgearbeitet zu meiner Intuition und zu mir. Welche "Methoden" mir so geholfen habe, will ich euch heute gerne erzählen. Es gibt so viele Hilfsmittel und Möglichkeiten der Unterstützung.

1. Engelkarten/Orakelkarten ziehen
So hat es angefangen mit mir und meiner Intuition. Als allererstes hatte ich die Engelkarten von Diana Cooper. Immer, wenn mich ein Thema umtrieb, eine Entscheidung anstand oder irgendwas nicht rund gelaufen ist, habe ich die Engel befragt und um eine passende Karte gebeten. Und ich kann sagen, dass ich immer, wirklich immer die passende Karte gezogen habe und mehr als einmal der Groschen gefallen ist. Manchmal habe ich die Karte auch nicht gleich verstanden. Dann habe ich die Engel gebeten, dass sie mir helfen sollen, die Karte zu verstehen und ich konnte mich darauf verlassen, dass mir in den nächsten Stunden alles klar wurde.

Es gab Zeiten, da habe ich wirklich mehrere Karten am Tag gezogen, weil so viel in mir herumwirbelte. Ich bin noch nicht mal ohne die Karten im Gepäck für längere Zeit weggefahren. Und selbst auf einem Rhetorikseminar hatte ich sie dabei und sie lieferten mir den ausschlaggebenden Impuls für mein Thema für eine Kurzrede. Ich sprach über "Zufälle" und berührte die anderen Teilnehmer sehr.

Mit der Zeit sind noch einige Kartensets dazugekommen. Ich benutze sie noch heute. Welche das sind, seht ihr in meinen Buchempfehlungen ganz unten.

2. Mögliche Lösungen auf Zettel schreiben und sich draufstellen
Eine weitere Möglichkeit sein Inneres zu befragen, ist diese Methode. Sie ist vor allen Dingen bei Entscheidungen sehr zu empfehlen. Schreibe alle möglichen Lösungsszenarien auf Zettel. Ein Ansatz auf je einen Zettel. Schreibe auch je einen Zettel mit "Mehrere Möglichkeiten können

richtig sein." und "Keine dieser Möglichkeiten ist die richtige." Lege die Zettel mit der Rückseite nach oben und mische sie gut. Stelle sicher, dass nicht die Schrift durchschimmert oder du auf andere Art "schummeln" kannst. (Du würdest dich in dem Fall nur selber beschummeln.) Dann verteile die Zettel mit einigem Abstand auf dem Boden. Stelle dich nun am besten barfuß nacheinander auf die einzelnen Zettel und schließe die Augen. Spüre genau hin, wie es dir auf diesem Zettel geht. Kannst du hier gut und sicher stehen oder verlierst du das Gleichgewicht? Wackeln dir vielleicht die Knie? Oder zieht es unangenehm in den Beinen? Kannst du tief atmen oder bekommst du eher keine Luft mehr? Fühlt es sich hell oder dunkel an? Stehst du gerne da oder möchtest du lieber weg? Die Wahrnehmungen sind so vielfältig wie die Menschen. Es gibt keine falschen Wahrnehmungen. Der Zettel, auf dem du dich am wohlsten fühlst, beinhaltet sehr wahrscheinlich die für dich richtige Lösung. Natürlich gibt es dafür keine Garantie. Solltest du dich auf dem Zettel am wohlsten fühlen, auf dem steht "Keine dieser Möglichkeiten ist richtig.", dann gibt es wohl noch einen anderen Weg, der dir bis dahin noch nicht eingefallen ist. Öffne dich für eine neue Möglichkeit und vertraue. Sie wird sich zum passenden Zeitpunkt zeigen.

3. Assoziationskette nach Edward de Bono

Diese Methode liebe ich. Ich habe sie bei meiner Ausbildung zur Entspannungspädagogin kennen- und schätzen gelernt. Zur besseren Erklärung, sieh dir das folgende Bild an.

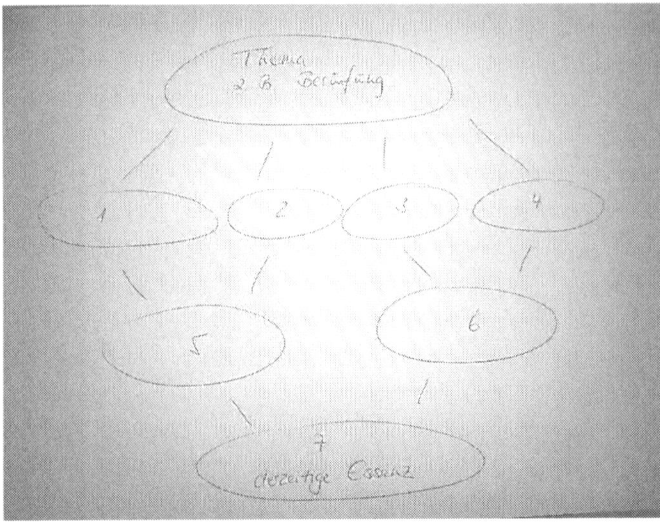

Nimm dir einfach ein weißes Blatt Papier und setze dich an einen ruhigen Ort, an dem du nicht gestört wirst. Mir hat es anfangs bei dieser Übung immer geholfen, Entspannungsmusik anzumachen. Jetzt hab ich es lieber still. Richte es dir so ein, dass es für dich stimmig ist und du deine Gedanken hören kannst. Auf dem Bild siehst du die Assoziationskette aufgemalt. In das oberste Feld schreibst du dein Thema, in dem du neue Ansätze, Klarheit oder Impulse brauchst. Das könnte z. B. deine Berufung sein. Wichtig ist, dass du das Thema auf ein Wort reduzierst (oder zumindest auf ganz wenige Worte). Dann schließe die Augen und jongliere dieses eine Wort immer wieder hin und her, befühle es, schmecke es gedanklich und lass es immer wieder kreisen, bis dir ein erstes weiteres Wort dazu einfällt. Nimm wirklich das erste Wort, was dir dazu einfällt, ohne es mit dem Verstand zu zensieren. Dieses neue Wort schreibst du dann in das Feld mit der 1. Dann gehst du wieder in dich und lässt erneut dein Thema kreisen, hier "Berufung". Wenn dir das nächste Wort dazu in den Sinn kommt, schreibst du es in das Feld mit der Nummer 2. Dieses Spiel wiederholst du, bis du vier Wörter gefunden hast, die dir zu deinem Oberbegriff eingefallen sind. Nun nimmst du die

Wörter aus dem Feld 1 und 2 und lässt diese in Gedanken wieder kreisen. Dieses Mal beide zusammen. Fühle welches Wort dir zu diesen beiden Wörtern zusammen einfällt. Das, was als erstes hochkommt, schreibst du in das Feld mit der Nr. 5. Nun nimmst du die Wörter von Feld 3 und 4 und machst das Ganze nochmal. Welches Wort fällt dir zu diesen beiden Wörtern ein? Den Begriff schreibst du dann in das Feld mit der Nr. 6. Nun nimmst du die beiden Wörter von Feld 5 und 6 und lässt diese gemeinsam in deinem Kopf kreisen, schmeckst sie zusammen auf der Zunge und lässt dich darauf ein, dass dich diese beiden Begriffe wieder zu einem neuen führen. Wenn du das neue Wort hast, schreibst du es, in das Feld mit der Nr. 7. Nun hast du die derzeitige Essenz zu deinem Ursprungsthema. Im Laufe der Übung hast du dich darauf eingelassen, dich immer mehr von deinem eigentlichen Thema zu entfernen und dennoch wird in dem Feld ganz unten ein Wort stehen, das schon so manchen Aha-Effekt ausgelöst hat.

Hier meine Essenz zum Thema Entspannung aus dem Jahr 2011:

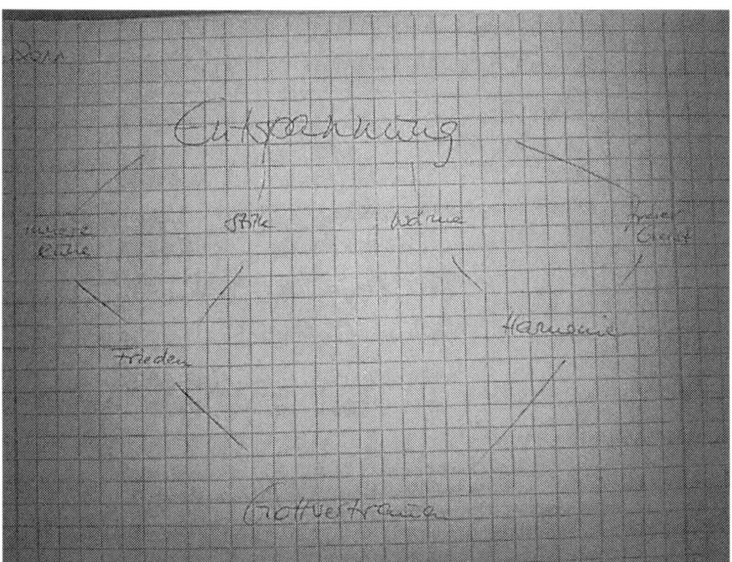

Entspannung war damals für mich Gottvertrauen und das kann ich heute noch unterschreiben. Eine wirklich wunderbare Übung!

4. Unterschiedliche Möglichkeiten befühlen unter dem Gesichtspunkt "Was gibt mir Leben? - Was lässt mich sterben?"

Diese Art der Fragestellung habe ich mal in einem Vortrag gehört. Ich kann euch beim besten Willen nicht mehr sagen, von wem sie stammt, aber die Fragen haben mich total angesprochen. Nimm die einzelnen Möglichkeiten, die du im Moment hast, wenn es eine Entscheidung zu treffen gilt und wäge sie mit den oben genannten Fragen ab. Bei welcher Möglichkeit fühlst du dich lebendig? Bei welcher hast du eher das Gefühl, dass du stirbst und dir Energie gezogen wird? Was fühlt sich frei, hell und leicht an und was schwer, dunkel, drückend? Ich muss wahrscheinlich nicht erwähnen, dass du das wählen solltest, was dir Leben gibt. ;)

5. Unterschiedliche Möglichkeiten befühlen bezüglich "Wie fühlt es sich an, wenn ich es nicht tue?"

Manchmal reicht es schon, zu wissen, was man nicht möchte. Hier gilt es wieder die einzelnen Möglichkeiten bei anstehenden Entscheidungen durchzugehen. Diesmal stell dir vor, wie es wäre, wenn du die Dinge NICHT tun würdest, wenn du dich dagegen entscheiden würdest. Wie fühlt es sich an, wenn du dir das Leben mit einer Entscheidung GEGEN die einzelnen Möglichkeiten vorstellst? Wie wäre es, OHNE die Bewerbung zu schreiben? Wie wäre es, OHNE das bestimmte Auto, Kleid, den Urlaub, den Partner? Wenn sich das OHNE falsch anfühlt, dann könnte es durchaus sein, dass du dich FÜR die Dinge entscheiden solltest. ;)

6. Das Universum um eine Antwort bitten und wissen, dass sie einem gegeben wird.

Wie ihr wisst, glaube ich an eine höhere Führung durch meine Seele, mein Herz, das Universum, nenn es, wie du willst. Für mich ist klar, dass meine Seele den Weg kennt und sie genau weiß, wozu ich hier bin. Also weiß sie auch, was gerade zuträglich für mich und meinen Weg ist und was nicht. Folglich kann sie mir auch Fragen diesbezüglich beantworten. Wenn ich also wissen möchte, ob etwas gerade passend ist, oder was denn überhaupt passend wäre, dann stelle ich eine entsprechende Frage z. B. "Wie sieht meine Berufung aus?" und bitte meine Seele, das Leben, etc. um Antwort. In den nächsten Stunden und Tagen wird sich die Antwort auf die unterschiedlichste Weise zeigen. Ich lese z. B. einen entsprechenden Zeitungsartikel, ich bekomme eine Bemerkung von einem Menschen, höre einen Liedtext, lese eine Passage in einem Buch oder die Antwort plumpst mir einfach in den Kopf und ich weiß es plötzlich. Das hat schon sehr oft funktioniert.

7. In den inneren Raum gehen und mit dem Problem, dem Gefühl, der Person, der Frage Kontakt aufnehmen

Wir bewegen uns langsam in den Regionen für Fortgeschrittene. ;) Ich meditiere sehr viel und habe die Erfahrung gemacht, dass alle Antworten in uns selbst zu finden sind. Überraschung! Das hat der ein oder andere sicher schon mal gehört. ;) Inspiriert wurde ich hier von dem Ansatz von Robert Betz. Er beschreibt es so, dass wir uns vorstellen sollen, in unseren inneren Raum zu gehen. Ich habe da immer ein Bild in mir, dass ich gedanklich in meinem Kopf in den Aufzug steige und damit nach unten in mein Unterbewusstsein fahre. Wenn ich unten (bei mir ca. auf Höhe des Solarplexus) angekommen bin, steige ich aus dem Aufzug aus und bin in meinem inneren Raum. Dort bin ich der Chef und ich kann mir in den Raum holen, wen oder was ich mag. Dort unten gelten meine Regeln. Hier hatte ich schon Kontakt mit meinem inneren Antreiber, mit meinen Eltern, mit meinen Gefühlen der Wut und der Ohnmacht. Egal, um was es geht, lade die Dinge in deinen inneren Raum ein und schaue, wer oder was zur Tür hereinkommt. Bei mir nimmt so ziemlich alles Gestalt an und ich schaue mir die Dinge sehr genau an. Wie sehen sie aus? Was machen sie mit mir? Wie fühlen sie sich selbst? Dann frage ich, was sie mir Gutes tun wollen, warum die Situation so ist, wie sie ist, was mein Anteil daran ist. Was das unangenehme Gefühl wie z. B. die Angst, braucht, um gehen zu können. So habe ich schon die wunderbarsten Erkenntnisse gehabt.

Mehr über Robert Betz findet ihr hier: http://robert-betz.com/

8. Innere Leinwand aufspannen und schauen, was sich zeigt

Eine Alternative zum inneren Raum ist diese Leinwand. Du kannst dir z. B. vorstellen, du spannst eine Leinwand vor deinem inneren Auge auf und schaust welche Bilder zu deinem Thema sich zeigen. Wie in einem Kino kannst du dann zusehen, was sich da abspielt. Warte einfach, was sich dir zeigen mag. Auch hier kannst du die Fragen stellen, die ich bei Punkt 7 schon erwähnt habe. Auf jede Frage gibt es eine Antwort. Vielleicht nicht gleich, aber bestimmt zum passenden Zeitpunkt. ;) Diesen Ansatz habe ich ebenfalls von Robert Betz.

9. Die Frage stellen "Was muss ich jetzt wissen?"

Auch Louise L. Hay hat mich zu einer wunderbaren Herangehensweise inspiriert. In einem ihrer Bücher schreibt sie darüber, dass sie sich selbst oft zum Meditieren hinsetzt und die Frage stellt "Was muss ich jetzt wissen? Was ist genau jetzt wichtig für mich?" Mit dieser Methode habe ich auch schon oft erfolgreich gearbeitet und manchmal haben sich Dinge gezeigt, die mit meinem "Problem" gar nichts zu tun hatten. Dann war eben gerade etwas anderes wichtiger.

Mehr über Louise L. Hay findet ihr hier:
https://de.wikipedia.org/wiki/Louise_Hay

10. Energie aufsteigen lassen - schauen wo sich die Energie in der Matrix befindet

Diesen Ansatz habe ich von Bodo Deletz. Ich gebe hier das weiter, was ich verstanden habe und mir zu Nutzen gemacht habe. Vielleicht ist mein Umgang damit auch schon etwas abgeändert und auf mich zugeschnitten. Ich picke mir ja von allem immer das heraus, was gerade für mich passend ist. ;) Bodo Deletz befasst sich seit vielen, vielen Jahren mit Wegen zum Glück und zur Zufriedenheit. Er ist in der Lage die Aura von Menschen zu sehen und hat auf diese Weise herausgefunden, wo in der Aura (oder auch Seele oder Matrix - ich persönlich verwende die

Begriffe gleichbedeutend) sich welche Energie aufhält. Ihr könnt euch eine Energiesäule vorstellen, die vertikal, also aufrecht, vor euch steht. Sie reicht weit über euren Kopf hinaus und weit unter euren Füßen in die Erde. Wenn ihr nun ein bestimmtes Thema oder Problem habt, dann könnt ihr vor euren geistigen Augen mal schauen, wo auf dieser Säule sich die Energie des Problems befindet. Negative und belastende Energien befinden sich eher unten, positive und befreiende Energien eher oben. Mit dieser Methode habe ich schon öfter festgestellt, dass angebliche "Probleme" schon ziemlich weit oben angesiedelt waren und gar nicht mehr so schwer und belastend waren, wie ich sie eigentlich empfunden habe. Dadurch, dass ich mir die Energie angeschaut habe, hat sie oft schon angefangen sich zu verändern, sich zu lösen und weiter "aufzusteigen". Dann kam ich noch mehr in die Klärung und hatte auch Erkenntnisse darüber, wo noch der Haken war und was zur vollständigen Lösung nötig ist. Auch hier ist manchmal Geduld gefragt. Wenn die Energie in dem Moment noch nicht aufsteigen mag, dann ist das eben so. Wie immer geschieht alles zur richtigen Zeit.

Mehr zu Bodo Deletz findest du hier:
https://www.bodo-deletz-akademie.de/

11. Verstand in Urlaub schicken

Bei all diesen "Methoden" und Herangehensweisen kann einem der Verstand noch das ein oder andere Schnippchen schlagen. Da kann es helfen, den Verstand einfach mal in Urlaub zu schicken. Und das meine ich wörtlich. Vor diesen Übungen, egal welcher, könnt ihr wirklich eurem Verstand danken, denn er hat seine Berechtigung und eine wichtige Rolle, ihn aber bezüglich eures Themas in Urlaub schicken. Schickt ihn gedanklich an einen Ort, an dem er sich wohlfühlt und sich erholen kann. Legt ihn z. B. in eine Hängematte auf einer wunderschönen Insel, drückt ihm einen Cocktail in die Hand und erlaubt ihm, dass er sich ausruht. Es gibt Themen, da hat der Verstand einfach nichts mitzureden und ihr seid mit eurem Herzen besser beraten. Auch ich habe meinen

Verstand schon sehr erfolgreich in Urlaub geschickt. Das kann wirklich helfen.

So nun wünsche ich euch ganz wundervolle Erlebnisse auf dem Weg zu eurer Intuition. Umso öfter, ich solche Übungen gemacht habe, umso leichter ist es gefallen, umso deutlicher wurden die Bilder und umso klarer die Zusammenhänge. Das alles ist wie ein Muskel, der trainiert werden möchte. Habe ich früher erstmal eine halbe Stunde gebraucht, um überhaupt Ruhe in den Kopf zu bekommen, kommen heute die Erkenntnisse im Vorbeigehen. Trance ist kein Hexenwerk. Heute kann ich während einer Meditation auch mal aufs Klo gehen und nachher nahtlos da ansetzen, wo ich aufgehört habe. Oft nehme ich auch im Bett, kurz vor dem Einschlafen, noch mit meinen Themen Kontakt auf und "spreche" noch mit ihnen. Diese Übungen sind mir so in Fleisch und Blut übergegangen, dass es wirklich nur so flutscht. Das ist alles ganz normal für mich geworden, ich muss es mir nicht mehr extra ins Gedächtnis rufen und es wird immer einfacher...

Gutes Gelingen!
Anja

Montag, 22. Juni 2015

Das vermeintliche Chaos - die Vorstufe zu neuer Klarheit

Ihr Lieben da draußen, die ihr euch alle aufgemacht habt, euren eigenen Weg zu gehen. Haltet durch!!! Auch wenn euch gerade das pure Chaos überkommt, nichts mehr passt, ihr zweifelt, wieder im Nebel zu stehen scheint und gerade mal wieder nicht wisst, was richtig und falsch für euch ist. Diese Phasen gehören dazu und sind völlig normal. Diese Phasen in denen mehr Fragezeichen um eure Köpfe schwirren als Ausrufezeichen. Die Phasen, in denen ihr mal wieder nicht wisst, wer ihr eigentlich seid und sein wollt. Ich kenne das nur zu gut. Gestern schien noch alles so klar und logisch. Mein Weg hat sich vor mir ausgebreitet, ich war entspannt und zuversichtlich, nichts schien mich aus der Bahn werfen zu können. Und dann wache ich am nächsten Morgen auf und nichts ist klar. Nichts liegt deutlich vor mir und ich bin weder Fisch noch Fleisch. Alles ist doof, nichts ist stimmig. Und irgendwie fühlt es sich an, als wäre man wieder bei null!

Doch alles ist gut. Auch Unklarheit, Verwirrung und Chaos wollen gefühlt werden und da sein dürfen. Auch sie dürfen ausgehalten und gelebt werden. Sie sind die Vorstufen zu neuer Klarheit. Etwas sortiert sich neu. Stell dir vor, viele Teile bilden ein bestimmtes Muster und dann möchtest du ein neues Muster legen. Bis da jedes Teil wieder an seinem neuen Platz liegt, scheint erstmal Chaos zu herrschen, dabei gibt es das neue Muster gedanklich schon und das Chaos, während du die Einzelteile hin und her schiebst, ist nur eine Neuordnung. Lass es einfach da sein, dieses Chaos, diesen Unmut, diese Verwirrung. Der Nebel lichtet sich schon wieder...

Alexander Lauterwasser ist Wasserforscher. Er beschallt Wasser mit unterschiedlichen Frequenzen. Das Wasser bildet dabei wunderschöne Muster. Verändert er die Frequenz, entsteht ein vermeintliches Chaos und das Wasser sortiert sich zu einem neuen wunderschönen Muster. Wenn sich deine Schwingung verändert, dann muss sich auch erst wieder alles (vor allem auch das viele Wasser in deinem Körper) zu einem neuen Muster sortieren. Das ist nur logisch. (Hier ein Video über ihn und seine Arbeit - sehr faszinierend:
https://youtu.be/Ndzf59ZM5Tk)

Diese Sicht der Dinge hilft mir enorm, Verwirrung zu akzeptieren. Wir müssen nicht immer wissen, wo es langgeht. Wir dürfen unlogisch, verwirrt, schlecht gelaunt, hin- und hergerissen sein. Auch das geht vorüber. Wie bei allem im Leben, gibt es auch hier ein "danach". Verliert nicht den Mut! Der rote Faden zeigt sich schon wieder. Morgen vielleicht, oder übermorgen... Halt zum passenden Zeitpunkt, wenn alles wieder auf die neue Schwingung eingestellt ist, neue Synapsen geknüpft sind, eure Seele wieder den nächsten Schritt vorbereitet hat. Habt Geduld!

Ich wünsche euch ganz viel Kraft und Mut in solchen Zeiten des Umbruchs!

Herzensgrüße von mir
Anja

Mittwoch, 24. Juni 2015

Selbstheilung ist möglich - eine Erfolgsgeschichte

Ihr Lieben,
wie sich abzeichnet werden manche im Moment ganz schön geschüttelt und kein Stein scheint mehr, auf dem anderen zu stehen. Für viele mag sich das gerade auch in körperlichen Symptomen und Krankheit zeigen. Auch schwerer Krankheit, die es kaum zulässt, ein gewisses Maß an Lebensqualität sicherzustellen.

Daher möchte ich euch gerne meine Geschichte des körperlichen Knock-Outs und der Heilung mal etwas ausführlicher erzählen. In vielen Artikeln ist ja immer wieder etwas zu ahnen, aber richtig ins Detail bin ich noch nicht gegangen. Das möchte ich gerne nachholen, könnte mein persönlicher Erfolg doch einigen Mut machen.

So richtig heftig niedergestreckt hat es mich Ende Oktober 2012. Ich bin mit heftigsten Bauchschmerzen, Magenschmerzen und Blähungen morgens um 3 Uhr an einem Sonntag in die Notaufnahme, weil ich mir nicht mehr zu helfen wusste. Ich hatte gebrochen vor Schmerzen, konnte nicht mehr aufrecht stehen. Nachdem ich eine Portion Schmerzmittel bekommen hatte, ging es schnell besser. Die Untersuchungen zeigten, dass meine Galle randvoll mit Steinen war, dass das Organ sich schon zurückgebildet hatte (eine Schrumpfgalle also) und dass eine chronische

Gallenblasenentzündung vorlag. Mir wurde mitgeteilt, dass die Gallenblase unbedingt entfernt werden müsste. Im Laufe des Sonntags hieß es, man könnte mich Montag operieren. Ich war völlig überfordert. Erstmal musste ich die Diagnose verdauen. Ich hätte ja niemals mit sowas gerechnet. Dann fühlte ich mich im Krankenhaus mehr als unwohl und in einer Welt, in die ich nicht gehörte. Schon in der Notaufnahme wurde mir das Gefühl vermittelt, dass ich irgendwas falsch gemacht hätte und dass ich jetzt nicht auch noch mit meinen Beschwerden da ankommen müsste. Und dann auch noch die Aussicht auf eine OP. Alles in mir schrie "NEIN!". Doch in diesem Umfeld, in dem jedem klar zu sein schien, dass es anders nicht geht, fühlte ich mich verloren und zweifelte an meinen Empfindungen. Bis dahin hatte ich immer schon viel meditiert und wusste, dass wirkliche Antworten aus dem Inneren kommen. Leider hatte ich im Krankenhaus keine Gelegenheit zum Meditieren und ich bekam fast schon Panik. Von meinem Partner hatte ich mir das Buch von Ruediger Dahlke mitbringen lassen "Krankheit als Symbol". Ich wollte ja schließlich wissen, was hinter dieser ganzen Geschichte an Themen steckt.

Was ich da las, traf wie die Faust aufs Auge! Hier ein paar Auszüge zu den Themen Gallenblasenentzündung, Gallenkolik und Gallensteine (S. 302 ff.), die mich besonders getroffen haben:

- **Gallenblasenentzündung**
  Unterdrückte, ungelebte Aggression wird im Untergrund bitter, giftig und durch lange Zurückhaltung hinterhältig; sich mutig, dem Reservoir alter, abgestandener Aggression stellen; mit der aufgestauten Aggression ins Reine kommen

- **Gallenkolik**
  Wer zu lange Gift und Galle geschluckt hat, muss sich solche Ausfälle (Koliken) geronnener giftiger Wut (Steine) gefallen lassen; die geronnene und verfestigte giftige Aggression doch

noch zur Welt bringen; Lösung des durch Blockaden entstandenen Energiestaus; die eigene Giftigkeit herauslassen; lieber Gift und Galle spucken, als Gallensteine gebären; offene Demonstration der eigenen Aggressionsenergie; loslassen, was einem entspannten Leben im Wege steht; Hindernisse überwinden, statt ihnen auszuweichen

- **Gallensteine**
  geronnene Energie, versteinerte Aggression vor allem im Rahmen von familiären Zwängen; Verdichtung jener Wut- und Zornausbrüche, die man sich über lange Zeit verkniffen hat; aggressive Energie durch verbale Attacken und konkrete Aktionen ausdrücken und ausleben; die Fülle, Würze und Üppigkeit des Lebens mit Nachdruck genießen; starke Bewegungen und lautes Schreien erleichtern die Geburt von Gallensteinen; rechtzeitig praktiziert, können sie diese auch über*flüssig* machen

Mir war klar, dass ich mir all diese Themen anschauen und erlösen möchte. Ich hatte dazu beigetragen, dass mein Körper in diesen Zustand geraten ist und ich wollte jetzt nicht einfach irgendwas wegschneiden lassen und damit das Thema als erledigt erklären. Es musste anders gehen. Meine Oma hat, seit ich denken kann, Probleme mit der Galle, Gallensteine und war damit immer wieder im Krankenhaus. Ihr wurde die Gallenblase entfernt, nur damit sich einige Jahre später die wiedergebildeten Gallensteine nun nicht mehr in der Gallenblase sammeln konnten, sondern in den Gallengängen, die von der Leber wegführen, steckenblieben und sie wieder operiert werden musste. Ich wusste also, wie „erfolgreich" so eine OP sein konnte. Allerdings hatte ich natürlich Bedenken, ob ich mich nicht vielleicht in Lebensgefahr brachte, wenn ich mich nicht operieren lassen würde. All das ging mir durch den Kopf und ich fand im Krankenhaus einfach keine Ruhe, um mich der Innenschau zu widmen. Irgendwann kam mir dann die Einsicht, dass ich jetzt zwar nicht meditieren konnte, aber eins hatte ich immer dabei und darauf konnte ich immer und überall zurückgreifen. Mein Bauchgefühl! Und das sagte mir klar und deutlich, dass eine OP der falsche Weg ist und jetzt einfach nicht dran ist. Das teilte ich so auch den Ärzten mit. (Ihr könnt euch nicht vorstellen wie klein und hilflos ich mich in dem Moment gefühlt habe!) Die klatschten zwar keinen Beifall, aber sie ließen mich gewähren und gehen. Ich vereinbarte zur Güte noch einen späteren OP-Termin im November (den ich dann kurz vorher absagte) und konnte gehen. Was war ich froh, aus diesem Krankenhaus entkommen zu können. Selten habe ich mich so unwohl, fremd und nicht verstanden gefühlt.

Zu Hause machte ich mich auch gleich auf die Suche nach Alternativen und durchforstete das Internet. Es müsste doch auch gehen, die Steine zu entfernen und die Gallenblase zu erhalten. Leider musste ich feststellen, dass man sowas früher wohl gemacht hatte, aber in 70% der Fälle die Gallensteine wiederkamen. Also ist man dazu übergegangen gleich die ganze Gallenblase zu entfernen, weil sich die andere Methode nicht lohnt. Dass sich die Steine trotzdem wieder bilden, bleibt wohl unbeachtet. Denn Gallensteine entstehen in der Leber und werden in der Gallenblase lediglich gelagert. Welchen Sinn hat es also, die Gallenblase zu entfernen? Meine Oma ist ja der lebende Beweis, wie sinnvoll und "heilsam" es ist, die Gallenblase zu entfernen.

Die Innenschau

Zusätzlich zu dieser Suche nach alternativen Methoden die Gallensteine loszuwerden, ging ich natürlich auch nach innen und nahm in Meditationen Kontakt zu meiner Gallenblase auf. Ich war wirklich tief betroffen darüber, dass ich meinen Körper in so eine Lage gebracht habe. Es tat mir entsetzlich leid. Aber ich hatte es nicht besser gewusst. Für diese Innenschau haben mir die Meditationen von Robert Betz riesige Dienste erwiesen. Er hat mir quasi den Arsch gerettet. ;) "Deinen Körper durch Liebe heilen - Wie unser Körper gesund wird und bleibt" heißt diese Meditation von ihm und was mir mein Körper insbesondere meine Galle und die Leber über mich und mein Leben erzählt haben, war wirklich der Hammer. Eine grobe Zusammenfassung der Erkenntnisse, die ich im Laufe dieser Gespräche mit meinem Körper bekommen habe, findet ihr in diesem Artikel: Was mir meine Krankheit geschenkt hat. Immer und immer wieder bin ich in Kontakt getreten und habe mir alles angeschaut, was sich mir gezeigt hat. Auch die Emotionen, die diese Krankheit in mir ausgelöst hat, habe ich mir angeschaut, sie angenommen und Frieden mit ihnen geschlossen. Vordergründig war natürlich die Wut, die ich so lange nicht leben durfte. Mir wurde als Kind immer gesagt, dass hier nicht gebockt wird (wie es meine Mama immer ausgedrückt hat). Wenn ich sauer war, musste ich mich zusammenreißen und gute Miene zum bösen Spiel machen. Das rächt sich irgendwann. Die Ohnmacht war ebenfalls ein sehr intensives Gefühl, kamen die Krämpfe und Schmerzen doch immer ganz plötzlich und so heftig, dass ich kaum reagieren konnte und ihnen ausgeliefert war. Auch diese Emotion durfte angenommen werden. (Hier half mir die Medi von Robert Betz "Negative Gefühle in Freude verwandeln".) Heute weiß ich, dass auch der Druck und der Stress, den ich mir immer machte, ein Familienerbstück sind. Nicht seinen eigenen Weg gehen können und sich verbiegen. Ein Thema, das schon Generationen vor mir hatten. Und ich war jetzt an der Reihe, das ein für alle Mal zu lösen. (Mehr dazu findet ihr in diesem Artikel: Der Schlüssel zur Freiheit)

Homöopathie

Die Innenschau und die geistige Heilung war also ein Baustein auf meinem Weg zur Gesundheit. Zusätzlich war für mich die Homöopathie noch sehr wichtig und unheimlich hilfreich. Schon Jahre vor der Gallenerkrankung habe ich alles mit homöopathischen Mitteln behandelt. Außer Schmerzmittel und Homöopathie verwende ich kaum herkömmliche Medizin. Ich lernte immer mehr, auf meinen Körper zu hören und reinzufühlen, was denn gerade für ein Mittel richtig für mich ist. Die ganze Behandlung war eigentlich reine Gefühlssache. Lycopodium, Colocynthis, Nux vomica, Belladonna, Bryonia, Magnesium phosphoricum. All diese Mittel haben mich begleitet und ihren Teil dazu beigetragen.

An dieser Stelle möchte ich noch einmal meiner Schwester danken, die mich auf diesem Weg so zuverlässig unterstützt hat. Wie oft habe ich sie weinend und verzweifelt angerufen, weil ein Mittel, das über einige Zeit richtig gut half, plötzlich nicht mehr wirkte und ich mal wieder vor Schmerzen nicht wusste wohin. Ich danke dir!!! Du warst und bist eine enorme Stütze für mich!!!! Gemeinsam haben wir dann unser Gefühl und unsere Intuition befragt und ein neues Mittel gefunden. Im Mai 2014 fand ich dann MEIN Konstitutionsmittel, Magnesium Carbonicum, das ich bis heute noch nehme und es wirkt wahre Wunder. Alles heilt aus!

Leberreinigung

Bei meiner Suche nach alternativer Heilung bin ich dann Anfang 2013 auf die Leberreinigung gestoßen. In einem Video wurde genau geschildert, wie man Gallensteine auf natürlichem Wege ausscheiden kann. Ein Jammer, dass diese Methode von keinem Arzt empfohlen wird. Diese Leberreinigung mit Olivenöl und Grapefruitsaft war für mich goldrichtig. Insgesamt habe ich sie sechs oder sieben Mal im Laufe eines dreiviertel Jahres gemacht und ich war echt erschüttert, was da an Mengen von Steinen ausgeschieden wurde. Auch das hat enorm zu meiner Heilung beigetragen. Das Video mit der Anleitung findet ihr hier: https://youtu.be/CwMziz655L4 Darin wird auch sehr schön erklärt, wie und wo Gallensteine entstehen und wie Galle und Leber funktionieren. Kritiker munkeln ja, dass hier keine Gallensteine ausgeschieden werden, sondern dass Öl und Grapefruitsaft in der Verdauung verklumpen und dass diese "Steine" dann fälschlicher Weise für Gallensteine gehalten werden. Ich kann euch aber sagen, dass ein Ultraschall meiner Galle im Januar 2014 bestätigt hat, dass nur noch einige wenige Gallensteine übrig sind. Ich erinnere: Die Gallenblase war 2012 noch randvoll! Es scheint wohl, funktioniert zu haben. ;)

Ich hatte in der Zeit nicht nur Gallenkoliken, weil sich ein Stein gelöst hat und durch die Gallengänge ausgeschieden werden wollte, sondern ich hatte auch enorme Nervenschmerzen im Oberbauchbereich,

Krampfanfälle, die nichts mit einer Gallenkolik zu tun hatten (die Schmerzen waren anders) und immer wieder Stechen im Magen. Die Ärzte führten alles auf die Gallensteine zurück und rieten mir immer wieder, die Gallenblase zu entfernen. Damit wäre dann alles in Ordnung. Auf meine Äußerung, dass ja auch die Psyche eine wichtige Rolle spielt, wurde mir nur gesagt, dass die Psyche damit überhaupt nichts zu tun hat. Die könne sowas gar nicht beeinflussen. Also war ich wieder auf mich gestellt. Mein Gefühl sagte mir immer noch, dass eine OP nicht der richtige Weg ist.

Im Januar 2014 stieß ich dann auf einen Arzt, der sich sehr mit den Themen hinter den Krankheiten beschäftigt. Ich las einen Artikel von ihm in einer Zeitschrift und stellte dann fest, dass er nur 20 km von mir entfernt seine Praxis hatte, der auch ein alternatives Heilzentrum angeschlossen ist. Er hat sich wohl auf Kardiologie spezialisiert, aber auch die gesamte innere Medizin ist sein Arbeitsfeld. Ich ließ mir einen Termin geben und es war der beste Arztbesuch meines Lebens! Ich erzählte ihm von meiner Krankheitsgeschichte und dass für mich keine OP in Frage kam, dass ich mich dem Ganzen auf der geistigen Ebene nähere und glaube, dass ein gesunder Geist einen gesunden Körper hervorbringt. Er sah mich an und er war der erste Arzt, der mir dann sagte: "Frau Reiche, sie haben alles richtig gemacht!" Könnt ihr euch meine Erleichterung vorstellen???? Da war endlich ein Arzt der mich verstand. Er machte dann auch den oben erwähnten Ultraschall und sagte mir, dass meine Galle in einem absolut gesunden Zustand ist und auch die Leber top in Schuss ist. Nur einige wenige Gallensteine wären noch da, aber das Organ an sich ist gesund und wieder in seiner Ursprungsform. An dem Tag habe ich geweint vor Freude!!! Endlich hatte ich die Bestätigung, dass ich alles richtig gemacht habe, dass ich nicht umsonst durch die Hölle gegangen bin. Er meinte, dass die restlichen Gallensteine auf geistiger Ebene gelöst werden können. Er wollte mir eine Meditation dafür zeigen, aber in einer eigenen Meditation bekam ich das ganz klare Gefühl, dass da so viel positive Energie in mir ist, dass ich so viel gereinigt und angeschaut habe, dass sich die Steine über kurz oder lang von alleine auflösen. Wie

Ruediger Dahlke in seinem Buch so schön schrieb: Sie werden "überflüssig" und verflüssigen sich wieder. Dem Geist ist keine Aufgabe zu groß.

Magnesium

Da die Nervenschmerzen und ab und an Krampfanfälle immer noch vorhanden waren, machte ich mich erneut auf die Suche nach Hintergründen und möglicher Hilfe. Irgendwann wurde mir dann bewusst, dass ich immer dann, wenn ich eine Leberreinigung machte, bei der man Magnesiumsulfat (Bittersalz) zu sich nehmen muss, keine Schmerzen hatte. Könnte es sein, dass Magnesium helfen könnte? Ich durchforstete das Internet und schaute, wie sich ein Magnesiummangel äußert. Und siehe da, Nervenschmerzen, Krämpfe, etc. Ich las viele Symptome, die ich eins zu eins hatte. Also ging ich zum Arzt (leider zu meinem damaligen Hausarzt) und erzählte ihm von meiner Vermutung. Er meinte, dass der Magnesiumwert sehr störanfällig wäre und eine Blutuntersuchung keine Garantie wäre. Ich solle mir doch die Gallenblase entfernen lassen, da würde ich wohl nicht drumherum kommen. Seufz... Ich ging also unverrichteter Dinge in die Apotheke, hatte da ein wesentlich informativeres Gespräch bezüglich Magnesiummangel mit einer Angestellten dort und kaufte mir hochdosiertes Magnesium. Und oh Wunder: Es half! Mein Befinden besserte sich in wenigen Tagen.

Naja und der Rest der Geschichte ist bekannt. Im Mai fand mich dann mein Konstitutionsmittel (es fand mich wirklich, ich hatte eigentlich im Internet nach einem anderen Mittel gesucht) und seither geht es mit großen Schritten bergauf. Heute kann ich sagen, dass ich wieder am Leben teilhabe, dass ich Essen genießen kann und Schmerzen nur noch ganz selten sind. Es braucht eben alles seine Zeit! Aber die nehme ich mir gerne!

Warum ich das alles erzähle?

Dieser Weg war echt hart und ich habe gelitten ohne Ende, körperlich wie psychisch. Ich hatte fast täglich heftige Schmerzen und konnte gar nichts mehr. ABER genau das habe ich leider gebraucht. Ich war so im

Tun und im Außen beschäftigt, so im Müssen-Modus, dass ich zum Nichtstun und Herunterkommen, zum Loslassen und Vertrauen gezwungen werden musste. Hätte mein Körper nicht so radikale Maßnahmen ergriffen, wäre ich heute noch nicht auf dem Weg meines Herzens. Ich musste im wahrsten Sinne des Wortes zu meinem Glück gezwungen werden. Wie oft habe ich versucht, in den erträglichen Phasen wieder etwas zu tun, zu arbeiten, zu machen. Ich hatte sofort wieder das Gefühl, zu müssen, ohne zu wissen, was ich eigentlich muss. Und dann hat mich mein Körper wieder ausgeknockt. Immer und immer wieder. Bis ich es begriffen hatte. Im Leben geht es nicht nur ums Tun, es gibt auch das Gegenteil und das darf auch gelebt werden.

Dadurch, dass ich immer wieder in meinen Körper gefühlt habe, sei es, weil ich ein homöopathisches Mittel finden wollte und die Symptome genau kennen musste oder sei es in den ganzen Heilmeditationen, habe ich einen enorm guten Zugang zu mir bekommen. Ich bin wieder voll und ganz in der Eigenverantwortung für mich und meinen Körper. Ich kann sagen, was ich gerade brauche, was mir guttut. Ich ACHTE auf mich, mehr denn je und immer noch mehr. Mein Körper muss mich nicht mehr zur Ruhe zwingen. Auch da habe ich die Verantwortung wieder komplett selber übernommen. Ich habe mich kennengelernt, wer ich wirklich bin, warum ich hier bin, was ich leben möchte, was ich brauche, welchen Rhythmus ich habe. Und vor allen Dingen habe ich durch meine Krankheit meine Medialität entdeckt, meine Fähigkeit mit Seelen Kontakt aufzunehmen, meine Kanäle wieder geöffnet, die so lange Zeit zugeschüttet waren. Ich bin so sensitiv und feinfühlig geworden und das ist genau mein Weg. Und dafür bin ich sooo dankbar! Mir, für meinen Mut und mein Durchhaltevermögen, meinem Partner, weil er mich gewähren hat lassen und mir immer vertraut hat, dass ich das Richtige tue, meinem Körper, dass er genau die richtige Sprache gefunden hat, um es mich verstehen zu lassen, dem Leben, weil es einfach unbeschreiblich wundervoll und großartig ist. Meine Heilung war langwierig, vielschichtig und es brauchte mehrere Faktoren dazu. Aber ich würde den Weg wieder gehen. Die Geschenke, die ich dadurch bekommen habe, waren viel zu großartig, als dass ich sie am Wegesrand hätte liegen lassen wollen.

Jeder hat das Zeug dazu, seinen eigenen Weg zu gehen und seine Krankheit als Chance zu nutzen! Tut das, was für EUCH als richtig erscheint. Wenn ihr Heilung und vielleicht eine Alternative zur herkömmlichen Medizin wollt, dann wird es einen Weg geben. Meine Geschichte soll Mut machen! Es kann sich so sehr lohnen!!!!

Montag, 29. Juni 2015

13 Tipps und Tricks für erfolgreiches Kubb (Wikingerschach)

(Die Tipps helfen nicht nur bei Kubb, sondern vielleicht bei jeglicher Sportart, in der man die Nerven behalten sollte. Ach, eigentlich helfen sie im gesamten Leben. ;) Lest also gerne rein, auch wenn ihr kein Kubb spielt.)

Heute gibt es einen etwas anderen Artikel. Heute gibt es einen Artikel für alle Kubbspieler in dieser Welt! Meine treuen Leser werden mir den Ausschweif hoffentlich nachsehen. Heute schreibe ich über mein Hobby: Kubb, auch Wikingerschach genannt, wie man sich in diesem Sport so helfen kann und eigene Grenzen auflöst.

(Mehr über den Kubbsport finden alle Neulinge und Neugierigen hier: https://de.wikipedia.org/wiki/Kubb)

Wer mich kennt, weiß, dass ich sehr viel beobachte und wahrnehme. Nun war ich am Wochenende mal wieder auf einem Kubbturnier und durfte teilweise sehen und erfahren, wie gut man sich beim Kubbspielen selber im Weg rumstehen kann. Ich spiele selbst seit über 6 Jahren Kubb und möchte behaupten, dass ich mich entwickelt habe. ;) Ich bin kein Weltmeister, dennoch kann ich von mir sagen, dass ich für mich und meine Verhältnisse gutes Kubb spiele UND noch wichtiger: Ich habe einen Mordsspaß an der Sache.

Aus eigener Erfahrung weiß ich, wie hervorragend man sich bei diesem Sport unter Druck und selber ins Aus setzen kann. Daher möchte ich euch heute mal alle Tricks verraten, die mir so helfen, während des Spiels bei mir zu bleiben und mich nicht aus der Ruhe bringen zu lassen.

Also fangen wir an. Ich hoffe, viele Kubbspieler können was mitnehmen. ;)

1. Setze dir keine eigenen Grenzen

Sehr viel beim Kubben läuft im Kopf ab. Der Sport erfordert aus meiner Sicht eine enorme mentale Stärke und da heißt es, offen bleiben für alle Möglichkeiten.

1.1. Du bist der Meinung, dass ein übermächtiger Gegner auf der anderen Seite steht? Na und? Alle kochen nur mit Wasser und auch die können mal einen schlechten Tag haben. Außerdem, bist du dir wirklich sicher, dass der Gegner stärker ist als du oder hast du dein Licht wieder nur ziemlich weit unter den Scheffel gerutscht? Es ist immer alles möglich und gerade im Kubb gibt es manchmal die tollsten Sachen. Ziehe in Erwägung, dass du gewinnen kannst und gib nicht schon vorher auf!

1.2. Du glaubst, du hast schlecht eingeworfen und nun ist es nicht mehr möglich, das Feld leer zu machen? Oder du hast für die noch stehenden Feldkubbs deiner Meinung nach zu wenig Holz? Ich kann mich nur wiederholen: Es ist immer alles möglich. Du weißt nie, wie das Wurfholz abprallt oder wo ein getroffener Kubb hin rollt. Ziehe in Erwägung, dass mehr fällt, als du erwartest und um Himmels Willen scheiß auf die Physik. Red dir nicht vorher schon ein, dass es gar nicht mehr gehen kann, das Feld leer zu bekommen oder einen Doppelten zu machen. Versuche es wenigstens und bleib gedanklich dafür offen, dass es gehen kann. Nimm dir deine eigenen Grenzen. Öffne dich für die Möglichkeit des scheinbar Unmöglichen. Wunder geschehen nur, wenn du daran glaubst. Der einzige, der dich beschränkt bist du!

Das Spiel ist erst zu Ende, wenn der König tatsächlich fällt. Bis dahin ist immer alles möglich, egal wie die Lage gerade ist. (ich weiß, ich wiederhole mich) ;)

2. ein Holz, ein Wurf

Egal, wie die Situation gerade ist, du kannst immer nur ein Holz werfen. Konzentriere dich auf diesen einen Wurf und den Kubb, denn du treffen möchtest. Bleib fokussiert und lass dich von der Anzahl der noch abzuwerfenden Kubbs nicht aus der Ruhe bringen. Es gibt in diesem Moment nur dich, dein Wurfholz und den Kubb, den du anspielst. Das nimmt dir Stress und Druck.

3. nach jedem Wurf neu bewerten

Bewerte nach jedem Wurf die Situation neu. Schau dir in Ruhe an, was gefallen ist und wie die restlichen Kubbs noch stehen. Suche dir eine Wurfposition, die für dich stimmig ist und fokussiere dich wieder auf diesen EINEN Wurf. Tu dir selbst den Gefallen und fange nicht an zu zählen, wie viele Wurfhölzer du noch hast, nur um dann rein physikalisch und mathematisch festzustellen, dass das ja gar nicht mehr gehen kann und du UNBEDINGT MINDESTENS zwei Kubbs treffen MUSST. Wenn man etwas MUSS und dann auch noch UNBEDINGT, dann wird es umso schwerer. Sage dir viel lieber, dass du einen Kubb treffen KANNST (und das kannst du!!!) und es dürfen gerne mehr fallen!!! Die Wortwahl, mit der wir mit uns selbst sprechen ist mitentscheidend, wie wir uns in dem Moment fühlen. Auch wenn es vielleicht unmöglich scheint, das Feld leerzumachen. Jedes Holz ist wichtig, jeder Wurf ist wichtig. Auch das letzte Holz sollte mit voller Konzentration geworfen werden. Jeder Kubb, der noch zusätzlich fällt, hilft, auch wenn das Feld vielleicht nicht ganz leer ist. Spart euch Frustwürfe und versucht lieber, bis zum letzten Holz alles rauszureißen.

4. Beobachte dich viel, werde dir klar darüber, was du denkst

Wenn ich weiß, was ich denke, kann ich es ändern. Ich habe irgendwann angefangen, mich beim Kubb sehr viel zu beobachten. Vor allen Dingen beobachte ich, was ich so denke beim Spiel. Wann gebe ich auf? Gebe ich schon auf, wenn ich den Gegner mal vorlasse, oder wenn ich einen Strafkubb produziert habe? Was glaube ich, dass ich schaffen kann? Was traue ich mir zu und was nicht? Wenn ich der Meinung bin, dass ich auf der Grundlinie eh nichts treffe, dann kann ich mir den Wurf auch sparen. Wenn ich mir etwas nicht zutraue, frage ich mich warum. Was brauche ich, um mich sicher zu fühlen? Warum traue ich es anderen zu und mir nicht? Hier sind wir wieder beim Thema eigene Grenzen. Was habe ich früher geschlottert, wenn ich mehr als sechs Kubbs einwerfen musste. Ich war mir sicher, dass ich diese sechs Kubbs nie mehr aus dem Feld bekommen würde. Und so war es dann meistens auch. Komisch, oder? ;) Wenn ich davon schon ausgehe, dass ich es nicht schaffe, dann kommt es auch so. Glaub an dich!!!

5. Wirf kein Holz während du negative Gedanken hast!

Sei es beim Einwerfen oder Abwerfen. Werfe nicht, wenn du gerade denkst, dass es eh nichts wird, du daneben wirfst, der Kubb sowieso ins Aus rollt, oder ähnliches. Sobald du merkst, dass du solche Gedanken hast, halte inne, schüttel dich innerlich und ersetze sie durch positive. Denke besser Sachen wie „Der Kubb landet sicher im Feld!“ oder „Ich freue mich auf das Geräusch eines Treffers!“ (Stelle dir am besten dieses Geräusch schon vor dem Wurf vor, das hilft auch.) oder „Ich liebe Treffen!“, „Ich sehe ihn jetzt schon fallen!“, „Du (der Kubb) gehörst jetzt mir!“. Achte wirklich darauf, was dir vor oder beim Werfen für Gedanken durch den Kopf flitzen. Beobachte dich viel und bleib positiv.

6. Strafkubbs positiv behandeln

Strafkubbs stehen ja meist ziemlich weit hinten im Feld. Nehmen wir an, ein Strafkubb wurde einen Meter von der gegnerischen Grundlinie entfernt aufgestellt. Was denken die meisten? „Fuck, ist der Kubb weit weg.“ Wir werden unsicher und verwerfen. Dürften wir nun als Gegner diesen einen Meter weiter vor und von da auf die Grundlinie des Gegners werfen, würden wir denken: „Geil, die Grundlinie ist ja jetzt viel näher!“ und treffen dann besser. Die Entfernung ist die gleiche. Das ist euch schon klar, oder? Alles steht und fällt damit, wie wir die Situation bewerten. Wie wäre es dann also, wenn wir uns bei diesem Strafkubb, der einen Meter von der Grundlinie weg steht, vorstellen, dass wir diesen einen Meter vor dürfen und auf die Grundlinie des Gegners werfen? Ich habe das schon oft gemacht und siehe da, ich fühle mich beim Werfen gleich ganz anders und treffe viel besser. Es ist halt immer eine Frage der Sicht der Dinge! ;)

7. Wirf nur, wenn du dich auch wohlfühlst

Ich persönlich bin ein absoluter Gefühlsspieler. Logik und Verstand haben Urlaub, wenn ich Kubb spiele und das hilft mir sehr oft, dass ich die „unmöglichen“ Treffer lande. Ob ich nun auf die Grundlinie werfe oder ins Feld, ich stehe immer so, dass ich mich total wohlfühle. Ich achte darauf, dass mein Fuß vom Standbein eine perfekte Auflage hat, keine Unebenheiten unter meinem Fuß sind. Ich stehe bequem und mache keine Verrenkungen, um einen möglichen Doppeltreffer zu erzielen, die erziele ich lieber mental ;). Ich achte darauf, dass mich nichts stört. Einen Kubb, der zu nahe steht und damit im Weg ist, lege ich vorsichtig hin. Wurfhölzer, die noch am Boden liegen, schiebe ich zur Seite. Mitspieler, die hinter mir stehen, haben genug Abstand zu mir. Einen Eckpfosten, der meinen Wurf behindern könnte, ziehe ich raus. Kubbs umlegen und Eckpfosten rausziehen ist nicht überall erlaubt. Das weiß ich, aber soweit es die Regeln erlauben, sorge ich für mich. Wie ihr wisst, spiele ich meistens mit Capi. Das hat auch seine Gründe. Erstens blendet mich die Sonne nicht und zweitens, sehe ich dadurch, dass ich mich beim Werfen leicht bücke, nur die Füße des Gegners. Etwaige Gesten oder die Mimik des Gegners bekomme ich gar nicht mit. So kann ich besser bei mir bleiben und bin konzentriert.

Und auch die Position aus der ich werfe, ist für mich entscheidend. Egal wie viele Kubbs im Feld stehen, es gibt für mich genau die EINE Wurfposition. Ich gehe so lange an der Abwurflinie entlang, bis ich diese eine Position gefunden habe. Auch hier hat der Verstand Sendepause. Mein Gefühl entscheidet, von wo aus ich werfe. Es muss sich für MICH stimmig anfühlen. Da können die Mitspieler noch so gute Argumente haben. ICH entscheide, von wo ich werfe. Selbst wenn es vielleicht „logischer" wäre, einen anderen Winkel zu wählen. Ich wähle die Position, in der ich mich wohlfühle und mein Gefühl hatte bisher immer recht.

8. Verbindung zum Kubb aufnehmen

Den Kubb, auf den ich werfe, hypnotisiere ich regelrecht. Ich nehme eine gedankliche Verbindung zu ihm auf. Geht es darum, auf die Grundlinie zu werfen, dann schaue ich mir alle Kubbs an und einer lacht mich dann förmlich an. Einer schreit mir entgegen, dass er unbedingt fallen möchte. Manchmal leuchtet er gefühlt mehr als die anderen, oder er ist dunkler als die anderen. Er fällt mir irgendwie auf. (Ich spreche hier von inneren Bildern, das mag in Wirklichkeit ganz anders sein.)

Bei Würfen ins Feld konzentriere ich mich auch nur auf den Kubb, den ich treffen möchte. Ich habe aber im Hinterkopf und in meinem erweiterten Blickfeld auch die Kubbs, die um ihn herumstehen. Gedanklich beziehe ich auch die anderen Kubbs in meinen Wurf mit ein, ziehe in Erwägung, dass andere mitfallen können, auch wenn sie noch so weit wegstehen, schaue aber nur den einen Kubb an, den ich anspiele. Gefühlt wird er immer größer und größer und irgendwann kommt der Moment, in dem ich werfen kann. Den Rest erledigt mein Glaube an das Unmögliche. ;)

9. Feld leer machen als oberstes Ziel

Das Feld leer zu machen, ist in diesem Sport eigentlich erst mal das Wichtigste. Der Rest ist vorerst Kür. Setzt also alles daran, dass ihr immer kontinuierlich das Feld leer macht. Dazu gehört natürlich auch das Einwerfen. Euch nützt es nichts, wenn ihr auf der Grundlinie super trefft, aber das Feld nicht leer machen könnt. Dann rückt der Gegner vor und rums bums kann das Spiel zu Ende sein. Bekommt ihr das Feld immer leer, könnt ihr vielleicht auch mal den Fehler des Gegners abwarten. ;) Habt ihr das Einwerfen und das Räumen des Feldes drauf, könnt ihr euch die Grundlinie als Übungsfeld vornehmen.

10. Von anderen abschauen, sich in andere reinversetzen

Sicherlich gibt es Spieler, zu denen ihr ein bisschen aufblickt und die besser sind als ihr. Schaut denen genau auf die Finger. Wie haben die ihr Wurfholz in der Hand? Wie werfen sie ein? Wie haben sie den Kubb beim Einwerfen in der Hand? Wie ist die Körperhaltung. Analysiert eure Vorbilder oder noch besser, fragt nach Übungseinheiten. Und dann probier aus, was für dich am besten passt. Teste, probiere und bastel die für dich am besten passenden Methoden. Für jeden gibt es die optimale Haltung der Kubbs beim Einwerfen, des Wurfholzes beim Abwerfen, des Körpers bei all diesen Dingen. Sammelt Anregungen von anderen und macht dann euer Ding draus.

Ich stelle mir auch manchmal vor, derjenige zu sein, der es besser kann als ich. Stelle mich so hin, geh ganz in das Gefühl wie ich glaube, dass die Person sich beim Werfen fühlt, mach den Bewegungsablauf genauso. In dem Moment spiele ich eine Rolle. Auch das kann helfen, sich beim Kubb weiterzuentwickeln, weil dir in dem Moment deine eigenen Grenzen nicht im Weg stehen. Du bist ja jemand anders. ;)

11. Stärken finden, Schwächen da sein lassen

Kubb ist ein Teamsport und das ist auch gut so. Viele Menschen, viele Talente. Jeder Kubbspieler ist anders und jeder hat andere Fähigkeiten. Findet heraus, wer was richtig gut kann und sich zutraut. Wer fühlt sich auf der Grundlinie stark, wer im Feld? Wer mag gerne in einen schönen Haufen Kubbs werfen, wer wirft lieber einzelne ab? Wer traut sich zu, das erste Holz zu werfen? Wer kann mit dem Druck umgehen, das letzte und vielleicht sehr wichtige Holz zu werfen? Sprecht in eurer Mannschaft offen über solche Dinge. Sagt, was ihr nicht möchtet. Probiert euch aus und vielleicht merkt ihr ja, dass ihr noch viel mehr könnt, wenn ihr euch nur mal ran traut. Sammelt Erfahrungen, glaubt an euch. Jeder Spieler hat seine Stärken. Findet sie und nutzt sie!!

Aber auch Schwächen dürfen sein. Du kannst das eine nicht so gut? Dann kannst du halt was anderes. Versuche nicht die Schwächen auszumerzen. Konzentriere dich lieber darauf deine Stärken auszubauen. Das ist viel effektiver und macht mehr Freude. Was du nicht kannst, können halt dann deine Mitspieler.

12. Zu Hause im Garten läuft es immer besser als auf Turnieren oder in der Liga

Komisch! Das haben mir schon viele erzählt und auch ich durfte diese Erfahrung schon oft machen. Wenn man mal genauer drüber nachdenkt, ist es aber nur logisch. Zu Hause im Garten ist es meist nicht schlimm, wenn ich mal vorbei werfe. Da darf das ruhig sein. Ich spiele ja nur zum Spaß. (Merkste was?) Diese Freiheit gestehe ich mir auf Turnieren dann oft nicht mehr zu und dann entsteht Druck. Da wären wir wieder beim treffen MÜSSEN! Seid so gut zu euch selbst und erlaubt euch, auch auf Turnieren Fehlwürfe. Jeder hat Fehlwürfe, auch Weltmeister und Überflieger. Macht euch deshalb nicht runter und seid nicht so streng mit euch. Davon habt ihr nichts. Ihr wisst doch, dass ihr treffen könnt. Wegen einem Fehlwurf habt ihr doch nicht eure ganzen Fähigkeiten verloren. Baut euch lieber gegenseitig wieder auf und kommentiert Fehlwürfe nicht negativ. Du DARFST vorbeiwerfen und bist trotzdem ein guter Mensch. ;) Und wenn alle Stricke reißen, dann hilft es dir vielleicht, dir in diesem einen Moment, in dem du besonders nervös bist, vorzustellen, dass du zu Hause im Garten stehst. Geh ganz in dieses Gefühl und blende alles andere um dich herum aus. Das hat mir auch schon manchmal geholfen.

13. Spielen aus Spaß an der Freude

Ich glaube jetzt kommen wir zum wichtigsten Punkt überhaupt. Ich spiele, um des Spielens Willen, weil ich unglaublich Spaß dran habe.

Weil ich es liebe, mich dabei selbst zu erfahren und zu erleben, zu wachsen, Erfahrungen zu sammeln und mich immer weiterzuentwickeln. Ich spiele nicht, um zu gewinnen. Das ist dann nur ein schöner Nebeneffekt. Hey, du bist draußen an der frischen Luft, wenn es gut läuft, noch bei den Witterungsbedingungen, bei denen du am liebsten spielst. Du hast Menschen, die mit dir spielen (am besten magst du die noch) und verbringst einfach eine schöne Zeit. Es gibt in dem Moment nichts anderes zu tun, als Kubb zu spielen. Ist das nicht geil?

Und diese Einstellung habe ich auch auf Turnieren. Ich trete nicht an, um zu gewinnen. Ich trete an, um Spaß zu haben und mich an mir selber zu freuen, mich an anderen Kubbspielern zu freuen. Und wenn dann jemand besser ist als ich, dann freue ich mich für ihn, dass er das schon so gut kann und er dann auch verdient gewonnen hat. Vielleicht kann ich mir ja noch was abkucken. Meine Güte, braucht es denn mehr? Und merkst du, wie leicht sich das anfühlt? **Ich spiele, weil ich Freude am Spiel habe!** Fühl mal rein. Herrlich leicht und euphorisch. Und dann nimm mal den Satz: Ich muss jetzt gewinnen! Wie gruselig ist das denn bitte? Das fühlt sich für mich schwer und klebrig an und hat mit Spaß nichts mehr zu tun. Und warum sollte ich mir ein Hobby schwermachen? Geht's noch? Ich mach mir ja nicht mal den Rest des Lebens schwer, warum dann also ein Hobby?

Und wenn ich die Freude an der Sache an sich als oberstes Ziel habe, dann kann ich mit Leichtigkeit spielen, ganz ohne Druck, dann kann ich richtig gut werden, weil Freude nun mal der beste Weg zum Erfolg ist, dann kann ich mich auch freuen, wenn andere gewinnen, dann kann ich fair bleiben, dann muss ich Regeln nicht auf die Goldwaage legen, dann will ich einfach eine schöne, entspannte Zeit verbringen, mit Menschen, die meine Freude teilen. Dann will ich, dass alle sich entwickeln, dass es allen gut geht, dann helfe ich anderen, auch zu wachsen und immer wieder über sich hinauszuwachsen, größer zu werden. Wenn Freude das oberste Ziel ist, dann spiele ich wirklich „erfolgreich“ Kubb! Und ich finde, das ist Kubb. Kubb unites people!

Ich wünsche euch „erfolgreiche“ Kubbspiele!!!!

Herzensgrüße von mir an die Kubbnation
Anja (Schnegge) Reiche

Dienstag, 30. Juni 2015

Die Neue Zeit steht in den Startlöchern

Ich bin ganz kribbelig und freue mich riesig. Der Umbruch und der Wandel der Welt sind in vollem Gange. Es scheint überall zu knistern und zu knallen. Alles, was unterschwellig gebrodelt hat, bricht jetzt hervor, kann nicht mehr versteckt werden. Obwohl ich das alles mitbekomme und mir das alles bewusst ist, bin ich die Ruhe selbst. Die Welt sortiert sich neu und wir befinden uns im Chaos vor einer Neuordnung. (siehe dazu auch meinen Artikel Das vermeintliche Chaos - die Vorstufe zu neuer Klarheit) Das ist nicht nur ein persönliches Thema, das im Moment wohl sehr viele beschäftigt, sondern das ist ein kollektives Thema, durch das jetzt ganze Länder und Kontinente gehen. Die Neue Zeit steht in den Startlöchern und ist unausweichlich. Alte Systeme brechen zusammen und neue werden sich unweigerlich finden. So wie sich immer aus Chaos eine neue Ordnung bildet. Nach einem Waldbrand entsteht neues Leben, nach einem Erdbeben mag es neues Land geben, nach einem Vulkanausbruch ebenfalls, nach einer Überschwemmung ist das Land mit nährstoffreichem Schlamm überzogen und neues Leben ist auch da möglich, anders vielleicht als vorher, aber Leben!

So wird es auch hier sein. Mein Herz sagt, dass es so ist. Es ist der Sturm vor der Ruhe. (Das ist übrigens ein Buchtitel von Neale Donald Walsch "Der Sturm vor der Ruhe". Das Buch beschäftigt sich mit genau diesem Umbruch in der Welt und der Ruhe danach.)

Ich bin tatsächlich überrascht wie ruhig und zuversichtlich ich bin. Ich weiß, dass für mich gesorgt ist, trotz des Umbruchs. Es gibt keinen

Grund für mich, mir Sorgen zu machen oder mich unwohl zu fühlen, irgendetwas zu befürchten. Nein, weit gefehlt. Es gibt viel mehr allen Grund für mich, die Ruhe selbst zu sein, zu vertrauen und zu wissen, dass es perfekt für mich weitergeht. Die letzten Jahre habe ich wirklich intensiv an meinem Bewusstsein gearbeitet, meine alten Wunden angeschaut, meine Themen geklärt. Das alles wird jetzt belohnt. Es zahlt sich im wahrsten Sinne des Wortes aus. Das Neue fängt an, sich zu zeigen, das, worauf ich so lange hingearbeitet habe. Am 23.06. hatte ich dazu eine wunderbare Eingebung in einer Meditation. Folgendes schrieb ich an diesem Tag einer Freundin darüber:

"Heute wurden alle Sorgen bezüglich Geld, die noch übrig waren, in einem wunderbaren, reinigenden Sonnwendfeuer verbrannt. Ich stand mittendrin und es tat so gut. Und es kam das ganz klare Gefühl "Es ist vorbei!". Die Zeit des Wartens ist vorbei! Ich habe so lange so fest daran geglaubt, dass in der Hinsicht alles gut wird, wenn ich meinem Herzen folge. Geglaubt, geglaubt, geglaubt und jetzt wird dieser Glaube, mein Durchhaltevermögen und mein eiserner Wille, keinen Zentimeter von meinem Weg abzuweichen, belohnt. Wie damals mit meiner Krankheit. Was hab ich gezweifelt und doch an meinem Weg festgehalten. Und irgendwann kam der Moment, in dem ich tatsächlich Erfolg hatte und gesünder und gesünder wurde. Und dann das Wissen, dass ich gesund bin und die restlichen Beschwerden sich über kurz oder lang auflösen werden. Genau so fühlt es sich jetzt bezüglich Geld an. Ein inneres Wissen, dass es jetzt so weit ist. Das war eine Hammermeditation."

Loslassen, Vertrauen, Hingabe! Diese drei Worte begleiten mich schon ein paar Jahre und im Moment habe ich das Gefühl, dass ich sie wirklich leben kann, dass sie meinem Innersten entspringen. Diese drei Qualitäten habe ich so lange angestrebt, habe alles aus dem Weg geräumt, was ihnen noch im Weg stand, was mich daran gehindert hat, voll und ganz loszulassen, zu vertrauen und mich dem Leben hinzugeben. Und nun sind sie da und sie fühlen sich so wunderbar an. Und Ähnliches höre ich von Menschen, die sich ebenfalls die letzten Jahre intensiv auf ihren

Weg gemacht haben. Loslassen, Vertrauen und Hingabe hält auch in deren Leben immer mehr Einzug und auch sie sehen dem Umbruch ruhig und gelassen entgegen. Zu Recht!!! Es kommt die Neue Zeit und wir dürfen diesen wunderbaren Wandel miterleben. Eine Zeit, in der die Liebe stärker ist als alles andere, in der die Menschen wieder zu sich finden und ihre wahre Größe entdecken und leben. Eine Zeit, in der der Menschheit wieder bewusst wird, dass es keinen Mangel gibt und für jeden genug da ist. Eine Zeit, in der jeder seinem höchsten Wohl und dem höchsten Wohl aller dienen möchte. Ich freue mich unendlich, dabei zu sein!

Lassen wir sie kommen und heißen wir sie willkommen, die Neue Zeit!

Erfüllte, glückliche, vollends zufriedene Herzensgrüße von mir!
Anja

Montag, 6. Juli 2015

Wer bist du?

Die wahrscheinlich schwierigste Frage überhaupt... Wer bin ich? Drei kleine Worte mit einer enormen Bedeutung.

Wie oft habe ich mir diese Frage bisher schon gestellt, dachte dann, dass ich sie beantworten könnte, nur um dann einige Tage oder Wochen später festzustellen, dass ich es wieder nicht weiß. Immer wieder kam diese Frage hoch. Und mit jeder Antwort, die ich fand, näherte ich mich mir selbst wieder ein Stück. Ich denke, dass man diese Frage nicht wirklich auf einmal beantworten kann. Die Antworten kommen wellenartig, stückchenweise, nach und nach. Das Bild der Persönlichkeit zeichnet sich langsam, die Puzzleteile sortieren sich eins nach dem anderen. Nach jeder Phase, in der ich mich gefragt habe, wer ich denn nun wirklich bin, wer ich denn nun sein möchte, warum ich denn wohl hier bin, hat sich wieder ein Puzzleteil an die richtige Stelle gelegt und das Gesamtkunstwerk konnte wieder ein bisschen mehr erahnt werden.

Dieses "wer bin ich" setzt sich aus so vielen anderen Fragen zusammen, berührt so viele Themen und Lebensbereiche, da ist es kein Wunder, dass es Zeit braucht, um Antworten zu finden. Und dann ist da noch die Gesellschaft, die mich manchmal zweifeln ließ, ob meine Antworten sein dürfen.

Ich bin eine Frau, die Stand heute, in diesem Leben keine Kinder möchte. Das ist eine bewusste Wahl von mir. Kinder brauchen nun mal ganz viel Aufmerksamkeit und Zeit und das sollten sie auch bekommen. Kinder sind kein Hobby, Kinder sind eine Lebensaufgabe. Ich mag Kinder super gerne, bin fasziniert von ihrer Wahrnehmung, ihrem Wissensdurst, ihren kleinen Persönlichkeiten, ihrer Unvoreingenommenheit, ihrer Lebenslust, Unbeschwertheit und Freude am Sein. Dennoch weiß ich, dass eigene Kinder in diesem Leben nicht dran sind. Ich habe hier eine andere Lebensaufgabe zu erfüllen und möchte meine Zeit mit anderen Dingen füllen. Meine Berufung liegt wo anders.

So viele gehen wie selbstverständlich davon aus, dass auf eine längere Beziehung die Ehe und Kinder folgen müssen. Aber warum? Wo steht das? Jeder ist doch anders, warum soll das denn für alle gleich sein?

Ich fühle mich als kompletter, wertvoller Mensch in einer "wilden Ehe", ohne Kinder. Es ist gut so für mich, stimmig, passend. Heiraten mag ich nicht, weil ich ein freiheitsliebender Mensch bin. Ich entscheide mich jeden Tag neu für meinen Partner und bleibe nicht bei ihm, weil ich ihm mal ein Versprechen gegeben und eine Unterschrift geleistet habe. Und es mag Menschen geben, die selbst ohne Partner glücklich sind. Noch nicht mal eine Partnerschaft sollte selbstverständlich vorausgesetzt werden. Vielleicht passt diese Lebensform einfach gar nicht zu jedem. Und vom Geschlecht des Partners mal ganz zu schweigen. Jeder soll doch das leben können, was zu ihm passt. Die Welt ist so bunt, die Menschen sind so vielfältig. Wieso sollten alle in die gleiche Form gepresst werden?

Was ich sagen möchte, ist, dass ich es mir angewöhnt habe, wirklich alles, auch das scheinbar Selbstverständlichste, zu hinterfragen und mich zu fragen, was für MICH passt und nicht was wohl alle von mir erwarten oder was "man" eben so tut oder nicht tut.

Ich bin ein ausgeprägter Abendmensch, mag es nicht, früh aufzustehen, brauche morgens auch immer meine Zeit, bis ich bis drei zählen kann und wirklich beide Augen offen habe. Mein "Frühstück" gibt es vielleicht mal um zwölf, eher ein Uhr. Bis dahin war ich schon einige Stunden aktiv, aber essen mag ich vorher noch nichts. Ich bin kein Typ für drei feste Mahlzeiten am Tag. Ich möchte essen, wenn ich wirklich Hunger habe, nicht weil die Uhr eine bestimmte Zeit anzeigt. Und ich esse, nach was mir ist, was meinem Körper gerade guttut und nicht das, was "gesund" ist, was "man" essen sollte. Ich spüre in mich rein und erforsche, auf was ich Appetit habe. Sicherlich esse ich bewusst und aus meiner Sicht vollwertig, aber wenn mir nach Chips ist, dann esse ich Chips. Punkt. Alkohol mag ich nicht mehr, den Geschmack ja, die Wirkung nein. Also lasse ich es. Jeder darf sich gerne betrinken. Ich mag es nicht mehr. Fleisch esse ich manchmal. Halt dann, wenn mir danach ist. Sport muss "man" auch machen, ist ja auch "gesund". ;) Wenn ich Lust habe, bewege ich mich, wie mir es gefällt, gehe spazieren, mache Yoga. Wenn ich mal keine Lust habe, dann mach ich halt nichts, weil es eben gerade nicht dran ist. Und so mache ich es mit allem. Ich schau immer, was MIR passt, was ZU MIR passt, was ich in jedem Moment brauche und erlaube mir selbst, dass es so ist und dass ich so empfinde.

Will ich gerade ans Telefon? Möchte ich die Einladung zum Geburtstag annehmen? Passt die langjährige Freundin noch in mein Leben?

Das alles mag sich nach Kleinigkeiten anhören, aber es tut unheimlich gut, sich seinen eigenen Rhythmus und seine eigenen Neigungen zuzugestehen und sie zu leben, egal, wie alle anderen ticken. Eine Freundin von mir hat sich über Jahre hinweg für faul gehalten, weil sie nach einem Arbeitstag von 8 bis 16 Uhr zu nichts mehr in der Lage war. Nun wechselte sie in den Spätdienst und durfte feststellen, dass sie VOR der Arbeit, die nun am Nachmittag beginnt, unheimlich aktiv ist und alles Mögliche geregelt bekommt. Sie hat IHREN Rhythmus gefunden und plötzlich geht's.

Jeder von uns ist ein Unikat. Jeder von uns ist eigen und speziell. Was für den einen passt, muss für den anderen noch lange nicht richtig sein. Und so ist es auch mit der Berufung, mit der Tätigkeit, die einen erfüllt und lebendig macht. Vielleicht findest du sie fernab von den "gewöhnlichen" Berufen, von den "herkömmlichen" Studiengängen und Ausbildungen. Nähere dich Stück für Stück dir selbst. Beobachte dich und finde heraus, was dir wirklich Freude macht, wann du erfüllt bist und schau außerhalb der Schubladen, außerhalb von dem, was "man" so macht und was angeblich geht und nicht geht.

Trete einen Schritt zur Seite, raus aus den alten Mustern und Normen und erkunde dich nochmal ganz neu. Schaue dich an, als ob du dich zum ersten Mal sehen würdest und frage dich:

Wer bin ich?

Dienstag, 7. Juli 2015

Vom vermeintlichen Scheitern und der Sorge um Geld

Scheitern ist immer relativ. Das weiß ich heute. Mein Weg zu mir selbst war gespickt von vermeintlichen Niederlagen und Misserfolgen.

Heute habe ich das Wort Erfolg neu definiert. Erfolg messe ich nicht an Geld, Erfolg messe ich am persönlichen Wachstum, an Zufriedenheit, Leichtigkeit, Gesundheit und Glück. Erfolg ist für mich eine jede Erfahrung, die ich mache, weil jede Seele nach Erfahrungen lechzt. Auch wenn etwas nicht klappt oder anders läuft, wie ich es mir vorstelle, ist es auf eine Art ein Erfolg, weil ich um eine Erfahrung reicher bin. Ich weiß vielleicht, was ich nicht will oder wie es nicht geht. Ein Riesenerfolg aus meiner Sicht.

Doch der Weg zu dieser Einsicht war lang und beschwerlich. Da ich ja nun mit meinem Blog ganz vielen Menschen Mut machen möchte, sich auf ihren Weg zu begeben und sich selbst zu finden, ihre Berufung zu finden und ganz sie selbst zu sein, möchte ich nun auch erzählen wie verdammt "verkorkst" und schwierig mein Weg war. Es war hart, aber ich würde es wieder tun.

Also legen wir los:

Als ich damals meinen Job aufgegeben habe, war ich psychisch total angeschlagen, überhaupt nicht mehr belastbar und habe total viel geweint. Bei jeder Kleinigkeit. Ich war einfach fix und fertig und nichts ging mehr. Ich wusste, dass es so nicht weitergehen konnte. Ich musste mich um mich kümmern. Also habe ich einen Aufhebungsvertrag mit der Firma ausgehandelt, ohne zu wissen, wie es danach weitergehen soll. Das war im November 2009. Darin war vereinbart, dass ich noch bis 31.03.2010 als angestellt gelte, mein Gehalt bekomme, aber nicht mehr arbeiten muss. Außerdem konnte ich eine kleine Abfindung heraushandeln. Mein Verhältnis zum Arbeitgeber war sehr gut. Das half. In der Zeit zu Hause merkte ich erstmal wie fertig ich schon war. Ich brauchte total viel Erholung und Schlaf, Zeit für mich und vor allen Dingen Stille. Wollte ich mir erst einen Job in Bayern suchen, war irgendwann schnell klar, wie unsinnig das war, wenn mein Partner in NRW wohnt. Da kam der Entschluss, gleich komplett neu anzufangen und auch noch das Bundesland zu wechseln. Also bin ich voller Tatendrang und Freude über den

Neuanfang und das Abenteuer umgezogen und habe mich in meinem neuen Wohnort arbeitslos gemeldet. Ich wollte ja wieder einen Job haben (dachte ich damals).

Das Arbeitslosengeld war recht ordentlich und dadurch, dass meine Miete weggefallen ist, ging das finanziell recht gut. Dennoch hatte ich immer das Gefühl, dass ich nicht genug Geld habe. Die Jobsuche hat sich schwieriger gestaltet, als ich dachte, denn es war nie so richtig was für mich dabei. Ich war gelernte Industriekauffrau und wollte aber ab da unbedingt mit Menschen arbeiten. Damals machte ich auch gerade meine Ausbildung zum Psychologischen Berater/Personal Coach und wollte eher in diese Richtung. Auch meine Tätigkeit als Betriebsrat in meiner alten Firma hat mich darin bestärkt, dass ich mich nicht wieder einfach hinter einen Schreibtisch setzen wollte. Im Arbeitsamt fanden sie meinen gewünschten Richtungswechsel nicht so toll, da ich ja noch keinen Abschluss dahingehend hatte. Die Unterstützung war also nicht vorhanden. Mir wurden nur Jobs als Industriekauffrau vorgeschlagen. Auf eigene Faust bewarb ich mich bei Unternehmensberatungen. Ohne Erfolg.

Meinen Abschluss als Psychologischer Berater habe ich dann im September 2010 gemacht. Danach kam dann die Idee, dass ich mich selbständig mache. Eine Versicherung hatte angefragt, ob ich meine Coaching-Kenntnisse nicht branchenfremd einsetzen und mein eigenes Team führen möchte. Ich war begeistert. Endlich die Freiheit als Selbständiger und dann auch noch mit Menschen arbeiten. Also erstellte ich einen Businessplan und beantragte den Gründerzuschuss für ein halbes Jahr. Der wurde auch genehmigt. Die Arbeit für die Versicherung stellte sich allerdings als ganz anders heraus, wie es mir versprochen wurde. Die Einnahmen waren gleich null. Ich lebte ausschließlich vom Gründerzuschuss. Auch viele andere Sachen liefen mir quer. Der Umgang mit den Menschen, wie er gepflegt wurde, die vielen Vorgaben und die ganze Mentalität und Arbeitsweise. Ich zweifelte, versuchte mir immer wieder alles schön zu reden, sagte mir, dass ich mich nicht so anstellen solle. Irgendwann ging es nicht mehr. Ich konnte das alles nicht mehr mit mir vereinbaren und auch mein Körper zeigte schon Symptome wie immer wiederkehrende Übelkeit und Erbrechen. Also musste es einen Cut geben.

Der Gründerzuschuss lief bis März. Im April 2011 hörte ich auf für die Versicherung zu arbeiten, ohne zu wissen, wie es für mich weitergehen soll. Mal wieder... Ich wusste nur, dass es das auch nicht war. Zu viel stellte ich mir anders vor. Ich beschäftigte mich in der Zeit total mit Selbstfindung, wer bin ich, was will ich, wo liegen meine Stärken. Irgendwie stand ich im Dunkeln. Wie so oft damals.

Im März 2011 hatte ich eine Ausbildung zur Entspannungspädagogin begonnen. Ich hatte noch genug Erspartes, damit ich mir das leisten konnte und mein Partner übernahm die Mammutkosten für unser Leben. Wie ich das hasste. Diese Situation war mir mehr als unangenehm. Ich war es gewohnt eigenständig zu sein, seit ich 16 war. Aber was blieb mir übrig?

Im April 2011, nachdem ich die Sache mit der Versicherung aufgegeben hatte, beschloss ich, dass ich mich dann eben ohne Versicherung als Coach selbstständig mache. Komplett ohne fremde Hilfe und auf eigene Faust. Ich hatte genau eine Klientin in dieser Zeit. Viele Ideen, die ich hatte, Kurse, Themenabende, etc. klappten nicht. Es war zum Verzweifeln.

Im Mai 2012 meldete ich mich voller Verzweiflung wieder für ein halbes Jahr arbeitslos, wusste aber wieder nicht, wo es für mich hingehen soll. Ich hatte freiwillig in die Arbeitslosenversicherung einbezahlt und hatte dadurch wieder Anspruch. Ich betete bei jeder Bewerbung, die ich schreiben musste, dass es eine Absage geben möge. Ich wollte nie mehr in ein Büro und in eine Festanstellung. Ich bekam keine einzige Zusage und noch nicht mal eine Einladung zum Vorstellungsgespräch. Gott sei Dank!!!

Im Oktober 2012 kam dann das körperliche Total-Knock-Out. Da wollte ich gerade mit Coaching für Betriebsräte durchstarten, hatte da schon mit Gewerkschaften Kontakte geknüpft. Eine glänzende Idee, wie ich fand und genau richtig für mich, genau meins. Pustekuchen! Erstens wurde da mal wieder nie etwas draus und zweitens ließ mein Körper gar nichts mehr zu. Ich litt fast jeden Tag an unerträglichen Schmerzen und lebte von meinen Ersparnissen.

Du kannst dir vorstellen, wie oft ich von Existenzängsten übermannt wurde. Ich habe auch in der Hinsicht gelitten wie sonst was. Was habe ich geweint, Bücher verschlungen ohne Ende, weil ich wusste, dass es irgendwie anders gehen musste, leicht. Ich wollte mich nicht krumm machen für Geld und schon gar nicht etwas tun, was für mich keinen Sinn macht. Alles schien aussichtlos und verquer. Meine Träume nicht erreichbar. Aber ich blieb hartnäckig. Irgendwas trieb mich an, weiter an die Leichtigkeit zu glauben, an die Berufung und dass man unweigerlich Erfolg haben muss, wenn man seinem Herzen folgt. Gott wie oft war ich verzweifelt und wusste nicht mehr weiter.

Während meiner Krankheit entdeckte ich mehr durch Zufall, dass ich mediale Fähigkeiten hatte. Ich meditierte fast jeden Tag, bekam einen unheimlichen Zugang zu mir selbst und bemerkte da, was ich eigentlich alles mitgebracht hatte an Fähigkeiten. Hätte ich nur einmal einen Job bekommen, hätte nur ein Projekt von mir geklappt, wären diese ganzen Fähigkeiten niemals oder nur mit großer Verzögerung zum Vorschein gekommen. Ich hätte sie vielleicht nicht gefunden. Ich war selbst überrascht, über das, was ich da konnte. (Meine ganze Selbstheilungsgeschichte findest du hier:
http://anja-reiche.blogspot.de/2015/06/selbstheilung-ist-moglich-eine.html)

Anfang 2014 hatte ich dann die ersten Klienten, die sich meiner medialen Fähigkeiten „bedienen" wollten. Ich hatte endlich das Gefühl, meine Aufgabe gefunden zu haben. Und während ich das jetzt schreibe muss ich echt weinen. Das war alles ganz schön hart, aber es hat sich sooo sehr gelohnt, diese persönliche Hölle zu durchschreiten, so oft zu scheitern und mir dadurch immer näher zu kommen. Was habe ich nicht alles versucht und dann war es plötzlich doch so einfach. Meine Wahrnehmung und meine Talente waren so selbstverständlich für mich, dass ich sie nie als etwas Besonderes gesehen habe. Es war ja ganz normal für mich, dass ich mich so gut in andere einfühlen konnte. Es war normal, dass ich mehr über meine Mitmenschen wusste als andere, weil ich mehr „sehe“. Nie hätte ich gedacht, dass das meine Berufung ist. Ich habe immer nach dem riesen WOW gesucht, dabei war alles so still und leise und „normal“ für mich. Ich habe es so lange übersehen.

Seither habe ich immer Klienten, in dem Maß, wie es gut für mich ist und Geld ist irgendwie immer da. Mal habe ich mein Auto verkauft, mal gab es eine größere Summe zu Weihnachten. Ich habe gelernt loszulassen und dem Leben zu vertrauen. Es kommt immer alles zur richtigen Zeit, auf den unterschiedlichsten Wegen. Geld kommt nicht nur über einen Kanal, es kommt über viele. Ich muss mich nur für diesen Gedanken öffnen und meine eigenen Grenzen auflösen. Loslassen, im Fluss des Lebens schwimmen, meinem Herzen folgen und den Verstand in Urlaub schicken. Ich habe unzählige hinderliche Glaubenssätze bezüglich Geld ausgeräumt.

- Ich tue zu wenig.
- Ich tue nicht das Richtige.
- Ich strenge mich nicht genug an.
- Ich bin es nicht wert, dass man mich bezahlt.
- Ich muss immer für die Bedürfnisse der anderen da sein, darf aber dafür kein Geld nehmen.
- Ich muss etwas tun für mein Geld.
- etc.

Für mich war es auch sehr schwer, die ich auf einem Bauernhof groß geworden bin, immer im Tun war, diese feine "Arbeit" als wertvoll anzusehen. Für Gefühle, feine Wahrnehmungen, Meditation und das Übersinnliche war zu Hause kein Platz. Da musste man mit anpacken und nur wer sich wirklich anstrengte, war etwas. Es hat lange gedauert, bis ich für mich meine Leistung anerkannte, dass es großartig ist, was ich da kann und vor allen Dingen WERTVOLL!

Weiterhin habe ich mir meine abgelehnten Gefühle angeschaut. Allen voran die Angst. Existenzangst. Ich habe mit ihr Freundschaft geschlossen. Ich durfte lernen, mir zu erlauben, mal nichts zu tun, faul zu sein, aus dem Tun herauszukommen, auch diese Seite zu leben, das Weibliche, Weiche, Verletzbare.

Habe ich früher gedacht, dass ich mit knapp über 1.000 EUR Arbeitslosengeld im Monat und Ersparnissen von über 10.000 EUR nicht genug Geld habe, weiß ich heute, dass das verdammt viel war. Meine Einstellung zu Geld hat sich komplett geändert. Ich schätze es. Versicherungen habe ich aus Überzeugung gekündigt, weil ich weiß, dass ich sie nicht brauche. Eine private Rentenversicherung? Niemals! Ich weiß, dass ich im Alter (und eigentlich immer) genug Geld haben werde. Das ist ein inneres Wissen. Daran ist nichts zu rütteln. Meine monatlichen Fixkosten sind auf ein Minimum geschrumpft. Ich habe ausgemistet und entrümpelt, was laufende Kosten angeht. Und nicht, weil ich sparen wollte, sondern weil ich wusste, dass ich es nicht mehr brauche.

Es ist so befreiend, sich aus diesem System zu lösen und dann trotz dieses Systems in Freiheit zu leben. Mein Partner stemmt immer noch die meisten laufenden Kosten und ich habe gelernt, es dankbar anzunehmen. Er tut es gerne. Er sieht, dass ich glücklich bin und genau auf dem richtigen Weg. Und irgendwann ist es vielleicht umgekehrt, dann verdiene ich mehr als er und kann ihn unterstützen bei allem, was dann für ihn so dran ist. Wer sagt denn, dass es so nicht sein darf? Dass immer alles sofort „ausgeglichen“ sein muss? Dass man zu jeder Zeit unabhängig sein muss? Zum Leben gehört beides und beides darf sein. Abhängigkeit und Unabhängigkeit.

Rückblickend war jede Sorge bezüglich Geld absolut überflüssig. Es ging immer irgendwie. Wo ein Wille da ein Weg. Wenn du wirklich zu dir und deiner Berufung finden möchtest, zu einem gesunden Körper und einem leichten Leben, dann wird es diesen Weg geben. Wie immer er aussehen mag. Beschränke das Universum nicht mit deinen eigenen Gedanken, wie es denn gehen könnte und müsste. Öffne dich dafür, dass alles passend kommen wird und vertraue. Ich weiß verdammt nochmal selber, wie scheiße schwer dieses Vertrauen ist, wenn man es nie gelernt hat, wenn man immer erzählt bekommt, wie schlecht die Welt ist und wie ungerecht, dass man aufpassen muss, dass einem niemand etwas Gutes möchte, dass es immer einen Haken gibt. Aber ich habe mich zu diesem Vertrauen durchgewühlt und ich habe es gefunden - zu Recht.

Das Leben ist wunderbar und bringt dir alles, wonach du dich sehnst, wenn du nur daran glaubst und dich nicht davon abbringen lässt, wenn du glaubst, dass es dir zusteht. Das Geld ist der letzte Hinderungsgrund auf deinem Weg zu dir. Das größte Hindernis sind deine Überzeugungen, was du vom Leben denkst und glaubst, dass du vom Leben erwarten kannst, sind deine Ängste und Verletzungen. Habe den Mut und lass los. Schau dir alles an, von dem du glaubst, dass es dir im Weg steht. Bitte die Engel, das Universum, Gott, das Leben, deine Seele, dein höheres Selbst, wie auch immer du es nennen magst, um Hilfe und Führung und dir wird sich der nächste Schritt zeigen. Vielleicht nicht gleich der ganze Weg, aber immer der nächste Schritt und das reicht erst mal. Der nächste Schritt ist immer genug. Ich habe mich genauso durchgehangelt. Immer ein Schritt nach dem anderen, auch wenn das große Ganze noch nicht sichtbar war.

Meine "Misserfolge" waren die größten Geschenke, gescheitert bin ich nie. Ich bin gewachsen und habe immer genau die passenden Gelegenheiten bekommen, um mir noch näher zu kommen. Ohne diesen ganzen Irrgarten, wäre ich nicht der Mensch, der ich heute bin, ohne das alles, hätte ich mich nicht gefunden. Es musste so sein. Es war die Sprache, die ich am besten verstanden habe.

Egal, was zu scheitern droht, es wird immer irgendwie weitergehen. Und es kommt immer irgendwann der Tag, an dem du zurückschaust und verstehst, dass es genauso sein musste.

Mein Erfolg ist meine Gesundheit, die ich wiedererlangt habe, sind die wundervollen Begegnungen mit so vielen Menschen, die mich berühren, denen ich helfen kann. Mein Erfolg ist meine Zufriedenheit, meine Freude, die Leichtigkeit, die ich gefunden habe. Mein Erfolg ist mein unerschütterlicher Glaube, den ich nie verloren habe und der sich schon so oft ausgezahlt hat. Mein Erfolg ist, dass ich erkannt habe, wie mächtig ich bin, dass ich Schöpfer bin und mir mein Leben so gestalten kann, wie ich es für richtig und gut halte. Mein Erfolg ist meine Verbindung zu mir, mein Einklang von Körper, Geist und Seele, dass ich weiß, warum ich hier bin und dass das Leben einfach nur wundervoll ist. Mein Erfolg ist meine Freiheit und mein ständiges Wachstum!

Ich wünsche dir alles erdenklich Gute für deinen Weg, ganz viel Mut und Durchhaltevermögen. Wenn du wirklich zu dir finden möchtest, dann wirst du das auch. Entscheide dich dafür und der Rest folgt!

Fühle dich herzlich umarmt!

Donnerstag, 16. Juli 2015

Das Thema Selbstwert "juckt"!

Im Moment geht es mir gerade komisch. Ich bin ziemlich saft- und kraftlos und weiß nicht so recht, was mir das alles sagen soll. Seit ungefähr eineinhalb Wochen habe ich einen Hautausschlag der fürchterlich juckt. Die Nächte sind wenig erholsam. Erst dachte ich, mich hätte die Herbstmilbe erwischt und tut sich an mir gütlich. Mittlerweile glaube ich aber eher, dass es Nesselsucht ist. Ob ich das richtige homöopathische Mittel nun gefunden habe, weiß ich noch nicht. Ich hangel mich so durch. Es bleibt abzuwarten. Einen Zugang zu der Thematik dahinter habe ich auch noch nicht gefunden. Mehrmals habe ich zu meditieren versucht, kam aber nicht ran. Eine Karte, die ich dazu gezogen habe, besagt "Geduld". Alles kommt zur richtigen Zeit. Nun bleibt mir nicht viel, als wirklich zu warten, bis sich die Schleier lüften.

Habe ich mal wieder nicht gut genug auf mich aufgepasst? Die Tage vor dem Ausschlag war wirklich viel los und mir war es schon fast zu viel. Musste mein Körper mir wieder eine Auszeit verschaffen, weil ich selbst nicht dazu in der Lage war?

Oder kommt nun vieles, was ich schon bereinigt habe, nochmal extrem über die Haut heraus und kann somit gehen?

So eine allergische Reaktion kann viel mit unterdrückter Aggression zu tun haben. An dem Thema bin ich seit Jahren dran, integriere und lebe Aggression immer mehr. Soll da noch so viel unterdrückt sein? Ich kann es mir nicht vorstellen und mein Gefühl sagt auch, dass es das eher nicht ist.

Die Haut steht auch für die eigenen Grenzen, selbst Grenzen ziehen, seine eigenen Grenzen setzen, sich nicht ausnutzen lassen. Kurz bevor die Quaddeln und der Juckreiz eingesetzt haben, ging es bei mir nochmal um den Selbstwert, um die Bezahlung meiner Arbeit und was ich glaube, dass ich wert bin, wie viel mir zusteht. Lange Zeit habe ich mich vor dem Thema gedrückt und wollte, dass meine Klienten meinen Wert festsetzen, in dem sie mir geben, was sie meinten, dass es wert war. Selbst einen Betrag zu nennen, fiel mir schwer. Die Folge war, dass ich Geld bekommen habe und dennoch das Gefühl hatte, dass es zu wenig war, dass ich mehr verdient hätte. In mir schrie oft alles: "DAS REICHT NICHT! MEINE ARBEIT IST MEHR WERT!" Brennt mir das auf der Seele? Dass ich endlich zu mir und meinem Wert stehen möchte? Dass ich mich aufrichten möchte, mich nicht mehr verstecken möchte und selbst sagen möchte, was ich wert bin, was meine Arbeit wert ist? Juckt mich das so sehr? Es könnte sein und je mehr ich darüber nachdenke und hin spüre, glaube ich, dass es in diese Richtung geht. Die anfängliche Vermutung, dass es Herbstmilben sind und somit Parasiten, hätte da wirklich gut gepasst. Ich lasse mich aussaugen, im übertragenen Sinne. Ich nehme meinen eigenen Raum nicht ein, also tun es andere. Nun sind es wohl keine Parasiten, aber die Thematik, die die Haut spiegelt, bleibt. Grenzen setzen und ein Thema, das mich schon lange unterschwellig "juckt", endlich angehen.

Ich alleine entscheide, wie viel mir zusteht. Ich alleine lege meinen Wert fest und sonst niemand. Und sind wir mal ehrlich. Meist steht uns mehr zu als wir glauben.

Wer hat denn vermittelt bekommen, dass er unendlich wertvoll ist, einfach nur, weil er ist? Wem wurde denn mit auf den Weg gegeben, dass er das Allerbeste verdient hat? Das dürften wohl die wenigsten unter uns sein.

Zum Thema Selbstwert habe ich neulich eine Karte aus dem Engelkartensatz von Diana Cooper (siehe meine Buchempfehlungen) gezogen. Es war die Karte "Reichtum". Wie passend... Der Textauszug, der mich auf dieser Karte besonders angesprochen hat, ist folgender:

"REICHTUM - Jetzt ist die Zeit gekommen, in der Dein Leben vor Wohlstand, Liebe und Erfolg überfließt. Du schöpfst aus den grenzenlosen Schätzen des Universums. Wie viel Du Dir nimmst, hängt von Deiner Einschätzung ab, wie viel Du verdient hast. Die Weisheit der Engel ermahnt Dich, an Dich selber zu glauben und zu wissen, dass Du viel mehr verdienst, als Du bisher angenommen hast. Dann wirst Du die wahren Reichtümer des Lebens anziehen.
[...]
Affirmation: Ich habe Liebe, Wohlstand und Erfolg verdient."

Ich erinnere mich und euch daran, dass wir weit mehr wert sind, als wir annehmen. Nimm dir reichlich von den Schätzen des Universums. Es ist genug für alle da und wenn du dir deinen Teil nimmst, dann nimmst du niemandem etwas weg. Der Ozean des Überflusses ist unerschöpflich. Du entscheidest, ob du mit einem Löffel schöpfst oder direkt darin badest.

Eine wundervolle Visualisierungsübung kommt mir dazu in den Kopf. Sie ist von Louise L. Hay aus dem Buch "Gesundheit für Körper und Seele" (S. 161; auch auf meiner Liste der Buchempfehlungen) und geht um die Fülle. Diese Übung möchte ich gerne mit euch teilen.

*"**Ein Ozean der Überfülle***
Ihr Bewusstsein für Wohlstand ist nicht vom Geld abhängig, sondern der Fluss des Geldes ist von Ihrem Bewusstsein für Wohlstand abhängig. Wenn Sie sich mehr vorstellen können, wird mehr in Ihr Leben kommen. Ich liebe die Vorstellung, am Strand zu stehen, über das weite Meer zu schauen und zu wissen, dass mir dieser Ozean der Überfülle zur Verfügung steht. Schauen Sie Ihre Hände an, und stellen Sie fest, was für ein Behältnis Sie halten. Ist es ein Teelöffel, ein Fingerhut mit Loch, ein Pappbecher, ein Glas, ein Becher, eine Kanne, eine kleine Wanne, oder haben Sie vielleicht eine mit diesem übervollen Ozean verbundene Pipeline? Schauen Sie sich um, und Sie werden feststellen, dass, ungeachtet der Vielzahl von Menschen und der Behältnisse, die sie haben, reichlich für

jeden vorhanden ist. Sie können niemanden berauben und können auch nicht von anderen beraubt werden. Und es besteht keine Möglichkeit, den Ozean auszutrocknen. Ihr Behältnis ist Ihr Bewusstsein, und dies kann immer gegen ein größeres Behältnis ausgetauscht werden. Machen Sie die Übung oft, damit Sie das Gefühl der Erweiterung und des unbegrenzten Nachschubs erhalten."

Als ich diese Übung das erste Mal in einer Meditation gemacht habe, habe ich gesehen, dass ich mit einem kleinen Plastikbecher schöpfe, der auch noch einen Riss hatte. Eher weniger erfolgreich... ;) Das ist nun schon länger her. Danach habe ich mich mit dem Gefühl der Wertlosigkeit auseinandergesetzt. So wie mit vielen anderen negativen Gefühlen davor. Die Wertlosigkeit nahm die Gestalt eines Krokodiles an. Es stand am Ufer eines Gewässers und drängte mich von diesem Gewässer zurück. Bei genauerem Hinsehen stellte ich fest, dass dieses Gewässer der Ozean des Überflusses ist. Die Metapher hätte schöner nicht sein können, dass mich ausgerechnet die eigene, gefühlte Wertlosigkeit von diesem Ozean der Fülle zurückhielt. Wie könnte es anders sein. Ich kann mich nur selber vom Überfluss abhalten. Niemand sonst. Immer wieder nahm ich Kontakt zu dem Krokodil auf, schloss Freundschaft mit ihm und ließ die Wertlosigkeit in mein Herz, überschüttete sie mit Liebe und nahm sie als einen Teil von mir an. Ich ließ zu, sie zu fühlen. Irgendwann zog mich das Krokodil in den Ozean. Ich dachte, ich müsste ertrinken. Aber das Krokodil brachte mich zu einem wunderschönen Schwan, der auf dem Wasser schwamm. Das Krokodil verschwand und ließ mich beim Schwan. Stolz war er da vor mir und dann wurde mir klar, dass er meinen Selbstwert symbolisiert, meinen eigenen Stolz, Reichtum (inneren wie äußeren). Danach habe ich mich jedes Mal, wenn ich an den Ozean der Fülle gedacht habe, darin baden sehen. Ich war nicht mehr am Schöpfen, ich badete direkt darin, voller Wonne und Zufriedenheit und ganz selbstverständlich.

Das alles fällt mir gerade beim Schreiben wieder ein. Irgendwie hatte ich das Krokodil, den Schwan und den Ozean des Überflusses total verdrängt. Es ist wohl eher kein Zufall, dass mir das jetzt alles wieder in den Sinn kommt.

Einige Entscheidungen, die ich mal vor längerem getroffen und notiert habe, habe ich auch gerade wieder beim Stöbern gefunden.

- **Ich erkenne meinen wahren Wert und die Besonderheit meiner Gaben.**
- **Ich sehe in mir und anderen das Besondere und Wertvolle.**

Ich bin gespannt, was mir mein Ausschlag noch so offenbart. Das war ja jetzt schon eine Menge. Dabei war eingangs noch alles recht trüb. Mal sehen, was sich noch so zeigt und mich "juckt".

Nachtrag vom 16.07.2015, 15:00 Uhr
So langsam macht alles Sinn und die Erkenntnisse fließen. Eben habe ich den Nörgler in mir, der immer an anderen herumkrittelt in die Arme genommen und ihm gesagt, dass ich ihn liebe. Ich habe sehr oft sehr hohe Ansprüche an meine Mitmenschen, vor allen Dingen jedoch an meinen Partner und bislang habe ich mich dafür verachtet, dass ich kritisiere und "meckere", weiß ich doch aus eigener Erfahrung, wie herabsetzend das sein kann, wie abwertend, wenn man so behandelt wird. Aber auch dieser innere Nörgler darf sein. Er ist derjenige, der wirklich viel sieht, die Dinge komplett durchschaut und sofort Zusammenhänge versteht. Er ist echt ein Brain. ;) Durch ihn kommt auch meine Hochsensibilität zum Ausdruck. Ich nehme extrem viel wahr, denke tief und weit voraus. Wenn andere das dann nicht ebenso tun, dann kann er schon mal das Wort ergreifen. Ich habe ihn in die Arme genommen. Er war über die Wende ziemlich erstaunt. Meine Güte, ich bin nun mal so, sehe viel, denke weit und es gehört jetzt auch dazu, diesen Wesenszug an mir, ebenfalls zu lieben, dass ich das anderen dann halt auch mal mitteile.

Der Ton macht ja immer noch die Musik. Auch dieser Nörgler gehört zu mir, macht meinen Wert aus. Außerdem wenn ich es annehme, dass ich auch mal nicht wertschätzend mit anderen umgehe, dann komme ich wieder ins Gleichgewicht, weil wie immer beide Seiten Teil des Lebens sind. Ich erlaube mir, auch mal nicht wertschätzend zu sein.

Mit dem inneren Nörgler bin ich dann in die Tiefen meines Seins abgetaucht, in meine Schatzkammer, in der all meine wertvollen Schätze liegen und was soll ich sagen? Es war so normal und selbstverständlich, da zu sein, meine Schätze zu sehen und zu wissen, dass das alles meins ist, mich ausmacht, mein Potential ist. Und dann verwandelte sich diese Schatzkammer in das Foto von unten mit dem klaren Wasser und dem Schwan und riesige Energiewellen überliefen mich. Und auch hier war es völlig normal, in dem Ozean zu baden. Es fühlte sich richtig und gut an. Ich gehöre da hin. Ich habe alles getan. Das ist JETZT dran!

Mich "juckt" es schon lange, meinen ganzen Wert zu leben und zum Ausdruck zu bringen, ihn zu zeigen und zu ihm zu stehen. Mich "juckt" es jetzt, meine alte Haut abzulegen, "aufzukratzen", mich aus dem alten Kokon der Beschränkungen und hinderlichen Denkmuster zu befreien. Und ich merke, dass ich wirklich nur herausschlüpfen muss. Das geht jetzt einfach. Die Vorarbeit ist erledigt.

Wenn ich dieses Bild mit dem Schwan anschaue, dieses glasklare Wasser sehe, an den Ozean des Überflusses denke, dann laufen mir immer noch unzählige, wohlige Schauer über den Körper. Ich reagiere voll auf dieses Bild. Es spricht mich an. Ich gehe in Resonanz.

Und es ist Zeit, genau JETZT, darin zu baden!

Mein Schwan auf dem Ozean des Überflusses

Montag, 20. Juli 2015

Mein Ausschlag hat mich an meine Grenzen gebracht

Im letzten Artikel Das Thema Selbstwert "juckt"! hatte ich bereits von meinem Ausschlag erzählt und darüber, was wohl dahintersteckt. Einige Erkenntnisse gab es da ja schon. Dieser Ausschlag hat mich nun tatsächlich an meine Grenzen gebracht. Im wahrsten Sinne des Wortes und im übertragenen Sinne.

Neulich hatte ich noch geschrieben, dass ich nicht glaube, dass die Aggression noch eine Rolle spielt und sich so heftig in körperlichen Symptomen ausdrückt. Da hatte ich wohl geirrt. Am Wochenende überrollten mich Erkenntnisse, alter Schmerz und alte Wut.

Nachdem das homöopathische Mittel Arsenicum album C30 über Wasser erste Erleichterung brachte, merkte ich schnell, dass es zwar das richtige Mittel war, aber die Potenz zu niedrig. Ich entschied mich also Donnerstagabend für eine Gabe C200. Nur kurze Zeit nach dieser Einnahme reagierte mein Körper extrem und der Juckreiz und die Quaddeln legten nochmal richtig zu. Eine Erstverschlimmerung. Freitagmorgen wurde ich dann schon um kurz vor 6 Uhr aus dem Bett getrieben. Die Nacht bis dahin war auch nicht sehr erfolgreich. Nur Halbschlaf war möglich, das Kribbeln und Jucken machte mich zwischendurch immer wieder wach. Der Juckreiz an diesem Morgen war die Hölle und ich wusste nicht wohin mit mir. Vor allem in den Händen, in den Fingern, war es besonders schlimm. Alles dick und kribbelte bis zum Abwinken. Ich nahm erneut eine Gabe C200. Der Ausschlag wurde daraufhin zwar nicht mehr schlimmer, aber eine Besserung war auch nicht in Sicht. Das zerrte ziemlich an meinen Nerven und ich merkte, dass ich extrem wütend wurde. Also ging ich mal wieder mein Sofa verdreschen. ;) Ich bin der Meinung, dass die Wut immer fließen sollte. Wie schon so oft schlug ich mit dem Sofakissen auf die Couch ein und schrie dazu, bis ich völlig erschöpft war. Der Schrei, der diesmal herausbrach, wollte gar nicht mehr enden. Es tat unheimlich gut, dem Ganzen Luft zu machen.

Mittags versuchte ich dann nochmal, mit dem Ausschlag Kontakt aufzunehmen. Und ich begegnete meiner Wut. Die kleine, süße Katze, die sie immer verkörpert. Sie saß in der Ecke, einsam und abgelehnt. Ich war überrascht. Habe ich die Wut doch schon so oft in den Arm genommen und ihr Liebe geschenkt. Wohl noch nicht genug. Also sagte ich ihr wieder, dass ich sie liebte und dass sie da sein darf, nahm sie in den Arm und schenkte ihr Annahme. Im nächsten Bild sah ich mich in meiner vollen Größe, den Löwen der Kraft und des Mutes neben mir (in den hatte sich die Katze der Wut schon vor Längerem verwandelt - ich kenne ihn bereits). Ich war kraftvoll, selbstbewusst, zog meine Grenzen und verteidigte mein Revier, brüllte, wenn es nötig war, um meinen Raum zu wahren. Ein sehr schönes Bild. Dennoch hatte ich das Gefühl, dass da noch mehr drin war.

Mir wurde plötzlich schmerzlich bewusst, dass ich als Kind und Jugendliche keine eigenen Grenzen haben durfte. Ich hatte keinen eigenen Raum, kein Recht auf ein eigenes Wesen. Meine Grenzen wurden immer wieder überschritten und aufgebrochen. Dieser Satz "Ich durfte keine eigenen Grenzen haben." schwang so in mir nach, dass ich wusste, dass ich auf dem richtigen Weg war.

Während ich hier so sitze und versuche, die Geschehnisse der letzten Tage zusammenzuschreiben, merke ich, dass alles wie im Nebel liegt. Der Ausschlag war so mächtig und präsent, dass er irgendwie alles andere übertüncht hat. Ich hatte an diesem Freitag noch ähnliche Erkenntnisse in die richtige Richtung, aber mir fällt es beim besten Willen nicht mehr ein. Auch der Samstag ist sehr verschwommen. Ich weiß, dass die Nacht wieder fürchterlich war und ich immer mehr an meine Grenzen kam, ich war gereizt und weinte viel aus Verzweiflung. Es gab keine 5 Minuten ohne Juckreiz. Sonntagmorgen trieb es mich wieder um 7 Uhr aus dem Bett. Geschlafen hatte ich seit 5 Uhr nicht mehr. Und auch in der Nacht davor war wieder nur an Halbschlaf zu denken, immer wieder unterbrochen von Kratzen und Herumwälzen. Sonntagmorgen war ich dann wieder so wütend wegen dem Ausschlag, dass ich erneut meine Couch aufsuchte, um den Frust rauszulassen.

Während ich das Sofa mit dem Kissen malträtierte überrollte es mich dann. Von ganz unten kam ein heftiges Weinen hoch und ich wusste, dass dieses Weinen und der Schmerz nichts mit der jetzigen Situation des Ausschlages zu tun hatten. Was da hoch kam war alt, ziemlich alt und saß tief. Ich fühlte mich plötzlich in meine Jugend zurückversetzt. Sah mich in all den Situationen wieder, in denen ich einfach nur ich sein wollte und nicht durfte, in denen ich gebrochen wurde, immer und immer wieder. Mir laufen schon wieder die Tränen. Ich war wieder in dem Gefühl drin, wie es war, wenn man keine eigenen Grenzen haben durfte, bis zur Unkenntlichkeit verbogen war. Wenn nie Platz für das eigene Wesen war. Wie es war, nur funktionieren zu müssen, keine Privatsphäre zu haben, behandelt zu werden, wie ein Eigentum und wie

Besitz. Mein inneres Kind von damals hat Wunden ohne Ende und sehnt sich einfach nur danach verstanden zu werden, mal Stille zu haben, Luft zu holen, es selbst zu sein. Da war dieser Teeny von damals, der einfach nur mal er selbst sein wollte. Das machen wollte, was er gerade will und nicht, was andere ihm vorschreiben. Der mal Raum für sich brauchte und nicht bekam. Ich hielt das Mädchen von damals im Arm. Es wollte das Gefühl haben, richtig zu sein und mal nicht belagert werden mit Dingen, die es zu erledigen gibt, mit indiskreten Fragen, mit einer ständigen Präsenz der Mutter. Das Mädchen von damals sehnte sich nach bedingungsloser Liebe und Rückhalt, aber auch nach entsprechend Freiraum und Entfaltungsmöglichkeiten, Platz für sich selbst, Ruhe, um herauszufinden, wer es denn wirklich war.

Ich hab so sehr geweint, mich hat es richtig geschüttelt, als dieser ganze Schmerz nochmal hochkam. Und da konnte ich auch den Ausschlag ganz verstehen: Meine Grenzen (die Haut) wurden bis dahin immer dicker, wurden sichtbar, verstärkten sich (durch die Schwellung). Und gerade die Hände, die man auch mal heben sollte, um STOP zu sagen, waren übergroß und dick. Grenzen, die ich nie haben durfte, die mir immer wieder abgesprochen wurden, von denen mir erzählt wurde, dass sie nicht richtig sind und dass ich kein Recht darauf habe. Diese Grenzen gilt es heute, neu zu ziehen. Es gilt, MEINE Grenzen zu wahren und anderen zu zeigen. Ich darf es mir erlauben, eigene Grenzen zu haben und sie jedem anderen zu signalisieren. Bis hierhin und nicht weiter. Hier fängt meine Zone an, meine Persönlichkeit, mein Reich, mein Wert. Über diese Grenzen schreitet niemand mehr! Und wenn es nötig ist, brülle ich auch mal wie ein Löwe und zeige meine Zähne.

Gestern Abend habe ich dann ein drittes Mal Arsenicum album in C200 genommen und der Juckreiz nahm sofort ab. Heute sehen meine Hände wieder wie Hände aus und der Ausschlag ist um einiges zurückgegangen. Ich habe das Gefühl über den Berg zu sein, jedes Geschenk des Ausschlages gefunden zu haben. Ich durfte wieder mal erleben, dass eine Krankheit oder ein Symptom so lange bleiben, wie noch etwas für mich drin ist, so lange noch Geschenke unentdeckt sind. Erst dann kann Heilung eintreten.

Den Teeny von damals habe ich noch immer im Arm. Er braucht enorm viel Zuwendung und ich werde regelmäßig schauen, wie es ihm geht und wie sich das Bild verändert, was das Mädchen braucht. Aber auch diese Wunden werden heilen...

Ich wünsche euch allen einen wunderschönen Tag!
Herzensgrüße von mir!
Anja

PS: Fühlt euch eingeladen, mir eure Eindrücke, die der Text hinterlassen hat und eure eigenen Erfahrungen mit seelischen Hintergründen von Hautausschlägen zu schreiben.

Freitag, 24. Juli 2015

Energetisches Chaos

Der Ausschlag ist Gott sei Dank auf dem Rückzug. Die Erkenntnisse diesbezüglich bewegen mich immer noch. Meinen Wert anerkennen, meine Grenzen ziehen. Die Seelenskulptur arbeitet weiter fleißig mit mir und verändert sich auch ständig. Erst gestern war es an der Reihe einen Pfropfen zu entfernen, der mir gefühlt den Energiezufluss nahm. Es handelte sich um eine weitere Verstrickung mit meiner Mama, die ich gestern angefangen habe, zu lösen. Das ganze Thema kann ich aber noch nicht greifen.

Generell scheinen im Moment die Energien mal wieder, verrückt zu spielen. Ich fühle mich wie geschüttelt und gerührt. Mal könnte ich heulen und weiß nicht warum, dann wieder empfinde ich unendliche Freiheit und Liebe für alles. Mal bin ich unsagbar wütend und traurig und im nächsten Moment wieder voller Frieden und Leichtigkeit. Mal bin ich voller Zuversicht, dass ich genau auf dem richtigen Weg und meiner Berufung so nah wie noch nie bin und einige Zeit später fühle ich mich wieder klein, unscheinbar, verloren und wertlos. Das alles wechselt von einer Sekunde auf die andere. Ich fühle mich zwischen den Welten.

Ich brauche Unmengen an Schlaf und bin trotzdem nicht ausgeruht. Gerade die letzte Nacht hat sich wieder so angefühlt, wie wenn neue Synapsen geknüpft werden, alles neu ausgerichtet wird, sich alles neu sortiert und einer höheren Schwingung anpasst. Das kostet mich viel Energie und strengt meinen Körper an. Tagsüber bin ich dann umtriebig, auch oft unleidig und weiß nicht so recht auf was ich meine Aufmerksamkeit und die restliche Energie lenken soll. Appetit habe ich ständig, vor allem gerade auf Fleisch und Wurst, obwohl ich diese Lebensmittel eine Zeitlang gar nicht essen konnte. Ich gebe dem einfach nach. Es ist wie es ist.

Der Körper reagiert auch mit Kribbeln in den Nerven, plötzlich auftauchenden und genauso schnell wieder verschwindenden Schmerzen. Mal ziept der Zahn wieder, mal zieht es kurz in der Brust. Mal tut das Ohr einen Tag weh, mal schmerzt es rund ums Kehlkopfchakra. Alles schnell da und schnell wieder weg.

Dieser Zustand ist mir auch nicht unbekannt. Ich hatte schon öfter solche Phasen und sie dürfen sein. Sie sind wichtig und die Vorstufe zu neuer Klarheit. (Mehr dazu findest du in meinem Artikel: Das vermeintliche Chaos - die Vorstufe zu neuer Klarheit)

Die Natur tut mir gerade sehr gut, gibt mir Kraft und Energie, aber auch eine tiefe Ruhe und Frieden. Ich kann wieder etwas auftanken, wenn ich rausgehe. An körperliche Anstrengung ist im Moment gar nicht zu denken, also lasse ich es. Alle Emotionen, die sich zeigen, lass ich da sein. Es würde ja nichts nützen, mich dagegen zu wehren.

Der Gedanke, dass diese Phase neues Wachstum bedeutet, lässt mich das Ganze aushalten und ich freue mich auf die neue Größe und die neue Klarheit, wenn sich wieder alles Aufgewirbelte gesetzt hat und wieder mehr Altes losgelassen wurde. Dann werde ich wieder ein Stück mehr ich sein und wieder ein Stück mehr mein wahres Wesen zum Ausdruck bringen können, meinem wahren Kern noch näher sein. Ich denke, dass irgendwann nur noch mein wahrer Kern übrig ist und alles, was nicht meinem tiefsten, ureigensten Wesen entspricht, werde ich abgelegt haben. Gefühlt dauert das nicht mehr lange, verglichen mit den vielen Leben, die es gebraucht hat, um überhaupt so weit zu kommen.

Also lasse ich mich noch etwas schütteln und rühren, lass da sein, was sich zeigen mag. Ich weiß ja, wofür es gut ist. ;)

Wie geht es euch gerade so? Macht ihr ähnliche Erfahrungen? Mein Gefühl sagt, ja! Hinterlasst mir gerne hier eure Erfahrungsberichte. Es geht doch alles leichter, wenn man weiß, dass man nicht alleine ist.

Herzensgrüße von mir und viel Kraft und Geduld für diese Zeit.
Anja

PS: Ein Sonnensturm ist wohl auch wieder mit von der Partie (https://einfachemeditationen2.wordpress.com/2015/07/23/sturm-warnung-fuer-das-magnetfeld-loescht-viele-3-dprogrammierungen-endgueltig-im-kollektiv/).

Montag, 27. Juli 2015

Wie die Kindheit in uns nachwirkt

Ich beschäftige mich ja schon lange mit den Auswirkungen, die die Kindheit auf unser Erwachsenenleben hat, und war mehr als einmal überrascht, wie sehr uns Prägungen von damals heute beeinflussen, ohne dass wir uns dessen unbedingt bewusst sind. Niemals hätte ich gedacht, dass die Kindheit so mächtig ist, dass das verletzte innere Kind so oft das Zepter in die Hand nimmt und für uns in Situationen reagiert, in denen alte Wunden getriggert werden. Es sind meist solche Situationen, von denen wir hinterher sagen, dass die Pferde mit uns durchgegangen sind oder dass wir nicht anders konnten, dass wir keine Macht mehr über uns hatten. Und das stimmt. In solchen Momenten reagiert das innere Kind und unser erwachsenes Ich hat Sendepause.

Nun habe ich die Tage einen Blogartikel zu diesem Thema gelesen, der mich angeregt hat, meine Prägungen und deren Auswirkungen heute mal genauer zu beschreiben. (Den Link von dem Artikel findet ihr ganz unten.)

In meiner Kindheit ist eigentlich "nichts Schlimmes" passiert. Und das werden viele sagen können. Ich hatte immer ein Dach über dem Kopf, immer genug zu essen, materiell hat es an nichts Essentiellem gefehlt und bis auf eine Ohrfeige, an die ich mich noch erinnern kann, wurde ich auch nicht geschlagen. Wir lebten in einer Großfamilie, drei Generationen unter einem Dach. Großeltern, wie Eltern waren in der eigenen Landwirtschaft tätig. Somit waren meine Eltern auch nie beruflich unterwegs, sondern eigentlich immer zu Hause. Und wenn die Eltern doch mal weg waren, dann gab es ja noch die Geschwister und die Großeltern. Es war also immer jemand da.

Dennoch habe ich Wunden davongetragen, Wunden, die eher subtil entstanden sind. Und es hat etwas gedauert, bis ich das akzeptieren konnte, denn mir ging es ja eigentlich gut. Es gibt ja "eigentlich" keinen Grund, sich zu beschweren. Darum geht es auch nicht, um das sich beschweren. Es geht darum, genauer hinzusehen, darum, herauszufinden, wie die Kindheit heute noch Macht über uns hat und nachwirkt, unser Leben beeinflusst. Und darum, mir all das, was ich als Kind nicht bekommen habe, nun als Erwachsene selbst zu geben, denn dazu bin ich in der Lage.

Mir ist klar, dass ich hier nur über meine Wahrheit, mein Erleben und meine Sicht der Dinge schreibe. Ich kann nur von dem sprechen, was ich weiß, was mir erzählt wurde, was ich erlebt habe. Und damit bewegen wir uns wohl an der Spitze des Eisbergs. Meine Eltern haben ihre Sicht, ihre Erlebnisse, ihre eigene Kindheit und aus ihrer Sicht auch recht. Jeder erlebt die Welt individuell, sieht durch seine "Brille". Betrachte ich die Kindheit meiner Eltern, dann kann ich zutiefst verstehen, warum sie sich so verhalten haben, warum sie so mit uns umgegangen sind, warum sie so sind wie sie eben sind. Und ich möchte keinem von beiden auch nur den leisesten Vorwurf machen. Auch sie wurden geprägt und von unglücklichen Eltern mit schwierigem Hintergrund in den Nachkriegsjahren großgezogen.

Verglichen mit meinen Eltern hatten wir Kinder es wirklich gut. Wie gesagt, eigentlich ist nichts Schlimmes passiert. Eigentlich...

Aber daran, wie ich es erlebt habe, ist nun einmal nichts zu rütteln. Vieles mag anders gemeint gewesen sein, aber was zählt, ist, was bei mir ankam, wie ich es empfunden habe, wie ich es für mich gedeutet und einsortiert habe, was es mit mir gemacht hat. Und darum geht es ja. Dass man herausfindet, welche Spuren die Kindheit hinterlassen hat, welche Muster und Überzeugungen man mitgenommen hat, welche Wunden man davongetragen hat und das alles zu heilen und zu lösen, um jetzt in die Freiheit zu kommen und in seine wahre Größe, zurück zu sich selbst.

Mir geht es nicht um eine Elternschelte. Ich weiß, dass sie mich geliebt haben und immer noch lieben. Ich weiß, dass sie immer ihr Bestes getan haben und dafür bin ich ihnen mehr als dankbar. Ich verdanke ihnen viel. Sie haben mir wirklich viel beigebracht und viel für uns Kinder getan. Man könnte sagen, sie haben sich für uns krumm gemacht, jeden Tag. Sie wollten, dass es uns bessergeht, als ihnen damals in den Nachkriegsjahren. Sie wollten, dass wir materiell versorgt sind und dafür haben sie wahrlich hart gearbeitet, Tag und Nacht. In der Landwirtschaft gibt es keinen Feierabend, kein Wochenende, da bestimmt das Wetter den Rhythmus und die Tiere, die versorgt werden wollen.

Und damit fing es schon an, mit der ganz einfachen Tatsache, dass wir einen Bauernhof hatten, der immer im Vordergrund stand. Ich habe es so erlebt, dass ich und meine Bedürfnisse immer zweitrangig waren. Der Bauernhof und die Bedürfnisse meiner Eltern standen immer an erster Stelle. Aus ihrer Sicht natürlich selbstverständlich. Wenn ich meiner Mutter etwas erzählen wollte, dann musste ich ihr beim Arbeiten hinterherlaufen. Wenn ich irgendwo hingefahren werden musste, dann ging das nur, wenn mein Vater Zeit hatte und mich bringen konnte. Und dann auch nur mit Murren, weil dann ja so viel Arbeit liegen blieb in der Zeit. **Ich erfuhr also sehr früh, dass ich meine Bedürfnisse unterordnen muss und dass ich eine Last war.** Selbstverständlich mussten wir Kinder auf dem Bauernhof mithelfen. Da hieß es also gleich nochmal die **eigenen Bedürfnisse hinten anstellen und machen, arbeiten, funktionieren, hart im Nehmen sein, nicht meckern, sondern machen.** Während andere Kinder im Sommer im Schwimmbad waren, waren wir auf dem Feld und haben das Stroh eingebracht. Durfte ich dann doch mal ins Schwimmbad, dann musste ich abends gleich noch mehr auf dem Hof mit anpacken. Schließlich hatte ich ja einen schönen Tag gehabt und alle anderen nicht. **So habe ich früh gelernt, dass schöne Dinge, gute Ereignisse direkt "bestraft" werden. Ich lernte, dass es mir nicht bessergehen durfte, als anderen. Etwas Schönes zog immer etwas Negatives nach sich.**

Die Gelegenheiten, bei denen meine Eltern mit mir oder mit uns allen gespielt haben, sich wirklich mit uns beschäftigt haben, sich auch mal um schulische Dinge gekümmert haben, kann ich an einer Hand abzählen. Wir wurden ganz früh zur Eigenständigkeit erzogen, mussten selber sehen, wie wir klarkommen. Mal über Probleme reden war da einfach nicht drin. Fast alles habe ich mit meiner älteren Schwester, manchmal mit meinem älteren Bruder besprochen, oder natürlich mit meinen Freundinnen. Das waren meine wirklichen Bezugspersonen. **Ich habe**

daraus den Schluss gezogen, dass ich es nicht wert bin, dass man Zeit mit mir verbringt.

Der Ton bei uns zu Hause war ziemlich rau. Jeden Tag gab es Streit und Ärger zwischen irgendwem der sieben Familienmitglieder und mit Schimpfwörtern und Schreierei wurde da nicht gespart. Entschuldigt hat sich nie jemand beim anderen oder gar die Situation geklärt und den Streit beigelegt. Weit gefehlt. Es war dann wieder gut, wenn man wieder normal mit dem anderen sprach. Mich zu entschuldigen, Fehler einzugestehen und zu meinen Handlungen zu stehen, das durfte ich später außerhalb der Familie lernen. **Ein wohlwollender, wertschätzender Umgang war nicht vorhanden.** Viel eher wurde einem erzählt, **was man nicht konnte, wie doof man sich wieder angestellt hat und dass es anders doch viel besser gewesen wäre.** Ich hab mich von meinem Freund getrennt - "Ja, mit nichts bist du zufrieden. Du hattest bei ihm doch alles gehabt." Ich hab mein Auto verkauft - "Ja, warum um Himmels Willen denn das? Das war doch noch gut." Ich hab meinen Job gekündigt - "Ja, wieso denn nur? Du hast doch jeden Monat dein Geld bekommen?" Materielles war wichtig, das Gefühl und der Seelenfrieden zählten nicht.

Generell galt "Stell dich nicht so an und mach!". Von wegen beim Schlachten nicht helfen, von wegen etwas nicht tun wollen, etwas nicht essen wollen. Die Suppe schmeckt nicht? Dann kommt noch eine Kelle oben drauf! Wie sich das auf mein **Selbstbewusstsein** und mein **Selbstwertgefühl** ausgewirkt hat, brauche ich wohl nicht zu erwähnen. Man durfte sich halt nur nicht so anstellen, dann ging das schon. **So lernte ich also, eigene Gefühle und Wahrnehmungen zu verdrängen, mich anzustrengen und hart zu arbeiten. Ich lernte auch das Schuldgefühl kennen und das Gefühl, nicht zu genügen, nicht das Richtige zu tun und nicht genug zu tun. Ich lernte, dass das Leben hart ist und dass die eigenen Belange unwichtig sind.**

Gerade was meine Mutter angeht, waren die Erfahrungen für mich besonders prägend. Ich habe sie als sehr streng erlebt. Es galten ihre Regeln und sonst keine und es gab mega viele Regeln. Das ging so weit, dass sie mir bei der Küchenarbeit sogar vorschrieb, welchen Löffel oder welche Schüssel ich für welche Tätigkeit nehmen musste. Sie überwachte mit ihren Adleraugen wirklich jeden Schritt und jeden Vorgang und wehe, man machte es nicht genau nach ihren Vorstellungen und genau zu dem Zeitpunkt, den sie für richtig hielt. Und von wegen beim Gemüseschnippeln könnte man sich hinsetzen. Das macht man im Stehen. Anstrengend muss es sein!

Gefühlt gab es keinen Freiraum für eigene Ideen, für eigenes Wachsen, für die eigene Persönlichkeit. Wenn es Streit gab, durfte ich nicht wütend sein, durfte mich nicht zurückziehen und in Ruhe über alles nachdenken, sondern musste wieder mit in den Kreis der Familie und gute Miene zum bösen Spiel machen. Sie hatte immer Recht, hat sich nie versprochen und nie etwas falsch gemacht. Wenn, dann haben sich die anderen verhört, es falsch verstanden oder es war deren Schuld, wenn etwas schiefging. Sie war auf jeden Fall unfehlbar. Ich war so oft wütend darüber, weil ich wusste, dass es anders war und dass sie nicht recht hatte, dennoch lief ich gegen eine Wand. Sie war die Macht. Sie hatte Recht und Punkt. In Diskussionen war sie nicht zu greifen, wand sich aus allem raus. Am Ende war ich es, die alles falsch verstanden hatte. Ich weiß noch, dass ich mit zwölf Jahren einen Kassettenrekorder auf Aufnahme unter den Schrank gelegt hatte, um sie zu überführen. Leider ist in der Zeit nichts dergleichen passiert und hätte ich sie mit der Kassette "überführen" können, hätte sie sie wahrscheinlich wutentbrannt weggeworfen und nichts davon wäre wahr gewesen.

Wenn ich Schulfreundinnen Briefe schrieb, dann wollte sie alles lesen. Die Briefe von mir, genauso wie die Briefe, die dann von meinen Freundinnen kamen. Wenn ich in meinem Zimmer etwas in den Papierkorb warf, dann wurde das von ihr noch einmal zensiert und durchstöbert. Wollte ich das wirklich wegschmeißen? Und was ist das? Es gab keine

Privatsphäre. Gerade in der Pubertät hat mich das fast um den Verstand gebracht. Sie kam rein, ohne zu klopfen, stellte indiskrete Fragen.

Wie oft haben wir uns gestritten, wie oft habe ich sie angeschrien, weil ich mir nicht mehr anders zu helfen wusste. Was habe ich geweint und getobt und mich gewehrt. Leider ohne Erfolg. Und immer, wenn es zu einem Streit mit meiner Mutter kam, kam hinterher mein Vater und fragte, ob das denn wieder hatte sein müssen. Ich wüsste doch wie sie wäre und nun würde er sich das alles wieder von ihr anhören müssen. Also hatte ich es gleich nochmal falsch gemacht. Jetzt war ich nämlich auch noch daran schuld, dass es meinem Vater schlecht ging.

Und nach jedem Streit hatte ich natürlich **Angst**, dass ich es diesmal zu weit getrieben hatte, dass sie mich jetzt nicht mehr mögen würden, mich verstoßen würden, ich nicht mehr versorgt wäre.

So lernte ich früh Ohnmacht und Wut kennen und ich hasste diese Gefühle, **diese Hilflosigkeit,** das Wissen, nichts dagegen tun zu können, denn sie saßen am längeren Hebel. **Ich lernte, dass es immer eine Macht gab, die stärker ist als ich und der ich mich fügen muss. Ich lernte, dass ich keine eigenen Grenzen haben durfte. Ich lernte, mich schuldig zu fühlen und Bürden auf mich zu nehmen, mich dafür verantwortlich zu fühlen, wenn es anderen schlecht ging und noch mehr meine eigenen Bedürfnisse und Gefühle hintenanzustellen.**

Aus all diesen Erlebnissen ergaben sich hinderliche Überzeugungen, die mich im Erwachsenenleben besonders beeinflusst haben, die gelöst werden wollten:

- Ich muss immer stark sein.
- Ich darf nicht schwach sein.
- Ich darf nicht faul sein.
- Ich darf nicht genießen.

- Ich darf nicht giftig sein. (Ich wollte ja nicht so sein wie meine Mama.)
- Ich darf mich nicht aufdrängen, nicht einmischen, nicht indiskret sein. (Wieder wollte ich nicht so sein wie meine Mama.)
- Ich darf niemandem zur Last fallen.
- Ich muss immer dafür sorgen, dass es den anderen gut geht.
- Meine Bedürfnisse sind unwichtig.
- Ich kann meinen Gefühlen nicht vertrauen. (Sie wurden ja immer als falsch dargestellt.)
- Ich muss mich unterordnen.
- Ich tue nicht genug.
- Ich tue nicht das Richtige.
- Mir darf es nicht bessergehen als meinen Eltern.
- Ich darf nicht wütend sein.
- Auf etwas Gutes, Schönes, folgt immer eine "Strafe".
- Genussmomente muss ich mir stehlen, weil es eigentlich verboten ist, zu genießen.
- Die Meinung der anderen zählt mehr.
- Wenn ich bin, wie ich bin, werde ich abgelehnt.
- Mein Gefühl bringt mich immer in Schwierigkeiten.

Wut, Ohnmacht, Schuld, Wertlosigkeit und Angst waren die Hauptgefühle, die es als Erwachsene galt, anzunehmen und in Fluss zu bringen.

Wen wundert es also, dass ich beruflich oft Situationen mit dem Chef erlebte, in denen ich mich ohnmächtig fühlte, er am längeren Hebel saß, dass mir immer wieder Menschen über den Weg liefen, die ihre Wut frei zum Ausdruck brachten und mich mit meiner unterdrückten Wut konfrontierten? Wen wundert es, dass es lange gedauert hat, bis ich gemerkt habe, dass ich etwas Besonderes bin, dass ich etwas Besonderes kann, so wie jeder das von uns ist und kann? Wen wundert es, dass ich in Beziehungen oft erlebt habe, dass die Bedürfnisse meines Partners wichtiger zu sein schienen als meine eigenen? Wen wundert es, dass ich lange keine Hilfe annehmen konnte, immer alles selber machen wollte, weil ich keinem zur Last fallen wollte? Wen wundert es, dass ich lange sehr zurückhaltend und schüchtern war, ständig an mir gezweifelt habe? Niemandem zu nahetreten wollte, mich nur nicht ungefragt in ein Gespräch einmischen wollte, nicht indiskret sein wollte? Immer das Gefühl hatte nicht genug zu tun, nicht das Richtige zu tun, gerade als es um meinen eigenen Weg ging, als ich merkte, dass ich medial war und damit nichts Ordentliches leistete, nichts Körperliches, nichts Greifbares? Mich geschämt habe, dass ich mich nicht anstrengen will in diesem Leben, mich nicht krumm machen will, genießen will, Freude und Leichtigkeit leben will?

Heute weiß ich, warum ich das alles erlebt habe. Es waren alles Produkte meiner tiefsten Überzeugungen! Heute weiß ich, dass ich hochsensibel bin und dass all diese Eindrücke von damals wie durch einen Verstärker auf mich gewirkt haben und ich sie deshalb doppelt so "schlimm" erlebt habe, sie noch tiefer drangen.

Ich kann nur jedem raten, sich sein aktuelles Leben ganz genau anzuschauen, Situationen, die immer wiederkehren und bestimmte Gefühle in einem auslösen und dann zu schauen, ob es vielleicht ähnliche Situationen und Gefühle in der Kindheit gab. Überzeugungen, die damals geprägt wurden und heute noch wirken. Vielleicht kommt dir ja so manches von dem, was ich erzählt habe, schon bekannt vor.

Es tut so gut, sich aus all dem zu befreien. Es tut so gut, sein wahres Wesen immer mehr zu entdecken und alles abzulegen, was eigentlich gar nicht zu einem gehört. Es tut so gut, immer mehr in die Freiheit und in die eigene Kraft zu kommen und wieder der zu werden, der wir eigentlich sind. Es tut so gut, das verletzte innere Kind in den Arm zu nehmen und ihm jetzt alles zu geben, was es damals nicht bekommen hat. Und es tut nicht nur gut, sondern es macht uns wieder heil und ganz und kraftvoll.

Werden wir also wieder die, die wir eigentlich sind!!!

Herzensgrüße von mir!
Anja

PS: Was macht der Text mit dir? Kommt dir etwas bekannt vor?

PSS: Hier der Link zu dem oben erwähnten Artikel über Erziehung:
http://norbert-rogsch.com/am-anfang-ist-erziehung-2/

Samstag, 1. August 2015

Frieden mit den Eltern

In meinem letzten Beitrag Wie die Kindheit in uns nachwirkt habe ich geschildert, wie machtvoll die Kindheit ist und uns als Erwachsene unheimlich beeinflussen kann. Daraufhin gab es viele Fragen, zu Recht, und die möchte ich hier gerne für alle beantworten.

Wie überwindet man all die Prägungen der Kindheit? Wie wird man wieder ganz man selbst und heilt all die Wunden von damals?

Wie sieht ein wahrhaft geheiltes Verhältnis mit den Eltern aus? Wie gestaltet es sich, wenn man mit den Eltern wirklich in Frieden ist? Und gibt es das überhaupt? Ist es möglich? Und wenn es möglich ist, wie kommt man da hin?

Diese Fragen habe auch ich mir immer und immer wieder gestellt. Seit 2009 war ich mal mehr mal weniger intensiv damit beschäftigt, mir die Beziehung zu meinen Eltern und alles, was damit verbunden ist, anzuschauen und habe versucht, mir diese Fragen zu beantworten.
Vorweg sei gesagt, dass ich der Meinung bin, dass ein wahrhaft geheiltes Verhältnis möglich ist. Mein Herz sagt mir, dass das geht. Ich glaube, dass wir alles heilen können und wenn es noch so schmerzhaft war. Wir

sind großartige, machtvolle, geistige Wesen mit göttlichen Fähigkeiten. Wir sind in der Lage unserem inneren Kind all das zu geben, was es damals nicht bekommen hat. Und das war für mich und meinen Heilprozess der wichtigste Grundgedanke. Wenn ich glaube, dass ich etwas kann, dann kann ich es auch!

Nun war ich in der komfortablen Lage, dass ich 2010 von meiner Heimat Bayern 500 km weg nach NRW zu meinem Partner gezogen bin. Somit hatte ich den nötigen Abstand zu all dem. Es konnte keine unerwarteten Besuche geben und keine Bitten um Hilfe auf dem Bauernhof oder um Hilfe irgendeiner Art. Das hat mir unheimlich geholfen. Dieser Abstand. Ich war erstmal raus aus der Nummer und konnte mich wirklich auf mich besinnen, mir mit einiger Distanz die vorhandenen Muster anschauen und herausfinden, was da eigentlich läuft. Ich glaube, hätte ich diesen Abstand nicht gehabt, wäre ich heute nicht da, wo ich jetzt bin.

Wir halten also fest:
1. Nimm dir den Abstand, den du brauchst, um erste Klarheit zu bekommen. Ziehe dich heraus, wenn es für dich nötig ist und denke daran: NEIN! ist ein vollständiger Satz. Du musst dich nicht rechtfertigen, warum du nicht zu Besuch kommen möchtest, nicht ans Telefon möchtest, etc. Ich habe den Kontakt in meiner Heilungsphase auf ein Minimum beschränkt. Ein paar SMS an meinen Papa, einige wenige ganz kurze Besuche zu Hause, wenn wir in Bayern waren und ans Telefon bin ich in der Zeit überhaupt nicht, fast zwei Jahre nicht. Das habe ich gebraucht.

2. sei milde mit dir selbst und gestehe dir alle Emotionen zu
Ich wurde auch gefragt, ob ich nicht wütend auf meine Eltern war oder mir gewünscht habe, dass es anders wäre, dass wir ein gutes, herzliches, nahes Verhältnis haben, reden können. Und ob ich wütend auf meine Eltern war. Sogar sehr wütend. Ich fand es total scheiße, dass wir kein "normales" Verhältnis haben konnten, dass es bei uns so kompliziert sein musste. Ich war sogar so wütend, dass ich einen siebenseitigen Brief an meine Mama geschickt habe, in dem ich ihr all das, was ich noch

nie ausgesprochen hatte, gesagt habe. Was ich von ihr halte und wie ich ihr Verhalten finde. Ich hatte gehofft, damit zu ihr durchzudringen, endlich an ihren gesunden Menschenverstand heranzukommen und sie zu einem Einsehen zu bewegen. Ihr endlich klarmachen zu können, wie das für andere ist, wenn man sie so behandelt, wie sie es tut/getan hat. Gott, wie lange und wie oft hatte ich die Hoffnung, das Blatt noch wenden zu können und es endlich zu schaffen, dass sie mich versteht und einsieht, dass sie sich ändern müsste. Heute weiß ich, dass sie sich überhaupt nicht ändern muss. Sie darf so bleiben wie sie ist. (Dazu später mehr...)

Dann hatte ich wieder ein schlechtes Gewissen, weil ich sauer auf meine Eltern war und man soll doch seine Eltern achten und ehren und lieben und was noch nicht alles. Das ist Quatsch! Wenn ich sauer bin, bin ich sauer, wenn ich nicht mit ihnen reden will, dann ist das so. Kein Gefühl, dass du je hattest, ist falsch! Gesteh dir deine eigenen Gefühle zu und wenn sie noch so irrational erscheinen! Sie sind nun mal da, schau sie an, lass sie da sein, akzeptiere sie. Und auch wenn du noch so sehr nach Heilung strebst und Frieden in dir haben möchtest, das ist ein Prozess und der dauert und zwar so lange wie er eben dauert. Da gibt es kein zu schnell oder zu langsam. Und wenn du zwanzig Jahre sauer bist, bis du alles geklärt hast und alles geheilt hast, dann ist das eben so. Sei milde mit dir! Es ist dein Weg, dein Prozess, es sind deine Verletzungen und nur du alleine weißt, wie tief sie sitzen und wie weh sie tun. Ich habe mir auch oft Vorwürfe gemacht und mich gefragt, ob ich zu viel erwarte, oder ob ich mich da zu sehr reinsteigere. Es war ja eigentlich nichts "Schlimmes". Pustekuchen! Mir hat es wehgetan! Punkt! Es gibt auch keinen Grund zu vergleichen und zu sagen: "Ach eigentlich darf ich mich gar nicht beschweren, anderen ist noch so viel Schlimmeres passiert!" Für jeden ist etwas anderes schlimm und jeder hat sein ganz eigenes Päckchen zu tragen. Gestehe dir zu, dass es für dich schlimm sein darf und dass es weh getan hat. Es ist nicht wegzudiskutieren! Es tat weh! Und zwar ziemlich oft und ziemlich heftig! Das anzuerkennen und sich zuzugestehen ist ein wichtiger Schritt!

3. Muster erkennen und lösen, alte Versprechen und Schwüre lösen

Ich denke, dass es auch wichtig ist, zu erkennen, was da eigentlich abläuft, welche Muster immer wieder bedient werden, welche Rolle man in der Familie hat und im Verhältnis zu den Eltern. Nur wenn ich wirklich weiß was ich tue, wenn ich mir dessen bewusst bin, kann ich es ändern. Für mich musste ich feststellen, dass ich in einer absoluten Vermeidungsstrategie war. Es galt unter allen Umständen zu vermeiden, dass Mama verletzt wurde, traurig war, einen Grund hatte zu weinen. Das war ein ziemlicher Eiertanz und oft habe ich dadurch Dinge über mich ergehen lassen, die ich gar nicht wollte. Gespräche, die mich nicht interessiert haben, Tätigkeiten, die ich für sie übernommen habe, obwohl ich überhaupt keine Lust dazu hatte. Ich habe es immer wieder zugelassen, dass sie Gespräche, die ich mit anderen hatte, unterbricht und auf ihre Art fortführt, dass sie immer und immer wieder der Mittelpunkt des Geschehens ist. Ich habe es aber auch immer wieder zugelassen, dass mein Papa sich aus der Affäre ziehen konnte, die Flucht ergriffen hat und ich es ausbaden musste. Ich habe mir wohl irgendwann vorgenommen, "sein Leid zu lindern und erträglich zu machen". Und ich? Ich wollte Aufmerksamkeit! Die Aufmerksamkeit sollte nachgeholt werden, die ich früher nie bekommen habe. Sie hatten doch, Gott verdammt, die Pflicht dazu! Haben sie? Haben sie nicht! All das, was mir jetzt fehlt, kann ich mir nur selber geben. Dafür ist jetzt, im Erwachsenenalter, niemand mehr verantwortlich außer ich, auch nicht meine Eltern.

Und so habe ich die Versprechen innerlich (in Meditation) gelöst, dass ich meine Mutter vor Verletzungen schützen muss, dass ich dafür sorgen muss, dass es ihr gut geht und ihre Bedürfnisse befriedigt werden, dass ich dafür verantwortlich bin, das Leid von meinem Papa zu lindern, dass ich das alles ertragen muss, weil ich dazu verpflichtet bin. Ich habe mich dazu entschlossen, sie und mich aus dieser Verstrickung zu entlassen und jeden seiner eigenen Verantwortung zu übergeben. Also bin ich auch in meine eigene Verantwortung gegangen, mich mit all dem zu versorgen, was ich noch brauche. Ich habe aufgehört, etwas von ihnen zu wollen und zu erwarten, aber gleichzeitig auch aufgehört, ihre Bedürfnisse befriedigen zu wollen.

(Hier haben mir wieder die Meditationen von Robert Betz geholfen zum Thema "Die Beziehung zu Vater und Mutter klären und heilen" und "Mich von alten Begrenzungen befreien")

4. das innere Kind heilen

Die Heilung des inneren Kindes ist so machtvoll. Schon oft hatte ich im Laufe meines Lebens, und während meiner Ausbildung zum Psychologischen Berater ganz besonders, vom inneren Kind gehört. Doch wie macht- und wirkungsvoll das wirklich ist, habe ich erst erfahren, als ich mein inneres Kind immer öfter besucht habe und geschaut habe, was es noch braucht. Unzählige Male bin ich ihm in Meditationen begegnet. Ganz oft war das innere Kind, das Mädchen von damals, einfach nur erschöpft von all den Anforderungen. Es war müde und wollte einfach nur Kind sein, unbeschwert, leicht und das machen, was es selbst möchte und nicht das, was andere von ihm erwarten. Es wollte niemanden versorgen müssen und all die Verantwortung abgeben. Ich habe ihm gesagt, dass es nun für niemanden mehr zuständig ist und dass es einfach spielen kann, habe ihm erlaubt, einfach das zu machen, was es gerade möchte. Habe ihm erlaubt zu genießen, sich zu freuen, zu toben und zu spielen. Dann wieder gab es Momente, wo es ganz einsam war, alleine und verlassen. Dann habe ich ihm als Erwachsene Halt gegeben, es in den Arm genommen und ihm gesagt, dass ich immer für es da bin, genauso wie die Engel, Mutter Erde und Vater Gott. Dann war es neulich das Teenager-Mädchen, dass so wütend war und seine eigenen Grenzen ziehen wollte. Auch dieses Mädchen habe ich in den Arm genommen und ihm erlaubt, dass es Grenzen ziehen darf, dass es seinen eigenen Raum und Wert haben darf. Es gab so viele Begegnungen und Wunden von diesem Kind anzuschauen und in Heilung zu bringen. Und jeder Besuch war Gold wert und brachte mich ein Stückchen mehr in meine Freiheit und in den Frieden. (Auch hier kann ich die Meditationen von Robert Betz zum inneren Kind nur wärmstens empfehlen!)

5. hinderliche Glaubenssätze aufdecken und umwandeln

Viele hinderliche Glaubenssätze habe ich ja schon in meinem letzten Artikel erwähnt. Es ist erstmal einfach nur wichtig, zu wissen, dass es sie gibt. Nach jeder Entdeckung eines solchen Glaubenssatzes habe ich mich dann beobachtet, wann der wirkt, in welchen Situationen ich entsprechend handle und fühle. Das sorgt für unheimlich viel Klarheit über das eigene Verhalten. Und irgendwann habe ich mich dann zu einem zuträglicheren Glaubenssatz entschlossen und diesen aufgeschrieben. Meist reichte das schon. Manchmal habe ich die alten Überzeugungen noch auf Zettel geschrieben und verbrannt oder habe sie geistig in einer Meditation verbrannt, in Form von Ballons aufsteigen lassen oder Ähnliches. Was sich gerade eben ergeben hat und gutgetan hat.

Aus "Ich darf nicht genießen." wurde z. B. "Ich genieße das Leben in vollen Zügen." oder "Ich erlaube mir, zu genießen." Es gab immer irgendeine Formulierung, die besonders kraftvoll war. Die schrieb ich dann nieder und entschied mich dafür. Ganz bewusst und bat die Engel, mir dabei zu helfen, das Leben zu können und mir alles zu zeigen, was mich noch davon abhielt. Und so ging ich mit jedem hinderlichen Glaubenssatz vor. Einen nach dem anderen, welcher gerade am präsentesten war und an meisten drückte, den nahm ich mir vor, beleuchtete ihn und verwandelte ihn.

6. verdrängte Gefühle annehmen und fließen lassen

Bei all dieser Heilungsarbeit gab es natürlich auch verdrängte Gefühle von damals, die ich auch schon im letzten Artikel erwähnt habe. Bei mir waren das vorwiegend Wut, Ohnmacht, Angst, Schuld und Wertlosigkeit. Umso mehr ich sie ins Fließen gebracht habe, umso weniger Situationen wurden mir "geliefert", die mich wieder darauf stießen und das Gefühl in mir hochholten. Diese Situationen mussten noch nicht mal direkt etwas mit meinen Eltern zu tun haben. Die Wertlosigkeit erfuhr ich öfter im Umgang mit Menschen, denen ich geholfen hatte und die das dann nicht zu schätzen wussten. Wut und Ohnmacht wurden mir ganz oft während meiner Krankheit gezeigt, weil ich mich bei all den Krämpfen unheimlich ohnmächtig fühlte und mich das wütend machte. Die Angst kam vorwiegend in Form von Existenzangst, Angst zu Sterben, Angst vor Ablehnung, etc. Die Schuld konnte mal gut das Arbeitsamt übernehmen, mal die Bank, wenn sie mir einen Kontoauszug zuschickte und ich sofort wieder das Gefühl hatte, nicht das Richtige zu tun oder nicht genug. Den Ursprung all dieser Gefühle, in meiner Kindheit zu finden, hat etwas gedauert. Aber irgendwann fiel der Groschen. Schau also genau hin, welche Gefühle immer wieder aufkommen und schaue, ob sie vielleicht auch in der Kindheit ihren Ursprung haben. Und dann schließe Freundschaft mit den Gefühlen und lass sie fließen.

(Auch hier haben mir die Meditationen von Robert Betz unheimlich geholfen "Negative Gefühle in Freude verwandeln")

7. abgelehnte Anteile der Eltern annehmen

Wir alle kennen es, dass wir in mancher Hinsicht einfach nicht so sein wollen wie die Eltern. Auch bei mir gab es einige Eigenschaften, die ich einfach nicht an mir haben wollte, weil ich sie nicht gut fand. Doch mit jeder Verurteilung unserer Eltern gegenüber, verurteilen wir auch gleichzeitig uns selbst aufs Übelste. Ich wollte nie so giftig sein, wie meine Mama das sein kann, und war ich es doch einmal, dann hasste ich mich dafür. Wem nützt das etwas? Niemandem! Wir dürfen uns hier wieder ins Gedächtnis rufen, dass es kein Gut und Schlecht gibt, kein Falsch und Richtig. Alles im Leben hat zwei Seiten und beide haben ihre Berechtigung. Wollen wir immer nur freundlich sein, wertschätzend und wohlwollend und lehnen das Giftige, nicht wertschätzende ab, verurteilen es, dann lehnen wir einen Aspekt des Lebens ab. Es ist ein Unterschied, ob ich mich einfach dafür entscheide, wohlwollend mit meinen Mitmenschen umzugehen und das Giftige da sein zu lassen, einfach eine andere Wahl zu treffen, oder ob ich sage, "Ich will nur wohlwollend sein und das Giftige ist schlecht und darf nicht sein!". Damit verurteile ich das Giftige, lehne es ab und gebe ihm somit Macht. Es wird immer wieder in mein Leben drängen, bis ich es angenommen und akzeptiert habe, dass es auch diese Seite gibt. Und so ist es mit allen Seiten, die wir an unseren Eltern nicht wollen und an uns schon gleich gar nicht. Alles, was wir ablehnen, ziehen wir in unser Leben, bis wir angenommen haben, dass ein Mensch auch so sein darf.

Schau dir also alles an, was du an deinen Eltern nicht haben kannst, nicht magst und selbst auch nicht leben willst. Schau dir dann an, wie du mit dir umgehst, wenn du doch mal so bist. Verachtest du dich dafür? Beschimpfst du dich? Du lehnst damit einen Teil von dir selbst ab. Integriere all diese Anteile wieder und erlaube dir, giftig zu sein, schwach zu sein, rechthaberisch zu sein, geizig, unfreundlich, aufdringlich, kleinkariert, laut, faul, krank, aufbrausend, grenzüberschreitend, oder was auch immer. Du musst das nicht leben und zum Ausdruck bringen, nur anerkennen, dass andere so sein dürfen und dass auch das ein Teil des Lebens ist. Gäbe es die Lauten nicht, könnten wir nicht sagen, dass wir leise sind. Gäbe es die Schwachen nicht, könnten wir nicht sagen, dass wir stark sind. Wir befinden uns in der Dualität und eine Seite abzulehnen, heißt, das Leben als Ganzes abzulehnen.

8. Eltern dürfen so bleiben, wie sie sind

Wie ich oben schon erwähnt habe, habe ich mir unendlich oft gewünscht, dass meine Eltern sich ändern mögen, dass mein Papa mehr Arsch in der Hose hätte, dass meine Mama endlich verstehen würde, dass sie andere manchmal verletzt, dass ich endlich all das bekomme, was ich als Kind nicht oder nicht ausreichend bekommen habe, dass wir endlich eine harmonische Familie sind. Diese Wünsche, diese Hoffnungen waren nicht mehr als ein deutliches NEIN zu dem, was eh schon war. Ich sagte NEIN und lehnte diese Situation ab, nahm es mir heraus, dass ich besser wüsste, wie jemand zu sein hat, als er selber. Will ich mich von anderen ändern lassen? Will ich mir von anderen erzählen lassen, wie ich besser wäre? Nein! Ich möchte so sein, wie ich es für richtig halte und so dürfen das auch die anderen, auch meine Eltern. Jeder darf so sein wie er ist. Das heißt nicht, dass ich alles über mich ergehen lassen muss, ertragen muss, hinnehmen muss. Nein! Das heißt viel mehr, dass ich diesbezüglich entscheiden kann, wie ich mich dann verhalte. Ich habe die Wahl und zwar immer. Meine Eltern tun mir nicht gut? Dann gehe ich nicht hin! Meine Mama möchte etwas von mir wissen, das ich ihr nicht sagen möchte? Dann sage ich es ihr nicht. Mein Papa beschwert sich, dass ich mich nie melde? Er hat auch ein Telefon! Wären es nicht die Eltern, die sich so verhalten, dann wäre die Sache ganz klar. Eine Freundin, wenn so wäre, dann wäre es nicht meine Freundin. Nur weil das meine Eltern sind, muss ich mir nicht mehr gefallen lassen, als ich es bei anderen tun würde.

Jeder darf so sein wie er ist und ich entscheide, wie ich damit umgehen möchte! Ich muss mir keinen Vorwurf annehmen, ich bin zu keiner Erklärung verpflichtet. Ich ziehe meine Grenzen, achte auf mich und meine Bedürfnisse. Wenn mir etwas nicht guttut, dann lasse ich es!

Heute möchte ich von mir behaupten, dass der Großteil der Wunden geheilt ist. Ich komme immer mehr in Frieden. In Frieden mit mir selbst, in Frieden mit meinen Eltern. Ich habe all die Erwartungen losgelassen, all meine Bedürfnisse, die mir bisher bewusstgeworden sind, selbst befriedigt, bin in meine eigene Verantwortung gegangen. Ich bin mir dessen bewusstgeworden, dass ich mich für vieles verantwortlich gefühlt habe, für das ich nicht verantwortlich bin und so kann ich nun viel entspannter mit meinen Eltern umgehen. Ich weiß, was meine Baustelle ist und was ihre. Sie sind nicht mehr dafür verantwortlich, mich zu versorgen, auf welche Art auch immer, und ich bin nicht dafür verantwortlich, sie zu versorgen, glücklich zu machen, zu retten, oder Ähnliches. Und so denke ich, sieht Frieden mit den Eltern aus. Ich habe Frieden in mir und mit mir, habe die Muster erkannt, habe alles angeschaut. Ich weiß, was ich ihnen an Gutem verdanke, ich weiß aber auch, welche Wunden ich mitgenommen habe und dass ich diese selbst heilen kann. Dazu brauche ich sie nicht. Ich habe alle Seiten beleuchtet, die unsichtbaren Mechanismen mit Bewusstheit durchdrungen, mich den alten Wunden gestellt, bin mutig durch den Schmerz gegangen und habe ihn damit erlöst.

Für mich heißt Frieden mit den Eltern vor allem Frieden in mir, nichts mehr von ihnen wollen, mich zu nichts mehr verpflichtet fühlen, zurück zu meiner eigenen Kraft kommen, mich aus den Verstrickungen zu lösen und nur noch das machen, was ICH wirklich will und nicht das, was ich glaube zu müssen. Frieden mit den Eltern heißt für mich Freiheit für das eigene Wesen, endlich in allen Aspekten ich sein, ohne Einschränkungen und schlechtes Gewissen. Frieden heißt, mein wahres Wesen leben können!

Ganz ehrlich? Ich liebe meine Eltern! Wirklich und wahrhaftig! Haben wir uns doch auf einer höheren Ebene zu all diesen Erfahrungen hier verabredet. Das so sehen zu können, hat wirklich verdammt lange gedauert, zu tief waren die Wunden, zu groß die Wut. Und das hat nichts mit Schönreden zu tun oder Gutheißen, sondern mit Annahme dessen, was war und damit das Leben wieder selbst in die Hand zu nehmen, in die eigene Verantwortung zu gehen, vom Opfer zum Schöpfer zu werden. Alles, was ich brauche, liegt in mir! Eine schwierige Kindheit ist kein Grund für ein schwieriges Leben. Es war wie es war. Die Frage ist: Was nun? Bleibe ich Opfer oder werde ich bewusster Schöpfer? Welche Wahl triffst du?

Herzensgrüße von mir!
Anja

PS: Nach meinem letzten Beitrag habe ich gemerkt, dass sich wohl viele gerne zu dem Thema äußern. Da es aber so intim und persönlich ist, wollten die meisten keinen öffentlichen Kommentar auf meinem Blog hinterlassen und so haben mich die Reaktionen meist in privaten Nachrichten erreicht. Ich kann das sehr gut nachvollziehen. Es hat auch für mich lange Zeit gedauert, bis ich mich getraut habe, die Dinge offen anzusprechen. Gerne könnt ihr mich weiterhin persönlich anschreiben. Fühlt euch dennoch herzlich eingeladen, eure Kommentare anonym hier zu hinterlassen. Diese Kommentarfunktion ist hier freigeschaltet. Ihr müsst euch nicht zu erkennen geben. ;)

Dienstag, 4. August 2015

Alles Alte will erlöst werden

Im Moment scheint alles in Aufruhr zu sein. Konflikte nehmen zu, Spannungen werden greifbar, die Emotionen spielen verrückt, was schon länger gedrückt hat, drückt noch mehr. Sei es im beruflichen Bereich, im privaten, wirtschaftlich oder politisch.

Tatsächlich befinden wir uns gerade in einer Zeit, in der nicht mehr weggeschoben werden kann, was drückt und was nicht, nicht mehr, dem eigenen wahren Wesen entspricht. All das bricht jetzt durch, wird sichtbar, kommt ans Licht. Nichts mehr mit unter den Teppich kehren oder aussitzen, verdrängen oder hinnehmen. Das geht alles nicht mehr. Was nicht in der Liebe ist, bricht weg, zusammen, verabschiedet sich.

Alte Muster kommen extrem hoch und wollen endlich erlöst werden, alter Schmerz will endlich gefühlt werden, abgelehnte Anteile endlich gelebt werden. Wundert euch also nicht, wenn euch gerade extrem viele Situationen geliefert werden, die scheinbare Probleme darstellen. Schaut euch die Emotionen an, die diese Situationen in euch auslösen und fühlt sie bewusst. Lasst Schmerz, Wut, Angst, Schuld, Scham, Druck, Kleinheit, Wertlosigkeit, etc. einfach da sein und nehmt sie an. Damit erlöst ihr sie. Und mein Herz sagt mir, dass sie jetzt ein für alle Mal erlöst werden können, wenn wir nun nochmal mutig durch sie hindurchgehen.

Schaut euch auch genau an, ob sich in diesen ganzen Problemen alte Muster zeigen, alte Glaubenssätze, hinderliche Überzeugungen und lasst auch die in Frieden und Liebe gehen. Ihr habt sie irgendwann ins Leben gerufen, aber ihr braucht sie jetzt nicht mehr. Die Zeit ist vorbei! Dankt ihnen für ihr Wirken, sie waren wirklich zuverlässig ;) und entscheidet euch neu für zuträglichere Überzeugungen. Und wenn ihr glaubt, dass ihr sie nicht so einfach loslassen könnt, dann bittet die Engel, euer höheres Selbst, Gott, das Leben, das Universum oder wem immer ihr das zutraut, euch zu unterstützen und von allem Alten zu befreien. Euch wird geholfen werden!

Schaut hin, wo ihr euch noch nicht erlaubt, bestimmte Anteile, Wesenszüge und Facetten zu leben. Erlaubt ihr euch, faul zu sein? Zu genießen? Wütend sein, patzig, laut, ausgelassen, frei, fies, unzuverlässig, unordentlich, dick? Auch alles Abgelehnte will jetzt wieder integriert werden. Es gibt immer zwei Seiten und beide gehören zum Leben!

Deine Seele will ganz werden, alle Anteile haben dürfen! Die Seelen streben danach, endlich ihr wahres Wesen zum Ausdruck bringen zu können und alles loszulassen, was dieses Wesen nicht ausdrückt oder sogar behindert. Im Moment kommt alles ans Licht, was uns bremst, was uns noch belastet! Gott sei Dank! Nehmt diese Chance wahr und umarmt all das in euch und um euch, was sich gerade zeigt und mag es noch so schmerzhaft und verwirrend sein.

Es mögen Jobs verloren werden, Beziehungen auseinandergehen, Freundschaften zerbrechen. Das alles ist erstmal heftig und dennoch eine ganz große Chance. Eine ganz große Chance einem Leben, wie es sich eure Seele erdacht hat, immer näher zu kommen. Wenn etwas Altes geht, ist Platz für Neues, für etwas, das euch noch mehr entspricht, das euch zufriedener sein lässt, euch noch mehr erfüllt, euch noch mehr euch selbst sein lässt.

Seid radikal ehrlich zu euch selbst und schaut ganz genau hin. Hat euch der Job wirklich noch erfüllt? War die Beziehung wirklich noch lebendig, ward ihr darin noch lebendig, war Wachstum möglich? War die Freundschaft wirklich noch nährend?

Habt also keine Angst! Geht mit Mut durch all den Aufruhr und fragt euch, was denn wohl jetzt noch Besseres nachkommen mag. Denn wenn nicht das passiert, was wir gerne hätten, passiert das, was besser für uns ist. ;) Habt auch Mut zum Träumen und an das bisher scheinbar Unmögliche zu glauben, an ein Leben in Leichtigkeit und Fülle. An ein Leben, das schon fast zu schön ist, um wahr zu sein. All das ist jetzt möglich, wenn all das Alte in Liebe verabschiedet wird.

Ihr habt es in der Hand! Ihr entscheidet, wie ihr auf all die Herausforderungen reagiert. Sagt ihr ja oder nein dazu? Wehrt ihr euch dagegen, oder nehmt ihr es an und schaut, was es euch zeigen möchte?

Ich wünsche mir, dass ihr mit einem ganz großen JA all das annehmen könnt, mit dem Wissen, dass das Alte jetzt in Liebe gehen kann, mit dem Wissen, dass nur Platz für Neues ist, wenn man Altes gehen lässt und dafür jetzt die Zeit reif ist, mit dem Wissen, dass nichts geschieht, ohne eine positive Absicht für euch! JETZT ist genau der richtige Moment, noch mehr du selbst zu werden!

Herzensgrüße von mir!
Anja

Samstag, 8. August 2015

Was ich meinen Eltern verdanke

In meinen beiden Artikeln Wie die Kindheit in uns nachwirkt und Frieden mit den Eltern habe ich darüber geschrieben, welche Wunden die Kindheit hinterlassen kann und wie man diese wieder heilen kann. Ich denke, dass die meisten von uns in irgendeiner Form solche Wunden von damals davongetragen haben.

So schlimm das alles gewesen sein mag, gibt es aber auch immer eine andere, eine positive Seite, einen Gewinn daraus. "Selten ein Schaden, wo nicht ein Nutzen dabei ist.", pflegt meine Oma immer zu sagen und damit hat sie völlig recht.

- Die Tatsache, dass meine Eltern wenig Zeit für mich hatten, hatte durchaus auch etwas Gutes, denn ich habe früh gelernt, **selbständig zu sein**. Ich war oft auf mich alleine gestellt und so ging ich Probleme und Herausforderungen eben selbst an und fand immer irgendwie eine Lösung. Ich habe gelernt, **dass alles immer irgendwie geht** und **Vertrauen in mich gewonnen**, weil ich merkte, **dass ich alles schaffen kann**. Geht nicht, gibt es nicht! Wenn ich etwas noch nicht kann, dann lerne ich es eben.

- Ich habe gelernt, **Entscheidungen zu treffen**, weil ich es musste. Das hat mir niemand abgenommen. In viele Dinge, gerade was die Schule und die berufliche Entwicklung angeht, hat mir niemand reingeredet. Ich habe **meinen Weg ganz alleine gewählt** und konnte da das tun, was ich für richtig hielt. Und ich finde, dass ich das alles richtig gut gemacht habe. Ich habe gelernt, **stark zu sein und für mich einzustehen**.

- Wir Kinder mussten mit anpacken. Das war einfach so. Und so oft mich das genervt hat und so oft wie ich sowas von keine Lust dazu hatte, habe ich doch viel gelernt. Zu Hause wurde viel selber gebaut und auch repariert. So kam es, dass ich **technisch geschickt bin**, dass ich mit Hammer und Nagel genauso wie mit einer Bohrmaschine umgehen kann. Ich kann Böden verlegen, tapezieren, streichen, Holzdecken anbringen und wenn nun bei mir etwas kaputtgeht, dann schaue ich immer erstmal, ob ich das nicht selbst wieder reparieren kann.

- Und genauso ist es im Haushalt. Auch da musste immer mitgeholfen werden. Auch das hat mich oft genug genervt. Auch in dem Zusammenhang gab es Verletzungen, weil der Umgang manchmal nicht der wertschätzendste war. Dennoch habe ich auch hier viel gelernt. Ich kann **kochen und backen** und das nicht nur ein bisschen, sondern sogar ziemlich gut. Ich kenne viele alte Hausmittel und Tricks. Heute bin ich in der Lage, meinen Haushalt wirklich gut zu führen.

- Ich bin auf dem Land groß geworden, habe daher ein **Gespür für die Natur und für Tiere**. Wir waren unheimlich viel draußen. Ich kenne heimische Vogelarten, Bäume und Blumen und verstehe etwas von Obst- und Gemüsebau und generell von der Natur.

Das ist mal eine kleine Auswahl, aber ich denke, der Grundgedanke ist klar. Ja, es gibt Wunden, die geheilt werden wollen. Ja, es gibt Hinderliches, das wir wieder aus dem Weg schaffen müssen. Ja, es tat oft weh. Aber ich glaube, dass jeder auf die ein oder andere Weise auch etwas Positives davon hat, dass es auch hier eine zweite Seite der Medaille gibt. Etwas Negatives hat auch immer etwas Gutes. Wo Schatten ist, da ist auch Licht. Das, was damals war, hat dich auch **im positiven Sinne zu dem Menschen gemacht, der du heute bist**.

Und neben den oben aufgezählten Dingen, die ich als sehr wertvoll empfinde, kann ich sagen, dass das Wichtigste, was ich meinen Eltern zu verdanken habe, **die perfekte Vorbereitung auf meinen Weg** ist.
Bei einer Heilmeditation, die ich im Januar dieses Jahres bezüglich meines schmerzenden Knies gemacht habe, kam das sehr schön zum Ausdruck. Hier noch einmal ein Auszug aus den Geschehnissen:

"Die Messerspitze (sie steckte auf geistiger Ebene in meinem Knie) stand für all die „Spitzen", die ich als Kind eingesteckt habe, für all die Demütigungen, die ich empfunden habe, für alle Verletzungen, die ich erfahren habe. Und mit diesem Wissen begann sich die Messerspitze in eine Art Verband zu verwandeln, den ich um die dünn geriebene Stelle an meinem Außenband legen konnte. Ich konnte mit der verwandelten Messerspitze mein Knie wieder heilen. Das, was mich verletzt hat, war auch in der Lage mich wieder zu heilen. Die Demütigungen verwandelten

sich in Demut, denn ich begriff plötzlich, dass alles, was ich als Kind an Verletzungen erlebt habe, die beste Vorbereitung auf meine jetzige Arbeit waren, auf meinen Weg, auf mein wahres Wesen. ***Es ist die beste Basis und die beste Schule, die ich mir nur wünschen konnte.*** *Wie könnte ich den Menschen besser helfen, als mit eigenen Erfahrungen. All die Klarheit, mit der ich die Zusammenhänge und Verstrickungen zwischen Klienten und deren Eltern sehen kann, verdanke ich nur meiner eigenen Erfahrung, meinen eigenen Erlebnissen, meiner Vergangenheit. Und plötzlich war auch der Hintergrund von meinem Knie sonnenklar. Die Spannungen, die ich tatsächlich zwischen der Familiengeschichte und meinem eigenen Weg gefühlt habe, dieses Gefühl von „ich bin anders und muss mich schützen und befreien", drückten sich in diesem Schmerz aus. Diese gedankliche Spannung war auf einmal weg, denn ich erkannte, dass sich das alles gar nicht widerspricht. Das sind keine zwei Magneten die sich abstoßen,* ***sondern vielmehr ist unsere Familiengeschichte und meine Vergangenheit das wunderbarste Fundament, auf dem ich jetzt gehen kann, das ich mir für meinen eigenen Weg nur wünschen kann.*** *Als mir das klar wurde, legten in dieser Meditation meine Eltern heilend ihre Hände auf mein Knie und es floss unendlich viel Liebe. Ich wusste, dass diese Wunde nun heilen kann. Ihr könnt euch vielleicht vorstellen, wie sehr ich weinen musste.* ***Zum ersten Mal sah ich meine Eltern als das, was sie wirklich sind: Zwei wunderbare Seelen, mit denen ich mich verabredet habe, damit sie mich auf perfekte Art und Weise auf meinen eigenen Weg vorbereiten und mich durchströmte unendliche Liebe, Dankbarkeit und Demut.*** *Für meine Eltern, für diese liebevollen, großartigen Seelen, die sie sind, die sich auf einer höheren Ebene dafür bereit erklärt haben, mir diese ganzen Verletzungen „anzutun", für dieses wunderbare, perfekte System, in dem wir hier leben. Da fiel mir der eine Satz wieder ein, den Gott in der Geschichte „Eine kleine Seele spricht mit Gott" gesagt hat: "Denke stets daran", hatte Gott mit einem Lächeln gesagt, "ich habe dir immer nur Engel geschickt!" Und so ist es auch. Manchmal dauert es einfach, bis einem das wieder bewusst wird und man es wirklich fühlen kann.*

Wenn ich heute mein rechtes Bein anschaue, dann sehe ich kein gebrechliches Etwas mehr, mit dem ich nicht weit komme und das ich nicht belasten kann. Wenn ich heute mein Bein anschaue, dann sehe ich ein wundervolles, kraftvolles Gebilde mit einer perfekten, robusten Basis als Oberschenkel (die Familiengeschichte) und einen agilen, wendigen Unterschenkel (meinen Weg), die beide absolut im Knie harmonieren und mit dem ich perfekt MEINEN Weg gehen kann. Meinen Weg mit einer Familiengeschichte, die mir den Rücken stärkt und mir alles gegeben hat, was ich für meine eigene Geschichte brauche!

Ich verneige mich in Demut vor all meinen Vorfahren, vor meinen Eltern und all den wunderbaren Seelen, die mich für meinen Weg vorbereitet haben."

Heute fühle ich wirklich eine tiefe Liebe zu meinen Eltern! Mama, Papa, ich danke euch!!! ♥

Herzensgrüße von mir
Anja

Freitag, 14. August 2015

Meine geliebte Seelenskulptur

Hey ihr Lieben,
heute möchte ich euch endlich etwas ausführlicher von meiner geliebten Seelenskulptur erzählen, die für mich gefertigt wurde und die so unglaublich tiefgreifend wirkt.

Erwähnt hatte ich diese Skulptur bereits in meinem Artikel Die Seelenfamilie - du bist nicht allein. Zu dem Zeitpunkt hatte ich die Figur aber noch nicht, da war sie noch in Arbeit, hat aber schon fleißig Themen in mir hochgeholt.

Diese Seelenskulptur müsst ihr euch so vorstellen, dass der jeweilige Seelenzustand, alles, was gerade gesehen werden will von Silvia (so heißt die "Künstlerin" - also das liebe Wesen mit dieser außergewöhnlichen Fähigkeit) in Form gebracht, sichtbar gemacht wird. Silvia fühlt sich in die momentane Energie des Empfängers ein und folgt ganz ihrer Intuition. So auch bei mir. Angefangen hat der Entstehungsprozess im Januar dieses Jahres. Als Silvia die ersten Formen bildete, begannen bei mir, die Themen hochzukommen, Verstrickungen wurden mir bewusst und ich konnte sie bearbeiten. So ging das während der gesamten Zeit, bis die Modelliermasse endlich trocken war. Anfang Juli dann war es endlich so weit und die Skulptur wollte zu mir und ich nahm sie begeistert und fasziniert in Empfang. Hier ein Foto, wie sie da aussah:

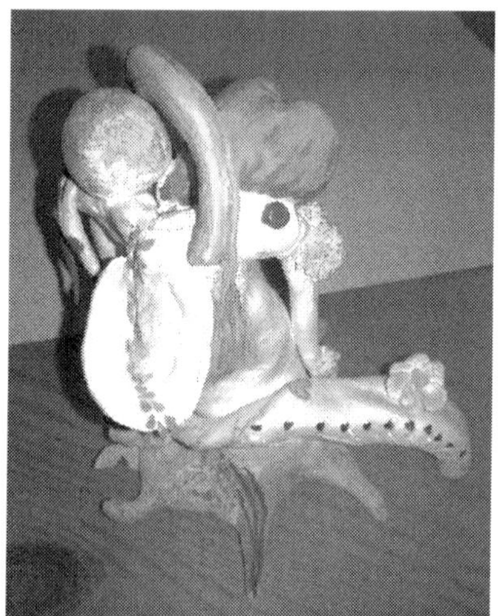

Meine Seelenskulptur
Skulptur: Silvia Annelie Cleveland

Dazu gab es eine liebevoll gestaltete Mappe mit allen Botschaften, die für mich wichtig waren/sind. Eine Seelenbotschaft, Bedeutung der Heilsteine, die eingearbeitet sind, Texte von Engelkarten, die in der Entstehungszeit gezogen werden wollten, all das.

Als ich die Skulptur das erste Mal in Händen hielt, bestaunte ich erstmal alle Details und fühlte mich ein, was das alles für mich bedeutet. Ein Regenbogen, der die bunten Farben meiner Seele widerspiegelt. Eine Weltkugel, in die diese wunderbaren Farben strömen, sich ergießen, wie wenn ich mich in dieser Welt "verbreite". Ein flammendes Herz, zu dem ich zu der Zeit noch keinen Zugang hatte. Und ein wunderbarer Wasserlauf, der meinen Energiefluss darstellt, durch meine Weiblichkeit in diese Welt gebracht wird, fließt - ich konnte das Plätschern hören. Auf mich wirkte die Figur wie ein Baum, aus dessen Stamm sich mein Wesen entfaltet, hervorbricht, aufgeht wie eine Blüte, die damit ihre Schönheit zeigt.

Nachdem ich mich fürs Erste sattgesehen hatte, nahm ich mir die Mappe vor mit all den Botschaften.

Die liebevoll gestaltete Mappe...

...und deren Inhalt – wundervolle Worte!

Und es dauerte wahrlich nicht lange und ich brach tief bewegt ganz heftig in Tränen aus. Stand da doch der Satz, den mir meine Seele ganz liebevoll mitteilen wollte: "Lebe Geliebte, krieche nicht länger über den Boden!" Da stand noch mehr, aber bei diesen Worten war es um mich geschehen. Sie drückten genau das aus, was zu dem Zeitpunkt ein wirklich großes Thema für mich war: Aufstehen und in die eigene Größe kommen, mich zeigen, selbstbewusst und stolz, hinausgehen in die Welt und meine Fähigkeiten weitergeben, mutig und wohlwissend, wie wertvoll es ist, was ich da kann. Die Tränen schüttelten mich von ganz tief unten. Die Worte gingen direkt ins Herz. Empfangen von Silvia, geschrieben durch meine Seele Anfang des Jahres, wo ich noch keine Ahnung davon hatte, dass sie irgendwann Anfang Juli so wichtig für mich sein werden. Einfach nur faszinierend! ♥

Die Skulptur steht seitdem in meinem Büro auf der Fensterbank und arbeitet mit mir. Immer wieder schaue ich sie an und fühle, ob sie mir gerade was sagen will. Sie hat sich auch verändert. Eine Verstrickung mit meiner Mama (symbolisiert durch eine Art Ranke), die schon gelöst war, durfte ich ganz entfernen und beiseitelegen. Irgendwann merkte ich, dass das Wasser, meine Energie, nicht mehr floss. Etwas verstopfte den

Fluss. Als ich die Figur bekommen habe, hat mich Silvia darauf aufmerksam gemacht, dass sie in den Stamm des Baumes von unten einen Pfropf stecken musste. Der wollte einfach da hin. Dieser Pfropf war anfangs bombenfest drin. Als ich ihn nun berührte merkte ich, dass er wackelte. Nach etwas hin und her, konnte ich ihn ganz lösen und trat immer wieder mit ihm in Kontakt. Es zeigte sich, dass auch er eine Verstrickung mit meiner Mama symbolisierte, die ich nun lösen konnte. Nach einigen Tagen und Begegnungen in Meditation floss meine Energie wieder, das Wasser/die Energie in der Skulptur sprudelte fröhlich. Ich konnte es mit meinem geistigen Auge sehen und mit meinen geistigen Ohren hören.

Die Skulptur heute – rechts die gelösten Verstrickungen.

Und so schaue ich immer wieder, was mich an der Skulptur gerade anspricht, was meine Aufmerksamkeit möchte und was sie mir sagen will. Zu manchen Elementen habe ich bis heute keine Verbindung, andere kommunizieren stetig mit mir. Eben alles zu seiner Zeit. Ich bin gespannt, was mir die Figur noch alles zeigen wird und wie lange unser gemeinsamer Weg noch geht. Es gibt bestimmt noch viel zu entdecken.

Sie ist auf jeden Fall eine wunderbare Schöpfung, die Erstellung eine wunderbare Gabe und so wertvoll.

Silvia, geliebte Seelenschwester, ich danke dir von Herzen für dieses große Geschenk! Dich hat wirklich der Himmel geschickt. ♥
Euch allen sende ich Herzensgrüße
Anja

PS: Wenn du auch eine Seelenskulptur möchtest oder ansonsten gerne Silvias Fähigkeiten nutzen würdest, dann schreib ihr einfach eine Mail unter: filakia@gmx.net

Montag, 17. August 2015

Auf "Geben" programmiert

Die letzten Tage kommt immer mal wieder das Mangelgefühl hoch. Mal mehr, mal weniger... Gerade bezüglich Geld macht es sich extrem bemerkbar. Ein Thema, das ich schon sehr lange habe und bearbeite. Scheibchenweise... weil es so tief sitzt.

Gefühlt ist das Thema Geld und über Geld im Überfluss verfügen zu können, mit das schwierigste Thema überhaupt. Das Mangelgefühl diesbezüglich wird seit hunderten von Jahren und über unzählige Generationen weitergegeben. Vererbt sozusagen. Und schauen wir zurück ist das nur allzu verständlich. Immer wieder gab es in der Menschheitsgeschichte Kriege, die Mangel erzeugten und wahrscheinlich schon alleine wegen Mangel erst angefangen wurden. Immer wieder und überall gab es Reiche, Adlige, die die Armen klein gehalten haben und unterdrückt haben. Überall gab es diese "kleinen Leute", die das mit sich haben machen lassen, weil sie glaubten, dass das Leben nun einmal so ist und es ihr Schicksal wäre. Die Überzeugungen und Glaubenssätze bezüglich Geld, und dass einem davon nie genug zur Verfügung zu stehen scheint, sitzen tief.

Genauso tief in meinem Herzen weiß ich aber, dass dieses Leben anders gedacht ist. Dass wir in Fülle leben können, in Leichtigkeit, dass wir uns nicht dafür anstrengen müssen, wenn wir nur glauben könnten, dass es so ist. Wenn wir nur alles aus dem Weg räumen, was dem entgegenwirkt. Und da gibt es ziemlich viel, was entgegenwirkt.

Was hab ich nicht schon alles in den hintersten Winkeln meiner Selbst gefunden an Überzeugungen, die gänzlich ungünstig waren, an Erlebnissen aus der Kindheit, die ich für die Wahrheit hielt.

- Da war das Gefühl der **Wertlosigkeit**, von dem ich wohl nicht beschreiben muss, wie es sich auf Überfluss auswirkt. Wenn ich das Gefühl habe, keinen Wert zu haben, dann bekomme ich auch keinen "Wert" in Form von Geld.

- Da war die Prägung, dass ich immer **für die Bedürfnisse der anderen sorgen** muss und es normal ist, dass wenig bis nichts dafür zurückkommt. Es ist schließlich meine Aufgabe.

- Da waren **Schuldgefühle**, denn wenn einem etwas geschenkt wurde, dann musste man direkt etwas zurückschenken oder sich wenigstens den Wert notieren, dass man bei passender Gelegenheit nur ja etwas Vergleichbares zurückgeben konnte. Man will sich ja nicht nachsagen lassen, dass man knausrig ist. Geschenke verpflichten sozusagen... Empfangen verpflichtet zum Geben.

- Da waren **hinderliche Glaubenssätze** wie:
  Du musst hart arbeiten für das Geld.
  Von nichts kommt nichts.
  Wir haben nicht genug.
  Ich tue zu wenig.
  Ich tue nicht das Richtige.

All das habe ich mir nach und nach und manches immer wieder angeschaut. Und wenn ich bedenke, dass ich noch vor 4 Jahren von Existenzängsten geplagt und geschüttelt wurde, habe ich wirklich Fortschritte gemacht. Ich kann das Thema immer entspannter sehen und habe diesbezüglich große Erfolge zu verbuchen, was meine Einstellung und den Umgang mit Geld angeht.

Und dennoch war da öfter mal dieses flaue Gefühl im Magen, dass ich noch nicht so recht deuten konnte. Es kam immer wieder in regelmäßigen Abständen und ich wollte es nicht so recht dahaben. Neulich wurde mir blitzartig bewusst, dass es sich dabei um das **Mangelgefühl** an sich handelt. Ein Gefühl, das bis dahin keinen Namen hatte. Der erste Impuls war wieder, es wegzuschieben, weil es sich so unangenehm anfühlte. Gott sei Dank wurde mir aber recht schnell klar, dass das zu nichts führt und das auch das Gefühl einfach nur Liebe und Annahme möchte, da sein will und endlich gefühlt werden will. Wie oft habe ich es schon weggeschoben, wie oft die Generationen vor mir. Niemand wollte dieses Gefühl zulassen. Keiner konnte es leiden. Es war an der Zeit, das zu ändern. Also setzte ich mich wie immer hin und gab mich ganz dem Gefühl hin, dem Mangel und der Enge und der Dunkelheit, die mit dem Mangel einhergingen. Ich ließ es einfach zu mit dem Wissen, dass mir dieses Gefühl nichts tun konnte. Und nach einiger Zeit verwandelte sich die Enge und Dunkelheit in Weite, wurde hell und frei und konnte endlich fließen. Es war eine Wohltat, sich nicht mehr gegen dieses Gefühl zu wehren. War das Wehren doch immer so anstrengend. Ich genoss es, einfach ganz bewusst den Mangel zu spüren und ihm seine Berechtigung zu lassen. Es gibt ihn genauso wie die Fülle, sie sind zwei Seiten der gleichen Medaille. Nur eine Seite alleine gibt es nicht.

Wieder ein Schritt in Richtung Überfluss. Das tat gut. Und heute wurde mir dann so richtig bewusst, wie sehr ich mich **gegen das Empfangen wehre**. Wie sehr ich **auf "GEBEN" programmiert bin**, weil ich es so lange musste. Es war ein Bild von einer Mauer, die ich um mich herum errichtet habe, um nur ja keine Geschenke an mich heranzulassen, denn alles, was ich bekam, war an Bedingungen geknüpft und verpflichtete mich, etwas zu geben und zwar viel mehr als ich bekam. Damit das nicht ständig passierte, wappnete ich mich mit dieser Mauer gegen das Empfangen. Mein inneres Kind war so erschöpft von all dem "Geben müssen", dass ihm nur noch diese Mauer einfiel, als Schutz für sich selbst. Es wollte nichts mehr bekommen, weil es nur umso mehr hätte wieder geben müssen und dazu hatte es keine Kraft mehr.

Wenn ich so zurückblicke, dann finde ich unzählige Situationen, in denen ich sehr viel gegeben habe und nur wenig zurückkam. Kam dann etwas zurück, dann vergaß ich alles, was ich schon gegeben hatte und fühlte mich sofort wieder in der Pflicht, eine Gegenleistung zu erbringen. Ein ewiger Kreislauf, der ziemlich unzufrieden macht. Auf der einen Seite schon ganz normal für mich, dass ich das Beliefern anderer brauchte, damit ich mich "wohlfühlen" konnte, weil ich meine "Pflicht" getan hatte und auf der anderen Seite, war da immer diese innere Stimme, die sagte, dass das so nicht richtig ist.

Ich durfte heute feststellen, dass ich zum Empfangen gar nicht mehr so richtig in der Lage bin. Einfach etwas nehmen, danke sagen und mich freuen, dass ich es bekommen habe, ohne direkt im Kopf eine Notiz zu machen, dass ich mich bei Gelegenheit revanchieren muss. Einfach UNSCHULDIG empfangen, wie es kleine Kinder, die noch nicht geprägt wurden, können, ohne Schuld empfangen. Hilfe annehmen, schwach sein dürfen, sich einfach hinsetzen können und sich die Dinge zufließen lassen. Ganz entspannt und voller Freude. Und das Leben ist für meine Begriffe genau so angelegt. Alles fließt uns zu, wenn wir das Leben nur lassen. Es würde uns versorgen, wenn wir es zulassen würden.

Für mein inneres Kind habe ich die Engel um Hilfe gebeten und sie kamen direkt in Scharen, haben das kleine erschöpfte und ausgelaugte Wesen in ihre Mitte genommen und ihm ganz viel Energie zufließen lassen, haben schützend ihre Flügel um es gelegt. Sie haben angefangen, die Mauer einzureißen und den Zufluss wieder freizumachen. Der Prozess, wieder empfangen zu können, hat begonnen und ich weiß, dass ich es irgendwann wirklich wieder kann.

Wieder habe ich einige Aspekte erkannt, die mich noch von der Fülle abhalten. Der Tag wird kommen, an dem ich sie erleben darf. Dafür sorge ich! Wenn nicht ich, wer dann?

Ich sende euch Herzensgrüße
Anja

Nachtrag vom 17.08.2015 um 16:55:
Und noch etwas trifft mich gerade wie ein Hammerschlag. Es ist kein Wunder, dass ich so vielen Menschen begegne, die großzügig von mir nehmen. Muss mir das Leben doch unbedingt das präsentieren, was ich selbst nicht leben will. Es weist mich auf den Aspekt hin, den ich so lange abgelehnt habe. Das Leben funktioniert perfekt. Unfassbar...

Mittwoch, 19. August 2015

Zum Durchhalten aufgerufen

Vorhin habe ich mich wieder dem Mangelgefühl gewidmet. Ich spürte, dass es nochmal Aufmerksamkeit brauchte. Also setzte ich mich hin und ging wieder ganz in das Gefühl, nahm Kontakt auf zu der kleinen Fledermaus, als die sich das Mangelgefühl neulich gezeigt hat. Sie fühlte sich abgelehnt, wollte gar nicht her zu mir kommen, denn niemand wollte sie je dahaben. Wieso sollte das plötzlich anders sein? Ich spürte die tiefe Traurigkeit der Fledermaus, meines Mangelgefühls. Sie war einsam, wurde von niemandem gemocht. Klein und zerbrechlich stand sie vor mir. Als ich ihr die Hand hinstreckte, schaute sie ungläubig. Zögerlich kam sie auf mich zu, nahm meine Hand. Ich fühlte eine unbändige Liebe für dieses verschreckte, abgelehnte Wesen, mein Herz wurde ganz weit und überschüttete die Fledermaus mit Zuneigung. Wir hatten in diesem

Moment eine innige Verbindung. Sie merkte, dass ich es absolut ernst meinte und sie wirklich dahaben wollte. Dann wandte sich die Fledermaus um und war im Begriff zu gehen. Ich fühlte den nahenden Abschied und er schmerzte. Tatsächlich hatte ich das Mangelgefühl in mein Herz geschlossen, es akzeptiert und angenommen und konnte gar nicht glauben, dass es jetzt gehen wollte. Ich fragte, wo sie denn hinwollte, die Fledermaus. Sie sagte mir, dass sie jetzt gehen würde, um die Fülle zu holen. Dann war sie weg.

Eine Zeitlang war ich alleine und wartete. Plötzlich tauchte ein Kamel vor mir auf. Ich war sofort von ihm fasziniert und streichelte es. Es hatte eine wunderbare Energie. Dennoch zweifelte ich, ob dieses Kamel wirklich die Fülle verkörperte. Ich betrachtete es und versuchte zu erkennen, was dieses Tier mit Fülle zu tun hatte, lebte es doch vorwiegend in der Wüste. Da sah ich es plötzlich in einer Oase liegen. Völlig zufrieden, mit allem versorgt, was es braucht. Alles wucherte üppig grün, die Sonne schien, es gab Wasser im Überfluss. Konnte es doch die Fülle darstellen?

Ich hatte das Gefühl, dass wir aufbrechen mussten, setzte mich auf den Rücken des Kamels und wir zogen los. Wir ritten hinaus aus dieser wunderbaren Oase hinein in die Wüste. Mit dem Kamel fühlte ich mich total sicher. Ich wusste, dass das schon alles so passte. Ganz gemächlich, aber zielstrebig, trotteten wir dahin. Plötzlich lagen da meine Kontoauszüge im Wüstensand. Das Kamel trat unbeirrt drauf und lief weiter. Ich protestierte, doch das Kamel meinte zu mir, dass die Kontoauszüge lediglich das widerspiegelten, was ich bisher über Geld dachte. Was ich heute über Geld denke, kreiert meine Kontoauszüge von morgen. Also wären die alten nichts als Schall und Rauch. Ich kann mich jeden Moment dazu entscheiden, anders zu denken, bin von Fülle immer nur einen Wimpernschlag, einen Gedanken entfernt. Das klang logisch und ich konnte die zertrampelten Kontoauszüge mit gutem Gefühl im Wüstensand zurücklassen. Das Kamel sprach weiter zu mir und meinte, dass ich einen eisernen Willen habe und mich durch nichts von meinem Weg abbringen ließe. Das gefiel ihm. Das Tier kam mir vor, wie ein sehr weises Wesen. Es wusste mehr als ich und war sich seiner Aufgabe in meinem Leben total sicher. Wir zogen weiter und kamen an einen prächtigen, orientalischen Palast. Ich stieg ab und das Kamel sagte mir, dass der Palast mir gehören würde. Überrascht sah ich es an und fragte, wie das sein konnte. Der Palast habe mir schon immer gehört, ich hätte es nur vergessen. Das musste ich erst einmal verdauen und setzte mich auf die Stufen, die zum Hauptportal hochführten. Da saß ich nun in all meinem Reichtum und konnte es gar nicht fassen. Ich hatte noch gar keinen Zugang dazu. Plötzlich war mir klar, dass ich in einem früheren Leben ein Armutsgelübde abgelegt hatte.

Im 15. Jahrhundert war ich ein mächtiger Mann, reich und einflussreich. Doch zu meinem Volk war ich widerwärtig. Ich ließ die Menschen schuften und hungern, während ich in Saus und Braus lebte. Das Volk rächte sich eines Tages an mir und brachte meine Frau und mein Kind um. Sie nahmen mir das Liebste. Ich war so verletzt und verzweifelt durch diesen Verlust, dass ich all meinen Besitz hergab und ins Kloster ging. Ich wollte nie wieder reich sein, dachte ich doch, dass Reichtum nur zu Unglück führte. In dieser Rückführung wurde mir jedoch klar, dass nicht alleine das Geld für das Unglück zuständig war, sondern meine Art mit dem Reichtum umzugehen. Geld ist Geld und Macht ist Macht, die Frage ist, wie ich beides jeweils einsetze. Ich sah nun all die Bürger vor mir, die ich so schlecht behandelt hatte. Sie vergaben mir und sagten, dass ich den Reichtum nicht verteufeln sollte, sondern besser achtsam und wohlwollend, dienlich damit umgehen sollte.

Da war ich wieder zurück auf der Treppe vor meinem Palast und konnte mich nun wirklich an all dem Besitz freuen. Er war nicht schlecht und er brachte auch kein Unglück. Mein erster Impuls war, dass all die Bewohner von meinem Reich großzügig Geld und Essen von mir bekommen sollten. Ich wollte den gleichen Fehler nicht zweimal machen. Doch ich merkte schnell, dass das auch nicht der richtige Weg war. Viel besser und vor allem notwendiger, wahrer und wichtiger war es, all den Menschen zu helfen, selbst in ihre wahre Größe zu kommen. Ihnen zu helfen, dass sie sich wieder daran erinnern, dass sie selber Macht haben und reich sind, vor allem innerlich. Ich soll den Menschen helfen, aufzustehen und ihr eigener König zu sein, ihren eigenen Palast zu entdecken.

Nach dieser Meditation saß ich noch eine ganze Zeit tief bewegt da und ließ das alles auf mich wirken. Unfassbar, was sich alles zeigt, wenn man nur hinschaut. Und während ich das schreibe, habe ich Gänsehaut und weiß einmal mehr, dass das genau so richtig ist. Genau darum bin ich wirklich hier. Ich soll den Menschen helfen, aufzustehen und ihr eigener König zu sein. WOW!!!!

Das Kamel, das mir in dieser Meditation begegnet ist, ist wieder ein schamanisches Krafttier und vorhin habe ich die Bedeutung im Internet nachgelesen. Hier ein Auszug:

"Schreitet das Kamel gemächlich und gelassen durch Ihre Lebenskreise, dann will es Sie auf **Ausdauer, Beharrlichkeit und Belastbarkeit** aufmerksam machen. Möglicherweise sind Sie bei Etwas **kurz davor aufzugeben oder umzukehren**. Das Krafttier Kamel kommt jetzt deshalb zu Ihnen, um Ihnen **Mut zuzusprechen und neue Kraft zu schenken**, damit Sie auch den Rest des Weges schaffen. Ihre momentane Situation erscheint Ihnen womöglich wie eine **irrsinnig lange Durstrecke**, an deren Anfang Sie sich nicht mehr erinnern können, weil er schon so lange her ist, und deren Ende Sie nicht sehen können, weil das Ziel so weit entfernt ist. Das Kamel als Krafttier schenkt Ihnen neue Kraft, **füllt Ihren Energiespeicher wieder vollständig auf** und begleitet Sie bis zum Ende der Durststrecke. Falls Sie sich schon zu sehr verausgabt haben, **nimmt Ihnen das Kamel auch gerne Lasten ab** oder **trägt Sie ein Stück des Weges**, denn es will, **dass Sie Ihr Ziel unter allen Umständen erreichen**. Mit dem Krafttier Kamel an Ihrer Seite wird die zu überwindende Durststrecke zwar nicht kürzer, aber erträglicher, weil Sie nicht mehr allein sind,

sondern einen Coach an ihrer Seite haben, der Sie immer wieder aufbaut. Das Kamel als Krafttier schenkt Ihnen **die nötige Gelassenheit und Ruhe**, damit Sie sich nicht von Ihrem Weg abbringen lassen und es schenkt Ihnen **Durchhaltevermögen und Ausdauer**, damit Sie all Ihre Ziele erreichen – egal wie lange oder beschwerlich der Weg bis dahin ist. **Schreitet das Kamel als Krafttier in Ihr Leben, will es Sie also auf Ihrem Weg bestärken, auch wenn Sie das Gefühl haben, das sich gerade alles gegen Sie zu richten scheint.** Mit Hilfe des Kamels als Krafttier lassen Sie sich auch nicht von Trugbildern, Täuschungen oder Fata Morganas beirren und können sämtliche Täuschungen als solche entlarven. Als Lastentier zeigt Ihnen das Kamel aber auch, dass man sich nicht überladen darf und gut vorbereitet sein sollte, wenn man eine lange Wegstrecke ohne Zwischenstopps vor sich hat. Man unterschätzt die Länge des Weges schnell, wenn man ihn anfangs euphorisch, forsch und siegessicher beschreitet. Lassen Sie es also von Anfang bis Ende lieber ruhig angehen und teilen Sie sich Ihre Kraft gut ein, dann kommen Sie auch ohne größere Probleme sicher ans Ziel. [...]"
(Quelle: http://www.schamanische-krafttiere.de/krafttier-kamel.html)

Wenn ich nun noch einmal zu meinem ursprünglichen Grund zurückgehe, warum ich die Meditation überhaupt gemacht habe, dann passt dieser Text wie Arsch auf Eimer.

Ich bin auf meinem Weg zur Fülle, der ist schon lang und manchmal habe ich das Gefühl, dass sich einiges gegen mich zu richten scheint. ABER das Kamel fordert mich auf durchzuhalten. Es will, dass ich auf jeden Fall und unter allen Umständen ans Ziel komme. Diese Worte tun so gut!!!! Und ich bin gleich viel entspannter und zuversichtlicher, habe wieder neue Kraft für das nächste Stück Weg.

Wenn du nun auf diesen Text gestoßen bist, dann sei dir sicher, dass das Kamel auch dir als Krafttier zur Seite steht. Auch du sollst an dein Ziel kommen, egal, wie dieses Ziel aussieht! Fühl dich hiermit zum Durchhalten aufgerufen!!!

Es mag Durststrecken geben, wir mögen Wüsten durchqueren, aber wir werden ankommen!!!

Fühlt euch herzlich gegrüßt!
Anja

Donnerstag, 27. August 2015

Weiblichkeit l(i)eben

Über das Thema Weiblichkeit habe ich mir schon lange immer mal wieder Gedanken gemacht und auch tief in mich reingespürt. Da ich sehr oft heftige Regelschmerzen habe, ging es für mich auch darum meine **Weiblichkeit anzunehmen**. Ein Punkt von vielen, der sehr oft hinter Menstruationsschmerzen steckt.

Mit Weiblichkeit ist auch unsere Natur verbunden, Leben auf die Welt zu bringen, zu empfangen und zu gebären. Nun habe ich mich für dieses Leben dazu entschlossen, keine Kinder zu bekommen, weil ich weiß, dass meine Aufgabe wo anders liegt. Lehnte ich damit meine Weiblichkeit ab? Hatte ich deshalb diese Schmerzen während der Menstruation? Es konnte doch nicht sein, dass ich meine Weiblichkeit nur dadurch annehmen konnte, dass ich Kinder bekam. Das wollte mir so nicht in den Kopf. Das fühlte sich auch nicht richtig an.

Und irgendwann bekam ich hierzu den entscheidenden Hinweis, dass ich auch andere "Dinge" als Kinder zur Welt bringen konnte und das auch tat, dass ich sehr wohl meine Weiblichkeit leben konnte, ohne Kinder. Die Gebärmutter steht auch für unsere Schöpferkraft, für Kreativität, dafür zu erschaffen, Energie in Form und damit zur Welt zu bringen. Seien es Bilder, Texte oder andere Ideen und kreative Sachen. Mit all dem gehe ich im wahrsten Sinne des Wortes schwanger, lasse sie im Geiste entstehen, bis sie so weit gereift sind, um das Licht der Welt zu erblicken. Bei dieser Vorstellung, dass das Ausdruck tiefster Weiblichkeit ist, wurde mein Herz ganz weit und rief: "Jaaaaaaaaaa!"

Weiblichkeit bedeutet aber auch Hingabe, zum Empfangen bereit zu sein und dabei geht es nicht nur um Sex und darum ein Kind zu empfangen. Hingabe, Leidenschaft, Empfangen das bedeutet viel mehr als das und kann auf so vielfältige Weise ausgedrückt werden. Sich dem Leben hingeben, dem Fluss des Lebens, Dinge mit Leidenschaft und Hingabe tun, seine Leidenschaften ausleben, sie versprühen, bereit sein, Schwingungen zu empfangen, das Stille und Leise, seine innere Stimme zu hören, zu "empfangen", ihr zu folgen, sich seiner Seele hinzugeben. Das alles ist für mich Weiblichkeit und der Ausdruck dessen.

Als ich mich das erste Mal intensiv damit beschäftigt habe (das ist nun etwas mehr als 2 Jahre her), ist dieses Bild entstanden. Es heißt "Im Auge der Leidenschaft". Damals habe ich auch viel mit dem Sakralchakra gearbeitet und es geöffnet.

Ihr könnt ja selbst mal schauen, was es in euch auslöst und auf welche Art es euch anspricht, wenn es euch anspricht. ;)

Meine Regel hat sich seither etwas entspannt, ist aber immer noch ziemlich heftig. Die ganze Zeit war das ok für mich. Doch dieses Mal merke ich, dass das Thema nun endgültig bearbeitet, beleuchtet und erlöst werden möchte. Ich hatte nun lange und oft genug Schmerzen. Das passt nun nicht mehr. Ich möchte auch hier in Heilung gehen, loslassen und Frieden machen. Ich fühle, dass da noch ganz viel für mich drin ist, dass das Thema noch unheimlich vielschichtig und komplex ist. Aber es ist jetzt dran. Ich ahne, in welche Richtung das es geht, aber klare Bilder haben sich noch nicht eingestellt. Es kann nicht mehr lange dauern, es drängt nach oben. Gestern musste ich ganz heftig weinen, da floss viel alter Schmerz. Ich fühle, dass ich es schon in vielen Leben verflucht habe, eine Frau zu sein. Das mag auch eine Rolle spielen. Dann war da plötzlich der Satz: "All die ungeborenen Kinder!" Er war so plötzlich in meinem Kopf, dass er nicht vom Verstand kommen konnte. Vielleicht war auch das Thema in früheren Leben, ein unerfüllter Kinderwunsch, Abgänge. Mich wundert derzeit nichts mehr. So vieles wird noch oben gespült... Die Zeiten sind intensiv! Das große Erwachen greift um sich.

Ich habe es mir angewöhnt, mir die Tage, an denen meine Menstruation zu erwarten ist, so gut es geht freizuhalten, nicht zuletzt, weil ich da eh zu nichts in der Lage bin. Es ist eine Zeit der Reinigung und Erholung, des Rückzugs und des Nichtstuns (zu letzterem werde ich noch gezwungen - ich würde es aber auch freiwillig tun). Der Körper sondert Schlacken ab, gelöste Schleimhaut und mit ihr auch verbrauchte Energien, Überholtes. Eine wichtige Phase. Auch das gehört für mich zur Weiblichkeit, diesen Zyklus mit allem, was dazugehört, anzunehmen und auch diese Rückzugsphase zu leben, Altes fließen und gehen zu lassen.

Sicherlich hat auch das in vielen Leben gelitten, denn wann hatte frau denn schon Zeit und Gelegenheit für Rückzug während der Menstruation? Da muss ich nur meine Vorfahren anschauen. Der Bauernhof musste weiterbetrieben werden, die Kinder mussten versorgt werden, die Familie bekocht, der Haushalt geführt. Von wegen Zeit zum Ausruhen, "nur" weil man blutete und ein "bisschen" Schmerzen hatte. Von meiner Oma weiß ich, dass sie mehr als einmal schmerzgekrümmt auf dem Feld lag und nichts mehr konnte. Ich kann es mehr als nachempfinden. Auch das mag noch ein vererbtes Thema sein, dass ich nun lösen darf.

Generell habe ich den Eindruck, dass das Thema Menstruation auch in der heutigen Zeit weitestgehend totgeschwiegen und umgangen wird. Wie viele Frauen nehmen durchgehend die Pille, um ihre Tage nicht mehr haben zu müssen. Es gibt Binden, Tampons und entsprechende Schmerzmittel in der Werbung zu sehen, aber doch meistens mit dem Hintergrund, dass damit der Alltag fortgeführt werden kann, wie wenn nichts wäre. Von wegen Rückzug - mit Tampons und ein paar Schmerzmitteln kann frau so tun, als wenn nichts wäre und direkt auf die nächste Party gehen. Ist das im Ursinne der Weiblichkeit?

Das Thema „Weiblichkeit leben" ist aus meiner Sicht wichtiger denn je und nicht nur, weil meine Menstruation mich dazu auffordert. Wir leben in einer Zeit, in der wirklich alles Alte, und mag es noch so viele hundert Jahre her sein, hochdrängt, gesehen werden will und einfach fließen will. In seine Weiblichkeit zu kommen, ist eine Aufforderung dieser Zeitqualität und dazu gehört es, sich alles anzuschauen, bei dem frau die Weiblichkeit noch nicht ganz lebt, Aspekte davon nicht haben will. Die Weiblichkeit ist ein so wichtiger Gegenpol zum Männlichen. Und das Leben ruft laut nach Ausgleich, nach Balance zwischen diesen beiden Polen. Das Männliche war zu lange dominant, das stete Tun und Leisten, das stark sein müssen und mit dem Verstand agieren. Es ist Zeit, wieder Weichheit und Weiblichkeit in die Welt zu bringen!

Ich bin gespannt, was noch alles an Erkenntnissen auf mich wartet, was meine GebärMUTTER da noch so in petto hat. Es kann nur großartig sein und ich freu mich drauf. Selbstverständlich werde ich berichten...

Ein Hoch auf die Weiblichkeit und die Menstruation. ;)

PS: Weitere Hintergründe von Regelschmerzen können sein:

- Konflikte mit der Mutter (es heißt nicht umsonst GebärMUTTER)
- nicht loslassen wollen (während der Regel fließt etwas nur unter Schmerzen ab)
- Schuld (Schmerz kann eine Folge von Schuld sein; der Schmerz als "Strafe" für die Schuld)

Montag, 31. August 2015

Wege in den Frieden

Unfrieden gibt es überall. Irgendwo kämpft immer irgendwer gegen irgendwen oder irgendwas. Und oft haben viele das Gefühl, an all dem Krieg und dem Kampf nichts ändern zu können, Opfer der äußeren Umstände zu sein.

Doch das ist weit gefehlt. Jeder kann dazu beitragen, dass Frieden in der Welt einkehrt. Dazu ist es aber erst einmal nötig, zu verstehen, dass Frieden im Außen nur möglich ist, wenn Frieden im Innen herrscht und zwar bei einem jeden von uns.

Somit kann wirklich jeder etwas zum Frieden beitragen, wenn er Frieden in sich selbst erschafft.

Wir alle haben ein Individualbewusstsein. Jeder von uns hat Überzeugungen, wie er glaubt, dass die Welt funktioniert, wie die anderen sind oder zu sein haben, wer seiner Meinung nach gut oder schlecht ist, wie die Dinge zu laufen haben, was geht oder eben nicht geht.

All dieses Gedankengut wird in Form von Energie in die Welt geschickt und manifestiert sich als unsere Realität. Umso mehr Menschen ähnliches Gedankengut haben, umso dichter wird die Energiewelle und umso deutlicher zeigen sich die Überzeugungen in der Realität.

Wenn also ganz viele glauben, dass die Welt schlecht ist und man immer auf der Hut sein muss, dass man niemandem trauen kann, dass nichts sicher ist im Leben, dass das Böse überall lauert und es immer eine Macht gibt, der man sich unterordnen muss, dass das Gute nie lange weilt und immer von Schlechtem abgelöst wird, dann muss das Leben solche Situationen liefern, in denen genau das bestätigt wird, weil wir nun mal unser Leben selbst erschaffen. Meine Gedanken schaffen meine Wirklichkeit. Die gleichen Gedanken von vielen, erschaffen die Wirklichkeit von vielen. Ich selbst erzeuge mein Leben und das Kollektiv erzeugt das Leben vom Kollektiv.

Nun stell dir vor, was passiert, wenn immer mehr merken, dass Gedanken Realität erschaffen und die Verantwortung für ihr Denken übernehmen und achtsamer, positiver denken? Eine Studie besagt, dass es nur ca. 8500 Personen auf der Welt braucht, die das gleiche denken, um eine Veränderung für die ganze Welt zu erschaffen.

Wenn du also etwas für Frieden tun willst, dann sei eine von diesen 8500 Personen, die Frieden in sich selbst macht und damit den Frieden in der Welt ein Stück vorwärtsbringt. Wir sind mächtiger als die meisten denken. Bringen wir den Stein ins Rollen...

Und wie geht das nun, Frieden in sich selbst machen?

1. Sei gnadenlos ehrlich zu dir selbst
Beobachte dich viel und ganz aufmerksam. Wie sprichst du selbst mit dir, z. B. wenn dir etwas misslingt, wenn du dich aufmerksam im Spiegel betrachtest (am besten nackt), wenn du ein Kompliment bekommst?

Gehst du hart mit dir ins Gericht? Beschimpfst du dich, weil dir wieder ein Missgeschick passiert ist? Widerst du dich selbst im Spiegel an, weil da zwei Kilo zu viel sind, der Po zu groß, die Falten zu viel, Tränensäcke und graue Haare da sind oder dir gar ein Versager gegenübersteht? Kannst du Komplimente dankend annehmen und glauben, dass der andere es ernst meint, oder bist du sofort dabei, das Kompliment zu entkräften und runterzuspielen, weil es ja gar nicht sein kann, dass er dich wirklich hübsch findet, dich mag?

Du kämpfst gegen dich selbst, liebst dich nicht so wie du bist, bist nicht im Frieden mit dir und deinem Sein.

Wenn du mit dir schon so hart ins Gericht gehst, wie sieht es denn dann mit den Ansprüchen und Anforderungen aus, die du anderen gegenüber hast? Was denkst du wirklich über die Reichen, die Mächtigen, die Politiker, die Nachbarn, die Schwiegermutter, die Eltern, Ausländer, die Armen, die Verbrecher, die Faulen, die Schmarotzer, die Arbeitslosen, die Wütenden, die Gewalttätigen, die Dicken, die Genießer?

Sei wirklich ehrlich zu dir selbst und schreibe am besten alles, was dir dazu einfällt, unzensiert auf. Schreibe, ohne Rücksicht auf Verluste und finde heraus, was es wirklich in dir denkt, welche tiefsitzenden Überzeugungen vorhanden sind, die jeden Tag deine Realität erschaffen. Nur, wenn du weißt was du tust, kannst du es ändern.

2. Finde heraus, welche Gefühle das alles in dir auslöst

Am besten schreibst du auch auf, welche Gefühle dein Spiegelbild, deine Missgeschicke, die anderen in dir auslösen, Menschen oder Gruppen, die du ablehnst, nicht magst, die dich auf die Palme bringen. Fühlst du dich in ihrer Nähe klein, ohnmächtig, wütend, unfähig, hilflos, ausgeliefert, einsam, ungeliebt, ignoriert, schwach, nicht gesehen, nicht wertgeschätzt, ungerecht behandelt, übergangen, bevormundet, nicht dazugehörig, zu kurz gekommen, benachteiligt, hast du Verlustängste? Was solltest du besser machen, nicht machen, viel mehr machen? Bist du deiner Meinung nach zu dick, zu unordentlich, zu nachlässig, zu nett, zu unsportlich, zu dumm, zu sehr Mittelmaß, zu ungeschickt, zu schüchtern, zu unscheinbar, zu laut, zu unnormal, zu empfindlich, zu weich, zu giftig, zu unwichtig, zu ohnmächtig?

Nicht die äußeren Umstände, deine Umstände oder die Menschen an sich sind das "Problem", sondern das, was sie in dir auslösen, was sie dir zeigen und spiegeln. Sie legen den Finger in deine tiefsten, verborgensten Wunden und zeigen dir, dass diese noch da sind und geheilt werden wollen. Niemand macht dich wirklich wütend, sondern er holt die Wut in dir hervor, die eh schon da war. Niemand kann dich verletzen, sondern dir nur zeigen, dass da schon eine Verletzung war. Das ist der wahre Hintergrund, warum du manche Menschen und Situationen nicht magst. Es sind die Gefühle, die in dir hochgeholt werden und die du nicht haben willst, es sind die Anteile, die du an dir nie haben wolltest und die dir da vor Augen geführt werden.

Meist findest du den Auslöser in deiner Kindheit. Kennst du die aufgespürten Gefühle aus Situationen von früher? Hast du dich oft im Umgang mit deinen Eltern so gefühlt? Ohnmächtig, übersehen, unfähig, unsicher, etc.? Wie haben deine Eltern oder dir wichtige Bezugspersonen über die Menschen und Gruppen gedacht, die dich heute triggern? Findest du Parallelen? Magst du manche Wesenszüge vielleicht nur nicht, weil deine Eltern dir beigebracht haben, dass man so nicht ist? Faul, dick, laut, unhöflich, vorlaut, fordernd, aufdringlich, wütend?

3. Negative Gefühle und abgelehnte Anteile integrieren, annehmen, lieben

Nimm alles wahr, was an Gefühlen in dir hochgeholt wird, nimm alles wahr, was du nicht an dir haben möchtest, wie man nicht sein darf. Und dann erlaube dir genau das. Öffne dich für den Gedanken, dass du doch faul sein darfst, dass du auch schwach sein darfst, dass du dich klein fühlen darfst, unhöflich etc. sein darfst. All das ist völlig in Ordnung. Du musst dich nicht ständig dafür entscheiden und du musst nicht die Wahl treffen, das immer zu sein, aber du darfst es auch mal sein und musst nicht weiter dagegen ankämpfen. Tut das gut, dir diese Erlaubnis selbst zu geben?

Für wahren Frieden in deinem Inneren darfst du dir noch einmal ins Gedächtnis rufen, dass alles und jeder, jedes Gefühl und jede Eigenschaft, jeder Wesenszug seine Berechtigung hat. Nichts ist besser oder schlechter als das andere. Alles ist. Die Wertung geben wir.

Ohnmacht, Wut, Angst, Mangel, Neid, Kleinheit, Schuld, Scham all diese Gefühle wollen einfach nur da sein und endlich fließen dürfen. Sobald du sie anerkennst und nicht mehr ablehnst, sie wohlwollend fühlst und damit in Fluss bringst, werden dir automatisch weniger Situationen "geliefert", die dich daran erinnern, dass du diese Gefühle noch nicht angenommen hast, die sie immer wieder in dir hochholen. Die Begebenheiten, in denen du auf Menschen oder Situationen triffst, in denen du wütend wirst, du dich ohnmächtig fühlst, usw. werden weniger und irgendwann ganz verschwinden. Jeder Streit, jeder Konflikt, jede Meinungsverschiedenheit ist eine Bitte von deinen Gefühlen, sich ihnen endlich zu widmen. Nutze die Chance!

4. Das innere Kind mit allem versorgen, was es braucht

Oft haben wir Konflikte mit anderen, weil wir glauben, dass sie uns gegenüber verpflichtet sind, dass sie uns etwas geben müssen, für uns sorgen müssen, uns versorgen müssen mit Liebe, mit Aufmerksamkeit, mit Geld, mit Zuwendung, eigentlich mit allem, mit dem wir als kleine Kinder nicht genügend versorgt wurden. Diesen Mangel, den wir in Kindertagen erlebt haben, nehmen wir mit in unser Erwachsenenleben und glauben, dass der Partner, die Regierung, der Chef, die Freundin, der Freund, das Haustier nun dafür zuständig ist, uns all das zu geben. Das ist ein Trugschluss, denn niemand sonst, außer wir selbst, sind dafür verantwortlich, dass es uns gut geht. Wir mögen in der Kindheit eine emotionale Unterernährung erfahren haben, ein Zuwenig an Zeit, Liebe und Aufmerksamkeit, aber niemand sonst, außer wir selbst können uns nun damit versorgen. Diese Forderungen sorgen oft für den größten Unfrieden, denn wir wollen etwas von unseren Mitmenschen, das sie uns gar nicht geben können und meist auch gar nicht wollen. Fordern wir es doch, dann führt das meist zu Streit und Unstimmigkeiten. Zu Recht, denn welche Last ist das, ständig dafür sorgen zu müssen, dass es dem anderen gut geht? Niemand kann das auf Dauer leisten, ohne selbst dabei vor die Hunde zu gehen.

Auf Grund dieser Mangelerlebnisse in der Kindheit haben wir auch gelernt, dass wir vom Leben eben nicht immer versorgt werden, dass wir zusehen müssen, wo wir selber bleiben. Hier sind unsere hinderlichen Überzeugungen über das Leben entstanden. Können es deswegen vielleicht nicht gut haben, wenn da plötzlich andere stehen, wie z. B. Flüchtlinge, die uns augenscheinlich etwas wegnehmen, was doch eigentlich uns zusteht. Diese Mangelerlebnisse von damals haben uns in den Grundfesten unseres Urvertrauens erschüttert und uns gelehrt, dass nicht genug von dem da ist, was wir zum Leben so dringend brauchen. Und dabei ist es doch so, dass wir versorgt werden, wenn wir nur glauben können und begreifen, dass es möglich ist, wenn wir wieder Vertrauen in das Leben und in uns selbst aufbauen, wenn wir uns wieder tief in Mutter Erde verankern und uns tragen lassen.

Versorge nun dein inneres Kind mit allem, was es noch braucht. Du bist in der Lage dazu. Nimm ihm all die Ängste, nimm ihm den Druck und die Last von der viel zu früh eingeforderten Verantwortung. Sage ihm, dass auf dieser Welt genug für alle da ist, erzähle ihm von der Fülle, die unbegrenzt jedem zur Verfügung steht. Mach ihm und dir selbst bewusst, dass sich vom Ozean des Überflusses jeder so viel nehmen kann, wie er braucht und damit niemandem etwas wegnimmt, sondern immer genug für jeden da ist.

Dein inneres Kind braucht dich, damit Frieden in dir entstehen kann.

(Ein Fallbeispiel, wie eine Heilreise zum inneren Kind aussehen kann, findest du in diesem Artikel: Die Heilung des inneren Kindes - ein Praxisbericht. Einen Bericht darüber, wie sehr uns die Kindheit als Erwachsene noch beeinflussen kann, findest du hier: Wie die Kindheit in uns nachwirkt.)

5. Vom Opfer zum Schöpfer

Komm raus aus der Opferrolle und nimm dein Leben wieder selbst in die Hand. Werde dir bewusst, dass du dein Leben mit allen Umständen selber erschaffst. Nimm immer wieder dein Umfeld als nützlichen Spiegel, um zu ergründen, welche Überzeugungen in dir vorhanden sind, welche Wunden noch geheilt werden wollen, welche Anteile und Gefühle noch verdrängt werden. Schau immer wieder bewusst die Situationen an, die dich triggern, die negative Gefühle in dir hochholen und sei dir sicher, dass dir nichts widerfährt, was nicht auch etwas mit dir zu tun hat. Du bist immer zur richtigen Zeit am richtigen Ort. Nichts geschieht umsonst, zufällig oder ohne deinen Anteil.

Wenn du verstanden hast, dass das Außen nur ein Spiegelbild deines Inneren ist, dann bist du wieder in deiner Macht und kannst alles verändern, was zwickt und drückt, indem du dein Innerstes änderst, heilst, neu sortierst.

Komm zurück zu dir und wisse, dass Frieden im Außen durch Frieden in dir selbst entsteht. Umso mehr Menschen sich dessen bewusstwerden und anfangen in sich Frieden zu machen, umso friedlicher wird die Welt um uns herum werden. Wenn alle begriffen haben, dass genug für jeden da ist, wenn alle begriffen haben, dass nicht die äußeren Umstände, die Eltern, der Chef oder sonst wer schuld an ihrem Leben sind, dann kehrt Frieden ein, denn niemand fordert etwas vom anderen, wenn er weiß, dass er es sich nur selbst geben kann. Niemand muss einen anderen unterdrücken, weil er weiß, dass er keine Gefahr für ihn darstellt. Niemand muss rauben, stehlen, betrügen, morden, wenn er weiß, dass er selbst sein Leben gestalten kann, wenn er sich selbst glücklich und zufrieden gemacht hat.

Fang also bei dir selbst an, Frieden zu machen und du bist die wertvollste Veränderung für diese Welt. Wir können alle dazu beitragen, dass sich Frieden ausbreitet. Jetzt!

PS: Ein ganz präzises Beispiel für Frieden mit bestimmten Personen, in dem Fall die Eltern, findest du in meinem Blogartikel Frieden mit den Eltern. Dieses Prinzip funktioniert auch bei allen anderen Menschen, Gruppen und Umständen, mit denen du nicht im Frieden bist.

Sonntag, 6. September 2015

Schwach sein dürfen, du sein dürfen

Am Freitag hatte ich wieder eine wunderbare Seelenbotschaft zu übermitteln. Der Klient leidet ihm Moment sehr unter Krämpfen in der Muskulatur von Armen und Beinen, im Oberkörper und manchmal im Unterkiefer. Erschöpfung und extremes Schwitzen machen sich ebenfalls bemerkbar. Er ist des Öfteren nicht mehr in der Lage, seiner körperlich sehr anstrengenden Arbeit nachzugehen, was ihm sehr zu schaffen macht. Daher suchte er meinen Rat und wollte gerne wissen, was denn hinter all dem stecken könnte, was seine Seele ihm damit sagen will, was gerade gesehen werden will. Und wie sich herausstellte, gibt es da einiges, auf das die Seele hinweisen will.

Heute bekam ich das Gefühl, dass diese Seelenbotschaft nicht nur wichtig für den Klienten ist, sondern wieder ein Thema ist, das im Moment viele beschäftigt und drückt. Mein Klient sieht das auch so. Folglich habe ich von ihm die Erlaubnis zur Veröffentlichung bekommen. Danke dafür! Selbstverständlich wurde der Name ausgetauscht.

Als ich mich also am letzten Freitag in die Energie meines Klienten einfühlte bezüglich seiner Beschwerden und seiner Seele begegnete, nahm ich folgendes wahr:

„Ich fühle eine tiefe Traurigkeit und einen großen Drang zu weinen, all den Schmerz aus Kindertagen einfach mal rauszulassen und in Form von Tränen fließen zu lassen. Dein inneres Kind hat so viel gelitten, so viel Schmerz erlebt, wurde so oft so tief verletzt. Es sehnt sich unheimlich nach Liebe und einfach so sein dürfen, wie es eben ist. Es möchte keine Erwartungen mehr erfüllen, es möchte nicht mehr stark sein. Es will einfach schwach sein dürfen, keine Bedürfnisse anderer mehr befriedigen müssen, keine Ansprüche und Anforderungen mehr erfüllen. Dein inneres Kind möchte all den Zwang endlich loslassen und sich ganz erschöpft ausruhen, sich einfach hinlegen und schlafen, sich erholen von all den Strapazen. Mir laufen die Tränen und ich glaube, dass es nicht meine Tränen sind. Ich spüre deinen Schmerz, der ganz tief unten in deiner Seele vergraben wurde, weil du glaubtest, nicht mehr in der Lage zu sein, auch nur noch einen Funken von diesem Schmerz je aushalten zu können. Lass ihn zu und lass ihn fließen. Geh da nochmal ganz bewusst durch und befreie dich ein für alle Mal davon. Du bist jetzt erwachsen und er wird dich nicht umbringen. Es wird nochmal weh tun, ja, aber dann kann auch die Heilung einsetzen und du bist endlich davon befreit. Ich weine für dich mit. Gefühlt bin ich gerade Katalysator für dich und ich bin es gerne, nehme dir etwas von deinem Schmerz, so ich es kann. Ich bitte dich inständig, erlaube dir, schwach zu sein. Du kannst dir, deinem Körper und deinem inneren Kind keinen größeren Gefallen tun, als dir das jetzt zu erlauben und diese Schwäche zu leben. Definiere dich nicht über dein Tun und deine Leistung. Du bist ein wertvoller Mensch, einfach nur, weil du bist. Du musst nichts Bestimmtes leisten, du musst nicht besonders stark und hart sein. Ganz im Gegenteil! Sei einfach und erlaube dir von allem auch das Gegenteil. Gib dir Raum für Weichheit, lass deine so stark gemauerten Schutzwälle fallen, komm dahinter hervor und trete in das Licht, in die Wärme, in die Sonne. Das Leben meint es gut mit dir und

deine heftige Kindheit muss dich nicht mehr länger einschränken. Erkenne, dass du ein machtvoller Schöpfer bist, ein wunderbares geistiges Wesen in einem menschlichen Körper. Die Seele nährt sich nicht durchs Tun, sie nährt sich durch Seinszustände. Komm aus dem ständigen Tun heraus und komme ins Sein. Finde den wahren Wert in dir selbst, finde deine wahre Stärke darin, dass du dir auch erlauben kannst, schwach zu sein. Im Leben gibt es von allem auch das Gegenteil und du hast die Stärke lange genug in den Vordergrund gestellt. Das Leben sucht jetzt den Ausgleich und zwingt dich, nun auch die Schwäche anzuerkennen, zu leben und zu lieben. Dein Körper kann und möchte nicht mehr ständig nur leisten und ackern. Du wirst deswegen nicht in der Gosse landen, du wirst vielmehr zu wahrer Stärke kommen, wenn du die Schwäche annimmst. Alles, was du ablehnst, dem gibst du Raum und Energie und ziehst es noch mehr in dein Leben. Umso weniger du die Schwäche an dir haben möchtest, umso deutlicher wird sie sich zeigen und dich immer wieder und jedes Mal vehementer darum bitten, dass du sie endlich annehmen mögest. Wenn du wirklich zu deiner wahren Macht und Größe kommen willst, dann führt dich der Weg durch die Schwäche hindurch und nicht außen herum.

Wenn du das tust, dann sehe ich dein inneres Kind vor mir, das nun absolut erleichtert ist, befreit. Es steht vor mir und kann sein Glück kaum fassen, das Herz zerspringt ihm fast vor Freude. Es ist endlich frei. Es darf endlich Leichtigkeit erleben, genießen, spielen, toben, unlogisch sein, unvernünftig sein, verrückt und ausgelassen. Es springt im Kreis und jubelt, weint vor Freude und Liebe zum Leben. Es hat immer gewusst, dass das nicht alles sein kann in diesem Leben und nun wurde seine tiefste Hoffnung und sein größter Wunsch, seine größte Sehnsucht endlich wahr.

Botschaft von deiner Seele:
„Lass los, Sven! Atme tief durch, lass dich fallen! Das Leben wird dich fangen und dir kann nichts geschehen, außer das größte Glück auf Erden. Vertraue, nicht deinen leiblichen Eltern, sondern dem Leben, dir, Mutter Erde, Vater Gott. Sie sind deine wahren Eltern und sie meinen es

gut mit dir, sie wollen wirklich dein Bestes. Du hast einen Platz hier auf dieser Welt, eine Heimat, ein zu Hause, in dir! Schlage wieder Wurzeln, lasse sie gedanklich aus deinen Füßen tief in die Erde wachsen, spüre, wie viel Halt sie dir geben, wie sie dich versorgen, mit allem, was du brauchst. Fühle, wie sicher sie sind, wenn der Wind weht. Stelle dir vor, aus deinem Kopf wachsen Äste in den Himmel. Sie verbinden dich mit Gott, mit deinem höheren Selbst, mit all den Geistwesen und Engeln, die nur dafür da sind, dir zu helfen, dir deinen Weg zu weisen. Diese Wurzeln und diese Äste, sind deine wahre Verbindung zum Leben. Niemand kann dir diesen Halt, diese Verbindung, diese Heimat, diesen deinen Platz nehmen. Du bist hier erwünscht, du wirst hier gebraucht mit allem, was dich ausmacht, mit allen Wunden, mit allen Schwächen, mit allen Stärken. Du darfst hier alles sein, auch schwach. Du magst das noch nicht oft und von nicht sehr vielen gehört haben, aber du bist auch geliebt. Das Leben liebt dich, ich, deine Seele, liebe dich! Du bist hierhergekommen, um all diese negativen Erfahrungen zu machen und dich dann daraus zu befreien. Und du kannst das. Du hast dich für dieses Leben dazu entschieden. Es ist an der Zeit! Ich liebe dich und ich bin immer für dich da. Ich kenne den Weg. Vertraue mir, lass mich vorangehen und dir wird nichts geschehen. Ich führe dich in deine Größe!""

Die Krämpfe und Beschwerden zeigen also an, dass das schwach sein dürfen und einfach so sein dürfen, keinen Raum bekommt. Bisher war die Anstrengung Pflicht, körperlich wie psychisch. Es musste geleistet werden, egal auf welcher Ebene. Tatsächlich ist es so, dass Sven sich unheimlich schämt, nicht mehr wie gewohnt anpacken zu können. Er fühlt sich nicht mehr wertvoll. Seine Seele weist ihn nun in Form dieser körperlichen Symptome darauf hin, dass genau diese Schwäche endlich Platz braucht und gelebt werden will. Das extreme Schwitzen mag anzeigen, dass etwas fließen will - alter Schmerz. Der Körper ist nun mal ein zuverlässiger Indikator für unsere seelischen Themen. Wir dürfen wieder lernen, seine Sprache zu verstehen.

Gerade Schwäche können sehr viele nicht gut aushalten. Wir sind es gewohnt, dass der Körper, ist er einmal krank, so schnell wie möglich wieder leistungsfähig gemacht wird. Krank sein, schwach sein, sich Zeit für Heilung nehmen, schauen, was der Körper einem sagen möchte, das alles hat in unserer westlichen Kultur sehr wenig Raum und findet nur wenig Anerkennung. Viel mehr wird es von den meisten verurteilt und abgestempelt.

Ich möchte behaupten, dass ein Großteil von uns leistungsorientiert erzogen wurde und Liebe nur im Austausch für bestimmte Gegenleistungen bekam. Wir wurden nur geliebt und bekamen Anerkennung, wenn wir bestimmtes taten, bestimmte Verhaltensweisen an den Tag legten, brav waren, ordentlich, fleißig, vernünftig. Wir lernten, dass wir nicht geliebt werden, wenn wir so sind wie wir eben sind, sondern nur, wenn wir so sind, wie andere uns haben wollen. Das alles ist extrem anstrengend und vor allem unnatürlich. Das Tun und die Ansprüche anderer erfüllen, steht für viele im Vordergrund, doch durch das Tun werden wir nicht glücklich. Das Glück ist ein Seinszustand. Erst, wenn wir glücklich SIND und zwar so wie wir sind, können wir entsprechende Dinge TUN, die dieses Glück und unser Sein ausdrücken und widerspiegeln. Durch das TUN alleine werden wir nie ins SEIN und zu uns kommen.

Erlaubt es euch, schwach sein zu dürfen! Erlaubt es euch, ihr selbst sein zu dürfen! Heilt die alten Wunden von damals, die Ablehnung, die Verletzungen durch Maßregelungen und nehmt alles an, was einst keinen Platz hatte, was nicht sein durfte und verurteilt wurde.

Der wahre Weg in die eigene Stärke und Größe führt durch die Schwäche hindurch, durch alles hindurch, was ihr nicht sein wollt, nicht sein durftet, und nicht außen herum!

Herzensgrüße von mir!

Montag, 14. September 2015

Es triggert und triggert

Dass der September in Sachen Transformation nochmal einen Zacken zulegt, war mir klar. Ich habe es gefühlt und gewusst. Wie sich das zeigen wird und was da noch so alles gesehen werden möchte, fließen möchte, wusste ich nicht und ich bin tatsächlich überrascht, was sich das Leben so ausdenkt, damit man an seine alten Gefühle und Themen rankommt.

Mein Gefühl sagt mir, dass ich mich gerade im Endspurt befinde. Es ist wie die Generalreinigung einer Wohnung kurz vor der Endabnahme. Da wird wirklich in den hintersten Winkeln geschaut, gesaugt, gewischt, geputzt. Sogar Möbel werden verrückt, um selbst dahinter die Spinnweben und Wollmäuse zu entfernen, was man ja in der Regel nicht bei jedem Putzgang macht. (Also ich zumindest nicht ;)) Alles soll picobello sein und alle "Altlasten" entfernt. Der allerletzte angetrocknete Schmutz wird aufgeweicht und entfernt, damit wirklich alles Alte endlich aufgelöst, gereinigt, transformiert ist und endlich Platz für neue Entfaltung. So fühlt es sich für mich gerade an. Ich glaube, dass viele gerade in einer ähnlichen Phase sind. Die Menschheit erwacht immer mehr. Und wie gesagt, das Leben ist tatsächlich unfassbar kreativ dabei, auf den alten angetrockneten Dreck aufmerksam zu machen. Davon erzähle ich...

Da war z. B. wieder meine Schlangenphobie, ausgelöst durch ein simples Bild in einem Reiseführer von Kroatien und dem Hinweis, dass es da wohl die ein oder andere Giftschlange gibt. Zack! Da war sie wieder diese Angst, diese Lähmung, diese Ohnmacht. Das Thema Schlangen begleitet mich schon sehr lange. Ganz oft hatte ich Träume von Schlangen. Schlangen, die mich bissen, dass ich vom im Traum empfundenen Schmerz wach wurde und das Körperteil noch Minuten nach dem wach werden tatsächlich schmerzte. Schlangen, die den ganzen Boden im Traum bedeckten und es kein Fleckchen mehr gab, auf das ich treten konnte. Schlangen hier, Schlangen da. In der freien Wildbahn hatte ich noch nie Kontakt mit diesen possierlichen Tierchen und dennoch ist da diese Angst. Diese Angst habe ich mir angeschaut, immer und immer wieder in Meditationen. Welch Überraschung, dass meine Angst in diesen Meditationen die Gestalt einer Schlange annahm, mit der ich eins ums andere Mal redete und Freundschaft mit ihr schloss. Irgendwann übergab mich die Schlange der Angst, dem Adler des Vertrauens. Mit dem musste ich auch erst einmal Freundschaft schließen, war ich es doch nicht gewöhnt, einfach Vertrauen zu haben. So ging ich dieses Thema an und kam gut voran. Die Angst wurde immer weniger, das Vertrauen immer mehr. Und dann dieses Bild in diesem Reiseführer. Ich stellte mich wieder dem Thema und all den Gefühlen, die dazu hochkamen. Ich ging komplett in die Angst, in die Ohnmacht, in die Vorstellung, wie es mir gehen würde, wenn mir tatsächlich eine Schlange begegnen würde. Ich ließ mich fortspülen von all den unangenehmen Emotionen und ging bejahend durch, weinte, fürchtete, ließ mich lähmen. Ich sah der Schlange mutig entgegen, sah sie, fies, hinterhältig, unberechenbar, angriffslustig, böse, willkürlich. Ich schrieb alles auf, was ich mit Schlangen verbinde, was sie in mir auslösen und ließ es zu, gestand es mir zu, all diese Eigenschaften auch an mir haben zu dürfen. Das dauerte einige Stunden und dann kehrte wieder Ruhe ein, Frieden. Wenn ich jetzt an Schlangen denke, kann ich ruhig bleiben. Es hat sich entspannt. Gefühlt könnte ich jetzt wirklich einer in freier Wildbahn begegnen und würde es aushalten, sehen, ob da wieder was hochkommen würde, ruhig bleiben, bei mir bleiben, beobachten. Gefühlt... man weiß ja nie. Aber es ist wieder ein guter Schwung alte Emotion, angetrockneter Schmutz gegangen. Das tut gut.

Dann war da diese seltsame Begegnung mit einem gefakten Ausschlag. Auf Facebook habe ich schon öfter diese Fotos gesehen von einem wirklich widerlichen Hautausschlag. Jedes Mal habe ich schnell weitergescrollt, weil die Bilder gar so eklig waren und sie schnell wieder vergessen. Nicht so vor ein paar Tagen. Wieder hab ich ein solches Foto gesehen, wieder habe ich schnell weitergescrollt, aber ich konnte dieses Bild nicht mehr vergessen. Ich wurde es einfach nicht mehr los. Es war wie eingebrannt und löste ganz seltsame Emotionen in mir aus. Es fühlte sich an, wie wenn ich diesen Ausschlag wirklich hätte. Ich konnte ihn fühlen, riechen, schon fast schmecken. Er war mir so nah, klebte an mir und war überall. Alles schien mich an ihn zu erinnern. Egal, wo ich hinsah, was ich tat, alles rief diese fiesen Fotos wieder ins Gedächtnis. Ich entschied mich dafür, auch diesen komischen Emotionen und Erscheinungen zu begegnen, mich ihnen zu stellen und zu schauen, was das alles mit mir zu tun hatte. Also googelte ich mutig diesen Ausschlag, konnte erst nichts finden, nur um dann festzustellen, dass sich hier jemand einen üblen Scherz erlaubt hat und diesen Ausschlag mit Photoshop kreiert hat. Ich hätte erleichtert sein können, das Ganze vergessen können, aber es ging nicht. Da kam eine unsagbare Wut hoch. Der Ausschlag, den es eigentlich nicht gibt, verfolgte mich immer noch. Zeitweise dachte ich schon, ich werde verrückt, habe Verfolgungswahn oder Wahnvorstellungen. Auch das ließ ich alles zu. Die Zeiten sind generell eben gerade heftig. Was nützt es, sich dagegen zu wehren. Also ließ ich mich wieder mitten hineinfallen in die Wut, in den Ekel, in die Bilder des Ausschlages. Ich schaute hin und ging durch. Die Wut war so heftig, dass ich wieder und wieder mit Kissen auf das Sofa drosch und schrie, bis der Hals weh tat. (Das tue ich öfter und es ist sooo befreiend!) Dann sah ich Bilder von meinem inneren Kind, das tobte und schrie, um sich schlug, weinte und nicht mehr wollte, dass man seine Grenzen überschritt. Ich ließ es toben, sah ihm zu und als es ruhiger wurde, nahm ich es in den Arm und sagte ihm, dass niemand mehr seine Grenzen überschreiten würde, weil ich nun dafür sorgen würde, dass unsere Grenzen gewahrt werden. Die Haut ist eine Grenze und bei einem Ausschlag, den ich tatsächlich im Juli hatte, wurde mir bewusst, wie oft meine Grenzen als Kind überschritten wurden, meine Persönlichkeit keinen Platz hatte, ich mich verbiegen musste, anpassen. Auch da floss schon viel alter Schmerz. Anscheinend war noch etwas übrig und das wurde nun durch dieses "dämliche" Photoshop-Produkt wieder angetriggert. Und ich ging noch einmal in den Schmerz und durch ihn hindurch, heilte mein inneres Kind wieder ein Stück mehr, ließ wieder ein Stück mehr angetrockneten

Dreck los (um im Bild des Wohnungsputzes zu bleiben). Jetzt kann ich über diese Fotos von dem Ausschlag schon fast lachen und kann dem Ganzen eine gewisse Kreativität zugestehen. Wer hätte gedacht, dass das sowas mit mir macht... Puh!!!

Und dann war da vorhin eine Diskussion mit meinem Partner. Wir hatten unterschiedliche Ansichten und er weigerte sich strikt, sich auch nur ansatzweise meinem Blickwinkel zu öffnen. Alles, was ich sagte, wurde von ihm überhört und er beharrte weiterhin auf seine Meinung, wie wenn ich nichts gesagt hätte. Ich wurde total wütend und kreidete ihm an, dass er mich nicht verstehen wollte, meine Meinung nicht akzeptieren wollte. Es war, als ob ich gegen eine Wand reden würde, nicht zu ihm durchdringen würde. Wut und Ohnmacht machten sich wieder breit und irgendwann fiel bei mir der Groschen. So habe ich mich als Kind ganz oft gefühlt in Diskussionen mit meiner Mama. Sie hatte ihre Sicht und wich auf Biegen und Brechen keinen Millimeter davon ab, egal was ich sagte, egal welche Argumente ich vorbrachte, egal, was ich wollte. Es wurde nicht gehört, nicht akzeptiert, sondern immer nur dagegengeredet. Kein Anzeichen von Verständnis für meine Sicht. Ich hätte es noch nicht einmal gebraucht, dass sie mir recht gegeben hätte, sondern einfach nur ein Signal, dass sie meine Sicht verstehen kann. Das gab es nie und in diese Lage fühlte ich mich durch diese Diskussion mit meinem Partner zurückversetzt. Er holte nur das hervor, was eh schon in mir war. Das innere Kind übernahm einmal mehr die Zügel und zeigte mir eine alte Wunde. Von meiner Mama möchte und brauche ich heute nicht mehr verstanden werden. Davon habe ich mich gelöst und akzeptiert, dass es anders sein darf. Anscheinend fordere ich aber manchmal dieses verstanden werden von anderen. Das ist mir nun bewusst und ich kann anders handeln, mich dem stellen und es auflösen. Auch hier kann ich mein inneres Kind nun selbst befriedigen und mit dem versorgen, was es damals nicht bekommen hat.

Das alles ist in nur wenigen Tagen in diesem September passiert. Aus meiner Sicht ist der Höhepunkt noch nicht erreicht. Ich fühle, dass es

sich bis Ende September noch zuspitzen wird und alles aufgewirbelt wird, was noch nach Heilung verlangt. Es ist manchmal echt anstrengend, geht Schlag auf Schlag und ich bin viel müde, brauche viel Schlaf, viel Zeit für mich. Das gönne ich mir. Manchmal hatte ich das Gefühl, mich zu verlieren, daran zu zerbrechen, den Schmerz nicht aushalten zu können, aber es geht. Es sind "nur" Emotionen. Sie können uns nicht umbringen, während wir sie fühlen. Sie können uns über kurz oder lang nur umbringen, wenn wir sie nicht fühlen wollen. Also habt Mut!
Ich weiß, dass es ein danach gibt und das wird wunderbar. Mit jeder alten Emotion, die ins Fließen kommt, mit jeder Wunde, die mir bewusst wird und die ich heilen kann, werde ich freier und noch mehr ich, lege ich wieder eine Schicht von dem ab, was ich nicht mehr bin oder nie war. Und irgendwann habe ich alles abgelegt und bin komplett frei, nur noch ich und kann mich entfalten.

Ich vergleiche es mit einer Blumenzwiebel. Sie ist lange in der dunklen, feuchten Erde, sieht kein Licht und ist scheinbar abgeschnitten vom Leben. Aber in der Zwiebel arbeitet es. Da entwickelt sich was und irgendwann gibt es diesen Spross, der langsam wächst, Schicht für Schicht der Zwiebel hinter sich lässt, sie durchbricht und sich seinen Weg ans Licht sucht. Auf diesem Weg sind wir gerade. Und bald haben wir die Oberfläche erreicht, das Licht, die Wärme und dann können wir uns entfalten, wachsen und uns zu unserer ganzen Pracht emporheben, uns erheben und unsere Schönheit zum Ausdruck bringen! Und während der ganzen Zeit werden wir von dieser Zwiebel aus der Dunkelheit genährt, sie ist unsere Basis, sie gehört zu uns und ohne sie könnten wir nicht leben, wären wir nicht das, was wir sind.

Ich bitte euch, auch wenn es gerade wirklich heftig ist und anstrengend und auch wenn es noch zunimmt und immer verrückter zu werden scheint, nutzt die Chancen, die sich euch im Moment in Form von Konflikten, Krankheiten und Problemen zeigen. Schiebt sie nicht weg als Schicksal oder Pech. Schaut euch an, was das alles mit euch zu tun hat, wo euer Anteil liegt, warum euch das gerade widerfährt, was noch geheilt werden will. Alles, was gerade zwickt, ist die Möglichkeit noch mehr du selbst zu werden, wieder eine Schicht abzulegen, wieder eine Wunde zu heilen und endlich ans Licht zu kommen.

Ich wünsche euch ganz viel Kraft!

Herzensgrüße von mir
Anja

Mittwoch, 23. September 2015

Die Transformation hält an...

Es ist einfach unfassbar, was dieser Tage passiert. Vor allem in mir. Die Emotionen fahren nach wie vor Achterbahn. Im einen Moment bin ich voller Energie und Tatendrang, im nächsten Moment möchte ich nur noch schlafen und bin total erschöpft. Ich weine oft plötzlich, weil ich von unsagbarer Dankbarkeit erfasst bin, weil ich fühle, dass eine dunkle, schwere Zeit zu Ende geht, weil ich merke, dass ich "es" geschafft habe. Geschafft, in die Freiheit zu gehen, in die Bewusstheit, alle alten Wunden entdeckt und geheilt zu haben. Dann muss ich wieder weinen, weil ich so ergriffen davon bin, diese Heilung zu erfahren. Ich spüre, dass Energien an mir arbeiten. Mögen es Engel sein oder andere Wesen. Sie arbeiten in meinem Energiefeld, heilen, heben die Schwingung an, ziehen alles Alte, Dunkle, Schwere noch heraus, die letzten Reste, sie verbrennen in einer wunderbaren Energiekugel und ich kann es spüren, kann zusehen. Mein drittes Auge wurde nochmal extrem weiter geöffnet, Energieströme jagen durch meine Chakren. Ein Schauer nach dem anderen lässt meinen Körper beben, manchmal bekomme ich kaum Luft so heftig und hochschwingend ist diese Energie und das, was mir da zufließt, das, was da gerade mit mir passiert. Es fühlt sich an wie eine Umprogrammierung, wie neue Synapsen, die entstehen, verknüpft werden, Energieanhebung in großem Maße, wie eine Vorbereitung auf etwas

Großartiges und Wunderbares. Es fühlt sich an, wie eine einzige, andauernde Explosion. Die Träume sind ähnlich heilend und von großer Veränderung geprägt. Ich kann mich morgens zwar kaum an das erinnern, was ich geträumt habe, aber ich erwache mit einem Gefühl, dass wieder etwas Bedeutendes passiert ist, etwas Wichtiges. Und jetzt könnte ich schon wieder weinen, weil das alles so großartig ist, so unbeschreiblich schön und einzigartig. Ich könnte die ganze Welt umarmen, so wunderbar ist das alles.

Die Tage hat sich der Hautausschlag wieder gezeigt, den ich im Juli so heftig hatte. Hat er mich damals noch an meine Grenzen gebracht und alte Wunden hochgeholt, war es diesmal so, dass ich wusste, er dient der Reinigung und Transformation. Er war nicht ganz so heftig, aber dennoch schon ziemlich ausgeprägt und unangenehm. Dennoch war er von ganz anderen Emotionen begleitet. Eher Erleichterung und das Wissen, dass da noch alte Reste ihren Weg nach draußen suchen. Bei dem Gedanken, das homöopathische Mittel von damals wieder zu nehmen, musste ich erneut weinen, weil ich diese Erleichterung und Befreiung, die mit der Heilung einherging, schon bei dem bloßen Gedanken an das Mittel spüren konnte. Auch hier ging/geht etwas zu Ende, endgültig und das ist auch gut so.

All diese wundersamen Dinge, die gerade in mir, in meinem Energiefeld und im Universum vor sich gehen, möchte ich ganz bewusst erleben und so nehme ich mir viel Zeit für mich, um in mich reinzuspüren und wahrzunehmen, was gerade geschieht, um alles fließen zu lassen, was gerade fließen will. Alles darf da sein, alles hat seine Berechtigung. Ich will dabei sein und dieses große Geschenk entgegennehmen. Ich glaube, dass meine Seele das von langer Hand geplant hat und mich all die Jahre auf genau diese allumfassende Transformationswelle vorbereitet hat. Und ich bin einfach nur dankbar!

Gefühlt hält dieser enorme Umbruch und Wandel noch bis Ende September an, dann komme ich (wir?) in ruhigere Fahrwasser und ganz viel

Neues wird sich zeigen. Neue Impulse, neue Ideen, neue Kontakte, neuer Tatendrang und alles wird einfach gehen. Ich spüre die Leichtigkeit, Freude und Lichtigkeit im Tun und Sein nach dieser Transformationswelle jetzt schon. Die Ruhe nach dem Sturm.

Um mich herum ergeht es ganz vielen ähnlich wie mir. Grippe, Unfälle, die zur Auszeit zwingen, Erschöpfung, wunderbare Erlebnisse in Meditationen, Begegnungen mit der geistigen Welt, einfach eine Achterbahnfahrt, ein Wandel und Reinigung. Ich würde mich total freuen, wenn ihr mir hier einen Kommentar hinterlasst und mir schreibt, wir ihr diese Transformation gerade erlebt, was in euch vorgeht, wie es euch generell ergeht, wie ihr es erlebt, welche Symptome der Körper zeigt und wie ihr damit umgeht. Lasst uns unsere Vielfalt sammeln und uns gegenseitig bereichern!

Ich danke euch schon jetzt und wünsche euch eine WUNDERbare Wandlung!

Herzensgrüße von mir
Anja

Samstag, 17. Oktober 2015

Erholung, Reinigung, Aufbruch

Was für eine Zeit!!!

Lange habt ihr jetzt nichts mehr von mir gehört. Das liegt zum einen daran, dass ich Ende September in Urlaub gefahren bin und zum anderen daran, dass mich die Ereignisse total überrollt haben. Aber eins nach dem anderen...

Den Höhepunkt der Schwingungserhöhung und der Magnetfeldveränderung der Erde (Artikel hierzu findet ihr auf meiner Facebookseite wendungsReiche Kommunikation) habe ich mit meinem Partner in Senj, Kroatien verbracht. Eigentlich waren wir beide darauf aus, noch etwas Sonne zu tanken, bevor der Herbst Einzug hält. Und erst versprachen die Wetterprognosen genau das. Doch es sollte anders kommen. Wir hatten die Rechnung ohne die Bora gemacht. Fallwinde (eher Sturm) aus dem Gebirge, die plötzlich auftreten können, einen Temperatursturz mit sich bringen und sich tagelang in Orkanböen auslassen. Sie setzten ziemlich genau zu unserem Anreisetag ein. ;) Ich bin nur froh, dass ich so ein gutes Gefühl habe, irgendwie schon so etwas ahnte und viele dicke Klamotten eingepackt hatte. Da wir bei dieser Wetterlage kaum etwas machen konnten, wurde der Urlaub kurzerhand zum Kuschel- und Megafaulenz-Urlaub umfunktioniert. Im Nachhinein betrachtet war das genau das Richtige und perfekt, wie es war. Dicke Decke, Tee trinken, den Blick auf die aufgewühlte See genießen, nichts tun, dem Sturm lauschen, der um das Dach unserer Ferienwohnung fegte, lange schlafen, den Blutmond über dem Meer genießen, unzählige wunderschöne Sonnenuntergänge betrachten, Naturphänomene hautnah erleben. Wir waren beide so entspannt und uns so nahe wie selten zuvor. Ganz im Moment, völlig zufrieden und einfach nur glücklich. Nach diesen aufwühlenden Monaten und dem Endspurt im September war diese Erholung einfach nötig. Gut, dass die Natur hier eingegriffen hat und uns das perfekte Wetter dafür geliefert hat. ;)

Auf dem Rückweg von Kroatien nach Hause gab es noch einen Zwischenstopp in meiner alten Heimat und da hatte ich dann seit über einem halben Jahr mal wieder einen Bauchkrampf. Nur kurz, aber er war da. Ich hatte mich seit langem mal wieder über meine Eltern geärgert und war wirklich erstaunt über beides. Über den Krampf und darüber, dass ich mich geärgert hatte. So bekam ich aber die Möglichkeit noch einmal ganz klar meine Grenzen zu ziehen und meinen Eltern zu sagen, wo diese Grenzen sind. Das tat gut UND es wurde tatsächlich akzeptiert. Auch eine eher neue Erfahrung. ;) (Wie ich die Beziehung zu meinen Eltern geheilt habe, findet ihr hier: Frieden mit den Eltern)

Und zu Hause ging es dann nochmal richtig los. Selten war ich so müde und erschöpft wie in den Tagen nach unserem Urlaub. Ich war zu nichts in der Lage, völlig platt und nur am Schlafen. Es fühlte sich an, wie wenn die Erholung im Urlaub noch nicht viel genug gewesen wäre. Wie wenn sich die Anstrengungen dieses doch sehr ereignisreichen Jahres nun bemerkbar machen und ihren Tribut fordern. Dann kam eine leichte Erkältung (ich hatte schon ewig keine mehr) und ich war weiterhin erschöpft und müde. Ich gab dem nach. Alles andere hätte keinen Sinn gehabt. ;)

Dann kam so ein leichtes Gerstenkorn am rechten Auge. Sowas hatte ich auch schon Jahre nicht mehr. Dann hat mein Konstitutionsmittel (einen ausführlichen Bericht meiner Selbstheilung findest du hier: Selbstheilung ist möglich - eine Erfolgsgeschichte) wieder eineinhalb Tage Krämpfe und Bauchschmerzen für mich rausgeholt. Das hatte ich wie gesagt schon ein halbes Jahr nicht mehr. Danach hat mich unendliche Dankbarkeit überrollt, weil ich für die Heilung schon so viel Schmerz durchgestanden habe, um jetzt da zu sein, wo ich bin. Ich hab so geweint, als mir nochmal bewusst wurde, was ich alles schon durchgemacht habe, wie hart das manchmal war. Ich war einfach nur dankbar, dass ich diesen Weg gegangen bin und dass ich so mutig war. Generell überkam mich eine riesen Dankbarkeit für den unendlichen Überfluss, in dem wir leben, für dieses wunderbare Geschenk des Lebens, für diese Perfektion des Systems Universum. ♥

Direkt im Anschluss hat der Ausschlag wieder voll zugelegt (seelische Hintergründe findest du hier: Mein Ausschlag hat mich an meine Grenzen gebracht) und dann hab ich noch meine Tage bekommen. YEAH!!!! (Hier habe ich zum ersten Mal die freie Menstruation praktiziert, eine wunderbare Erfahrung. Dazu schreibe ich aber ein andermal mehr.) Bei all dem blieb mir kaum Zeit zum Luft holen. Gut, dass ich vorher schon so viel Schlaf und Erholung hatte, denn daran war da in der Phase nicht mehr zu denken.

Der Ausschlag ist seit gestern sehr auf dem Rückzug. Wieder hat mein altbewährtes homöopathisches Mittel geholfen. Ich habe immer wieder Kontakt mit meiner Haut aufgenommen und geschaut, ob da vielleicht doch noch ein Thema dahintersteckt, aber ich konnte nichts entdecken. Viel mehr bekam ich immer die Ansage, dass ich mal chillen soll und dass das alles schon so passt. Da war immer so ein friedliches, liebevolles und stimmiges Gefühl gewesen, wenn ich mit meiner Haut geredet habe. Es ist, wie es ist.

Ich kann noch nicht ganz fassen, dass mich das jetzt alles überrollt hat, da ich eigentlich das Gefühl hatte, dass der Oktober ruhiger wird. Hinsichtlich emotionalem Schmerz und alten Themen ist er das auch. Anscheinend hat aber mein Körper jede denkbare Möglichkeit zur Reinigung genutzt. Und es fühlte sich so an, als ob er sich auf die neue Schwingung einstellt. Wie eine Phase der Pubertät, in der erstmal alles wieder neu sortiert werden muss, Altes rausgeworfen wird und Platz für Neues gemacht wird. Und dann bist du plötzlich von heute auf morgen ein neuer Mensch, weißt wieder wo es langgeht, wer du bist, hast wieder Energie.

Tatsächlich bin ich heute Morgen aufgewacht und hatte seit langem mal wieder richtig Energie und Lust, etwas zu machen. Neue Klarheit, neuer Tatendrang, ein neuer Aufbruch.

Ich habe über die Monate einen langen, steilen Berg erklommen, musste mich nach den Strapazen erholen, mich an die Höhenluft gewöhnen und nun liegt eine wunderbare, weite Ebene vor mir, die leuchtet und einladend daliegt, mir neue Abenteuer und Möglichkeiten zur Entfaltung und Selbstverwirklichung verspricht. Ein großer Schritt ist getan, ein riesengroßer Schritt. Ich habe so viel alten Ballast hinter mir gelassen, meine Schatten mit Licht erfüllt, meine Wunden mit Liebe versorgt. Ich bin heil und ganz und vollständig und nun kommt ein neuer Abschnitt, ein neuer Weg voller Wunder, Leichtigkeit, Freude und Ich-

Sein, voller Selbstausdruck und mich erleben können, mich an mir erfreuen können und über mich hinauswachsen. Ein Abschnitt auf den ich so lange hingearbeitet habe. Der Anfang der Unendlichkeit, der Anfang des Ausdruckes meines wahren Wesens!

Wie ich dieses Leben liebe!!!!!!!

Montag, 26. Oktober 2015

Für alle Kinderwunschmamas und Menschen mit unerfüllten Träumen

Ihr Lieben,
ich möchte euch heute ein ganz besonderes Buch empfehlen. Es ist für alle Frauen, die sich sehnlichst ein Kind wünschen und dieser Wunsch bisher nicht in Erfüllung ging. Die nicht mehr wissen, was sie noch tun könnten und die vielleicht auf all die Eingriffe und Torturen keine Lust mehr haben. Es ist für meine Begriffe für alle Männer, die ihre Kinderwunsch-Frauen besser verstehen wollen oder vielleicht selbst den unerfüllten Wunsch haben, Vater zu werden und sich dem Thema mal anders nähern wollen. Ich finde, es ist aber auch ein Buch für alle Menschen, die generell einen unerfüllten, sehnlichsten Wunsch haben.

Persönlich habe ich keinen Kinderwunsch und dennoch war das Buch ein Riesengeschenk für mich. Ich durfte es lesen, da war noch nicht einmal klar, dass es ein Buch werden würde. Diese Zeilen haben mich zu Tränen gerührt und damals auf der verzweifelten Suche nach meiner Berufung einen enormen Schritt weitergebracht. Dieses Buch hat mir gezeigt, dass ich komplett und wertvoll bin, auch wenn sich ein großer Wunsch von mir (noch) nicht erfüllt hat. Es hat mir gezeigt, dass ich Geduld haben darf und alles dann kommt, wenn die Zeit dafür reif ist. Es hat mich daran erinnert, dass es manchmal auch ein Segen ist, wenn sich Wünsche nicht erfüllen, weil das, was ich so dringend will, vielleicht gar nicht mein Herzensweg ist, sondern nur vom Verstand gewünscht.

Dieses Buch hat mir geholfen loszulassen und dem Leben zu vertrauen, darauf zu vertrauen, dass immer das zu mir kommt, was gerade das Beste für mich ist. Und es bestätigt mich wie so oft in meinem Glauben, dass wir alles schaffen können, wenn wir uns nur anschauen und heilen, was in uns wirkt, das uns von unserem Ziel abhält.

Die Autorin, eine junge, wunderbare Frau und ganz liebe Freundin von mir, hat sich ihrem Kinderwunsch einmal ganz anders und ungewöhnlich genähert. Sie hat sich damit auf geistiger Ebene auseinandergesetzt, hat mit ihrem Wunschkind auf Seelenebene Kontakt aufgenommen und mit ihm gesprochen. Die Erkenntnisse und Einsichten sind einfach nur berührend, wundervoll, warm und weich. Der Weg war weit und oft steinig, aber sie ist ihn mutig gegangen, hat sich alle Ängste angeschaut, alles Dunkle und alles, was blockierte, ohne zu wissen, ob ihr Wunschkind am Ende wirklich zu ihr kommen will. Sie hat sich geheilt.

Heute hat sie zusammen mit ihrem Mann eine süße, kleine Tochter!

In dem Buch erzählt sie mit viel Liebe ihre Geschichte. Illustriert hat die Autorin es mit eigenen Bildern. Eine wahre Kostbarkeit!

Ich wünsche euch ganz viel Freude beim Lesen. Gerne dürft ihr diesen Artikel teilen und das Buch denen empfehlen, von denen ihr glaubt, dass sie es gerade brauchen.

Hallo Sonnenschein - Hier spricht Mama!

Herzensgrüße von mir
Anja

Mittwoch, 28. Oktober 2015

Was mir hilft loszulassen oder Wege in die Freiheit

Ihr Lieben,
dieser Artikel ist irgendwie schon lange überfällig. Ich hatte ihn bereits in meinem Artikel Loslassen will gelernt sein angekündigt und ich glaube, jetzt ist der richtige Zeitpunkt.

War es im Juni noch so, dass mir loslassen in mancher Hinsicht noch eher schwergefallen ist, kann ich heute sagen, dass ich in neuer Freiheit lebe. Egal, um welche Themen es sich dreht, ich bin ganz im Vertrauen, dass alles so kommt, wie es am besten für mich ist. Ich bin nicht mehr darauf angewiesen, dass mein Umfeld bestimmte Reaktionen oder Verhaltensweisen zeigt, brauche keine Anerkennung mehr von anderen, keine Liebe, denn ich liebe mich selbst bedingungslos. Ich habe mich aus allen scheinbaren Abhängigkeiten befreit (zumindest aus all jenen, die mir bis dahin bewusst waren) und fühle mich so reich, versorgt und frei wie noch nie. All das Müssen ist einem Können gewichen.

Wie ihr wisst, hat mich das Thema Geld auch sehr lange beschäftigt. Eins der größten Mysterien für mich. Aus meiner Sicht war Geld der größte und mächtigste Dämon, von dem ich mich gelöst habe. Was für eine Wohltat, auch hier endlich dem Leben zu vertrauen und eine neue Freiheit zu genießen. Loslassen ist mir in der Hinsicht am allerschwersten gefallen.

Nun habe ich mir immer wieder Gedanken gemacht, wie ich das alles angegangen bin und was mir geholfen hat, loszulassen. Ich möchte versuchen, das ein wenig zusammenzufassen.

1. Herausfinden, wo das Urvertrauen verloren ging

Ich denke, loslassen kann ich nur, wenn ich Vertrauen habe, dass mir nichts Schlimmes geschieht. Die meisten von uns haben dieses Urvertrauen in das Leben verloren und zwar schon ganz früh. Häufig geschieht es schon im Mutterleib, wenn das Baby all die Sorgen und Ängste der Mutter und des näheren Umfeldes wahrnimmt. Ungeborene haben schon ein volles Bewusstsein und sind sensibler als viele meinen. Das Baby ist aufs Engste mit der Mutter verbunden. Hat die Mutter Angst, bekommt das das Baby eins zu eins mit. Ich möchte behaupten, dass die wenigsten eine Mutter haben, die voller Vertrauen in das Leben war/ist. Die meisten von uns sind also schon mit einer ordentlichen Portion Angst, Skepsis, Misstrauen und Sorge auf die Welt gekommen, haben bei der Geburt schon viele hinderliche Überzeugungen der Mutter/der Eltern gespeichert:

- Das Leben ist hart.
- Dir wird nichts geschenkt.
- Im Leben muss man aufpassen.
- Traue niemandem.
- Man muss sich immerzu anstrengen.
- Ohne Fleiß kein Preis.
- Um Geld muss man sich ständig sorgen.
- Geld ist nie genug da.
- Man muss sich zusammenreißen und durchhalten.
- etc.

Bei mir kam noch dazu, dass ich ganz früh im Mutterleib meinen Zwilling verloren habe. Das wurde mir Anfang des Jahres so richtig bewusst. Da war immer diese Ohnmacht, wenn z. B. mein Partner eine Entscheidung traf, die auch Auswirkungen auf mich hatte, ohne vorher mit mir zu sprechen. Dieser Ohnmacht bin ich auf den Grund gegangen und fand die Ursache in diesem Ereignis. Ich habe all den Schmerz von damals noch einmal durchlebt, dieses enorme Verlustgefühl, als ein mir so vertrautes Wesen, dessen Herzschlag ich immer spüren konnte, von jetzt auf gleich verschwunden war. Ein Wesen, das mir so nahe war, das bis dahin immer da war, war plötzlich weg und ich war allein, konnte nichts dagegen tun. Da hatte jemand eine Entscheidung getroffen, ohne das vorher mit mir abzusprechen. Auch das war ein Grund, weshalb mir das Urvertrauen abhandenkam.

Ende der Schwangerschaft, hat dann meine Mama ausversehen in die Steckdose gefasst und einen Stromschlag bekommen. Ich dann somit auch. Auch hier habe ich gelernt, dass man dem Leben nicht vertrauen kann und ich immer in Gefahr bin, dass jederzeit etwas Schlimmes passieren kann.

Später in meiner Kindheit hatten meine Eltern dann selten Zeit für mich und ich war mit vielem allein auf mich gestellt. Ich habe nicht erlebt, dass das Leben für mich sorgt. Vielmehr habe ich gelernt, dass ich selbst schauen muss, wie ich klarkomme und dass ich alleine dastehe. Und weitere hinderliche Glaubenssätze kamen hinzu:

- Du tust nicht genug.
- Du tust nicht das Richtige.
- Ich bin es nicht wert, dass man Zeit mit mir verbringt.
- Die Bedürfnisse der anderen sind wichtiger.
- Ich muss mich immer hinten anstellen.
- Ich darf mich nicht zu wichtig nehmen.
- Man kann nie alles haben, was man möchte.
- Schöne Momente und Genuss muss ich mir stehlen.
- Alles Schöne wird direkt bestraft.
- Alles Schöne hat immer eine Ende.
- Es gibt immer eine Macht, die über mir steht.
- Ich muss mich unterordnen.
- Ich bin dem Leben hilflos ausgeliefert.

Das alles hat mich geprägt und mein Urvertrauen bis in die Wurzeln erschüttert, denn von Freiheit und versorgt sein, von Fülle, Freude und Leichtigkeit war weit und breit nichts zu sehen. Alles, was wir vorgeburtlich und in Kindertagen erleben, prägt unsere Form der Realität. Das, was wir in der Zeit erfahren, ist für uns das Leben, das sehen wir als Wahrheit an. Und das erschafft fortan unsere weitere Realität.

Ich könnte mir vorstellen, dass viele früher ganz ähnliche Erfahrungen gemacht und eine Fülle von hinderlichen Überzeugungen mitbekommen haben. Wenn man davon mal ausgeht, dann dürfte es klar sein, warum loslassen so schwer ist. Wer überlässt sich denn gerne einem Leben, das aus seiner Sicht so gefährlich und dunkel ist? Wer springt denn schon freiwillig und gerne mit Schwung ins Verderben? Loslassen geht nicht, wenn tausend Glaubenssätze dagegenwirken.

2. Hinderliche Überzeugungen wandeln

Wir haben diese Glaubenssätze über Jahre, oft Jahrzehnte, mit uns herumgetragen. Die Datenautobahnen im Hirn sind richtig gut ausgebaut, geteert, vierspurig und werden jeden Tag benutzt. Diese Überzeugungen von damals sind es, die heute unser Leben gestalten und Erlebnisse produzieren, die uns in den Überzeugungen bestätigen.

Wenn ich glaube, dass das Leben gefährlich ist und ich keinem trauen kann, dann wird mir das das Leben immer wieder beweisen. Unsere Gedanken erschaffen nun einmal unsere Erfahrungen und nicht umgekehrt. Ich werde mit dieser hinderlichen Überzeugung nicht plötzlich etwas Schönes erleben, das mir beweist, dass das Leben anders ist und ich neu denken darf. Nein! Ich darf erst neu denken und dann kommt das Schöne.

Ich darf also eine neue Wahl treffen. Ich darf mich entscheiden, wie sich das Leben in Zukunft zeigen soll.

Aus "Ich muss mich unterordnen" könnte ein "**Ich stehe in meinem Leben an erster Stelle**" werden. Aus "Man kann nie alles haben, was man möchte" könnte werden "**Ich darf vom Leben das Allerbeste erwarten**". Aus "Ich bin dem Leben hilflos ausgeliefert" könnte werden "**Ich bin der Schöpfer meines Lebens und habe die volle Macht**".

Fühle mal die Unterschiede von den jeweiligen Sätzen. Welcher Satz gibt dir Kraft? Welcher Satz raubt sie dir? Welcher Satz fühlt sich frei, hell und leicht an? Welcher eng, dunkel, voller Druck? Spürst du den Unterschied? Dein Körper und deine Gefühle sagen dir ganz genau, was für dich wahr ist, was deine Seele leben will, nach was sie strebt.

Finde einen neuen Satz, der tief aus dem Herzen kommt und bei dem dein Herz vor Freude jubiliert. Finde einen Satz, der dir so viel Kraft gibt, bei dem vielleicht die Tränen der Erleichterung aufsteigen. Finde einen Satz, der dich tief berührt, der sich frei und weit und leicht anfühlt.

Immer, wenn der alte Satz anfangen will zu wirken, mache es dir bewusst. Beobachte dich und schaue genau, in welchen Situationen diese alten, hinderlichen Überzeugungen greifen. Und dann trete einen Schritt zur Seite, nimm dich raus, sage STOP! und denke an den neuen Satz. Vielleicht magst du ihn dir auch aufschreiben. Ich habe jede neue Entscheidung, jeden neuen Glaubenssatz, den ich leben wollte, aufgeschrieben. Entweder auf einen Block oder auch in den Spiegel im Bad.

Du darfst nicht vergessen, dass du mit jedem neuen Satz einen neuen Weg in den Dschungel deiner Nervenverbindungen trampelst. Was vorher die vierspurige Autobahn war, ist nun ein einfacher Trampelpfad, der schnell wieder zuwuchert, wenn er nicht oft benutzt wird. Sei dir bewusst, dass das Ganze ein Prozess ist und nicht von heute auf morgen der Schalter umgelegt wird. Sei also geduldig mit dir und mit dem Leben. Nach und nach wird eine Veränderung bemerkbar sein.

Hinderliche Überzeugungen sind ein riesen Hemmschuh, wenn es um Loslassen und Freiheit geht. Finde alle, die dich an einem schönen, leichten, freien, erfüllten Leben hindern und wandle sie um.

"Wir sind nicht geboren, um zu kämpfen. Wir sind nicht geboren, um ein Leben zu führen, das nur ab und zu ein paar Glücksmomente für uns be-

reithält. Wir sind nicht dazu geboren, uns fünf Tage die Woche mit unserer Arbeit zu quälen, um uns mit ein paar flüchtigen Augenblicken der Freude am Wochenende zufriedenzugeben. Wir sind nicht geboren, um auf Sparflamme zu leben und uns am Ende des Tages erschöpft zu fühlen. Wir sind nicht geboren, um uns Sorgen zu machen oder Angst zu haben. Wir sind nicht geboren, um zu leiden. Wir sind nicht geboren, um mit irgendetwas irgendwie unseren Lebensunterhalt zu verdienen. Wir sind nicht geboren, um andere zufriedenzustellen, deren Erwartungen zu erfüllen oder uns möglichst gut anzupassen.

Worauf kommt es denn dann wirklich an in unserem Leben?
Wir sind dazu bestimmt, das Leben in seiner Fülle auszuschöpfen und alles zu haben, nach was sich unser Herz sehnt, nach dem wir aus tiefster Seele streben. Wir sind dazu bestimmt all unsere Fähigkeiten und Potentiale zu entdecken, auszuschöpfen und uns immer weiter zu entfalten, zu wachsen und uns jeden Tag neu zu entdecken. Wir sind hier, um ein Leben voller Freude, Erfüllung, Begeisterung, Gesundheit, Vitalität und Liebe zu leben. Wir sind hier, um Erfahrungen zu sammeln und um uns zu erinnern, wer wir wirklich sind!

Und von all dem, sind wir in jedem Moment nur einen Gedanken entfernt!!!"
(in Anlehnung an einen Auszug aus „The Power" von Rhonda Byrne mit Ergänzungen von mir)

Diesen Textauszug hatte ich weiter vorne schon einmal geschrieben und er passt hier wieder so gut. Die Macht unserer Gedanken, ist einfach nicht zu unterschätzen. Wenn ich glaube, dass das Leben gut ist und es gut mit mir meint, dann kann ich mich fallen lassen, dann kann ich loslassen!

3. Sich wieder tief in Mutter Erde und Vater Gott verankern
Was mir auch sehr geholfen hat, wieder zu meinem Urvertrauen zu finden, das eigentlich unser Geburtsrecht ist, war, mich gedanklich immer

wieder mit Mutter Erde und Vater Gott zu verbinden. (Ich habe eine ganz eigene Definition von meinem Gott und die hat mit dem Gott, wie ihn die Kirche darstellt, nichts zu tun.)

Hierzu gibt es eine wunderbare Seelenbotschaft, die ich an anderer Stelle kürzlich schon mal geschrieben habe. Sie passt hier nochmal so gut rein und erklärt, was ich damit meine:

"Atme tief durch, lass dich fallen! Das Leben wird dich fangen und dir kann nichts geschehen, außer das größte Glück auf Erden. Vertraue, nicht deinen leiblichen Eltern, sondern dem Leben, dir, Mutter Erde, Vater Gott. Sie sind deine wahren Eltern und sie meinen es gut mit dir, sie wollen wirklich dein Bestes. Du hast einen Platz hier auf dieser Welt, eine Heimat, ein zu Hause, in dir! Schlage wieder Wurzeln, lasse sie gedanklich aus deinen Füßen tief in die Erde wachsen, spüre, wie viel Halt sie dir geben, wie sie dich versorgen, mit allem, was du brauchst. Fühle, wie sicher sie sind, wenn der Wind weht. Stelle dir vor, aus deinem Kopf wachsen Äste in den Himmel. Sie verbinden dich mit Gott, mit deinem höheren Selbst, mit all den Geistwesen und Engeln, die nur dafür da sind, dir zu helfen, dir deinen Weg zu weisen. Diese Wurzeln und diese Äste, sind deine wahre Verbindung zum Leben. Niemand kann dir diesen Halt, diese Verbindung, diese Heimat, diesen deinen Platz nehmen. Du bist hier erwünscht, du wirst hier gebraucht mit allem, was dich ausmacht, mit allen Wunden, mit allen Schwächen, mit allen Stärken. Du darfst hier alles sein, auch schwach. Du magst das noch nicht oft und von nicht sehr vielen gehört haben, aber du bist auch geliebt. Das Leben liebt dich, ich, deine Seele, liebe dich! Du bist hierhergekommen, um all diese negativen Erfahrungen zu machen und dich dann daraus zu befreien. Und du kannst das. Du hast dich für dieses Leben dazu entschieden. Es ist an der Zeit! Ich liebe dich und ich bin immer für dich da. Ich kenne den Weg. Vertraue mir, lass mich vorangehen und dir wird nichts geschehen. Ich führe dich in deine Größe!"

Zu wissen, dass meine Seele den Weg kennt, zu wissen, dass sie weiß, warum ich hier bin, dass sie mich führen wird, wenn ich sie nur lasse, dass ich dieser wundervollen Energie nur folgen muss, hat mir enorm geholfen, loszulassen. Ihr vertraue ich!

4. Sich der Angst stellen

Das Gegenteil von Vertrauen ist Angst. Ein Gefühl, das die wenigsten gerne fühlen wollen. Der Weg ins Vertrauen führte für mich durch die Angst hindurch und nicht außen herum. Ich habe mich dazu entschlossen, meiner Angst zu begegnen, sie fühlen zu wollen und mit ihr Freundschaft zu schließen. Ich bin ihr in vielen Meditationen immer wieder begegnet. Und alles, was sie wollte, war, dass sie endlich von mir anerkannt und angenommen wird. Sie wollte einfach nur geliebt werden. Deshalb kam sie so oft hoch, deshalb wurde sie immer eindringlicher. Sie wollte die Aufmerksamkeit und die Anerkennung, die ihr zustand. Die Angst ist ein Teil des Lebens. Sie ablehnen heißt, einen Teil des Lebens ablehnen und das ist unnatürlich. Wenn wir nur das Vertrauen fühlen wollen, ohne die Angst da haben zu wollen, die einfach nur die zweite Seite der gleichen Medaille ist, dann kann das nicht funktionieren und das Leben wird für Ausgleich sorgen. Die Angst wird sich so lange immer wieder bemerkbar machen, bis wir sie annehmen und fühlen wollen.

Das habe ich getan und bin ihr mutig begegnet. Immer und immer wieder. So lange, bis wir wirklich Freunde waren. In einer wunderbaren Meditation hat mich die Angst, die sich mir immer als Schlange zeigt, zum Adler des Vertrauens geführt und mich an ihn übergeben. Was war das ein ungewohntes Gefühl. Der Adler war mir suspekt und er sagte mir sofort, dass auch wir zwei wohl erst noch Freundschaft schließen müssen. Wer ist es denn schon gewöhnt, zu vertrauen? Ich war es nicht. Dem Adler des Vertrauens bin ich dann ebenfalls in vielen Meditationen immer wieder begegnet. Und das war nichts Großartiges. Ich bin einfach wieder und wieder in die Stille gegangen, habe den Adler des Vertrauens zu mir eingeladen und dann geschaut, was passiert. Es war wie im

Kino. Ich habe einfach beobachtet, was sich auf der Leinwand zeigt. Immer wieder habe ich hingespürt, wie sich mein Verhältnis zum Vertrauen verändert und unsere Verbindung wurde immer fester, die Freundschaft immer tiefer.

Meine Angst war es, die mich zum Vertrauen geführt hat. Das solltet ihr nicht vergessen...

5. Das Wurzelchakra öffnen

Für mich war es eine Wohltat, mich mit den Chakren zu beschäftigen und diese in Meditationen wieder in ihren natürlichen Energiefluss zu bringen. Gerade das Wurzelchakra, in dem das Urvertrauen sitzt, war verschlossen und blockiert.

Ich bin immer wieder in Meditationen mit meiner Aufmerksamkeit in das Wurzelchakra gegangen und habe geschaut, was sich zeigt, was es blockiert, in welchem Zustand es gerade ist. Mit jedem Besuch wurde es weiter und kam wieder mehr in Fluss. In einer der letzten Meditationen, die ich mit dem Wurzelchakra gemacht habe, hat sich mein Adler des Vertrauens im Wurzelchakra niedergelassen. Ich spürte, wie er sich entlang der Wirbelsäule ausbreitete und aufrichtete. Dann breitete er seine Flügel aus und ich nahm wahr, dass seine Flügel gleichzeitig meine Flügel sind. Ohne Wurzeln keine Flügel. Ich habe also meine Wurzeln wiedergefunden und somit meine Flügel. Nur wer vertraut, kann frei sein und abheben!

Mehr Informationen zu den Chakren findest du auf dieser wunderbaren Internetseite:
http://www.chakren.net/chakra/wurzelchakra/

6. Wir sind hier, um Erfahrungen zu machen - alles darf sein

Diese Einsicht hat mein Leben radikal verändert und war ein sehr großer Schritt in Richtung Freiheit und loslassen. Alles, was in unserem Leben passiert, wird von uns für gewöhnlich sehr schnell in gut und schlecht eingeteilt, in Schubladen sortiert. Ich habe mich von diesem gut und schlecht verabschiedet. Die Dinge sind einfach, sie sind im Kern neutral. Unsere Bewertung macht sie zu gut oder schlecht.

Als ich den Satz "Wir sind hier, um Erfahrungen zu machen." zum ersten Mal gelesen habe, hat mein Herz direkt Purzelbäume geschlagen und eine Riesenerleichterung durchströmte mich. Plötzlich ging es nicht mehr um bestimmte Ergebnisse, um bestimmte Ziele, sondern einfach nur noch um Erfahrungen und alles ist doch einfach nur eine Erfahrung. Ich habe einen Konflikt? Das ist weder gut noch schlecht. Es ist eine Möglichkeit, Erfahrungen zu machen. Wer bin ich im Verhältnis zu jemand anderem? Wer bin ich im Verhältnis zu einer bestimmten Meinung? Ein Plan geht schief? Eine wichtige Erfahrung. Ich habe etwas ausprobiert und nicht das gewünschte Ergebnis erzielt. Dann probiere ich eben etwas Anderes und mache damit neue Erfahrungen. Mein Partner belügt mich? Wichtige Erfahrung! Jetzt kann ich schauen, wie ich dazu beigetragen habe, dass das geschieht. Ich mache vielleicht die Erfahrung von Enttäuschung. Ich verliere meinen Job? Wichtige Erfahrung! Irgendetwas in mir, eine Überzeugung, ein abgelehntes Gefühl, ein abgelehnter Persönlichkeitsanteil haben dazu beitragen, dass es so kam. Irgendwie habe ich es erschaffen. Jetzt kann ich herausfinden wie und es ändern.

Meine Güte! Welche Freiheit, wenn ich endlich aufhöre, die Dinge zu bewerten und einfach so nehme wie sie sind. Es passiert was passiert. Die Ursache liegt in mir. Die Frage ist, was nun? Was macht es mit mir? Wie habe ich es erschaffen? Will ich es nochmal erschaffen? Will ich es überhaupt ändern, oder ist es mir eigentlich ganz recht?

Eine Erfahrung ist eine Erfahrung. Punkt! Die Seele lechzt nach Erfahrungen. Sie will sich in den unterschiedlichsten Situationen erleben, will das unterschiedlichste fühlen. Davon lebt sie, daran wächst sie. Wieso sollte ich ihr diese Erfahrungen verweigern? Diese Erfahrungen sind am Ende das, was wir mit aus diesem Leben nehmen. Das ist das, was bleibt.

Unsere Seele besteht quasi aus Erfahrungen, aus Gefühlen, aus Seinszuständen.

Diese Erfahrungen sind es, die uns zeigen, was in uns wirkt. Diese Erfahrungen machen im Außen sichtbar, was wir tief in uns glauben. Diese Erfahrungen sind es, die uns auf verdrängte Gefühle aufmerksam machen. Diese Erfahrungen sind es, die uns zeigen, welchen Aspekt vom Leben wir noch nicht haben wollen. Wie könnten wir sie da verurteilen? Sie sind ein Teil von uns, unser Werk! Ein Riesengeschenk!

Wut, Ohnmacht, Angst, Scham, Schuld, Kleinheit, Wertlosigkeit, faul sein, schwach sein, unordentlich sein, all das darf sein. Es kettet sich nur an mich und nimmt mir die Freiheit, wenn ich es nicht dahaben will, wenn ich mich dagegen wehre. Wer sagt, dass all das schlecht ist? Nicht sein darf? Das gehört alles zum Leben dazu!!!

Wenn ich es unterlasse, immer bestimmte Ergebnisse erzielen zu wollen und nur ganz bestimmte Ereignisse als richtig einstufe, wenn ich einfach nur die Erfahrung an sich machen möchte, wenn ich erkenne, dass Erfahrungen ein Produkt unserer Selbst sind und damit ganz viel sichtbar machen, dann ist das ein großer Schritt in Richtung loslassen und Leichtigkeit. Mir persönlich tat der sehr gut.

♥♥♥

So sah mein Weg in die Freiheit aus, so konnte ich nach und nach loslassen. Heute fühle ich mich im wahrsten Sinne des Wortes getragen, getragen vom Fluss des Lebens. Das alles war ein Prozess über mehrere Jahre und es gab immer wieder Phasen, da hatte ich die Schnauze ziemlich voll. Wenn zum hundertsten Mal die Angst wieder anklopfte oder ich die zweihundertste hinderliche Überzeugung gefunden habe. Manchmal dachte ich, das alles würde nie enden. Und dennoch war da diese Sehnsucht in mir nach einem leichten Leben. Da war dieses tiefe

Wissen, dass es anders gehen musste, als schwer. Daran habe ich festgehalten. Habe meinem tiefsten Gefühl vertraut und bin ihm gefolgt, bin meiner Seele gefolgt. Sie kennt den Weg tatsächlich.

Mir tut es unheimlich gut, meine Seele vorausgehen zu lassen. Sie weiß alles, was für mich für dieses Leben wichtig ist. Sie beschafft mir in jedem Moment die Erfahrungen, die für mich am wichtigsten sind, die ich brauche, um zurück zu mir zu finden. Ich habe sie zum Anführer erklärt und lass mich von ihr zur immer nächsthöheren Version meiner selbst leiten.

Das ist für mich Freiheit! Einfach ich sein können und meinen wahren Kern zum Ausdruck bringen. Das Leben sich entwickeln lassen, das fließen lassen können, was gerade fließen möchte, das anschauen, was sich mir gerade zeigt. Voller Vertrauen, dass alles genau richtig für mich ist, in jedem Moment!

Herzensgrüße von mir
Anja

Sonntag, 1. November 2015

Sieben Jahre WIR

Sieben Jahre...
Wir sind nicht mehr die gleichen wie damals.
Und das ist auch gut so.
Wir haben uns entwickelt, hin zu uns selbst.
Wir wachsen gemeinsam, an uns.
Das größte Erlebnis, das größte Geschenk einer Beziehung.
Wir sind ein Team und dennoch zwei individuelle Persönlichkeiten,
die alles leben können, was gerade Ausdruck braucht.

Wir lieben, leben, genießen, stoßen uns ab, ziehen uns an, reiben uns aneinander, suchen die Nähe und den Abstand, halten uns den Spiegel vor, zeigen uns unsere Themen, halten gnadenlos das Licht in die finstersten Winkel der Seele des anderen, reichen uns gegenseitig immer wieder die Hand für die nächste Entwicklungsstufe,
näher zum Licht.
Wir triggern und heilen, machen Wunden sichtbar
und versorgen sie mit Liebe.
Wir brauchen nichts.
Wir haben alles, ein jeder in sich.
Zwei Wesen, ein jedes für sich komplett.
Wir vervollständigen uns nicht.
Ein jeder ist vollständig.
Keine Ansprüche, keine Zwänge, keine Forderungen.
Nur Freiheit, Liebe, Grenzenlosigkeit, Loslassen
und wieder zurückkommen, Wurzeln und Flügel.
Wir sind dennoch verbunden, ganz tief in unseren
Herzen, mussten uns in diesem Leben finden,
hatten eine Verabredung, haben sie noch.
Wir wollen noch mehr wachsen.
Wir haben uns dazu entschlossen, weit vor dieser Zeit,
weit vor diesem Treffen in diesem Leben.
Wir sind eins an der Wurzel, aus der gleichen Substanz und doch im
Wesen so unterschiedlich. Ein Yin und ein Yang.
Wir helfen uns, zurück zu uns, aus tiefer Liebe.
Könnte es ein schöneres WIR geben?

Ich danke dir!!! ♥♥♥

Montag, 9. November 2015

freie Menstruation

Bis vor einem Monat war mir der Begriff noch nicht bekannt. Ich hatte keine Ahnung, dass es so etwas überhaupt gibt.

Umso dankbarer bin ich, dass mich das Interview mit Caroline Oblasser gefunden hat. Sie ist die Autorin des Buches Regelschmerz ade! Die freie Menstruation.

Nun müsst ihr wissen, dass ich zu den Frauen gehöre, die echt heftigste Regelschmerzen hatten. Manchmal konnte ich tagelang nur liegen, war total fertig und die herkömmlichen Schmerzmittel brachten nur eine geringe Linderung. Ich wusste teilweise nicht wohin mit mir, wurde vor Schmerz sogar schon ohnmächtig, hatte Schweißausbrüche, Krämpfe bis zum Abwinken, Rückenschmerzen, Hüftschmerzen. Der Schmerz zog sogar bis in die Oberschenkel.

Dieser Symptomatik bin ich natürlich auch auf geistiger Ebene begegnet und habe mich eingehend mit dem Thema Regelschmerz und Weiblichkeit befasst. Ein sehr breites und vielschichtiges Thema, wie ich finde. Was ich alles entdecken durfte und was die Annahme von Weiblichkeit für mich mit Regelschmerz zu tun hatte, findet ihr in meinem Artikel Weiblichkeit l(i)eben.

Das alles brachte mich in Sachen Regelschmerz schon einen Riesenschritt weiter. Er wurde milder, erträglicher, war aber noch da. Und dann lief mir dieses Interview über den Weg, just zwei Tage bevor die nächste Regel anstand. Ich verschlang es regelrecht und kaufte mir sofort das E-Book von Caroline Oblasser. Auch das hatte ich an einem Tag durchgelesen und danach plötzlich eine ganz andere Sicht auf die Menstruation.

Die größte Erkenntnis der freien Menstruation war für mich, dass ich das Regelblut gezielt abfließen lassen kann. Der Hinweis, dass das Blut nicht einfach willkürlich abfließt, sondern Gebärmutter und Gebärmutterhals eher wie ein Stausee sind, den ich gezielt entleeren kann, war für mich bahnbrechend. Auch, dass Regelschmerz vorwiegend dadurch entsteht, weil sich in der Gebärmutter eine große Menge Blut angesammelt hat, die nicht abgelassen wurde und die Gebärmutter nun mit meist schmerzhaften Muskelbewegungen ähnlich der Wehe versucht, dieses Blut abzusondern, war ein ganz neuer Blickwinkel. Der Stausee läuft nur unkontrolliert und meist mit Schmerz über, wenn ich ihn nicht entleere.

Wieso um alles in der Welt sagt einem das keiner? Wann und wo ist dieses Wissen der Frauen abhandengekommen?

Nun bin ich dem Ganzen nicht mehr einfach ausgeliefert. Sondern ich kann meinen Körper ganz bewusst während der Regelblutung unterstützen und ihm helfen, dass es leichter geht. Natürlich habe ich das bei der nächsten Regel sofort ausprobiert. Sah ich den "Tagen" sonst immer eher skeptisch entgegen, weil ich nie wusste, wie heftig sie diesmal werden würden, freute ich mich schon fast auf das Einsetzen der Blutung. Auch eine neue Erfahrung. ;)

Und was soll ich sagen? Ich praktiziere gerade nun schon zum zweiten Mal die freie Menstruation und bin begeistert. Es tut so gut, den Unterleib in regelmäßigen Abständen immer wieder zu entspannen, den Gebärmutterhals zu öffnen und das Blut abfließen zu lassen. An den ersten Tagen der Regel mache ich das spätestens jede Stunde oder dann, wenn es anfängt zu ziehen und zu schmerzen. Ich setze mich auf die Toilette, gehe mit meiner Aufmerksamkeit in den Unterleib und entspanne mich. Fast sofort bildet sich ein rotes Rinnsal und das Ziehen hört auf. Ich habe eine ganz neue, eine viel engere Beziehung zu meinem Zyklus und zu meiner Gebärmutter bekommen. Wir haben ein ganz anderes Verhältnis. Wir arbeiten plötzlich zusammen. Das ist wirklich toll. Und die Regelschmerzen sind tatsächlich fast ganz verschwunden. Ich bin nicht mehr so erschöpft, der Rücken tut nicht mehr weh. Ich bin während der Regel ein ganz neuer Mensch.

Ich trage keinen Tampon und kann mich dennoch frei bewegen, ohne einfach "überzulaufen". Anfangs war ich etwas skeptisch, weil ich dem Braten nicht getraut habe. Aber gestern war ich tatsächlich mit Regel und ohne Tampon spazieren und es ist nichts ausgelaufen. Es ergab sich, dass ich in regelmäßigen Abständen eine Toilette aufsuchen konnte und so funktionierte das wirklich einwandfrei. Natürlich hatte ich sicherheitshalber eine Binde eingelegt (dieses Tragegefühl mag ich so gar nicht!), aber bis auf ein paar dünne rote Spuren, die ich wahrscheinlich auf der Toilette nicht richtig entfernt hatte, war da nichts zu sehen. Und auch dieses unangenehme Gefühl, wenn beim Gehen ein warmer Schwall Blut den Körper verlässt, blieb aus. Ich hatte es ja immer wieder ablaufen lassen. Wahnsinn wie gut das funktioniert und eigentlich nicht verwunderlich, dass der Körper hier so clever gestrickt ist.

Das größte Geschenk ist aber wirklich, dass diese heftigen Krämpfe nicht mehr da sind. Ich hätte es nie für möglich gehalten, dass der Grund dafür so einfach zu beseitigen ist.

Diese Art der Menstruation, der Blickwinkel darauf, die Zusammenarbeit zwischen mir und meinem Körper ist wirklich eine neue Art von Freiheit für mich. Es heißt nicht umsonst "freie Menstruation"! Wieder ein Thema, bei dem ich zurück in meine Macht gekommen bin. Das fühlt sich richtig gut an!!!

Und deswegen teile ich dieses Wissen und meine Erfahrungen auch jetzt mit euch. Es soll so viele Frauen wie möglich erreichen. Dieses Urwissen muss wieder in die Welt!!!

Die Regel ist für mich immer noch ein Ritual der Reinigung und des Rückzuges. Ich werde mir diese Tage nach wie vor freihalten, so gut es nur geht. Aber nun nicht mehr, weil ich muss, sondern weil ich will! Da wollte ich hin! Freiheit eben... ;)

Herzensgrüße von mir
Anja

Mittwoch, 11. November 2015

Der November - im Zeichen des Drachens

Der November ist für viele ein sehr dunkler Monat, drückend und eine Zeit des Rückzugs, der Innenschau. Es mögen im Moment wieder verstärkt alte Themen hochkommen, sich alte Wunden zeigen. Vielleicht ist auch gerade das Mangelgefühl sehr präsent. Wie die Bäume das Laub verlieren, so kann es sein, dass einige auch erfahren, dass etwas fehlt, dass etwas abhandenkommt oder gekommen ist, oder etwas Langersehntes sich einfach nicht zeigen mag. Loslassen, etwas Altes sterben lassen könnte gerade Thema sein. (Wichtige Erkenntnisse von mir zum Mangelgefühl findet ihr hier Auf Geben programmiert)

Bei mir präsentiert sich der November ganz anders. Ich spüre ihn kraftvoll, lichtig und voller Schöpferkraft. Ich spüre generell sehr aufmerksam in die jeweilige Zeitqualität hinein, in die Energie, die gerade vorherrschend ist, die sich im Jahreszyklus gerade zeigt. Besonders aufmerksam bin ich aber, wenn ein neuer Monat beginnt und forsche gespannt, welche Energien dieser Monat mit sich bringen mag.

Diese Kraft, die der November für mich hat, hat mich doch überrascht. Denn eigentlich kenne ich diesen Monat durchaus auch als Rückzugszeit, als Phase der Heilung. Dieses Jahr ist es ganz anders. Vielleicht auch deshalb, weil ich mir schon so vieles angeschaut und geheilt habe. Ich bin voller Tatendrang und neuer Ideen, ich fühle mich so reich und erfüllt, so beschenkt und vollkommen. Draußen mag es noch so grau sein, in mir leuchtet alles. Da ist eine Energie, die in mir pulsiert, eine Schöpferkraft, die ich so extrem noch nicht erlebt habe. Ich erlebe mich immer mehr als Schöpfer, bin mir dessen immer bewusster, kann sie fast schon greifen diese Schöpferkraft, meine eigene Macht und Größe. Es ist, als ob ich nur mit dem Finger schnippen bräuchte und die Dinge, die mir gerade am Herzen liegen, kommen in mein Leben. Tatsächlich merke ich, dass sich meine Entscheidungen immer schneller manifestieren. Ich entscheide mich, zu einem Thema eine Lösung zu finden und nur ein paar Stunden später liegt alles glasklar vor mir. Ich denke, dass ich dieses oder jenes gerne haben würde und schwupps schenkt es mir jemand oder in dem Laden, in dem ich gerade bin, ist es im Angebot. Das Leben entfaltet sich für mich im Moment als Schlaraffenland!!! Ich bin zutiefst beeindruckt und dankbar, verzaubert und bewegt. Ich genieße und staune und sonne mich in diesen Wundern, die ich vollbringen kann, in meiner Kraft, in meiner Macht, bin voller Vorfreude auf alles, was sich noch zeigen mag, voller Vorfreude auf Weihnachten, bin wie ein kleines Kind. Eines, das sich auf die Geschenke des Lebens freut, aber gleichermaßen oder vielleicht noch mehr freue ich mich darauf, selbst zu schenken. Ich könnte bersten vor Vorfreude auf all die tollen Überraschungen, die ich für andere habe.

Ich habe in letzter Zeit viele wichtige und große Entscheidungen für mich getroffen. Entscheidungen, die sich jetzt manifestieren dürfen und die ich auch getrost loslassen kann. Ich weiß, dass sie auf ihre Weise und in ihrem Tempo in mein Leben kommen werden. Dazu muss ich nichts mehr tun, als im richtigen Moment meinen Impulsen zu folgen. Ich habe mich entschieden, den Rest regelt das Leben! Ich bin voller Vertrauen, weiß um meine Macht, weiß um das Wunder des Erschaffens.

Das alles kam ganz extrem, als das Krafttier Drache vor ein paar Tagen in mein Leben kam. Wie so oft wusste ich vor der Meditation, in der es zu mir kam, nicht, dass es dieses Krafttier überhaupt gibt.

Mein Mangelgefühl (die kleine Fledermaus) und das Durchhaltevermögen (das Kamel) hatten noch ein Geschenk für mich. (Wie die beiden in mein Leben kamen findet ihr hier: Zum Durchhalten aufgerufen) Ich spürte, dass etwas fließen wollte und setzte mich bereitwillig zu einer Meditation hin.

Sofort erschienen mir die Fledermaus und das Kamel. Sie standen vor mir und ich begrüßte sie herzlich. Als sie so dastanden, fiel mir ein, dass mich die Fledermaus des Mangels noch gar nicht wirklich an die Fülle übergeben hatte. Das letzte Mal, als ich ihr begegnet bin, hatte sie mich an das Kamel übergeben, mit der Aufforderung zum Durchhalten.

Bisher hatte mich jedes "negative" Gefühl irgendwann an sein "positives" Gegenteil übergeben. Immer dann, wenn ich es aufrichtig angenommen hatte und wir wirklich Freundschaft geschlossen hatten. Immer dann, wenn die Zeit dafür reif war. Die Katze der Wut übergab mich an den Löwen der Kraft. Der Schimpanse der Ohnmacht übergab mich an den Gorilla der Macht. Die Schlange der Angst übergab mich an den Adler des Vertrauens. Und so weiter... Nur die Fledermaus des Mangels hatte mich noch nicht an die Fülle oder etwas Vergleichbares übergeben.

Kaum hatte ich den Gedanken zu Ende gedacht, kam von oben ein riesen Etwas auf uns nieder und warf seinen großen Schatten auf die Fledermaus und das Kamel. Sie wirkten ob des Schattens winzig. Ich schaute verwundert zu und versuchte zu erkennen, was da vom Himmel kam. Ich machte Flügel aus und plötzlich sah ich ihn, diesen wunderbaren Drachen - meinen Drachen. Sofort spürte ich eine tiefe Liebe. Es war ein Gefühl, als ob ich einen uralten Freund nach Jahren endlich wiedersah. Ich wusste sofort, dass wir uns ewig kannten, dass wir zusammengehörten, dass wir ein Team sind. Mir stiegen Tränen in die Augen und ich weinte vor Freude, weil dieser Drache endlich wieder hier war oder vielmehr, weil ich ihn endlich wieder wahrnahm. Wie selbstverständlich stieg ich auf seinen Rücken, als hätte ich nie etwas anderes getan. Er erhob sich sofort in die Lüfte und wir verstanden uns blind. Wir waren wirklich eine Einheit. Was ich dachte, kam sofort bei ihm an. Wir flogen tief über das Land, über Felder und Wiesen, Wälder und Berge, über Seen, Flüsse und Ozeane, und überall spürte und sah ich die Fülle und Schönheit der Erde, den Reichtum, das Paradies, das doch in allem zu sehen ist. Ich war bezaubert. Die Kraft dieses Tieres, wenn es Feuer spuckt, die Anmut, wenn es fliegt, die Magie, die von ihm ausgeht, wurden zu einem Teil von mir. Seine Flügel waren meine, sein Feuer war meines, seine Energie war meine. In meinem ganzen Leben habe ich mich noch nie so kraftvoll gefühlt, wie in dieser Meditation und der ganzen Zeit danach.

Ich habe noch immer diese Verbindung zu diesem meinem Drachen. Er ist da, ein Teil von mir. Ich weiß, dass er bleibt, ab sofort für immer. Er wird nicht wieder gehen. Ein Gedanke an ihn reicht, um all diese Kraft zu spüren, wie sie durch mich hindurchpulst und fließt. Er hält für mich zu jeder Sekunde die Schöpferkraft bereit, erinnert mich, wer ich wirklich bin, zeigt mir meine wahre Größe, meine Macht. Noch nie in meinem Leben, war ich mir dessen so bewusst, dass ich Schöpfer bin, noch nie habe ich es so gefühlt. Ich bin erfüllt und dankbar und unglaublich stolz, dass ich den Weg dahin gefunden habe!!!

Ich würde nicht sagen wollen, dass der Drache einfach für die Fülle steht. Er steht für mich für viel mehr. Für mich steht er für die Schöpferkraft, mit der ich mir die Fülle erschaffen kann, für Magie, für meine Macht und meine Größe. Ein größeres Geschenk hätte mir das Mangelgefühl nicht machen können. Gut, dass wir Freundschaft geschlossen haben. ;)

Herzensgrüße von mir
Anja

PS: Nach der Erscheinung des Drachen habe ich natürlich im Internet geschaut, ob es sich um ein Krafttier handelt und wenn ja, für was es steht. Was ich da entdeckt habe, könnte passender nicht sein! Aber lest selbst und lasst euch vom Drachen verzaubern... Hier Auszüge von dem, was mich am meisten angesprochen hat mit der jeweiligen Quelle:

"[...] Wenn Sie gelernt haben, den Drachen zu reiten, dann haben Sie im Drachen einen mächtigen Begleiter und ein energiegeladenes Krafttier gefunden, das Ihnen beim Erschaffen einer Realität hilft, in der Ihre Wünsche – auch im größten Chaos – endlich wahr werden können. [...]"
http://www.schamanische-krafttiere.de/krafttier-drache.html

"[...]Die starke Medizin des Drachen ist besonders zu schätzen, wenn Du

- Deine Vergangenheit bewältigen willst und Stück für Stück Deine Seele erforschen möchtest.
- Dir und anderen einmal zeigen möchtest, was wirklich in Dir steckt und Deine Talente zum Nutzen aller entfalten willst.
- Magie und Spiritualität (wieder-)entdecken möchtest.
- Deine Energie und Kraft gezielt einsetzen möchtest, und sie nicht bei unüberlegten Aktionen verschleudern willst.

[...] Beim Erddrachen geht es um Kraft und um Reichtümer. Der Erddrache will Dich an Dein Potential erinnern. Du hast mit Deinen vielfältigen Fähigkeiten einen großen Schatz in Dir. Es ist an der Zeit, ihn nicht einfach nur still zu hüten, sondern Dir zu Nutze zu machen, um ihn zu vergrößern. Entfalte Deine Talente. Entdecke die Kraft Deines Verstandes und die Schönheit Deines Herzens und zeige sie der Welt. [...]"http://www.orakel.org/krafttier-drache/

"Der Drache – Neue dynamische Kraft
Wilde natürliche Kräfte brechen sich Bahn und führen in die Freiheit und die Veränderung. Anfängliche Verwirrung könnte sich einstellen. Sie wissen nicht wohin mit Ihrer Kraft und Ihrem Seelenfeuer. Die Möglich-

keiten sind zum Greifen nahe und das Zögern, sich dem Feuer hinzugeben, lässt nach. Es dauert nicht mehr lange und Sie können Ihre brennenden Wünsche Wirklichkeit werden lassen.

Folgende spirituelle Hinweise sind als Botschaften zu verstehen, denen Sie jetzt gerade Beachtung schenken sollten und die von Ihnen auf Ihre individuelle Lebenssituation übertragen und interpretiert werden möchten. Entspannen Sie Ihren Körper und Ihren Geist und spüren Sie in sich nach, welche Gedanken, Ideen und Erkenntnisse sich dazu in Ihrem Bewusstsein einfinden werden:

- Den eigenen Wünschen gerecht werden
- Noch eine kurze Weile und der Sprung wird möglich
- Dynamische Kräfte stehen dem Ziel zur Verfügung
- Ein Neuanfang wird fällig
- Eigene Stärken weisen den Weg
- Verstand und Herz zusammenführen
- Die Magie des Lebens will wiederentdeckt werden
- Ihre Schöpferkraft hat unglaubliches Potenzial
- Wachstum auf spiritueller Ebene
- Kreative Ideen werden erfolgreich sein"

http://www.spirituell-auf-deine-weise.de/blog/die-geistige-welt-krafttier-bedeutung-drache/viele-wege-fuehren-in-die-geistige-welt-finden-und-gehen-sie-ihren-der-drache.html

Samstag, 14. November 2015

Mein Körper geht in die Weichheit

Was ist das Leben doch faszinierend. Wie ihr wisst, schaue ich mir alle körperlichen Symptome auf geistiger Ebene an, löse dort die Themen und helfe so meinem Körper, wieder in Einklang und Harmonie zu kommen.

Seit August letzten Jahres braucht mein rechtes Knie immer mal wieder Aufmerksamkeit, weil es beim Gehen schmerzt. Immer wieder ging ich in Kontakt mit meinem Knie, wenn ich das Gefühl hatte, dass sich etwas zeigen mag. Im Januar dieses Jahres hatte ich dazu schon wunderbare Erkenntnisse in einer Meditation, die mich auf dem Weg der Heilung einen riesen Schritt vorwärtsgebracht haben. (Genaueres findet ihr in diesem Artikel: noch mehr Heilung)

Allerdings gab das Knie noch immer keine Ruhe. Ich habe gelernt, dass immer alles "Unangenehme" so lange in meinem Leben bleibt, bis ich wirklich jedes Geschenk darin gefunden habe, bis ich alles verstanden habe und mir jeden Aspekt davon angeschaut habe. Erst dann können sich die Dinge lösen und gehen.

Ende September habe ich dann endlich beschlossen, dass das Knie mich lange genug eingeschränkt hat. In einer Phase, in der ich mal wieder gründlich in meinem Leben aufgeräumt habe (innerlich wie äußerlich), machte ich also einen Termin bei einem Physiotherapeuten, der LNB Schmerztherapie anbietet. Die LNB Schmerztherapie geht davon aus, dass die meisten Schmerzen ohne OP und Medikamente in den Griff zu bekommen sind. In 90% der Fälle handelt es sich um sogenannten Alarmschmerz, der den Körper vor größeren Schäden durch Fehlbelastung bewahren soll. Diese Alarmschmerzen "entstehen also durch krankhafte muskulär-fasziale Zustände, sprich durch "Fehlprogrammierungen der Muskeln"" (Quelle: LNB Schmerztherapie, siehe Link oben).

Wie ihr wisst, bin ich der Meinung, dass wir uns selbst heilen können und jegliche Ansicht, die ohne Skalpell und Pille auskommt und stattdessen an die Wurzeln der Entstehung geht, ist für mich immer interessant. Diese Therapieform und Denkweise kam mir also gerade recht.

Während dieser Therapie stellte sich heraus, dass das Gewebe an der Hinterseite meiner Beine völlig verkürzt und verhärtet war, die Faszien nicht mehr flexibel. Daraus resultierte natürlich eine Fehlbelastung beim Gehen. Zu viel Druck und Spannung im Gelenk. Wenn man sich mit ausgestreckten Beinen auf den Boden setzt und die Knie Richtung Boden drückt, sollte die Kniekehle den Boden berühren. Auf der linken Seite war das der Fall, auf der rechten Seite passte eine Hand drunter. Daran, dass ich in dieser Stellung meine Zehenspitzen mit den Fingern berühren könnte, war gar nicht zu denken. Ich konnte mir gerade knapp unterhalb des Knies an den Unterschenkel fassen, dann war Schluss und es zog fürchterlich auf der Rückseite der Beine. Ich war einerseits tatsächlich schockiert, dass das so war. Kein Wunder, dass der Körper hier irgendwann mal um Hilfe schreit. Andererseits war ich aber auch sehr froh, einen neuen Blickwinkel auf die Ursache der Beschwerden zu haben, ein weiteres Puzzleteil für die Heilung.

Ich wurde in der Praxis entsprechend physiotherapeutisch behandelt und bekam Übungen mit nach Hause, die mir helfen sollten, das Gewebe wieder flexibel zu machen und so die Spannung aus dem Knie zu bekommen.

Nach nur zwei Wochen, in denen ich die Übungen jeweils morgens und abends machte, konnte ich meine Zehenspitzen mit den Fingern fassen, wenn ich mit ausgestreckten Beinen am Boden saß. Auch die Strecken, die ich schmerzfrei gehen konnte, wurden länger.

Begleitend zu den Übungen und den Behandlungen in der Praxis ging ich natürlich auch auf geistiger Ebene immer wieder bewusst in die Weichheit. Immer wieder richtete ich meine Aufmerksamkeit auf alle Faszien, Bänder und Gelenke, entspannte alles bewusst und animierte die Zellen, wieder in ihren ursprünglichen, natürlichen Zustand zu gelangen. Alles sollte wieder natürlich flexibel sein und dennoch Halt haben.

Vor ein paar Tagen (ich mache die Übungen immer noch, in Behandlung bin ich nicht mehr), passierte es dann, dass ich während der Übungen plötzlich schrecklich anfangen musste zu weinen. Ich konnte nicht greifen, wo das herkam oder warum das so war. Es fühlte sich an, wie alter

Schmerz und alte Anspannung, aber ohne Zusammenhang. Ich ließ es zu, weinte und hatte das innere Bild, dass mich mein Schutzengel ganz fest und liebevoll mit seinen Flügeln umhüllt, mich schützt und mir somit einen Raum für Heilung gibt. Vor zwei, drei Tagen dann kam wieder ein inneres Bild. Ich sah meinen Körper daliegen und sah überall wo Faszien und Bindegewebe ist, schwarzen, klebrigen Schmodder, der begann sich zu lösen. Es fühlte sich an, wie wenn da alles innerlich vibriert und in Wallung kommt, sich lockert und der Schmodder anfängt zu gehen. Ich wurde zunehmend unruhiger, merkte, dass etwas fließen will, dass langsam wieder Tränen in mir aufsteigen und immer, wenn ich mit der Aufmerksamkeit zu meinen Faszien ging, war da dieses Vibrieren und der Aufruhr. Immer wieder sah ich mir dieses Bild an und es veränderte sich. Der schwarze, klebrige Schmodder stieg langsam nach oben, wurde immer heller, und hing schließlich wie Luftblasen, die jeden Moment aufsteigen, nur noch am seidenen Faden an meinem Gewebe.

Heute Morgen bin ich dann mal wieder mit der altbekannten schlechten Laune und Unruhe aufgewacht, die ich immer habe, wenn sich Altes löst. Und vorhin endlich merkte ich, dass es nun endgültig ins Fließen kommt. Ich setzte mich also hin und ging mit meiner Aufmerksamkeit in mich und zu diesen Luftblasen und schon kullerten die ersten Tränen. Mit einem Kribbeln und Prasseln, das durch den ganzen Körper ging und mir Gänsehaut verursachte, zerstoben die Luftblasen in tausend kleine Bläschen, stiegen auf und verließen meinen Körper. Dann war Stille und ich war innerlich total ruhig. Nach einer Weile tauchte mein Körper in ein heilendes, blaues Bad. Ich tauchte komplett unter und fühlte wie das "Wasser" in meine Zellen drang und dort für Weichheit, Entspannung und natürliche Elastizität sorgte. Mein ganzer Körper entspannte sich, wurde weich und locker. Was für eine Wohltat. Und wieder überlief mich eine Gänsehaut. Ich spürte den natürlichen, ursprünglichen Zustand des Gewebes, der Muskeln. Ich genoss dieses Gefühl total.

Allerdings hatte ich noch nicht verstanden, für was dieser Schmodder stand, was da gerade meinen Körper verlassen hatte. Ich fragte also nach und als die Antwort kam, schüttelte mich heftiges Weinen. Dieser schwarze Schmodder steht für all die Härte, mit der ich mit mir so viele Jahre umgegangen bin. Er steht für allen Druck, den ich mir selbst gemacht habe, für jede Sorge, die ich zu haben glaubte, für jedes Müssen, das ich mir eingeredet hatte, für alles Festhalten an scheinbaren Sicherheiten. All dieser Druck und Stress, die innerliche Verkrampfung, das innerliche Anspannen, all die Härte, mit der ich mich selbst angepackt hatte, hatte sich im Laufe meines Lebens in meinem Körper im Gewebe abgesetzt. Das Gewebe wurde so hart, wie ich mit mir selbst umging, so hart, wie ich früher glaubte, dass das Leben ist, so hart, wie meine Gedanken damals waren. Mein Körper spiegelte meine innere Haltung. Meine Überzeugungen manifestierten sich im realen Leben und wurden bemerkbar, sichtbar, in mir. Die Überreste dieser Überzeugungen, der Schmodder, der so lange in mir war, konnten vorhin gehen.

Mir wurde noch einmal bewusst, dass es in diesem Leben nicht darum geht, irgendwo hinzukommen, irgendwelchen Zielen hinterherzuhecheln, sondern es geht darum, zu merken, dass wir schon da sind. Immer und in jedem Moment sind wir an genau der richtigen Stelle. Immer und in jedem Moment ist alles gut. Wir brauchen keine bestimmten äußeren Umstände, um glücklich und erfüllt zu sein. Wir können das immer sein. JETZT! Wenn wir das verstanden haben, sind wir nicht abhängig von bestimmten äußeren Umständen, Zuständen oder Begebenheiten. Wir können nicht nur glücklich sein, wenn dies oder das endlich so ist, wie wir wollen. Wir sind dann glücklich, wenn wir uns dazu entschließen, wenn wir merken, dass aller Ursprung für unsere Erfahrungen im Außen in unserem Inneren liegt. Wir sind Schöpfer. Und alles in unserem Umfeld zeigt uns lediglich, wie es in uns aussieht, was wir glauben, was wir fühlen, denken. Es gibt keinen Zustand zu verurteilen, denn er ist unsere Schöpfung. Verurteilen wir einen Zustand, verurteilen wir uns. Also ist wirklich immer alles gut. Ich erschaffe Zustände, erfahre sie, überprüfe, ob ich das so will und wenn nicht, kann ich es ändern, in dem ich meine Art zu denken ändere. Es gibt keinen Grund, hart zu sich selbst zu sein, sich wegen irgendetwas Stress zu machen, irgendetwas festhalten zu wollen. Ich habe es erschaffen, ich kann es also auch wieder ändern. Punkt.

Wir sind frei, unabhängig und selbstbestimmt. So können wir liebevoll mit uns und unseren Mitmenschen sein, verurteilen nichts mehr, brauchen nichts mehr von anderen, sind im Fluss und im Vertrauen, sind weich zu uns selbst. Unseren Körper wird es freuen...

Diese Weichheit wurde mir heute gegeben, weil ich in den vergangenen Jahren der Selbstfindung und -heilung verstanden habe, wie das Leben wirklich funktioniert, wie liebevoll es eigentlich angelegt ist. Weil ich verstanden habe, dass ich meinen agilen, gesunden Körper nicht mehr dafür gebrauchen möchte, um irgendwo hinzukommen, um mich anzustrengen, selbst zu kasteien, um bestimmte Dinge zu erreichen, mir Sorgen zu machen, irgendetwas festzuhalten, sondern um das Dasein zu genießen, das Verweilen, das im Moment sein, das Erschaffen. Weil ich mit den Jahren geistig weich geworden bin, meine Gedanken weich und liebevoll geworden sind, weil ich wieder gelernt habe, dem Leben zu vertrauen, konnten sich alle alten Verhärtung lösen und dieser ganze "Dreck" konnte heute gehen, meinen Körper verlassen.

Ich bin unendlich erleichtert, genieße diesen Zustand, diese Klarheit, das Körpergefühl, dieses nochmalige Loslassen, die Reinigung. Ich bin dankbar, dass mir mein Körper wieder zu so schönen, heilsamen, wunderbaren Einsichten verholfen hat.

Ob mein Knie nun noch schmerzen wird oder nicht, werde ich sehen. Ob ich diesbezüglich alles geheilt und verstanden habe, wird sich zeigen. Keine Einsicht, kein Geschenk möchte ich missen. Jeder einzelne Schmerz war für etwas gut, ob es nun im Knie war oder wo anders im Körper. Alles hat eine positive Absicht. Wir müssen nur hinschauen. Früher oder später wird mein Knie wieder in seinem ursprünglichen, natürlichen Zustand sein. Weil ich mich dazu entschieden habe, kann es gar nicht anders sein.

Und bis dahin? Ist immer alles gut, in jedem Moment!

Herzensgrüße von mir
Anja

Donnerstag, 17. Dezember 2015

Urvertrauen - Anbindung an Mutter Erde

Was hat sich da eben wieder getan, gelöst und gezeigt. Wieder wurde ich vom Leben reich beschenkt, weil ich mich dazu entschlossen habe. Meine Verbindung zu Mutter Erde wurde gerade extrem ausgebaut und sie war es auch, die mir klargemacht hat, dass einige körperliche Symptome überflüssig werden, wenn wir ins Vertrauen gehen.
Aber lest selbst wie es dazu kam:

Gerade hab ich wie so oft ein paar Körper- und Achtsamkeitsübungen gemacht und lag danach ganz entspannt und völlig im Moment auf meiner Matte. Meine Aufmerksamkeit wanderte zu meinem rechten Knie, denn der Schmerz war immer noch vorhanden. (näheres zum bisherigen Heilungsprozess und den wunderbaren Erkenntnissen zu den Themen, die dahinterstecken findet ihr in diesen beiden Artikeln: Noch mehr Heilung und Mein Körper geht in die Weichheit) Ich spürte also ins Knie und bemerkte, dass darin noch unheimlich viel Wut steckte. Wut und alter Schmerz darüber, dass ich in der Vergangenheit so oft nicht meinen Weg gehen konnte, oder besser gesagt glaubte, dass ich es nicht könne. Beide Gefühle ließ ich einfach da sein, ging völlig in sie rein, sie bäumten sich noch einmal richtig auf, nahmen zu und dann begannen sie sich aus dem Knie zu lösen, in meinem Körper nach oben zu fließen und verließen mich dann begleitet von einer dicken Gänsehaut am ganzen Körper durch das Halschakra. Ruhe kehrte ein, ich atmete tief und befreit.

Nun spürte ich wieder in meinen Körper, ging wieder in das rechte Knie, generell in die rechte Seite. Ich stellte fest, wie verhärmt und überanstrengt meine rechte Seite war. Sie sah grauenhaft aus. Völlig ausgemergelt, grau, fahl, abgemagert, hohl. Über so viele Jahre hatte ich die rechte Seite extrem überlastet und gefordert. Die rechte Seite steht für das Tun und Machen, das männliche Prinzip, für Entscheidungen, für alles, was verstandesorientiert ist. Die linke Seite steht für die Weichheit, das weibliche Prinzip, das sich hingeben, vertrauen, geschehen lassen, Intuition. Diese Seite fühlte sich tatsächlich weich an, fast neu und unverbraucht. Ich hatte ja auch über so viele Jahre nur die rechte Seite beansprucht und von der linken nichts wissen wollen. Ich lebte sehr einseitig, immer mit dem Verstand vorne dran, immer im Machen, immer im Tun. Das hatte seinen Tribut gefordert. Die rechte Seite war verbraucht, kaputt, verschlissen. Als ich die beiden Seiten im direkten Vergleich so ansah, musste ich bitterlich weinen. Ich hatte die eine Seite geschunden und die andere vernachlässigt. Der Unterschied war so deutlich spürbar und es tat mir unendlich leid, dass ich die rechte Seite so kaputt gemacht hatte. Ich versuchte die Liebe und die Weichheit der linken Seite in meine rechte fließen zu lassen, aber das wollte mir nicht so recht gelingen.

Also bat ich das Universum, Gott, das Leben und Mutter Erde meinen Körper mit Liebe zu fluten. Vor allem zu Mutter Erde verspürte ich in diesem Moment eine enorme Verbindung. Erst war es dunkel um mich, doch dann bemerkte ich, dass sich von oben eine golden glitzernde Energie näherte und durch mein Kronenchakra in meinen Körper floss. Überall wo diese Energie in mir ankam, hatte ich äußerlich wieder Gänsehaut. Sie überrollte meinen Körper von oben nach unten. In mir fühlte es sich so an, wie wenn diese goldene Energie sich in Flüssigkeit verwandelt hätte und meinen gesamten Körper, der nun wie ein Gefäß war, ausfüllte, in jede Ritze drang und alles umspülte. Die Flüssigkeit schwappte langsam hin und her und löste nach und nach nochmal ganz viel Altes, alte Blockaden, alte Verkrustungen, alten Ballast. Sie färbte sich nach und nach dunkel, war irgendwann schwarz und floss dann durch mein Kronenchakra wieder ab, spülte all den "Müll" mit raus, nahm ihn mit und reinigte mich so auf wunderbare Weise. Das alles spürte ich eher rechtsseitig. Da, wo es auch am nötigsten war.

Wieder lag ich nach dieser Reinigung da und fühlte in meinen Körper. Die rechte Seite fühlte sich freier an, heiler. Ich bat wieder darum, meinen Körper mit Liebe zu fluten und nun begann eine wunderbare Energie durch meine Füße in mich zu fließen, wieder verstärkt rechtsseitig. Ich wunderte mich erst, dass die Energie von unten kam. Doch mir wurde schnell klar, dass sie direkt von Mutter Erde kam und sie tat so gut. Sie füllte mich komplett aus. Überall, wo ich vorher Hohlräume wahrgenommen hatte, floss nun diese Energie hin, die sich wie Liebe und vor allem wie Weichheit anfühlte. Ich genoss dieses Gefühl, diese samtweiche, liebevolle, wohltuende Masse. Sie floss mein Bein hinauf, durch mein Knie, weiter in die Flanke und dann merkte ich, dass sie nicht weiterkam. Ich versuchte den Ort der Blockade auszumachen und stellte fest, dass die Schulter blockierte. In meinen rechten Arm, war noch nichts geflossen. Mit der linken Hand umschloss ich meine rechte Schulter und es fühlte sich tatsächlich so an, wie ein Pfropf, dunkel und fest. Ich fragte, was das sei, spürte hin, in diese Qualität des Pfropfes. Da begannen auch schon wieder bitterliche Tränen zu fließen. Was hier blockierte, war all der Schmerz, den ich in dem verzweifelten Versuch, Verbindungen zu bestimmten Menschen aufrechtzuerhalten, erlitten hatte. Wie oft hatte ich mich als Kind und Jugendliche verbogen und verrenkt, um es meinen Eltern recht zu machen, wie sehr hatte ich den Arm nach ihnen gereckt, um sie endlich zu erreichen, um es ihnen recht zu machen, um ihren Ansprüchen zu genügen. Das Ergebnis war ein Schlottergelenk, eine hypermobile Schulter, die ich tatsächlich habe. Hier blieb die Weichheit stecken. Auch diesen Schmerz nahm ich an, ließ ihn da sein, spürte ihn noch einmal und er löste sich nach und nach. Ich merkte, dass die Liebe und Weichheit langsam durch meine Schulter fließen konnten und die letzten Reste des Schmerzes lösten.

Endlich floss diese wunderbare Energie in meinem rechten Arm nach unten Richtung Hand. Und blieb wieder stecken. Im Handgelenk. Auch hier habe ich tatsächlich immer wieder Schmerzen und Beschwerden. Ich spürte auch hier nach, was diese Blockade war und wieder weinte ich bitterlich als ich noch einmal deutlich erkannte, dass sich im Handgelenk der verzweifelte Versuch, immer alles unter Kontrolle zu haben und alles festzuhalten, festgesetzt hatte. Was habe ich über Jahre nicht alles versucht, um immer souverän zu sein, immer oben auf, immer cool und gefasst, habe immer alles geplant, wollte perfekt sein, eben immer alles im Griff haben. Mein Handgelenk möchte das nicht mehr. Es ist ebenfalls überlastet. Nach dieser Erkenntnis flossen nun auch hier die Liebe und die Weichheit hindurch und erreichte endlich meine Hand, füllte sie aus. Nun war diese wunderbare Energie überall in meinem Körper (wobei ich mir bei Kopf und Nacken nicht ganz sicher bin - es könnte sein, dass ich hier auch noch einmal schauen darf).

Und dann wurde mir das volle Ausmaß dessen bewusst, was da eben geschehen war und welche Bedeutung das alles hatte. Die Energie, Liebe, Weichheit kam direkt von Mutter Erde. Sie versorgt mich, ich bin angebunden. Ich kann auf ihr hingehen und wandeln, wohin ich auch möchte, sie wird mich versorgen. Egal wie mein Weg aussieht, sie ist für mich da (Knie). Ihre Verbindung zu mir ist bedingungslos. Ich darf einfach ich sein. Ich muss mich weder verbiegen noch verrenken. (Schulter). Sie trägt mich und lässt mir alles zukommen, was ich gerade brauche. Ich kann ihr vertrauen und zwar blind. Ich kann loslassen und mich ihr hingeben (Handgelenk). Wie wunderbar ist das denn bitte? Welch heilsame und liebevolle Botschaften sind das?!!! Und dann wurde mir klar, dass so Urvertrauen aussieht und sich genauso anfühlt. URVERTRAUEN!!!

Diese Energie, die da durch meine Füße in meinen Körper geflossen ist, ist die unerschütterliche Anbindung an Mutter Erde. Habe ich diese, stehe ich mit beiden Beinen mitten im Leben und so sehr ein Sturm auch wehen mag, mir kann nichts geschehen. Ich habe Halt, ich bin versorgt, verwurzelt, ich bin ein Teil dieser wunderbaren Natur. Noch nie habe ich diese Anbindung so deutlich wahrgenommen, noch nie so klar gesehen. Meine körperlichen Symptome haben mir gezeigt, dass sie nicht nötig sind, wenn ich im Urvertrauen bin. Dieses Urvertrauen, diese Liebe, das Versorgtsein, diese Anbindung sind mein Geburtsrecht. Sie sind das Geburtsrecht von einem jeden von uns. Sie stehen uns jederzeit zur Verfügung. Die Frage ist, ob wir das sehen und glauben können.

Wir können so viel heilen, wenn wir uns Mutter Erde hingeben. Das weiß ich jetzt. Vertrauen wir ihr!!! Sie wartet nur darauf, ihr Werk endlich tun zu dürfen, ohne dass wir dazwischenfunken.

Ich wünsche einem jeden von euch, dass er das Geschenk des Urvertrauens entdecken darf, dass er wieder die Anbindung an Mutter Erde spürt und sich von ihr tragen und heilen lassen kann.

Hinterlasst mir gerne eure Gedanken und Eindrücke dazu in den Kommentaren.

Bewegte Herzensgrüße von mir

Montag, 21. Dezember 2015

Frohe Weihnachten

Ihr Lieben,

ein wunderbares, faszinierendes, ereignisreiches, manchmal auch anstrengendes, aber vor allem heilsames Jahr neigt sich langsam dem Ende und ich bin tief bewegt. Tief bewegt von diesem Wunder Leben und eine feierliche Stimmung macht sich breit. Passend zu Weihnachten.

Auch die letzten Wochen hatten es nochmal in sich. Eine Erkenntnis jagte die nächste, immer öfter erinnere ich mich an frühere Leben und mit wem ich sie verbracht habe, in welcher Beziehung wir standen.

Wenn ich so zurückblicke, dann fühlt sich dieses Jahr wieder so an, als ob die Ereignisse für ein ganzes Leben reichen würden und irgendwie ist auch ein jedes Lebensjahr wie ein eigenes kleines Leben. Der Januar fühlt sich für mich immer an, wie eine neue Geburt, ein neuer Aufbruch und ich bin gespannt darauf, was sich wohl alles zeigen mag. Im Laufe der Monate wachse ich dann wieder, entdecke mich neu, verändere mich, begegne wichtigen Menschen, halte immer wieder auf meinem Weg inne und schaue mir an, was da alles so geschieht und was es mit mir macht. Schaue immer wieder, wo es denn nun für mich weitergeht. Wie der nächste Schritt aussieht.

Und umso mehr Monate vergehen, umso reifer werde ich wieder, wie auch die Früchte an einem Baum reif werden. Im Herbst steht die Ernte an. Ich schaue mir an, welche Früchte das Jahr getragen hat, wer ich geworden bin und genieße den Erfolg. So wie es vielleicht auch im Alter der Fall ist. Man blickt zurück und ist hoffentlich stolz. Ich kann sagen, dass ich sehr stolz bin. Dann kommt der Rückzug, das nach innen gehen. Die Tage werden kürzer, Erholung ist angesagt, mehr Ruhe. Dann im Advent, in dieser wunderbaren lichten Zeit, beginne ich immer mehr auf mich zuzugehen und das, was über das Jahr geschehen ist, in mein Wesen zu integrieren. Der Advent ist eine Zeit, in der wir uns auf etwas zubewegen, wir wollen ankommen. Und Weihnachten ist dann endlich die Zeit des Ankommens für mich. So wie die Hirten auf den Stern zugingen, gehe ich auf mein eigenes Licht zu und komme dann wieder noch mehr bei mir an. Auch am Lebensende, wenn die Seele sich entschließt, diesen Körper zu verlassen, gehen wir auf uns selbst zu, auf unser Licht und werden wieder komplett wir selbst, unser wahrer Kern. Ein altes Ich stirbt, auf dass später ein neues Ich wiedergeboren werden kann. Zwischen Weihnachten und Neujahr fühlt es sich für mich immer an, wie zwischen den Welten. Das alte Jahr ist vorbei, es gibt nichts mehr zu tun.

Du kannst am alten Jahr nichts mehr ändern, es ist gelebt. Nun gilt es zurückzuschauen und zu entscheiden, was man davon im neuen Jahr wiederhaben möchte, was man vielleicht anders erschaffen will, was man im neuen Jahr in Angriff nehmen will. Genau wie die Seele nach dem Verlassen ihres Körpers nochmal auf das alte Leben zurückblickt und sich ebenfalls entscheidet, was davon im neuen Leben wieder erfahren werden möchte, was anders sein soll, was stattdessen erfahren werden soll. Und dann kommt die Wiedergeburt, das neue Jahr beginnt, ein neues kleines Leben beginnt, neue Erfahrungen und Erlebnisse warten und wollen gelebt werden. Das Spiel beginnt von vorne! Neues Wachstum ist möglich, aufbauend auf all den wichtigen "alten" Erfahrungen. Und wieder dürfen wir uns noch näherkommen, werden noch mehr die, die wir im Kern schon sind. Dürfen uns ausdrücken, an uns selbst erfreuen, erschaffen, erfahren.

Ich wünsche euch allen, dass ihr in dieser wunderbaren Zeit auf euer Licht in euch zugehen könnt, dass ihr bei euch ankommt, wie die Hirten beim Stern, seht, wer ihr wirklich seid. Wie wunderbar, göttlich, mächtig und vollkommen. Ich wünsche euch, dass ihr voller Stolz und Freude auf euer Jahr zurückblicken könnt, zufrieden mit dem, wer ihr ward und geworden seid.

Frohe Weihnachten! ♥
Anja

Montag, 4. Januar 2016

2016 - Los-gelassen, heil und vollständig

Silvester 2015 war ich um Mitternacht noch nicht bereit für das neue Jahr. Eine ungewöhnliche Erfahrung für mich. Ich bin auch nicht vor die Tür. Die Raketen und Kracher bräuchte es wegen mir sowieso nicht. Und irgendwie konnte ich dann auch keinem so richtig herzlich ein frohes neues Jahr wünschen, weil ich da noch gar nicht war.

Am nächsten Morgen im Bett dann ist mir aufgegangen, warum das so ist. Ich habe nicht nur das Gefühl, dass ein Jahr zu Ende ging, sondern eine ganze Ära. Die Ära der Heilung. Es war ein Bild, dass ich nun über Jahre einen Berg erklommen habe. Der Berg symbolisiert meine ganzen Themen, Baustellen, Heilungsprozesse, alles, was verwandelt werden wollte, transformiert, angeschaut, angenommen. Der Weg war oft steil und anstrengend. Was habe ich für Durststrecken durchlebt, gezweifelt, gehadert, mich gefragt, ob das alles so richtig ist. Aber umkehren war nie eine Option. Meine Sehnsucht und das innere Wissen, dass das schon irgendwie alles gut so ist, haben mich letzten Endes immer weiter angetrieben.

Und nun bin ich endlich oben. Eine weite Ebene tut sich auf, aber die lag an dem Morgen noch im Nebel. Das, was ich alles in den vergangenen Jahren geschafft habe, will noch einmal Aufmerksamkeit und gewürdigt werden. Ich möchte noch einmal mit Stolz und Ehrfurcht auf meine Jahre der Heilung und Selbstfindung zurückblicken, mir noch einmal bewusst machen, was ich da alles geleistet habe. Und das war wahrlich verdammt viel. Himmel, was hab ich für Ängste durchlebt, für Schmerzen, körperlich wie seelisch. Was hat nicht alles gedrückt und wollte verändert werden. Wie oft fühlte ich mich hilflos und ohnmächtig, klein und wertlos, verloren und verzweifelt, verwirrt, unsicher, habe mich geschämt, mich schuldig gefühlt.

Ich habe alles auf links gedreht, jeden Baustein meines Lebens umgedreht und mir überlegt, ob ich ihn überhaupt noch will und brauche. Ich habe innerlich entrümpelt, ausgemistet, umgeräumt, meine Grenzen immer deutlicher gezogen, gelernt NEIN zu sagen und damit JA zu mir selbst, habe gelernt, immer mehr für mich und meine Wahrheit einzustehen, immer offensiver meinen Standpunkt zu vertreten, habe immer mehr entdeckt, wer ich eigentlich wirklich bin. Ich habe mich sortiert, vervollständigt, ganz gemacht. Meine ganzen Aspekte und Emotionen, die ich nicht an mir haben wollte, wieder zurückgeholt und mit Liebe angenommen. Das alles hat so viel Mut erfordert und rückblickend kann ich manchmal gar nicht wirklich sagen, wo ich all diesen Mut immer hergenommen habe. Woher die Kraft kam, immer wieder aufzustehen und es nochmal zu versuchen, so vehement an meinen Träumen festzuhalten.

So ein Rückblick und Bewusstmachen, wie es gerade beim Schreiben stattfindet, ist nochmal nötig, dann bin ich bereit für ein neues Jahr, von dem ich noch gar nicht so richtig weiß, was mich erwartet. Sonst war ich immer voller Vorfreude. 2012 fing das an. Das goldene Zeitalter wurde angekündigt und ich war ab da jeden Silvester richtig kribbelig. Dieser Silvester war ganz still und ruhig, friedlich und ich fühlte mich angekommen. Es gibt irgendwie nichts mehr, das ich unbedingt in "Angriff" nehmen muss. Es gilt "nur" noch in Frieden zu leben, zu genießen, mich an mir zu freuen, mich jeden Tag neu zu entdecken und alles fließen zu lassen, was gerade fließen will. Gefühlt sind da keine Baustellen mehr und das obwohl der Ausschlag immer noch leicht vorhanden ist, obwohl das Knie manchmal noch schmerzt, der Zahn noch empfindlich ist. Das alles darf sein und ich weiß, dass es auch hier immer ein danach geben wird. Aufgrund der vielen Erfolge der letzten Jahre, kann ich das alles mit Ruhe und Frieden betrachten. Loslassen trifft es einfach am besten. Ich habe ganz viel losgelassen und vertraue. Es wurde bisher immer alles gut. Ich habe bisher über kurz oder lang immer alles geschafft, was ich mir in den Kopf gesetzt habe, was mein Herz begehrt hat. Und so wird es weitergehen, weil ich die Macht dazu habe.

Dieses Jahr fühlt sich daher so ganz anders an, als die Jahre davor. Still und friedlich, kein Drama, keine Befürchtungen, keine Ängste, keine Anspannung. Nichts muss mehr, alles kann. Was kommen mag, wird gut sein. Ich hab schon so viel geschafft und auch überlebt, soviel Schmerz durchlebt und geheilt, so viele Dinge zum Positiven gewandelt. Egal, was kommt, ich kann es mit Ruhe, Frieden und Liebe erwarten, begrüßen, durchleben. Ich fühle mich ganz und heil und vollständig. Ich wusste immer, dass dieser Moment irgendwann kommen wird. Dieser Moment, in dem ich wieder komplett heil bin, in meinem ursprünglichen, liebevollen, leichten Zustand, in dem es nichts mehr zu heilen gilt, sondern nur noch Entwicklung auf mich wartet. Gerade würde ich sagen, er ist da. ♥♥♥

Ich bin unendlich dankbar. Vor allem bin ich mir unendlich dankbar für diesen unerschöpflichen Mut und mein Vertrauen in mich selbst. Wo auch immer ich das alles hergeholt habe. Ich bin stolz auf mich, sowas von stolz!!!

Für dieses neue Jahr wünsche ich euch das Beste. Glaubt an euch und eure Kraft, an das Potential, das in jedem vorhanden ist. Ich wünsche euch Mut, Ausdauer und alles, was ihr für dieses Jahr dringend gebrauchen könnt.

Herzensgrüße von mir

Mittwoch, 13. Januar 2016

Grenzen setzen, Grenzen sprengen

Alles bleibt immer so lange, wie es gut für mich ist und noch etwas für mich drin ist. Das habe ich gelernt. Mit "alles" meine ich Probleme, Krankheiten, körperliche Symptome, unangenehme äußere Umstände, Konflikte. Eben alles, was drückt und zwickt.

Wie ich in meinem letzten Artikel schon beschrieben habe, brauchen die Schmerzen im Knie und der Hautausschlag nach wie vor Aufmerksamkeit. Sie sind noch da, also ist noch etwas für mich drin. Wichtige Erkenntnisse, Geschenke, noch mehr Freiheit.

Also habe ich mich die letzten Tage mal wieder intensiv mit diesen Symptomen beschäftigt, habe mit ihnen geredet und was sie mir erzählt haben, ist einfach nur wahr und wichtig und richtig. Welch Überraschung. ;)

Grenzen setzen

Da hat mir mein Ausschlag erzählt, bei dem es vorrangig darum geht, ganz klare Grenzen zu ziehen, mein Revier zu verteidigen und meine Wahrheit mutig zu leben, mir nichts aufzuzwingen zu lassen, was ich nicht wirklich möchte, dass es aufdringliche, anstrengende und einnehmende Menschen einfach braucht. Denn sie sind es, die mich dazu bringen, wirklich für mich einzustehen. Wäre ich nur mit Menschen umgeben, die meine Werte und Grenzen achten, dann würde ich nicht lernen, vehement JA zu mir zu sagen, auf mich zu achten, denn die anderen achten ja schon auf mich. Würde es diese Menschen nicht geben, die gerne über meine Zeit verfügen würden, die mich "benutzen" (weil ich es zulasse), die mich vereinnahmen und vielleicht auch ausnutzen wollen, dann gäbe es niemanden, der mich dazu auffordert, mal ordentlich auf den Tisch zu hauen, meine Zähne zu zeigen und ganz laut STOP zu sagen, für mich und meine Werte und meinen nötigen Raum einzutreten.

Da saß ich mit meinem Ausschlag auf einer Klippe, auf der ich schon so oft in Meditationen gesessen habe, tief unter uns mein Paradies, mein Leben, auf das wir einen wunderbaren Blick hatten und ich verstand plötzlich, dass es gut ist, solchen Menschen zu begegnen, um stärker zu werden, vehementer, mutiger, selbstbewusster, größer. Sie fordern uns auf, ganz klar zu sagen, was wir wirklich wollen und nicht wollen. Sie fordern uns auf, uns ganz klar zu definieren, zu positionieren, zu uns zu stehen. Sie sind eine Probe, wie ernst es uns mit uns selbst wirklich ist, wie sehr wir hinter uns selbst stehen. Lassen wir uns wieder verunsichern oder halten wir diesmal dagegen und lassen uns nicht wieder von unseren eigenen Wünschen und Vorstellungen abbringen? Haben wir den Arsch in der Hose, laut auszusprechen, was wir wirklich wollen? Haben wir den Mut, uns zu zeigen mit all unseren Bedürfnissen und Wünschen, mit unseren Vorstellungen von unserem Leben? Haben wir den

Mut, NEIN zu jemandem zu sagen und damit gleichzeitig JA zu uns selbst? Haben wir den Mut, uns vielleicht auch mal in die Nesseln zu setzen (witziger Weise hab ich Nesselsucht), jemanden zu verärgern, es zu riskieren, dass uns jemand vielleicht dann nicht mehr mag, weil wir seine Bedürfnisse nicht mehr bedienen?

Das alles lehren und fragen uns diese Menschen und sind damit ein Riesengeschenk für uns selbst.

DANKE an einen jeden von ihnen!!! **Durch sie lerne ich, Grenzen zu setzen!**

Meine Haut erinnert mich momentan immer wieder an diese Grenzen. Die Haut steht symbolisch für die Grenze zu anderen. Durch den Ausschlag schwillt diese Grenze an, sie wird rot und leuchtet für mich und andere in Alarmfarbe. Ich darf sie wahren, diese Grenze und stolz nach außen zeigen.

Grenzen sprengen

Und dann war da noch das Gespräch mit meinem Knie und dem Schmerz darin. Auch nicht das erste Gespräch, aber wieder sehr wertvoll. Ich sah dieses kleine Wesen, das den Schmerz verkörpert und es war wütend und schlug um sich. Ich ließ es gewähren und wartete, bis ich mich im nähern konnte. Als es sich ausgetobt hatte, nahm ich es in den Arm und fragte, was es so furchtbar wütend machte. Das Wesen erzählte mir, dass es sich gefangen fühlte, hilflos, ohnmächtig, das es nicht das machen könnte, was es eigentlich wollte, weil immer etwas dagegensprach. Es fühlte sich eingesperrt (so wie ich mich mit dem schmerzenden Knie manchmal eingesperrt fühle, weil ich nicht weit laufen kann, weil mir die Welt anscheinend "nicht zu Füßen liegt") und ich merkte, dass dieses Männchen nicht nur der Schmerz war, sondern mein Opferbewusstsein.

Es ist über viele Leben entstanden dieses Opferbewusstsein und ich habe es genährt. Es wuchs und gedieh und erfüllte seinen Zweck ganz hervorragend: Ich fühlte mich hilflos, in ganz vielen Leben, auf ganz unterschiedliche Weise. Als mir noch einmal ganz deutlich bewusst wurde, dass dieses Opferbewusstsein meine eigene Schöpfung ist, fühlte ich tiefe Liebe dafür. Ich wusste es in so vielen Leben nicht besser, verstand nicht, dass ich selbst der Schöpfer all dieser ohnmächtigen Erfahrungen war. Als mein Opferbewusstsein merkte, dass ich verstanden hatte, was da für ein Spiel läuft, strahlte es mich an und machte sich für den Abschied bereit. Es war Zeit, zu gehen. Ich sagte ihm noch einmal, dass ich es liebe und dass es jederzeit wiederkommen dürfe, wenn es gut für mich ist. Dann entschwand es und an seiner Stelle erschien ein neues Wesen, dass sich ergänzend zu dem anderen Wesen anfühlte. Wie die andere Seite der gleichen Medaille. Es war das Schöpferbewusstsein, das seinen Platz einnahm. Unsere Beziehung darf nun wachsen und immer intensiver werden. Wir dürfen Freunde werden, das Schöpferbewusstsein und ich und das werden wir auch.

So zeigte mir mein Knie, dass es nun auch an der Zeit ist, nicht nur anderen gegenüber klare Grenzen zu setzen, sondern einstmals selbst gesetzte, unnötige Grenzen auch wieder aufzusprengen, von innen zu durchbrechen und uns neue Freiheit zu verschaffen.

Grenzen setzen und gleichzeitig andere Grenzen sprengen widerspricht sich kein bisschen. Es ist ein sich ergänzendes Spiel, das unsere Persönlichkeit definiert, den Raum, den wir für uns beanspruchen, den Raum, den wir einnehmen wollen, die Größe, die wir uns selbst zugestehen.

Und so nehme ich wieder neue Formen an, definiere mich neu, werde größer, mutiger, mächtiger, werde noch mehr ich.

Es ist wie jedes Mal so faszinierend, was mir mein Körper über mich und das Leben erzählt. Ich höre immer wieder gerne zu und staune über dieses Wunderwerk Mensch, das Wunder Leben!

Samstag, 23. Januar 2016

Vom Finden der Berufung

Vor ein paar Tagen tauschte ich mich mit einer Bloggerin über den Weg in unsere freiberufliche Tätigkeit aus, über den Weg zur Berufung. Sie meinte, es wäre ihr wichtig, die Menschen zu warnen und ihnen zu sagen, dass man eben nicht innerhalb kürzester Zeit von der jeweils erwählten Selbständigkeit leben könnte. Und damit löste sie eine ganze Wortflut in mir aus, denn genau das will ich nicht!

Ich möchte niemanden warnen!

Ich möchte die Menschen vielmehr auffordern, mutig nach sich selbst zu suchen, auch wenn es mal länger dauert, bis sich der weltliche Erfolg einstellt. Ich möchte den Menschen Mut machen, den Verstand in solchen Angelegenheiten lieber in Urlaub zu schicken und ihr Herz und ihre Seele zum Anführer zu erklären. Mein Verstand ist mehr als einmal Amok gelaufen, aber ich habe genau das getan: Meine Seele zum Anführer erklärt, mich für meine höchste Vision von mir selbst entschieden. Ich habe ganz bewusst und immer wieder die Entscheidung für mein Herz getroffen, für meine Leidenschaft und mit weniger habe ich mich nicht zufriedengegeben. Umkehren oder aufgeben waren für mich keine Optionen. Lieber hätte ich unter einer Brücke geschlafen, als mein Herz noch einmal in meinem Leben zu verraten. Dieser Weg mag manchen hart und gefährlich erscheinen. Deshalb möchte ich schon dreimal keinen "warnen", sonst geben manche vielleicht schon vorher auf. Mut machen ist die Devise, an sich selbst glauben, loslassen, was der Verstand glaubt tun zu müssen, wegkommen von dem Machen, Machen, Machen, hin zum Fühlen, zum Hingeben, zum Vertrauen in das Leben und dahin, dass meine Seele schon genau weiß, was gut für mich ist.

Wenn nicht das passiert, was wir gerne hätten, passiert das, was besser für uns ist

Ich lebe nach dem Motto: Wenn nicht das passiert, was wir gerne hätten, passiert das, was besser für uns ist. Und das ging bisher immer auf.

Wer sagt denn, dass ich gescheitert bin, wenn etwas nicht so funktioniert, wie ich es wollte? Vielleicht geht es eben noch besser und wertvoller für mich. So war es bei mir ganz oft... Das Finden der Berufung erfordert das Loslassen von ganz vielen uralten Vorstellungen davon, wie etwas zu laufen hat, was geht und was nicht geht. Es geht nicht darum, herauszufinden, wo vielleicht die Nische ist, die noch keiner bedient. Es geht darum, seine eigene Leidenschaft zu entdecken, das, wofür man brennt und dann kommen die, die das genau jetzt brauchen und wollen, von ganz von alleine. Die Menschen finden mich, ohne dass ich Flyer verteile, ohne dass ich Visitenkarten streue. Sie finden mich auf den seltsamsten Wegen, weil es so sein soll. Wenn du ganz bei dir angekommen bist und nicht mehr versuchst, es irgendwem recht zu machen, dann gibt es keine Anstrengung und kein Müssen mehr.

Was will ICH?

Ich entscheide jeden Tag, in jeder Minute was ich genau JETZT will, nach was mir der Sinn steht, was gerade wichtig für mich ist und das tue ich dann. Außerdem habe ich den Mut, mir das Allerbeste für mich zu wünschen. Der Satz, dass man eben nicht alles haben kann, gilt für mich nicht. Ich kann alles haben, alles, was richtig und wichtig für mich ist, alles, was meine Seele begehrt, kann ich haben. Ich kann mir meine Arbeit genauso gestalten, wie ICH es für richtig halte, nicht wie andere es vielleicht erwarten. Ich arbeite fast ausschließlich über Fernkontakt und Email. Ich habe keine festen Sprechzeiten. Ich mag es nicht, wenn jemand anruft und nach einem Termin fragt. Für mich gibt es keine Termine, weil ich nie weiß, wann sich mir der Zugang zum anderen auftut, wann es an der Zeit ist, dass das, was gesehen werden möchte, sich zeigt. Ich arbeite ausschließlich nach Gefühl und wenn ich mich nachts um eins an den Rechner setze und mich in jemanden einfühle, dann mach ich das eben. Es kommt, wann es kommt. Anfangs hätte ich mir sowas nie zugestanden, aber mit allem anderen bin ich nicht glücklich geworden. Also habe ich mich an mich und meine Bedürfnisse herangepirscht, habe mir immer mehr erlaubt, mir meine Arbeit so zu gestalten, wie es für MICH richtig ist, wie ich mich wohl fühle, wie es mir leichtfällt.

Daher möchte ich niemanden warnen, sondern ermuntern und ermutigen sich alles zuzugestehen, was das Herz zum Singen bringt. Das ist meine Message!!!

Was willst DU?

Und darum frage dich immer wieder: Was willst du? Was willst du wirklich? Stell dir vor, eine Fee würde erscheinen und du könntest dir von ihr das Leben wünschen, das du dir erträumst. Sie würde mit den Fingern schnippen und alles wäre so, wie du es willst und vielleicht schon immer wolltest. Wie wäre dein Leben dann? Was hätte sich verändert? Mit welchem Gefühl würdest du aufwachen? Was würde dich antreiben, überhaupt aufzustehen? Wie würde ein perfekter Tag für dich aussehen? Was würdest du tun den lieben langen Tag? Was würdest du sein? Wer würdest du sein? Wo wärst du? Geld spielt keine Rolle. Welche Antworten tauchen in dir auf?

Jeder ist besonders, jeder brennt für irgendwas

Mein Herz sagt mir, dass ein jeder etwas ganz Besonderes in sich trägt. Jeder hat eine Leidenschaft, oder sogar mehrere. Jeder kann etwas richtig gut. Jeder hat einen Platz auf dieser Welt. Jeder hat Fähigkeiten und Potentiale in sich. Ich glaube, dass es für einen jeden von uns seine Berufung gibt. Der Weg dahin mag lang sein, er mag nicht geradeaus gehen, sondern vielleicht eher im Zickzack oder auch manchmal ein bisschen rückwärts. ;) Aber eins ist sicher, ihn zu gehen, ist der Grund warum wir hier sind. Wir sind hier, um wir selbst zu werden und zu sein. Wir sind hier, um unsere Leidenschaft und unser Können in diese Welt zu bringen und anderen zu schenken. Das ist wahre Erfüllung - ich sein in allen Belangen, mich erleben, mich an mir selbst freuen! That's it!!!

Es gibt diesen wunderbaren Satz:

Wo Deine Talente und die Bedürfnisse der Welt sich kreuzen, dort liegt Deine Berufung.

(Aristoteles)

Und genau so ist es. Hör nie auf, an dich und deine Berufung zu glauben! Hör nie auf, in dir das Besondere zu entdecken! Hör nie auf, dich im Leben für das Allerbeste und Einfachste und Passendste für dich zu entscheiden! Hör nie auf, du zu sein oder immer mehr zu werden! Hör nie auf, aufzustehen!!!

Herzensgrüße von mir!
Anja

PS: Meine ausführliche Geschichte zu meiner Berufung findest du hier:
Vom vermeintlichen Scheitern und der Sorge um Geld
Der Weg war etwas länger, aber jeder vermeintliche Umweg war Gold wert, jedes Scheitern ein Geschenk!

Montag, 01. Februar 2016

11 Fragen - 11 Antworten zu mir und meinem Blog

Heute gibt es einen etwas anderen Artikel als gewöhnlich und vielleicht erfahrt ihr etwas über mich, das ihr noch nicht wusstet. ;) 11 Fragen - 11 Antworten!

Ich wurde zum Liebster Award nominiert und ich freue mich sehr!!! Bis vor kurzem wusste ich noch nicht einmal, dass es so was gibt. ;)

Der Liebster Award ist eine Aktion unter Bloggern, die helfen soll, neuere und noch unbekannte Blogs, bekannter zu machen. Er ist aber auch dafür da, dass schon bekanntere Blogschätze noch bekannter werden. Da nehme ich doch wirklich gerne teil und bedanke mich bei der lieben Andrea von sunshineladytest für die Nominierung (auch wenn ich es erst heute gecheckt habe). ;)

Da die nominierten Blogger einige Fragen beantworten, erfährt man einiges mehr über den Autor, der hinter einem Blog steckt. Das finde ich persönlich sehr reizvoll und außerdem LIEBE ich Interviews. Irgendwie haben die eine magische Anziehungskraft auf mich. Ich könnte aller Welt immerzu die brennendsten Fragen der Menschheit beantworten, darüber philosophieren und ganz in den Gedankengängen aufgehen. ♥

Legen wir los:

1. Wann hast du begonnen zu bloggen?
Ich habe im April 2015 angefangen, zu bloggen, davor aber schon sehr lange mit dem Gedanken gespielt, mich übers Bloggen informiert und mir ein bisschen Background angeeignet. (Da kam wieder die Perfektionistin durch, die bei der Einschulung am besten schon lesen können will!) Und im April letzten Jahres hatte ich dann endlich den Mut, mit meiner Geschichte und allem, was mich ausmacht, an die Öffentlichkeit zu gehen.

2. Was motiviert dich und lässt dich dranbleiben?
Das Schöne ist, dass ich mich gar nicht dazu zwingen muss, dranzubleiben, denn mich mitzuteilen, ist ein ganz tiefes Bedürfnis. Was ich auf meinem Weg zurück zu mir erfahren und begriffen habe, will einfach in die Welt. Oft genug hatte ich das Gefühl, dass ich ganz alleine dastehe. Und deshalb möchte ich anderen, die auch auf ihrem Weg sind und vielleicht manchmal zweifeln, mit meiner Geschichte Mut machen und ihnen zeigen, dass es da noch mehr Menschen gibt, die irgendwie "anders" sind.

3. Wie lautet deine Message, was möchtest du in der Welt verbreiten?
Das Leben ist einfach wunderbar, wenn man mal verstanden hat, wie es wirklich "funktioniert" und warum wir hier sind. Doch am meisten liegt mir am Herzen, dass immer mehr Menschen ihr wahres Wesen zum Ausdruck bringen, ihre Einzigartigkeit leben und ihrem Herzen folgen. Mir ist es wichtig, dass immer mehr begreifen wie göttlich und mächtig sie

sind, wie großartig und liebenswert. Jeder einzelne ist etwas ganz Besonderes und hat einen Platz auf dieser Erde, einen unschätzbaren Wert, eine großartige Seele!!!

4. Was war bislang in Bezug auf das Bloggen deine größte Herausforderung?

Ich glaube das war die Angst vor Ablehnung. Anfangs war ich noch etwas unsicher, wie wohl die Menschen auf das, was ich schreibe, reagieren. Aber umso selbstverständlicher ich mit meinen Erkenntnissen, Überzeugungen und meiner Art zu leben, umgegangen bin, umso weniger Angst hatte ich, dass mich jemand ablehnt, oder das für doof hält. Heute habe ich mir erlaubt, so zu sein, wie ich bin, kann damit ganz offen umgehen. Und ich habe mir erlaubt, dass mich nicht jeder mögen muss und dass ich mich auch mal in die Nesseln setzen darf. ;)

5. Wofür brennst du? Was ist deine größte Leidenschaft?

Meine größte Leidenschaft... Puh, da gibt es so viele. Aber ich denke, dass sie sich alle irgendwie zusammenfassen lassen. Meine größte Leidenschaft ist es, ich zu sein und mich in jeder Sekunde zum Ausdruck zu bringen. Egal, auf was ich gerade Lust habe, egal, was ich gerade tue. Wenn ich immer das tue, was ich wirklich JETZT will, dann bin ich immer mit Leidenschaft dabei und dann brennt es in mir. Ob das nun kochen ist, malen, in der Natur sein, fotografieren, Menschen begegnen, Seelen begegnen, schreiben, tanzen, Unfug treiben. Meine Leidenschaft ist immer das, auf was ich gerade richtig Bock habe.

6. Deine besten Strategien fürs Dranbleiben?

Das hab ich weiter oben schon erwähnt. Schreiben ist mir ein Bedürfnis, mich mitzuteilen ist mir ein Bedürfnis. Ich erlaube mir, nur dann zu schreiben, wenn mir wirklich danach ist. Ich zwinge mich nicht dazu. Und wenn ich richtig Lust habe, dann ist da auch Leidenschaft und dann geht es wie von alleine.

7. Was inspiriert dich für den nächsten Artikel?

Das kann vieles sein. Entweder mich selbst bewegt und beschäftigt gerade ein Thema oder es gab mal wieder neue Erkenntnisse für mich. Die will ich dann natürlich mitteilen. Oder ich lese irgendwas, höre, sehe etwas, das mich dann nicht mehr loslässt und zu dem ich unbedingt etwas sagen möchte.

8. Was soll am Ende des Jahres mit deinem Blog erreicht sein?

Auf jeden Fall möchte ich immer mehr Menschen erreichen, bewegen, berühren, ermutigen. Wenn ich mit meiner Facebookseite zu diesem Blog am Jahresende die 2000er-Marke knacken würde, wäre das gigantisch!!!

9. Welche Blogs liest du am liebsten?

Am meisten mag ich Blogs über den eigenen Weg, über Selbstfindung, Selbstheilung und alles, was hilft, zurück zu sich selbst zu finden. Blogs über den großen Aufbruch in die Freiheit, über das, was im Leben wirklich zählt. Jede einzelne Geschichte von Menschen, die sich in den Irrungen und Wirrungen des Lebens auf den Weg zurück zu sich selbst gemacht haben, verursacht mir eine wunderbare Gänsehaut und ein warmes Gefühl im Bauch. Und alles in mir schreit: "Mehr davon!". ;)

10. Worin liegt dein größtes Potential?

Ich glaube das liegt in meiner Vehemenz und dem festen Glauben an mich und meinen Weg. Ich habe nicht nur Träume, sondern ich entscheide mich immer wieder für diese Träume, so dass sie eigentlich mehr Ziele sind, von denen ich genau weiß, dass ich sie erreichen werde. Das ist ein inneres Wissen, ein ganz tiefer Glaube, eine unbändige Entschlossenheit. Ich weiß um meine Macht und meine Schöpferkraft. Ich weiß, dass ich mir mein Leben selbst gestalte.

11. Jemand schenkt dir 1 Million Euro! Würdest du immer noch bloggen? Was würde sich verändern?
Selbstverständlich würde ich noch bloggen. Diese Million ändert doch nichts daran, dass ich mich mitteilen möchte, dass ich Menschen berühren möchte, dass ich Menschen Mut machen möchte, dass ich Mensch in ihre wahre Größe helfen will. Ich würde immer noch in jeder Minute entscheiden, was genau JETZT dran ist. Und diese Million würde einfach nur den inneren Reichtum im Außen widerspiegeln. Eigentlich ist diese Million sogar eine ziemlich logische Konsequenz für mich. ;)

So, das waren die elf Fragen, die an mich gestellt wurden. Und es hat mal wieder richtig Spaß gemacht, sie zu beantworten. ♥ Wer weitere Fragen an mich hat, darf sie mir gerne in den Kommentaren stellen.

Es war mir eine Freude!

Anja

(Meine Nominierungen, Fragen an die Nominierten und die Regeln habe ich für dieses Buch entfernt. Ihr findet das aber weiterhin auf meinem Blog.)

Mittwoch, 3. Februar 2016

Plötzlich wieder 16

Dafür hat die Gründung einer simplen WhatsApp-Gruppe zur Organisation eines Klassentreffens gereicht. Was für viele eine schöne Vorstellung ist - noch einmal 16 sein - wäre für mich quasi Höchststrafe. ;)

Seit ich gestern dieser Gruppe hinzugefügt wurde, überrollen mich Erinnerungen an die damals 16-Jährige, die unangenehmen Emotionen, die sie damals hatte. Es kommt mir vor, wie wenn diese 16-Jährige aus einem anderen Leben kommt, aus einem anderen Universum. 1998! Lichtjahre her...

Ich fühle die Einsamkeit von damals. Was war ich verloren, hatte irgendwie nirgends Halt. War verbogen bis aufs Unkenntliche und so unendlich weit weg von meinem wahren Wesen, von dem was ich wirklich wollte und wer ich wirklich war. Ich hatte ja noch nicht mal mehr eine Ahnung davon, was ich wirklich wollte. Zu sehr war ich damit beschäftigt, es anderen recht zu machen, die Bedürfnisse anderer zu erfülle, zu funktionieren. Ich war eingeschlossen in ein Korsett aus Anforderungen und Pflichten, aus Bedingungen und Erwartungen, wie ich zu sein hatte. Von mir, meiner Persönlichkeit war nichts mehr übrig...

Mit den Eltern gab es gefühlt ständig Stress und eigentlich keinen Rückhalt. Ich musste irgendwie immer zusehen, wie ich alleine klarkomme. Selbst zum Abschlussball kamen sie zu spät, haben den Eröffnungstanz nicht gesehen. Die Landwirtschaft, das musste ich doch verstehen... Die Beziehung, die ich damals hatte, war geprägt von Eifersucht seitens meines Partners und unkontrollierbaren Anfällen davon. Es reichte schon aus, einen anderen Jungen nur zu grüßen, schon ging es wieder los. Während andere nach dem Schulabschluss mit Freunden Urlaub machten und ordentlich feierten, wollte ich das nicht, weil es nur Ärger bedeutet hätte. Mit meinem Partner, weil er es gehasst hätte, wenn ich alleine weggefahren wäre, mit meinen Eltern, die das wahrscheinlich genauso wenig gut gefunden hätten und dann hätte ich sie ja noch um Geld dafür bitten müssen. Vielleicht hätte ich es bekommen, aber die Diskussionen bis zum Erfolg wollte ich mir ersparen. Das Leben zu genießen, habe ich sicherlich nicht von meinen Eltern gelernt. ;) Und um all dem Ärger aus dem Weg zu gehen, habe ich es einfach gelassen und bin zu Hause geblieben. Habe in meinen letzten Sommerferien wie gewohnt auf dem Hof geholfen und bin dann im September ins Berufsleben gestartet, um endlich mein eigenes Geld zu verdienen, auf niemanden mehr angewiesen zu sein, frei zu sein.

Wenn ich so zurückdenke, dann war das damals die dunkelste Zeit in meinem Leben. Ich fand das Leben zum Kotzen, jede Veränderung war eine Bedrohung für mich. Ich vermutete überall einen Angriff, vertraute niemandem, war nur damit beschäftigt mich vor Verletzungen zu schützen, taff zu wirken, cool, schlagfertig, nur nichts an mich ranzulassen, am besten alles unter Kontrolle zu haben. Angriff, das war meine beste Verteidigung. Das gelang mir recht gut. Meist wirkte ich wirklich souverän, wie wenn ich alles im Griff hätte, alles irgendwie schaffen würde. Ich hab auch alles immer irgendwie geschafft.

Abschluss als Schulbeste, einen begehrten Ausbildungsplatz in einer damals angesehenen Firma, Führerschein mit null Fehlern, Ausbildung souverän gemeistert, wieder Klassenbeste. Aber in mir sah es ganz anders aus. Von Glück und Zufriedenheit, von Leichtigkeit und Lebensfreude war da keine Spur. Diese Jugendliche von damals war innerlich verwahrlost, emotional unterernährt, verlassen und verloren, vertraute niemandem, sah überall die Gefahr, fühlte sich von allem bedroht. Aus materieller Sicht hatte ich immer alles. Ich hatte immer genug zu essen, Kleidung, ein Dach über dem Kopf und dafür bin ich dankbar. Und dennoch nährt das nicht die Seele, ersetzt das keine Zuneigung, keinen Zuspruch, keine Wärme, keine bedingungslose Liebe. Gefühlt war ich damals für meine Eltern eine Figur am Rande, die funktionieren musste, so wie sie es eben von mir erwarteten.

Und nun blicke ich zurück auf fast 18 Jahre, die seit meinem Schulabschluss vergangen sind, blicke zurück auf meine dunkelste Zeit und in mir jubiliert alles. Ich habe dieses vernachlässigte Wesen von damals geheilt, mein inneres Kind versorgt und mit Liebe satt gemacht. Ich habe Frieden in mir gemacht, mit meinen Eltern und mit allen, die mich augenscheinlich verletzt hatten. Sie wussten es nicht besser und haben nur meine tiefsten Überzeugungen bedient. Ich habe dieses Opfer-Täter-Spiel verlassen und begriffen, dass alles Gute aus mir kommt und dass ich mein Leben mit allem, was dazu gehört, selbst erschaffe. Ich habe mich all dem Schmerz gestellt und den Weg zurück gefunden ins Licht, in die Leichtigkeit, ins Glück, in die Gesundheit, in die Freiheit, zurück zu mir. Heute weiß ich, wer ich wirklich bin, was ich vom Leben will, warum ich hier bin. Ich weiß, dass ich alles, was ich brauche, in mir finde. Und ich bin so stolz auf mich!!! Wer hätte gedacht, dass ich diesen schwarzen, dunklen Sumpf wieder verlassen kann?

Wo damals kein Licht war, strahlt heute alles! Ich sag ja: 1998 - Lichtjahre her!!!

Montag, 15. Februar 2016

Rückverbindung mit der Seele

"Nichts ist im Moment wichtiger und machtvoller als eine bewusste Verbindung mit der Seele!"

Was hat sich die Zeitqualität in den letzten Tagen und Wochen wieder verändert. Das wahre Wesen, unser wahrhaftigster Kern drängt nach vorne, ans Licht, will hervorbrechen, will durchbrechen. Vielleicht liegt es am nahenden Frühling, vielleicht an der stetig steigenden Schwingung auf der Erde, vielleicht an der Zeit, in der wir gerade leben. Eine Zeit des Wandels. Vielleicht ist es das Zusammenspiel aus all dem.

Ein neues Zeitalter bricht an, in dem das Licht zunehmend die Dunkelheit erhellt, in der die Menschen immer mehr nach wahrer Freiheit und einem Leben in Liebe und Leichtigkeit streben. Die meisten Seelen, die gerade in einem menschlichen Körper inkarniert sind, sehnen sich danach, dass der Mensch endlich dem Seelenplan folgen mag, dass die Seele mit Geist und Körper im Einklang lebt und all das erfahren kann, was sie sich ausgesucht hat für dieses Leben.

Die Seelen drängen immer mehr, versuchen den Menschen immer mehr auf die richtige Bahn zu lenken, mit den richtigen Zeichen umzulenken.

Das mag sich derzeit in vielerlei Chaos und Schmerz äußern, Konflikten, Krankheiten, Verlusten, Trennungen. Vielen erscheint es vielleicht so, dass sich alles gegen sie verschworen hat. Vielmehr ist es aber so, dass die Seele uns einfach nur aus all den Situationen und Umständen befreien möchte, die nicht unserem wahren Wesen entsprechen. Situationen, in denen wir faule Kompromisse eingehen, in denen wir uns verbiegen und unser Herz verraten. Das duldet die Seele in dieser Zeit nicht mehr und löst uns von all dem, was unser Verstand bis dahin vielleicht als richtig erachtet hat, als augenscheinlich erstrebenswert. Tief in unserem Inneren wussten wir aber wahrscheinlich schon länger, dass z. B. die Wohnung nicht mehr die richtige war, der Partner nicht mehr passte, der Job uns nicht erfüllte, einige Freunde uns nicht mehr guttaten.

Hier geht die Seele im Moment rigoros vor. Es gibt kein Aufschieben mehr, kein Hinnehmen, keine falsche Rücksichtnahme. Die Seele strebt nach Erfüllung und Leichtigkeit in allen Lebensbereichen, nach Wahrhaftigkeit und sie selbst sein, danach, ihr wahres Wesen in allen Lebenslagen immer zum Ausdruck zu bringen, nach echt sein, nach Authentizität, nach gnadenloser Ehrlichkeit uns selbst gegenüber.

Viele können diesen Prozess vereinfachen. Dieses vermeintliche Chaos, der Schmerz und die Schwere müssen nicht sein. Gerade denen, bei denen es im Moment an allen Ecken und Enden zu zwicken scheint, kann ich nur eines raten: **Verbindet euch wieder ganz bewusst mit eurer Seele. Verbindet euch wieder mit eurer ureigenen Kraft und Weisheit, die eurer Seele innewohnt.** Der Seele zu folgen, kann ganz einfach sein.

Sie kennt euren Weg, weiß, warum ihr hier seid, welche Erfahrungen ihr machen wollt. Sie kennt eure Herzenswünsche, eure tiefsten Sehnsüchte, eure größten Träume und genau die weisen euch den Weg, sind die Punkte auf eurem Seelenplan. Eure tiefste Sehnsucht kommt von eurer Seele. Die größten Herzenswünsche von euch sind die größten Herzenswünsche von eurer Seele. Was euch beim Gedanken daran mit größter Freude erfüllt, das will auch eure Seele mit euch erleben. Das ist euer Wegweiser. WIE das Ganze in euer Leben kommt, richtet eure Seele für euch, ihr müsst euch nur dafür entscheiden, DASS ihr es wollt.

Doch wie geht das nun mit dieser Rückverbindung?

Dafür gibt es mehrere Möglichkeiten.

1. Trefft eine ganz bewusste Entscheidung

Die Rückverbindung mit der Seele kann eine ganz bewusste Entscheidung sein, die ihr aus tiefstem Herzen trefft. Unser Leben wird durch unsere Entscheidungen gestaltet, unsere Entschlüsse sind kraftvolle Instrumente. Eine solche Entscheidung könnte lauten:

"Ich entscheide mich hier und jetzt dafür, meine Seele zum Anführer für mein Leben zu erklären. Ich entscheide mich dafür, ihr zu folgen. Sie kennt den Weg und weiß zu jeder Zeit alles, was gerade wichtig und zuträglich für mich und meine Entwicklung ist. Meine Seele will immer das Beste für mich. Dafür entscheide ich mich!"

Schreibt diese oder ähnliche Worte auf, sprecht sie laut oder im Stillen für euch aus und dann überlasst alles weitere dem Leben, eurer Seele.

2. Geistig Kontakt mit der Seele aufnehmen

Ihr könnt eurer Seele auch in einer Meditation begegnen. Setzt euch hin und ladet eure Seele zu euch ein, in euren inneren Raum. Wartet wie sie sich euch zeigt, wie sie aussieht, welches Gefühl sie mitbringt. Reicht ihr nun im Geiste die Hände und sagt ihr, dass ihr ihr folgen wollt. Dass ihr bereit seid, sie voran gehen zu lassen und mit Körper, Geist und Seele in Harmonie zu leben. Schenkt ihr euer Vertrauen und lasst sie vorausgehen. Ladet eure Seele ein wieder voll und ganz in eurem Körper zu wohnen, gebt ihr vertrauensvoll die Macht über die Geschehnisse in eurem Leben. Sie wird es richten und alles fügen. Sagt eurer Seele in dieser Begegnung alles, was ihr ihr sagen wollt. Ihr könnt ihr auch eure Ängste mitteilen oder Fragen stellen. Wartet einfach ab und lauscht, was die

Seele euch für Antworten gibt. Und die Antworten werden kommen. Wenn sie nicht direkt bei dieser inneren Begegnung kommen, dann seit sicher, dass sie euch in den Stunden und Tagen nach dieser Begegnung gegeben werden, auf welche Art auch immer. Haltet einfach Augen und Ohren offen.

Begegnet eurer Seele so oft wie es euch guttut und immer dann, wenn euch danach ist. Bleibt einfach im steten Kontakt.

3. Ballast verabschieden und alles der Seele, dem höheren Selbst übergeben

Stell dir vor, dass du all den Ballast, der dich gerade schwer macht und plagt in ein Boot legst, das am Ufer eines Sees oder Meeres liegt. Wirf alles in das Boot, was drückt und dich nach unten zieht, alles, was du verabschieden möchtest. Wenn alles im Boot ist, dann gib ihm einen ordentlichen Schubs und schiebe es aufs offene Wasser hinaus. Wenn es ein Stück weggetrieben ist, dann nimm einen Bogen und einen brennenden Pfeil und schieße ihn in Dankbarkeit und Liebe ins Boot, damit es Feuer fängt und mit dem Boot auch der Ballast. Lass all das Schwere durch die Flammen aufsteigen und zurück zur Quelle kehren. Schaue der brennenden Reinigung vom Ufer aus zu. Wenn du magst, setz dich hin und spüre, wie dir leichter wird, spüre wie mehr und mehr Platz in deinem Leben wird, Platz für das, was wirklich wichtig für dich ist. Übergib nun alles dem Leben, deinem höheren Selbst, deinem Schutzengel, Mutter Erde oder wem auch immer du vertraust. Sie alle wollen das für dich, was deine Seele für dich will. Vielleicht magst du innerlich die folgenden Worte sprechen:

"Ich übergebe die Führung nun dem Leben selbst, meinem höheren Bewusstsein, meiner Seele, Mutter Erde und allen Geistwesen, die dafür da sind, mich zu führen und zu begleiten. Ich lasse los und vertraue dem Leben, dass es mich versorgt und mir zu jeder Zeit das schenkt, was gerade gut und richtig für mich ist!"

Bleib so lange am Ufer sitzen, wie du es für richtig erachtest und dann kehre wieder zurück in dein Leben und genieße die neue Leichtigkeit. Wiederhole das Ritual gerne so oft, wie du noch Ballast abzugeben hast.

Ihr Lieben, ich wünsche euch wunderbare Begegnungen mit euren Seelen und der höheren Führung. Ich wünsche euch Wunder und Leichtigkeit, pure Freude am Sein, einen wahrhaften, erfüllenden Ausdruck eurer Selbst!!! Nichts ist im Moment wichtiger und machtvoller als eine bewusste Verbindung mit der Seele!

Ich würde mich unheimlich freuen, wenn ihr mir von euren Begegnungen mit euren Seelen und den Wundern in eurem Leben berichtet. Schreibt mir gerne Kommentare dazu! Was hat sich verändert? Wie geht es euch mit der Entscheidung, eurer Seele zu folgen?

Herzensgrüße von mir
Anja

PS: Hier findest du 11 weitere Tipps, um der inneren Stimme zu folgen:
11 Möglichkeiten, um seine Intuition anzuzapfen

Mittwoch, 24. Februar 2016

Hochsensibilität - ein wahrer Segen

Im August 2014 habe ich erkannt, dass ich hochsensibel bin, oder hochsensitiv, wie man auch sagt. Das war damals ein wahrer Aha-Moment. Plötzlich machte vieles Sinn, was ich vorher nicht so recht zuordnen konnte. Oft habe ich versucht, mich irgendwie anzupassen, mich nicht so anzustellen, nicht so empfindlich zu sein. Meist ohne Erfolg. Lange dachte ich, dass ich zu weich bin für die Welt, bis ich begriff, dass ich mehr und anders wahrnehme, als die meisten. (Was mir damals durch den Kopf ging, findest du hier!)

Hochsensibilität zeichnet sich im Allgemeinen dadurch aus, dass unsere fünf herkömmlichen Sinne - hören, sehen, fühlen, riechen, schmecken - extrem intensiv wahrnehmen, wie wenn alle Sinne mit einem fetten Verstärker versehen wären. Die Nervenzellen leiten die Reize um ein Vielfaches stärker weiter, als für gewöhnlich. Hochsensible nehmen mehr wahr und anders wahr, als andere.

Von mir kann ich sagen, dass ich diese fünf Sinne so extrem ausgeprägt habe, dass ich sogar das ganz Feine wahrnehme, das Immaterielle, das Energetische. Ich spüre und sehe Geistwesen, Seelen, Engel. Weiß Dinge manchmal einfach, die ich gar nicht wissen kann. Wahrscheinlich kann man auch vom sechsten, siebten und achten Sinn sprechen. Hellhören, hellsehen, hellwissen. Aber wie das letztendlich heißt, ist mir ziemlich egal. Fakt ist, dass die Kanäle da sind und dass es wunderbar ist, sie zu nutzen. ;)

Allerdings gleicht kein hochsensibler Mensch dem anderen. Jeder tickt anders, jeder erlebt anders, nimmt anders wahr. Und ich glaube, dass jeder auf seine Art hochsensibel werden kann. Unsere Wahrnehmungskanäle sind wie Muskeln, die man trainieren kann.

Ein Fest der Sinne

Wenn jemand etwas sagt, höre ich zwischen den Zeilen auch das Unausgesprochene, höre weit mehr, als er mit den Worten preisgibt. Wenn Menschen sich unterhalten, kann ich mit schlafwandlerischer Sicherheit sagen, wann es ein Missverständnis gibt und wo dessen Ursprung ist.

Wenn ich Musik höre, dann mit dem ganzen Körper. Ich höre nicht nur Töne, ich spüre sie, merke, welche Körperregionen sie ansprechen, anfangen zu schwingen, welche Nervenzellen darauf reagieren, spüre, welcher Klang mir guttut und wo.

Wenn ich jemanden sehe, sehe ich nicht nur das Äußere. Ich sehe seinen seelischen Zustand, sehe sein wahres Wesen, sehe, was er gerade fühlt.

Wenn ich Dinge, Pflanzen oder Tiere sehe, dann fühle ich sie gleichzeitig, nehme deren Energie wahr, fühle die Schwingung. Ich sehe nicht nur mit meinen zwei äußeren Augen, sondern auch mit meinen inneren Augen, habe innere Bilder zu Situationen.

Ich kann sofort sagen, welche Farben mir guttun, welche Bilder mich bereichern. Jeder äußere Eindruck, hinterlässt auch einen inneren Eindruck. Geschichten aus Büchern und Filmen hallen lange in mir nach, Gespräche hallen lange in mir nach. Wenn ich jemandem begegne, dann mit all meinen Sinnen, mit meinem Herzen, mit ganzer Seele.

Auch Gerüche, wie von Obst oder Gewürzen, Blumen oder Anderem aus der Natur machen etwas mit mir. Ich rieche es nicht nur, auch hier fühle ich es gleichzeitig. Manches vitalisiert mich, anderes berührt mich oder tut mir einfach gut, löst etwas in mir aus.

Wenn ich etwas oder jemanden anfasse, dann nicht nur mit den Händen. Ich fasse ihn auch mit der Seele an, spüre die Energie, habe nicht nur eine körperliche Verbindung, sondern eine emotionale. Jeder einzelne Tag fühlt sich anders an, jeder Monat, jedes Jahr.

Zusammenfassend kann man sagen: Alles, was meine anderen Sinne wahrnehmen, fühle ich gleichzeitig.

Nun mag sich das anhören, wie wenn tausend Eindrücke gleichzeitig auf mich einprasseln und ich dem hilflos ausgeliefert bin. Aber so empfinde ich nicht. Ich kann steuern, in wie weit ich mich auf die Situationen einlasse, wie weit ich die Kanäle öffne. Ich entscheide ganz bewusst, in was ich mich regelrecht reinfallen lasse und wo ich lieber außen vor bleibe. Ich bin immer noch der Schöpfer meines Lebens. ;)

Ich lese und höre immer wieder, dass es für viele eine Last ist, hochsensibel zu sein. Für mich ist es eine wahre Freude, ein Riesengeschenk, eine einzige Spielwiese. Mir scheint meine Welt so viel größer, als für die meisten. Ich sehe mehr, höre mehr, fühle mehr, ein Ozean an Eindrücken und Erfahrungen, die wahre Fülle. Ich fühle mich durch all diese intensiven Wahrnehmungen so reich beschenkt! Mein Leben ist so bunt, die Vielfalt so unerschöpflich. Ich habe das Gefühl, nicht nur dabei zu sein, sondern mittendrin. Durch all diese Antennen fühle ich mich mit allem verbunden, eins mit allem. Die Welt da draußen ist eine Erweiterung meiner selbst. Es ist wie wenn ich noch mehr Erfahrungen machen kann und danach lechzt meine Seele schließlich. Dafür bin ich hier. Das lässt mich wachsen und entwickeln.

Ich darf für mich sorgen

Die Hochsensibilität trägt einen enormen Teil dazu bei, dass ich gut für mich sorge, denn ich muss es. Tue ich es nicht, wirkt sich das sofort auf meinen körperlichen Zustand aus. Bin ich in Situationen, die mir nicht guttun, rede mit Menschen, mit denen ich eigentlich gar nicht reden will, so schreitet sofort mein Körper ein. Mir wird schlecht, ich bekomme Bauchweh, oder alles in mir zieht sich zusammen. Ich kann gar nicht in unangenehmen Situationen bleiben, weil es mir sofort schlecht geht. Ich bin nicht in der Lage faule Kompromisse zu schließen, mein Körper lässt es nicht zu. Ich darf rigoros für mich sorgen, weil mir alles andere nicht guttut.

Und damit mein Körper nicht erst eingreifen muss, sorge ich selbst für mich. Tue nur Dinge, die mir wirklich guttun, treffe nur Menschen, deren Begegnung mich nährt, deren Energie gut für mich ist. Schaue mir nur Dinge an, die mich bereichern, die mich inspirieren, die mich berühren, lese nur Geschichten, die mich auf irgendeine Art nähren, schaue nur Filme, die ein gutes Gefühl hinterlassen, mich begeistern, mir neue Blickwinkel verschaffen, mich wachsen lassen.

Ich höre vehement auf mein Bauchgefühl. Mache Dinge oder lasse sie eben bleiben, "nur" weil ich ein entsprechendes Gefühl habe, auch wenn der Verstand nicht gleich greifen kann, was da los ist. Meine Antennen sind so fein, dass ich sehr gut und schnell sagen kann, was etwas für mich ist und was nicht. Also nutze ich diese Antennen und entlaste somit meinen Körper, der sonst Rettungsdienst spielen muss. Damit erspare ich mir viel.

Ich brauche in allem meinen eigenen Rhythmus - essen, schlafen, relaxen, arbeiten, erschaffen, kreativ sein -, brauche viel Schlaf, viel Zeit für mich alleine, um die Eindrücke zu verdauen, viel Ruhe und die Stille. Ich brauche viele Pausen, Zeit, um in die Dinge reinzuspüren, Zeit, um herauszufinden, was ich denn als nächstes möchte. Zeitdruck geht gar nicht, Dinge hoppla hopp mal nebenbei erledigen ist nichts für mich. Ich brauche Zeit und Muße. Entweder ich hab das, oder ich lass es gleich.

Ein klarer Sternenhimmel gibt mir mehr als jede Party. Ich rede lieber mit einem Menschen intensiv und über Gott und die Welt, als in einer großen Gruppe nur an der Oberfläche zu kratzen. Meine Klamotten müssen praktisch sein, nicht der neueste Schrei. Ich will mich wohlfühlen, mir und meinem Körper mit der Kleidung etwas Gutes tun. Meine Nahrung ist vorwiegend vollwertig. Ich esse nach Gefühl, lese aufmerksam Zutatenlisten von Nahrungsmitteln, achte darauf, was ich mir zuführe und das in jeglicher Hinsicht, denn unsere Nahrung besteht nicht nur aus Essen. ;)

Durch die Hochsensibilität hab ich so meine "Eigenarten", aber ich liebe sie und stehe voll und ganz zu ihnen, weil sie mich ausmachen und mein Leben bereichern.

Was schätzt du an deiner Hochsensibilität, an deiner feinen Wahrnehmung?

Herzensgrüße von mir
Anja

Donnerstag, 3. März 2016

Das Wahrnehmen der geistigen Welt - Fluch oder Segen?

Immer wieder höre und lese ich, dass viele feinfühlige Menschen Angst haben, die geistige Welt wahrzunehmen. Viele Hochsensible, die auch das Feinstoffliche und andere Energien wahrnehmen, fürchten sich davor. Sie fürchten sich davor, dem Ganzen ausgeliefert zu sein, Opfer ihrer Gabe.

Mir ging es früher ganz ähnlich. Darum möchte ich euch gerne erzählen, wie ich dahin kam, all meine sensitiven Gaben und die Begegnungen mit der geistigen Welt als Bereicherung zu erleben.

Wie viele von euch vielleicht wissen, war ich früher alles andere als feinfühlig. Ich würde es eher als extrem verstandesorientiert und völlig verkopft beschreiben. Sämtliche Emotionen und Wahrnehmungen hatte ich verdrängt, den Deckel draufgemacht. Das hat mir wahrscheinlich als Kind das Leben gerettet, denn den emotionalen Schmerz hätte ich wohl kaum verkraftet.

Doch irgendwann drängte das alles wieder nach oben. Sein wahres Wesen kann man eben nicht ewig verdrängen. Ich stellte mir die Sinnfrage, machte mich auf die Suche nach Gott, nach meinem Glauben, fragte mich, was nach dem Tod passiert, warum wir denn überhaupt hier sind, wie das alles zusammenhängt. Vor ziemlich genau zehn Jahren passierte es mir dann, dass mir immer mehr Menschen Geschichten erzählten, dass jemand Tote sehen könnte. Von allen Seiten hörte ich solche Stories und sie machten mir verdammt viel Angst, gruselten mich und ich wollte sie am liebsten einfach wieder vergessen. Zu viele Horrorfilme kamen mir wieder in den Sinn, in denen die Darsteller von paranormalen Erscheinungen in den Wahnsinn getrieben werden, man Dingen und Energien hilflos ausgeliefert ist, verzerrte Fratzen, Zombies. Also wollte ich mich mit all dem gar nicht erst auseinandersetzen.

Aber dieses Verdrängen ging nicht mehr. Die Büchse der Pandora war sozusagen geöffnet. Den letzten Ausschlag gab es dann, als ich damals zum ersten Mal in meinem Leben eine Leiche gesehen habe. Völlig unvorbereitet überforderte mich das ziemlich. Und dann kamen die Panikattacken. Ich hatte schreckliche Angst, dass ich auch Tote sehen könnte, dass sie um mich wären. Überall sah ich im Augenwinkel Bewegungen, hatte ständig das Gefühl, dass da was ist, hatte die Befürchtung, wenn ich nachts aufwache, dass "jemand" neben mir am Bett steht. Eben all das, was in Horrorfilmen immer so grandios und furchteinflößend in Szene gesetzt wird. Es war damals meine größte Angst, dass ich dem Ganzen, meinen Wahrnehmungen, die ich vielleicht schon erahnt habe, hilflos ausgeliefert bin, dass ich mich nicht wehren kann, dass sie mich "heimsuchen" können, wann immer sie wollen. Mir ging es echt scheiße! Fast ein Jahr hatte ich immer wieder schreckliche Angst, mal mehr, mal weniger.

Auch damals schon haben mich Globuli gerettet und die Angst ebbte ab. Das Thema verlor an Schrecken und ich begann mich dem Ganzen mit Mut zu stellen, forschte weiter nach meiner Wahrheit, wie ich glaubte, dass die Welt funktioniert, wie das alles zusammenhängt, ob es überhaupt möglich ist "Verstorbene" wahrzunehmen und warum manche das "können" und andere nicht.

Vor ca. fünf Jahren war mir dann klar, dass es Engel gibt, Geistwesen, Geistführer, dass es generell eine geistige Welt gibt, dass es Seelen gibt, dass jeder eine hat und dass Seelen, die einen Körper verlassen haben, auch wahrnehmbar sind, für jeden anders, für manche noch nicht. Ich begann mich mit hellfühlen und hellsehen zu beschäftigen und ich wusste instinktiv, dass ich es kann. Die ersten "Gespräche" fanden mit meinem Schutzengel statt und generell der Engelwelt. Die Engel waren schon immer tröstlich für mich, liebevoll, fürsorglich, weit entfernt von den Schrecken der Horrorfilme. Dann fing ich an, mit Schutzengeln von Hilfesuchenden zu kommunizieren, um ihnen besser helfen zu können, zu erfahren, wo genau ich ansetzen kann. Ich öffnete mich dem Ganzen immer mehr, die geistige Welt wurde für mich immer größer und ich merkte wie hell und licht sie eigentlich ist und mit den Bildern aus der Filmbranche so gar nichts zu tun hat. Ich suchte und forschte, las viel und zog immer mehr in Erwägung. Das Feinstoffliche hatte mich in seinen Bann gezogen. Gott sei Dank! ;)

Und 2012 habe ich dann zum ersten Mal die Seele eines Verstorbenen wahrgenommen. Das Thema war zu dem Zeitpunkt überhaupt nicht mehr präsent. Der Vater meines Partners war gestorben. Wir Angehörigen saßen schon früher als die restliche Gemeinde in der Kirche zum Beerdigungsgottesdienst. Es war also ein ruhiger, besinnlicher Moment der Stille und da nahm ich sie wahr. Die Seele von diesem Verstorbenen, spürte ihre wundervolle Präsenz, sah sie vor meinem inneren Auge in einem leuchtenden Rot voller Liebe und Wärme und mit diesem Sehen konnte ich sie auch fühlen. Es fand eine Art Kommunikation statt, die mehr ein inneres Verstehen, ein inneres Wissen war. Es flossen mit diesem Fühlen so viele Informationen, Worte waren überflüssig. Es lief auf einer anderen Ebene ab, in der Worte zu begrenzt sind. Ich war so gerührt von diesem Erlebnis, dass ich in Tränen ausbrach und zwar nicht Tränen der Trauer und des Verlustes, sondern Tränen, der Rührung, der Liebe, der Dankbarkeit.

In diesem Moment hab ich all meine Angst und meine Befürchtungen verloren, habe begriffen, dass es absolut nicht schrecklich ist, wenn man Seelen von Verstorbenen wahrnimmt. In dem Moment wurde mir klar, dass es ein Riesengeschenk ist, wenn man diese wunderbaren Wesen spüren, sehen, fühlen kann, weil sie einem so viel mehr über das Leben und die großen Zusammenhänge erzählen können, als jeder Mensch das kann. Diese erste Begegnung rührt mich noch heute zutiefst und ich bin unendlich dankbar, dass mir diese eine wunderbare Seele in diesem Augenblick die Augen geöffnet hat und damit meinen Weg geebnet hat.

Seither bin ich schon vielen Seelen begegnet, meist in Bezug auf meine Arbeit mit Klienten. Ich bin Seelen begegnet, die im Augenblick hier auf dieser Erde einen Körper haben, Seelen, die ihren Körper schon verlassen haben und gerade in einer Zwischenwelt sind, bevor sie sich neu inkarnieren, Seelen, die bereits wieder wo anders in einem anderen Leben, in einer anderen Welt einen Körper haben und noch eine Botschaft an ihre früheren Mitmenschen aus diesem Leben hatten. Ich "spreche" viel mit meiner Seele, mit Geistführern und auch Gott, mit Mutter Erde und der Natur. Und jede Begegnung hat mich so viel gelehrt und verstehen lassen. Mit jeder Begegnung habe ich das große Ganze noch mehr begriffen, die Zusammenhänge noch tiefer verstanden, Antworten auf Fragen bekommen, die ich mir gestellt habe.

Ich muss sagen, es gab Momente, in denen ich Seelen begegnet bin, die ich nicht "eingeladen" hatte. Ich habe es zugelassen, habe mich dabei beobachtet und dann aber bemerkt, dass ich das nicht möchte. Daher habe ich mich dazu entschieden, dass ich nur solchen Seelen begegnen will, die meinem höheren Wohl dienen, die für meine Entwicklung wichtig sind oder denen, die ich einlade, weil sie für die Arbeit mit meinen Klienten wichtig und hilfreich sind. Ich habe bemerkt, dass ich auch hier Schöpfer bin, dass ich auch in Bezug auf die geistige Welt entscheiden kann, was ich wahrnehmen möchte und was nicht. Ich entscheide, wie sich das alles gestaltet. Und damit habe ich begriffen, dass auch solche Begegnungen einfach nur spiegeln, in wie weit ich mich noch in der Opferrolle befinde.

Es mag Besetzungen geben, es mag unerfreuliche, bedrohliche Begegnungen geben, aber all das ist ein Konstrukt meiner inneren Überzeugung. Mir geschieht nur das, was ich glaube. Wenn ich glaube, dass ich solchen Energien hilflos ausgeliefert bin, dann wird es so sein. Wenn ich glaube, dass solche Energien dunkel sind und mir schaden können, dann wird es so sein. Wenn ich glaube, dass ich das alles nicht steuern kann und ich Opfer der Umstände bin, Opfer meiner Gabe, dann wird es so sein. Wie innen so außen! Wenn ihr unerfreuliche, ängstigende Erfahrungen gemacht habt, dann sucht die Wurzel in euch und in eurem Denken. Warum um alles in der Welt sollte es Energien in der geistigen Welt geben, die aus purer Liebe besteht, die uns schaden wollen? Warum sollte es etwas geben, das wir als mächtige Schöpfer, nicht selbst kreiert haben?

Ich kann diesen Energien sehr wohl meine Grenzen zeigen und sie wegschicken, ihnen sagen, dass es jetzt nicht passt, oder dass ich die Begegnung gar nicht will. Und dann kann ich mich fragen, was in mir diese "unerfreuliche" Begegnung ausgelöst hat und den Ursprung verändern, mein Denken ändern, schauen welche Gefühle es triggert, welche hinderlichen Überzeugungen sich hier manifestieren. Ich habe es in der Hand! Ich bin die Wurzel meiner Erfahrungen!

Aus meiner Sicht kann ich nur sagen, dass mich die Wahrnehmung der geistigen Welt aufs Äußerste bereichert und erfüllt. Es gibt so viel zu entdecken und zu erfahren. Kein Wesen ist allwissender als eine Seele, kein Wesen ist liebevoller und großartiger, reiner und klarer als eine Seele und so auch meine Seele und deine Seele. Sie weiß alles, sie kennt die Zusammenhänge, sie kann mir alles erklären, was ich nicht verstehe. In ihr sind alle Erfahrungen aus so vielen Leben gespeichert. Eine Seele vergisst nichts. Wen könnte ich also besser zu Rate ziehen als die geistige Welt mit all ihren Geschöpfen und Wesenheiten?
Ich kann jeden verstehen, der sich fürchtet. Ich kann aber auch jedem sagen, dass das nicht nötig ist! Die geistige Welt ist wunderbar, wenn du glaubst, dass es so ist!

Herzensgrüße von mir
Anja

Sonntag, 6. März 2016

Zeit für neue Wege! Wirklich?

Zu Beginn des neuen Jahres, habe ich gesagt, dass 2016 das Jahr der vollständigen Heilung ist. An diesem Tag im Januar habe ich sogar gefühlt, dass es schon so ist, dass ich vollkommen heil und ganz bin, alle alten Wunde geheilt sind, ich mich mit allem versorgt habe, was noch aus Kindertagen gefehlt hat. Und auch jetzt weiß ich, dass es genau so ist. 2016 ist das Jahr der vollständigen Heilung für mich.

Umso unverständlicher war es daher die ganze Zeit, dass mein Knie nach wie vor schmerzte, dass der Ausschlag immer noch da ist, dass sich die Zähne immer noch bemerkbar machen. (Mehr zu meinen körperlichen Symptomen und was sie mir geschenkt haben, findet ihr hier!) Aber am meisten drückt tatsächlich mein Knie. Ich will raus, ich will walken, ich will in die Natur, mich bewegen, meinen Körper in der Bewegung fühlen, mich spüren, in der Natur erleben, gehen!

Gestern habe ich dann meine Seelenschwester, die ganz ähnliche Fähigkeiten hat wie ich, gebeten doch mal reinzuspüren und mir zu sagen, wie sie diese Thematik und die Knieschmerzen wahrnimmt, wie sie mich und die Zusammenhänge wahrnimmt.

Sie hat mir mit ihren wunderbaren Antennen das bestätigt, was ich eigentlich schon weiß: Es gibt keinen Grund mehr für meine Schmerzen, da gibt es nichts mehr anzuschauen, nichts mehr zu heilen. Ich leuchte aus allen Poren, bin pure Liebe. *"Gebettet in leichter, lichtvoller Liebe, wie in warmer, weicher Watte von der Sonne beleuchtet, BIST du. Du BIST gesund und heil. KEINE Ursachen mehr. SEI und leuchte."* So ihre abschließenden Worte!

Seither geht mir so viel durch den Kopf. Und daran möchte ich euch gerne teilhaben lassen, denn ich glaube, dass viele genau jetzt an diesem Punkt stehen. An dem Punkt, an dem wir unbekanntes Terrain betreten und eine Freiheit und Gesundheit möglich ist, die in keinem unserer bisherigen Leben möglich gewesen ist. Wir dürfen nun komplett in unsere wahre Größe kommen, aber das ist sehr ungewohnt, denn noch nie war das in einem irdischen Leben umsetzbar. Jetzt schon und das will erst mal realisiert werden.

Ich war vor ein paar Tagen selber an dem Punkt, an dem ich erkannt habe, dass all die Beschwerden und gerade die Kniebeschwerden überhaupt nicht mehr zu mir passen, dass meine Energie viiieel höher ist. Da wurde mir klar, dass die vielen Krankheiten, die ich als Kind immer hatte, immer ein sicherer Garant für Nähe und Zuwendung waren. Nur wenn ich krank war, bekam ich die ungeteilte Aufmerksamkeit meiner Mutter. Und dieses Muster habe ich bis in mein Erwachsenenleben mitgenommen. Immer wieder habe ich Krankheiten erschaffen, obwohl es gar keinen Grund mehr dafür gibt.

Mir ist klar, dass ich nichts mehr von meinen Eltern brauche, dass ich mir all die Liebe selbst gegeben habe und dass mich meine Eltern lieben, auf ihre Weise. Ich bin damit wirklich völlig im Frieden, erwarte nichts mehr und das schon seit einiger Zeit. Daher hat es mich überrascht, dass mich meine Seelenschwester noch einmal ganz eindringlich darauf aufmerksam gemacht hat, dass mein Knie nichts mehr mit meinen Eltern zu tun hat. Ich fühle das auch so, bin mir dessen bewusst. Das hatte mal sehr viel damit zu tun, ja, aber jetzt nicht mehr.

Dass ich gesund bin und der Rest nur noch Kopfsache ist, ein Bedienen alter Muster, habe ich selbst schon bemerkt und dennoch ist da noch eine gewisse Ungläubigkeit, denn ich war gefühlt noch nie in diesem Leben und auch nicht in den Leben davor komplett heil und gesund. Ich glaube, damit kann ich noch gar nicht umgehen. Und dabei sehne ich mich so sehr danach und weiß, dass es nur noch eine Frage des Zulassens ist. Ich weiß, dass die Zeit jetzt reif ist, dass ich jetzt endlich diese

Erfahrung machen will, dass ich auch hier endlich zur vollen Blüte kommen will.

Vielleicht fürchte ich mich noch vor dem Loslassen, weil das alles soooo lange Bestandteil meines Lebens war, so viel Raum in Anspruch genommen hat. Da ist dann plötzlich ganz viel leerer Raum, wenn all das keine Präsenz mehr hat. Ich wunder mich über mich selbst, denn eigentlich habe ich mit solchen Veränderungen überhaupt kein Problem, freue mich viel mehr und dennoch scheint in mir was zu zögern und zu überlegen, ob es nicht vielleicht doch besser wäre, an Krankheiten festzuhalten.

Mein Wissen um meine komplette Heilung ist da, aber das Gefühl dazu fehlt gerade. Ich denke, dass hier genau die Herausforderung der jetzigen Zeit liegt, dieses Wissen auch wirklich anzuwenden und diese so komplett neuen und ungewohnten Wege zu gehen, obwohl man sie noch nie gegangen ist. Das ist echt krass. Das ist, als ob man das Laufen gerade erst lernt, unsichere erste Schritte, hinfallen, wieder aufstehen, nochmal versuchen, bis es sitzt. Im Moment stehen gefühlt sehr viele an diesem Punkt. Wir sind es noch nicht gewohnt, plötzlich tatsächlich frei und heil zu sein.

Ich merke, dass es mir unheimlich guttut, dass mich meine Seelenschwester ebenfalls so wahrnimmt und fühlt, dass ich eigentlich gesund bin, dass es keinen Grund mehr für Krankheit gibt. Das hilft mir, dem Ganzen noch mehr zu glauben und zu glauben, dass jetzt wirklich die Zeit reif ist und ich es mir nicht nur einbilde.
Vielleicht spielt auch das noch eine Rolle, dass es fast zu schön ist, um wahr zu sein und dennoch weiß ich es ja... Sehr seltsam alles, sehr neu, sehr ungewohnt. Wenn ich mich nicht mehr mit all den körperlichen Symptomen beschäftigen muss, was mach ich dann mit der Zeit? Plötzlich wäre da nämlich Platz, all meine Träume zu leben, JETZT! Zu Reisen und dabei zu schreiben, lange Wanderungen durch die Natur, ein Buch zu schreiben, MEIN Buch zu schreiben. All die Sachen, die ich auf meine

To-Do-Liste für dieses Leben geschrieben habe, könnte ich anfangen abzuhaken, auszuleben, zu erleben, zu erfahren. Da wäre Freiheit! Plötzlich wäre dieses "irgendwann mal" schon da, ein ganz neues Leben, ganz neue Möglichkeiten, ganz neue Erfahrungen. JETZT! Jetzt sofort dürfte und könnte ich loslegen. Wow! Auch daran darf ich mich erst gewöhnen. Krasses Pferd wie unbeholfen ich mich dabei fühle...

Das alles arbeitet gerade in mir! Und ich spüre wie richtig es ist, all die alten Muster loszulassen und genau diesen Raum für das Neue zu schaffen. Für alles, auf das wir uns so viele Leben vorbereitet haben und das nun endlich wirklich möglich ist. Ein sehr schönes Bild und eine sehr schöne Beschreibung findet ihr auf der Facebook-Seite von Susanne Hühn. Sie hat diese Zeitqualität in ihrem Post vom 29. Februar sehr schön und ganz wunderbar in Worte gefasst. Sie spricht davon, dass wir viele Leben lang versucht haben, einen Rosenstrauch zur Blüte zu bringen, dafür zu sorgen, dass er überlebt. Aber dann kamen Stürme und Dürre und hinderten uns daran. Wenn die Pflanze überhaupt überlebt hat, dann meist nur sehr kümmerlich. Sie hat vielleicht ein wenig geblüht, aber ist noch lange nicht in ihre volle Pracht gekommen. Und nun in diesem Leben gibt es all die Widrigkeiten nicht mehr. Da ist kein Sturm mehr, keine Dürre. Wir haben die Gelegenheit, die Rose in ihre volle Blüte zu führen und ihr gesamtes Potential auszuschöpfen. Genau da stehen wir jetzt und können nicht glauben, dass die Stürme und die Dürre wirklich ausbleiben.

Lasst uns jetzt aufstehen in unsere wahre Größe! Lasst uns voll und ganz erblühen und dieses Erblühen zur Meisterschaft bringen! Lasst uns zusammen diese ersten unsicheren Schritte gehen und es immer wieder gemeinsam versuchen, wenn wir doch mal hinfallen sollten. Lasst uns diese neue Zeit nutzen und gemeinsam explodieren! Lasst uns daran glauben, dass es möglich ist, denn es ist möglich und genau jetzt dran!! Es ist an der Zeit! JETZT!!!!! Die Welt wartet auf uns und unsere Blüte!

Welche Gefühle und Gedanken lösen diese Worte in dir aus? Ich freue mich auf eure Reaktionen!

Herzensgrüße von mir
Anja

Dienstag, 22. März 2016

Ein berührendes Gespräch mit der Seele

Stell dir vor, du könntest deiner Seele von Angesicht zu Angesicht gegenüberstehen, könntest mit ihr reden, ihr all die Fragen stellen, die dich bewegen und sie würde antworten. Wie würde dieses Gespräch wohl ablaufen? Was würde dir deine Seele wohl sagen? Was würdest du sie fragen?

Ein solches Gespräch ist möglich, auf geistiger Ebene und hat neulich zwischen einer Klientin von mir und ihrer Seele stattgefunden. Am Lagerfeuer, in einem dunklen Moment, in dem es scheinbar keine Hoffnung mehr gab. Ich durfte dabei sein und diese Begegnung begleiten, staunend einem wunderbaren Dialog folgen, miterleben wie die beiden wieder zueinander gefunden haben. Seele und Mensch! Die schönste und wertvollste Verbindung, die es gibt.

Der Dialog, der sich zwischen den beiden entwickelt hat, ist so berührend und gleichzeitig kraftvoll, dass mir sofort klar war, dass er hinaus in die Welt muss. Diese ganze "Geschichte" ist ein einziges Geschenk! Mein Gefühl sagt mir, dass das, was die Seele zu dieser Klientin gesagt hat, für viele gleichsam eine heilende und erhellende Wirkung haben wird. Daher habe ich sie um Erlaubnis gefragt, ihre Geschichte teilen zu dürfen und habe diese Erlaubnis bekommen. Vielen Dank dafür!!! ♥

Im Folgenden kannst du nun lesen, was ich gesehen und wahrgenommen habe, alles, was sich ereignet hat, eine wunderbare Vereinigung, ein nährender Dialog mit der Seele:

„Ein Gespräch am Lagerfeuer

Ich sehe ein Lagerfeuer. Es ist Nacht. Das kleine Mädchen, das du einst warst, sitzt an diesem Lagerfeuer. Es scheint, Sommer zu sein. Du hast kurze Hosen an und trägst nur ein T-Shirt. Der Himmel ist klar und die Sterne leuchten. Dein kleines Mädchen ist vielleicht 8 Jahre alt. Es hat Angst. Es sitzt da, die Arme um die Knie geschlungen, einsam, verlassen, verängstigt und total traurig. Die kleine M. sitzt da mutterseelenalleine. Nun spüre ich, dass da auch eine große Wut ist, die eigentlich alle anderen Gefühle übertüncht.

Das Mädchen steht auf, nimmt ein Buch, reißt wild Seiten aus und wirft sie ins Feuer. Sie zerpflückt mit heftigen Bewegungen und wilder Entschlossenheit das ganze Buch, fetzt nach und nach Stapel an Seiten aus und verbrennt sie, bis keine Seite mehr da ist. Als nur noch der Buchdeckel übrig ist, wirft die kleine M. mit dem letzten Rest Frust auch den ins Feuer. Dann steht sie da und sieht zu, wie alles lichterloh brennt.
Doch eine Befriedigung will sich nicht einstellen. Diese Aktion war wie ein Tropfen auf den heißen Stein. Entmutigt setzt sich das Kind wieder hin, schlingt wieder die Arme um die Knie, legt die Stirn auf die Knie und wünschte, sie wäre tot, einfach nicht da. Alles erscheint ihr zwecklos, aussichtslos, sinnlos. Sie hat keine Ahnung, was das alles soll, warum sie hier ist, warum sie das alles erleben muss, aushalten muss. Sie überlegt kurz davonzulaufen, aber sie verwirft den Gedanken gleich wieder, weil sie glaubt, eh zu scheitern. Nichts in ihrem Leben scheint je zu funktionieren. Sie ist wahrscheinlich auch zu dumm zum Weglaufen, so ihre Gedanken.

So sitzt sie eine ganze Weile und versinkt in ihrem Frust, in ihren düsteren Gedanken und merkt nicht, dass sie nicht mehr alleine ist. Auf der anderen Seite des Lagerfeuers hat ihre Seele Platz genommen und beobachtet aufmerksam dieses kleine Mädchen. Voller Liebe und Zuneigung schaut die Seele auf dieses Wesen und kann den Schmerz der kleinen M. spüren. So gerne würde die Seele dem Mädchen sagen, dass das alles gar nicht nötig ist und schon gar nicht wahr, aber das Mädchen ist so in ihrer dunklen Gedankenwelt gefangen, dass sie für diese Worte nicht offen wäre. Also wartet die Seele geduldig, bis das Mädchen sie bemerkt. So vergeht einige Zeit und selbst als das Mädchen den Kopf wieder hebt und ins Feuer starrt, bemerkt sie die Seele auf der anderen Seite nicht. Ihre Gedanken fahren Karussell und machen sie blind für die Welt um sich rum. Irgendwann hebt die Seele grüßend die Hand, winkt sogar kurz. Das Mädchen bemerkt wohl eine Bewegung im Augenwinkel, aber sie schenkt dem keine Aufmerksamkeit und starrt weiter brütend ins Feuer, die Stirn grübelnd in Falten gezogen, die Augenbrauen düster zusammengezogen, das Gesicht verschlossen.

Nach einiger Zeit, steht das Mädchen auf und will gehen. Es hat sich schon umgedreht, um wegzugehen, da hört es plötzlich wie jemand seinen Namen sagt: **„M.“** Ganz sanft. M. dreht sich wieder um, in die Richtung aus der die Stimme kam. Im Gegenlicht des Feuerscheins erkennt sie eine Gestalt am Lagerfeuer. Missmutig fragt das Mädchen: „Was willst du?“ Das Mädchen ist inzwischen älter geworden. Es ist jetzt vielleicht 16. Und die Verbitterung über das Leben hat sie noch verschlossener gemacht. Hinter allem vermutet sie einen Angriff und Schmerz. Sie hat dicke Mauern um sich errichtet, lässt nichts und niemanden an sich heran, hält alle auf Abstand und ist bissig, egal wie gut es jemand meint. Entsprechend genervt und widerborstig ist sie jetzt der Seele gegenüber.

Die Seele antwortet: **„Ich möchte für dich da sein.“** „Ja, klar!“ kommt es ganz ironisch von dem Mädchen. Noch nie wollte jemand für sie da sein. Immer waren alles nur leere Versprechungen. Das Spielchen kennt sie schon und darauf hat sie keine Lust mehr. Also dreht sie sich wieder um und will gehen. **„Ich meine es ernst."** sagt die Seele. Ihre Stimme ist immer noch ganz ruhig und sanft. M. bleibt stehen, wendet sich der Seele aber nicht zu. Irgendetwas lässt sie zögern. Dieses Wesen strahlt etwas aus, das sie auf eine Art anzieht, auch wenn sie noch so misstrauisch ist. Sie überlegt, dreht sich langsam um, geht zurück auf ihren Platz, auf dem sie die ganze Zeit gesessen hat, direkt gegenüber der Seele, das Feuer zwischen ihnen. Sie kann die Seele so nicht wirklich sehen, spürt aber ihre Anwesenheit. Das Feuer ist jetzt höher als noch vorhin, brennt heller.

Die Seele steht auf und setzt sich neben die Jugendliche, blickt ebenfalls ins Feuer. Die Liebe, die die Seele für dieses Mädchen empfindet ist unbeschreiblich, fast greifbar und M. merkt diese Veränderung in der Atmosphäre, kann aber nicht sagen, was es ist. Sie merkt nur, dass sie sich merklich entspannt. Sie schweigen, starren in die Flammen. „Wieso sollte ich dir glauben?" fragt M. **„Weil du weißt, dass es wahr ist."** kommt die direkte Antwort von der Seele. Darauf kann M. nichts entgegnen. Irgendwo tief in ihr, hält sie die Worte tatsächlich für wahr. Wieder Schweigen. „Warum bist du nicht früher gekommen?" stellt M. erneut eine Frage. **„Ich war die ganze Zeit da. Du wolltest mich nicht sehen."** so die Seele. Schweigen. M. überlegt. Konnte das sein? Sie weiß es nicht. Sie weiß nur, dass sie schon immer fürchterlich alleine war.

Die Seele deutet auf die Mauern, die M. im Laufe der Jahre um sich errichtet hatte. Sie sind plötzlich um sie herum sichtbar. **„Siehst du das?"** M. blickt erst erstaunt dann wehmütig auf die vielen Steine, die sie um sich herum sehen kann, dick wie Burgmauern. Ja, die hatte sie gebraucht. Hier fühlte sie sich sicher. **„Darum bin ich nicht zu dir durchgekommen. Du hast alles von dir ferngehalten. Den Schmerz, aber auch all das Gute. Hier kommt nichts zu dir durch. Du bist abgeschnitten vom Leben. Wenn du wirklich leben willst und nicht mehr so einsam sein willst, dann musst du es wagen, aus diesen Mauern herauszukommen. Das Leben ist ein Wagnis. Sicherlich, es gibt Risiken. Aber wer**

nicht wagt, der nicht gewinnt. Du kannst keine neuen Meere entdecken, wenn du den sicheren Hafen nie verlässt.“
M. lässt das sacken. Da ist was Wahres dran.
„Und wenn ein Sturm aufzieht, mein Boot kentert und ich ertrinke?“ fragt M. **„Dann hast du es wenigstens versucht. Außerdem wird dein Boot nicht kentern, bevor du all die Erfahrungen gemacht hast, die du dir für dieses Leben ausgesucht hast. Niemand stirbt zufällig, oder durch ein Unglück. Die Seele verlässt den Körper immer nur dann, wenn sie mit ihm keine nützlichen Erfahrungen mehr machen kann, wenn sie nicht mehr wachsen kann. Erst dann geht sie und dann ist das ihr freier Wille und ihr Entschluss. Die Art des Todes mag dann nach einem Unfall aussehen, aber in Wirklichkeit wollte die Seele das so.“**
Irgendwie klingt das logisch.
„Was hast du zu verlieren?“ fragt die Seele.
M. muss nicht lange überlegen: „Nichts! Ich habe nichts zu verlieren, außer meinem Schmerz und den würde ich tatsächlich gerne verlieren.“ Sie lächelt zaghaft über ihre eigene Antwort. Genauso ist es. Sie hat wirklich nichts zu verlieren. Kann es noch viel schlimmer werden? Nicht wirklich...
„Also wagst du es?“ fragt die Seele.
„Was? Was soll ich wagen?“
„Zu leben!“ ist die knappe Antwort.
„Tue ich das nicht schon die ganze Zeit? Erfahre Schmerz, versuche über die Runden zu kommen, alles so gut wie möglich zu machen?“ M. ist etwas frustriert.
Die Seele zeigt wieder auf die Mauern. **„Das nennst du Leben? Du verbarrikadierst dich in einer Festung, weichst allem aus, was ein Risiko sein könnte und wunderst dich, dass nichts wirklich Neues geschieht. Wer immer das gleiche denkt, wird immer das gleiche erleben. Du wartest ja förmlich auf die Nackenschläge, bist direkt misstrauisch, wenn mal keiner kommt und erst dann, wenn es wieder knallt, du wieder am Boden bist, bist du schon fast bestürzend beruhigt, weil alles wieder beim Alten ist. Das nennst du Leben?“**

M. blickt betreten zu Boden. Sie fühlt sich ertappt. Ja, genau so lief es. Wenn ihr wirklich mal etwas Gutes geschah, dann machte sie sich schon auf das unvermeidlich Schlechte gefasst, das unweigerlich darauf folgen würde und wenn es nicht kam, dann wurde sie argwöhnisch, versuchte den Haken an der Sache zu finden, denn schließlich ist ihr letzten Endes noch nie etwas Gutes passiert. **„Bist du dir da ganz sicher?"** fragt die Seele, die anscheinend ihre Gedanken lesen kann.

„All das Gute, das wirklich schon in deinem Leben war, hast du doch gar nicht wirklich zu schätzen gewusst, weil du viel mehr damit beschäftigt warst, das Haar in der Suppe zu suchen. Dein Blick wird von Unheil magisch angezogen. Das Gute registrierst du noch nicht mal richtig. Du schaust kurz hin, denkst „das wurde aber auch mal Zeit" und bist dann gedanklich wieder bei all dem Elend und dem Schmerz. Wie glaubst du denn, soll Gutes in dein Leben kommen, wenn du es nicht zu schätzen weißt, wenn du dich nicht daran erfreust, wenn du es nicht wirklich beachtest, wenn du sofort wieder an das Schlechte denkst, das jetzt wohl unweigerlich wieder folgen wird? Warum sollte dir das Leben mehr Gutes zufließen lassen, wenn du dich anscheinend lieber mit dem Schlechten beschäftigst und dich nur in deiner Realität bestätigt fühlst, wenn auch genug davon da ist? Nur dann wähnst du dich in vermeintlich vertrautem Terrain. Das Schlechte zu handeln bist du gewöhnt, damit kannst du umgehen, mit dem Kämpfen und Probleme bewältigen. Du kannst mit dem Guten gar nicht umgehen."

M. sagt nichts, denn irgendwie scheint das wohl zu stimmen.

„Vertraust du mir?" fragt die Seele.

„Irgendwie schon!" sagt M. missmutig und wirft ein Steinchen ins Feuer. Knisternd stieben Funken in den Nachthimmel. „Ach, Scheiße!" Plötzlich ist M. wütend und verwirrt. Sie weiß wirklich nicht mehr, was sie glauben soll und schon gar nicht wie es jetzt weitergehen soll. Einerseits hat die Seele mit allem Recht, was sie sagt, andererseits hat M. wirklich keine Idee, was sie anders machen könnte und vor allem wie.

„Vertraust du mir?" fragte die Seele wieder.

„Verdammt! Ja, Mann!" M. war jetzt wirklich sauer. „Was soll die Fragerei?"
„Ich muss mir sicher sein." sagt die Seele. **„Ich kann nur mit und für dich arbeiten, wenn du es wirklich willst und mich lässt und dazu musst du mir vertrauen, blind vertrauen. Du musst nämlich gar nicht wissen, was du jetzt tun sollst, was du anders machen sollst. Ich weiß es. Ich weiß jeden Moment, was für dich am besten ist, was dir am zuträglichsten ist, was deinem, unserem, höchsten Wohl dient, aber du musst auf mich hören und meine Stimme ist im Lärm des Alltags nicht sehr laut. Meinst du, du schaffst es zuzuhören?"**

M. sagt nichts, also redet die Seele weiter: **„Du wirst manchmal das Gefühl haben, dass du den Weg nicht siehst, nicht das große Ziel. Ich werde dir oft nur den einen, kleinen nächsten Schritt auf deinem Weg ausleuchten, aber das reicht. Du kannst immer nur einen kleinen Schritt gehen und dafür wird immer genug Licht da sein. Dein Verstand mag diesen einen Schritt nicht verstehen, mag ihn anzweifeln, weil er das Ziel nicht kennt und nicht weiß, ob der Schritt wirklich gut ist. Der Schritt mag unlogisch erscheinen. Mitmenschen mögen ihn ebenfalls anzweifeln, aber dein Gefühl, was in Wahrheit meine Stimme ist, wird dir sagen, dass es so passt, dass der Schritt richtig ist, egal wo er hinführen mag. Es kann nur gut sein, denn ich kenne den Weg und ich würde dich niemals irgendwo hinführen, wo es am Ende nicht gut für dich, für uns ist. Ich kenne deine tiefsten Sehnsüchte, ich BIN deine tiefsten Sehnsüchte. Ich möchte mit dir ganz bestimmte Erfahrungen machen, wachsen, mich in einem Körper erleben, mich entfalten und jeden Tag zu einer noch besseren, höheren Version meiner selbst aufschwingen. Ich möchte dir zeigen, was ich an Potentialen mitgebracht habe, wie zauberhaft du sein kannst, wenn du das lebst, was ich mir für dich ausgesucht habe, was dein Herz höherschlagen lässt. Ich möchte mit deinem Körper die pure Freude erleben, möchte, dass ich mich durch dich an mir selbst erfreuen kann. Und dazu brauche ich deine Hilfe und auch dein Einverständnis. Ich verspreche dir, dass ich immer in der Sprache zu dir sprechen werde, die du gerade am besten**

verstehst. Ich verspreche dir, dass ich immer, wirklich immer für dich da bin und nur dein Bestes will. Ich will das Beste für dich, denn damit will ich das Beste für mich. Du kannst mich alles fragen. Ich werde dir alles beantworten. Vielleicht nicht direkt und vielleicht nicht mit Worten, so wie jetzt, aber über Ereignisse, Begegnungen, Dinge, die du „zufällig" liest, einen Satz, den jemand „zufällig" zu dir sagt. Suche in allem immer nach meiner Antwort, halte die Augen offen und du wirst sie finden und wissen, dass sie von mir kommt. Ich weiß wirklich alles. Es gibt nichts, was ich nicht weiß. Manchmal kann ich dir nicht immer alles gleich sagen, was ich weiß, da es dich sonst um wichtige Erfahrungen bringen würde. Aber zur richtigen Zeit, wird immer das Richtige kommen, wenn du mich nur vorangehen lässt, wenn du nur zulässt, dass ich wieder voll und ganz in dir wohne, dass ich dich ganz mit meiner Kraft erfülle, wenn du mir die Zügel überlässt und dich dafür öffnest, dass es gut für dich werden kann, dass du all diese Liebe verdient hast. Du musst es nicht sofort glauben. Ziehe es einfach in Erwägung. Ziehe in Erwägung, dass es so sein könnte und dann bleibe offen für all die Möglichkeiten, die sich dadurch ergeben. Ich werde dir zur passenden Zeit immer die richtigen Gegebenheiten schicken. Kannst du dich dem öffnen? Kannst du dich mir öffnen? Kannst du dich diesem Abenteuer öffnen, das wir zusammen begehen werden?"

Bei all diesen Worten hat die junge M. angefangen zu weinen. Sie sitzt da, lauscht und ihr laufen stumm die Tränen. All das hört sich so verdammt richtig an, so verdammt gut. Es ist zum Haare raufen. Wie gerne würde sie es glauben!!!

Und plötzlich ist da dieser Entschluss. Sie hat nichts zu verlieren, wirklich nichts. Mit festem Blick wendet sie sich der Seele zu, schaut ihr in die Augen, etwas lodert in ihrem Blick.
„Ja, ich tue es! Mit allen Konsequenzen!" ist ihre entschlossene Antwort. M. hat sich entschieden, mit jeder Faser ihres Herzens hat sie diese Entscheidung getroffen.

Und wie wenn sie es geahnt hätte, welch reinigende Wirkung Feuer hat, steht sie auf und stellt sich mitten in die Flammen des Lagerfeuers. Die Flammen tun ihr nichts, sie verbrennen sie nicht. Sie reinigen lediglich ihr Inneres. Und so steht M. in den Flammen, schließt die Augen, breitet die Arme aus und lässt das Feuer alles wegbrennen, was nicht ihrem wahren Wesen entspricht. Ein Lachen breitet sich auf ihrem Gesicht aus und bald darauf lacht sie aus voller Seele. Freude durchströmt sie, Vorfreude, auf alles, was sich zeigen mag und da ist noch etwas: Leichtigkeit und Liebe für das Leben!

Als M. die Augen wieder öffnet, bricht der neue Tag an. Die Sonne steigt über den Horizont und scheint ihr direkt ins Gesicht. Das Feuer ist erloschen. Sie steigt aus der Asche und dort am Rand, wo vorhin noch das Feuer brannte, wo es dunkel war und sich nun das Licht und die Wärme der Sonne ausbreitet, dort steht ihre Seele und streckt ihr freudig die Arme entgegen, nimmt M. Hände und hält sie ganz fest. Beide haben Tränen in den Augen, beide strahlen und beide geben sich das stumme Versprechen, nie mehr ohne den anderen sein zu wollen. M. bückt sich, reißt zwei Grashalme ab und biegt aus jedem ein Armband. Eins für sie, das sie immer daran erinnert, dass es diese Verbindung gibt und eins für ihre Seele, als Zeichen für ihren Entschluss. Dann fallen sich die beiden in die Arme und geben sich ihrer Freude hin, der Freude darüber, dass sie wieder vereint sind."

Ich wünsche mir, dass diese Botschaft hinaus in die Welt geht. Ich wünsche mir, dass immer mehr Menschen ihre Schutzmauern verlassen und wieder zurück zu sich selbst finden. Ich wünsche mir, dass immer mehr wieder in den Kontakt mit ihrer Seele kommen, ihr lauschen und ihr vertrauensvoll folgen!

Was macht diese Geschichte mit euch? Was löst sie in euch aus? Ich freue mich auf eure Gedanken und Eindrücke!

Montag, 11. April 2016

Beziehung mit Hindernissen

Ich hatte kürzlich mit einem Bekannten ein interessantes Gespräch über Fernbeziehungen. Er vertritt die Meinung, dass eine Beziehung, bei der die Partner über mehrere hundert Kilometer getrennt sind, nicht funktionieren kann. Aus diesem Grund hatte er selbst schon eine Beziehung beendet - die Entfernung war ihm zu groß und es war nicht absehbar, dass er oder sie in Kürze den Arbeitsplatz verlegen würden, um jeweils zum anderen zu ziehen.

Dass eine Fernbeziehung nicht funktionieren kann, ist eine weit verbreitete Meinung. Auch andere Hinderungsgründe, wie ein zu großer Altersunterschied, der Entschluss, dass man gerade nicht offen für eine Partnerschaft ist oder eine generell sehr einengende Definition des Wortes "Beziehung" an sich, sorgen oft dafür, dass Liebesbeziehungen enden, bevor sie eigentlich richtig begonnen haben. Zwei Menschen trennen sich aus scheinbar logischen Gründen und leiden dabei fürchterlich, weil sie den anderen eigentlich lieben.

Daher möchte ich euch heute beschreiben, wie es trotz all dieser "Hürden" klappen kann, denn ich selbst bin der lebende Beweis dafür, dass es auch anders geht. ;)
Alles begann vor einigen Jahren auf einer einwöchigen Schulung in Hessen. Ich selbst hatte zu der Zeit so was von die Schnauze voll von Beziehungen. Ich kann euch gar nicht sagen wie sehr. In dieser einen Woche mit dem nötigen Abstand wurde mir mehr als klar, dass das, was ich da gerade hatte, keine Beziehung war, wie ich sie mir vorstellte. So entschied ich mich, dass eine endgültige Trennung einfach unausweichlich war. Und danach wollte ich alles, nur keine neue Beziehung. Ich wollte meinen Frieden, für mich sein, meine Wunden lecken und dann mein Singleleben genießen. Entsprechend war ich für Flirtversuche von so manchen Seminarteilnehmern überhaupt nicht offen, vielmehr schreckten sie mich ab. Also fuhr ich nach dieser Woche nach Hause, trennte

mich und ließ den derben Shitstorm von meinem Ex, der mehr als unter die Gürtellinie ging, über mich ergehen. Ich hatte mich genau richtig entschieden.

Am Sonntag nach diesem Seminar fiel mir ein, dass ein Teilnehmer die ganze Woche immer mal wieder Fotos gemacht hatte. Ich mailte ihn an und bat ihn, sie mir zu schicken. Und dann nahm alles seinen Lauf, so schnell konnte ich gar nicht schauen.

Dieser Teilnehmer ist mir während des Seminars nicht mehr aufgefallen wie alle anderen. Er war halt da. Man wechselte mal einen Satz, alberte herum, aber mehr auch nicht. Was sich aus dem Mailverkehr allerdings ergab, hatte ich nicht erwartet. Er selbst steckte gerade in einer ganz ähnlichen, vielleicht noch etwas heftigeren Situation. Verheiratet, die Beziehung am Ende, zerstört durch eine jahrelange, schwere psychische Krankheit der Frau. Er war am Ende, konnte das alles nicht mehr tragen und hatte sich ebenfalls in dieser Woche Schulung dazu entschieden, sich zu trennen, bevor er selbst vor die Hunde ging. (Später erzählte er mir, dass er sich am Ende des Seminars eine Weggabelung in den Kalender gemalt hatte!) Er trennte sich, ich trennte mich. Er litt, ich litt. Wir telefonierten, waren uns einig, dass wir mit Beziehungen erst mal durch waren. Nach unserem ersten Telefonat, in dem er mir seine Lage schilderte, schloss ich die Augen und bat die Engel, dass sie sich um ihn kümmern sollten, ihm helfen sollten, seine Situation zu meistern, ihm Kraft geben sollten. Bei unserem nächsten Telefonat erzählte er mir, dass er an diesem Abend im Bett lag und es sich plötzlich so anfühlte, wie wenn ihn eine Hand berühren würde. Diese Berührung spendete ihm Trost und er fühlte sich gut aufgehoben, hatte aber keine Ahnung, was das war. Ich erzählte ihm von meiner Bitte an die Engel. Er war fasziniert, ich beeindruckt, dass er das wahrgenommen hatte.

Wir telefonierten nun fast täglich. Erzählten uns alles, redeten über Gott und die Welt. Mehr und mehr merkten wir, dass uns irgendetwas verband. Da war mehr als unsere Einigkeit darüber, dass wir keine Beziehung mehr wollten. Da war mehr als unsere ähnliche Lage. Wir ließen uns darauf ein. Einige Wochen nach unserem Telefonat kam er mich ein Wochenende besuchen.

- Er aus NRW, ich aus Bayern. 500 km lagen zwischen uns.
- Er 45, ich 26.
- Er das zweite Mal verheiratet, 2 Kinder aus erster Ehe, die Kinder nur wenige Jahre jünger als ich selbst. Ich Single und von Heirat und Kinder ganz weit entfernt.
- Beide die Schnauze voll von Beziehungen, wie wir sie bisher hatten.
- Beide einen Job, der nicht aufgegeben werden wollte.
- Beide fest verwurzelt in der Heimat, mit der Familie, mit Freunden.

Das war unsere Ausgangssituation. Dennoch stimmte ich diesem Besuch zu. Etwas tief in mir sagte mir, dass es richtig war. Ich buk eine Donauwelle, weil er mal erwähnt hatte, dass das sein Lieblingskuchen war. Er brachte Donauwelle mit, weil ich damals gesagt hatte, dass es auch mein Lieblingskuchen war. ♥ Noch nie hatte ich mich so ruhig und entspannt gefühlt wie an diesem Wochenende. Noch nie vorher war ich einem Mann begegnet, bei dem ich einfach so sein konnte wie ich war, mit dem man über alles reden konnte und ich meine wirklich über ALLES. Noch nie war ich einem Mann vorher so nahe. Noch nie hatte mich ein Mann direkt in seine Seele blicken lassen. Beide hatten wir all unsere Schutzmauern fallen lassen, weil wir uns vertrauten, von Anfang an. Es war, wie wenn sich unsere Seelen begegnen würden. Es war das bezauberndste Wochenende, das ich bis dahin hatte. Ich war wie in einer anderen Welt, völlig gelassen und bei mir, tief berührt. Ihm ging es genauso.

Nach diesem Wochenende war klar, dass wir uns wiedersehen. Wie konnten nicht benennen, was uns verband. Wir wussten nicht, wie sich das alles entwickeln würde. Wir wussten nur, dass wir uns gegenseitig unheimlich guttaten und dass da etwas ganz Großes zwischen uns war und so beschlossen wir, alles seinen Lauf nehmen zu lassen und es so lange zu genießen, wie es uns eben guttat. Sollte es einem nicht mehr guttun, dann konnte man immer noch getrennte Wege gehen. Wir redeten also immer ganz offen darüber, wie es uns gerade in der Beziehung ging. Wir gingen nicht automatisch von einem "bis, dass der Tod uns scheidet" aus. Sondern wir lebten ganz bewusst jeden einzelnen Tag und entschieden immer wieder aufs Neue, ob das noch das Richtige war oder nicht.

Die meisten unserer Freunde hielten uns für bescheuert. Sie prophezeiten uns die Katastrophe, das Ende, dass das nicht lange gut gehen konnte, zu groß waren angeblich die Hürden. Aber sollten sie reden...

Wir führten also eine Fernbeziehung, sahen uns ungefähr alle 2 Wochen. Wir telefonierten jeden Tag mehrere Stunden, erzählten uns alles, erzählten wie es in uns aussah, was wir so gemacht und erlebt hatten am Tag. Ich bin der Meinung, dass wir uns nie so schnell und so tief kennengelernt hätten, wenn wir uns öfter gesehen hätten. Uns lenkte nichts ab. Wenn wir sprachen, dann wirklich über uns. Es gab keine äußeren Ereignisse, die unsere Aufmerksamkeit abzogen. Es gab die meiste Zeit keine Erlebnisse, die wir gemeinsam mit anderen hatten, in denen wir uns an der Oberfläche bewegt hätten und über die wir dann nicht mehr sprechen mussten, weil wir sie ja gemeinsam erlebt hatten. Wir waren uns über die 500 km näher, als wir es gewesen wären, wenn wir uns gesehen hätten. Wahre Nähe ist keine Frage der Entfernung.

Ich lernte seine Kinder kennen und es passte auf Anhieb. Erwachsene Kinder waren mir eh lieber. ;)

Naja und was soll ich sagen? Wir sind heute noch zusammen und auch richtig glücklich. Nach einem Jahr stand der Entschluss, dass ich zu ihm ziehe. Meine Arbeit hatte sich so sehr zum negativen verändert, dass ich mir einen neuen Job suchen wollte. (Wer hätte das anfangs gedacht?) Das konnte ich dann auch in NRW machen. Ich war an einem Punkt, an dem es sich richtig anfühlte, eine größere Entfernung zu Freunden und Familie zu haben. (Wer hätte das anfangs gedacht?) Meine Selbstfindungsreise begann und dafür war dieser Umzug rückblickend goldrichtig.

Wir leben heute noch nach dem Motto, dass wir jeden Tag neu entscheiden, ob wir uns noch guttun oder nicht und bisher war die Antwort von beiden immer JA!!!! ♥ Wir reden heute noch über wirklich alles, haben es geschafft, diese unfassbare Nähe im gemeinsamen Alltag beizubehalten, schaffen es immer noch stundenlang zu reden. Heute wissen wir, was uns verbindet: Unsere Seelen! Wir haben uns hier getroffen, damit wir uns gegenseitig beim Wachsen helfen. Wir haben uns getroffen, um uns gegenseitig in unsere wahre Größe zu helfen, damit einer beim anderen das Beste zum Vorschein bringt, damit jeder immer mehr er selbst sein kann, frei und voller Liebe.

Wir definieren eine Beziehung nicht dadurch, dass man sich gegenseitig ergänzt und vervollständigt. Wir definieren eine Beziehung dadurch, dass man dem anderen hilft, zu merken, dass er eigentlich schon vollständig ist. Keiner braucht den anderen zum Überleben. Keiner braucht den anderen, weil er ihm irgendetwas geben muss. Jeder hat schon alles. Wenn sich zwei Menschen treffen, die sich dessen bewusst sind, dann hebt man eine Beziehung auf ein neues Level, begegnet sich auf einer neuen Ebene.

Wir sind eine richtige Familie und wenn ich es nicht besser wüsste, dann würde ich sagen, dass das auch biologisch "meine" Kinder sind, so viele Parallelen sind da. Selbst Kinder großzuziehen ist in diesem Leben für mich nicht dran, das wusste ich bei unserem Kennenlernen aber noch nicht. Durch diese Beziehung wurden mir die Kinder schon erwachsen "geliefert", bevor ich überhaupt wusste, dass das genau so gut für mich ist. (Wer hätte das anfangs gedacht? ♥) Es passt einfach alles perfekt!

Hätten wir uns damals von all den widrigen Umständen beeinflussen lassen, hätten wir unseren Verstand entscheiden lassen, wäre uns die beste Chance entgangen, die uns diese Beziehung zu bieten hat: Uns selbst wieder zu finden, unsere Wunden gemeinsam zu heilen und gemeinsam in unsere wahre Größe zu kommen, in allen Belangen einfach wir selbst zu sein!

Ich rate euch daher, habt Mut euer Herz entscheiden zu lassen!!! ♥

Habt ihr auch schon einmal eine Beziehung aus logischen Gründen beendet und es hinterher bereut? Wie definiert ihr eine "gute" Beziehung?

Herzensgrüße von mir
Anja

Freitag, 15. April 2016

Kinder narzisstischer, egozentrischer Eltern

Ich möchte heute über ein Thema schreiben, das mich sehr geprägt und im Erwachsenenleben sehr beeinflusst hat, ohne lange zu wissen, was da eigentlich läuft. Es geht um die Auswirkungen auf **Kinder, die mit egozentrischen, narzisstischen Eltern** groß werden. So konkret wie ich es heute tun werde, habe ich es noch nie beim Namen genannt. Allerdings merke ich schon den ganzen Tag, dass es an der Zeit ist. Auch mein Traum heute Nacht hat mich förmlich mit der Nase darauf gestoßen.

Es ist an der Zeit, Licht ins Dunkel zu bringen für all jene unter euch, die in der Kindheit Ähnliches erlebt haben, davon beeinflusst sind und die

Spuren vielleicht heute noch tragen, aber nicht wissen, woher das kommt, geschweige denn, wie man sich daraus löst und befreit.

In meinem Artikel Wie die Kindheit in uns nachwirkt habe ich schon einiges davon angesprochen und auch sehr deutlich gemacht, wie mächtig die Kindheit ist und wie sehr sie unser Erwachsenenleben prägt und steuert, ohne dass wir uns dessen oft bewusst sind. Allerdings habe ich das Wort Narzissmus nicht erwähnt. Es schien mir zu hart und eine offizielle Diagnose diesbezüglich gibt es ja schließlich auch nicht. Also habe ich es gelassen. Dennoch tat es mir selbst unheimlich gut, dem Kind einen Namen geben zu können. Es half mir so sehr, viele Dinge einzuordnen und alles, was so subtil abgelaufen war, alles, was ich nicht richtig greifen konnte, neu zu bewerten und einzuordnen. Es tat mir gut, zu wissen, dass ich mir das nicht alles eingebildet habe, dass ich nicht zu empfindlich bin. Ich konnte mich von der Überzeugung lösen, dass ja eigentlich gar nichts war, dass sie es ja nur gut meinte und ich das alles nur falsch verstanden habe. **Diese Erleichterung und diesen Blickwinkel, diese neue Klarheit will ich heute an euch weitergeben.**

Bei mir betrifft es meine Mutter. Ich bin mir sicher, dass sie sich niemals mit Narzissmus oder überhaupt irgendeinem ungesunden Persönlichkeitsmerkmal in Verbindung bringen würde, ganz zu schweigen von einer Persönlichkeitsstörung. Das hat das alles nicht wirklich einfacher gemacht. Selbstreflektion ist quasi nicht vorhanden. Wie gesagt, es gibt keine offizielle Diagnose, aber passiert ist es trotzdem und verletzt hat es mich auch, verunsichert und mich ganz weit weg von meinem eigentlichen Wesen gebracht.

Ich möchte kurz zusammenfassen, wie sich der Umgang mit ihr früher gestaltet hat. Sie ist zwar heute noch genauso, aber es triggert mich nicht mehr, sondern ich kann ganz klar meine Grenzen setzen und lasse mich nicht mehr benutzen, bin zurückgekehrt zu meiner eigenen Stärke, habe den Segen hinter all dem gefunden, habe vergeben und mich geheilt. Deshalb schreibe ich in der Vergangenheit.

- Sie hatte immer Recht, hat sich nie versprochen, nie etwas falsch gemacht. Schuld waren immer die anderen.
- Sie war nie greifbar, wand sich aus allem raus. Man konnte sich nie auf Aussagen, die sie einmal getroffen hat, beziehen. Alles war dann nicht wahr, auch wenn sie sich ganz offensichtlich selbst widersprach.
- Wenn man sie damit konfrontierte und das Herausreden nicht mehr ganz funktionierte, fing sie an zu weinen und gab mir das Gefühl, sie verletzt zu haben. Der Konflikt wurde total verzerrt und drehte sich plötzlich gar nicht mehr um das, was es eigentlich ging.
- Ich konnte nicht gewinnen.
- Sie hatte immer die Macht und das letzte Wort. Ich war hilflos ihrer "Gewalt" ausgeliefert. Diese "Gewalt" lief nur mit Blicken, Worten und dem Tonfall ab, mit Gesten, also sehr subtil und nicht zu greifen. Für Außenstehende war das alles nicht wirklich zu merken. Nach außen sah alles immer harmonisch aus. Das führte dazu, dass ich sehr an meinen Empfindungen gezweifelt habe.
- Es gab keine Privatsphäre. Sie wollte immer alles wissen, kontrollierte meinen Müll, meine Post, stellte indiskrete Fragen, kam rein, ohne zu klopfen. Auch hier war es so, dass ich immer sofort das Gefühl vermittelt bekommen habe, dass ich zu empfindlich bin, wenn ich mich mal darüber beschwert habe. Selbst wenn ich auf der Toilette saß, stand sie vor der Tür und nutzte meine "Hilflosigkeit" aus, um mir ein Gespräch reinzudrücken. Aber das war aus ihrer Sicht alles normal.
- Ich durfte keine eigenen Grenzen haben. Ich war lediglich eine Verlängerung, Erweiterung ihrer eigenen Person und quasi ihr Eigentum. Ich war dazu da, um ihre Bedürfnisse zu befriedigen und sie zu beliefern, mit Aufmerksamkeit, Zuwendung, etc. Diese Momente forderte sie auch gnadenlos ein, gab einem Aufgaben, bei denen man ihr persönlich helfen musste und nah

sein musste, wie z. B. den Verschluss einer Kette zumachen, ihr etwas Bestimmtes schenken. Hinterher wurde es so hingestellt, dass man das ja alles gerne und aus freien Stücken für sie gemacht hat, weil man sie ja sooo liebte.

- Ich musste tun, was sie wollte und für richtig hielt. Tat ich es nicht, wurde ich mit Verachtung gestraft und bekam das Gefühl vermittelt, ihr weh getan zu haben, ungezogen zu sein, kalt und egoistisch. Sie redete mir immer ein schlechtes Gewissen ein, vermittelte mir Schuldgefühle.
- Wenn es mir besserging als ihr, z. B. weil ich mal etwas Schönes erlebt habe, was sie noch nicht erlebt hatte, dann wurde ich dafür "bestraft", es wurde mir vorgehalten und ich musste deswegen noch mehr zu Hause mithelfen. Schließlich hatte sie sich immer für mich aufgeopfert. Es ging gar nicht, dass es mir besserging als ihr.
- Meine Emotionen waren generell immer falsch. Ich sollte mich nicht so anstellen, durfte nicht wütend sein. Ich fing an, meinem Verstand und meinem Gefühl zu misstrauen.
- Sie stand immer im Mittelpunkt, riss jedes Gespräch an sich, drängte sich in jeden innigen Moment, den ich mit anderen Personen hatte, war generell eifersüchtig.
- Sie war allgegenwärtig, lauerte gefühlt hinter jeder Ecke, hatte ständig eine Aufgabe für mich. Gefühlt hat sie mich nie aus den Augen gelassen, alles kontrolliert und mit Argusaugen überwacht.
- Sie hat Tatsachen und Aussagen über andere Familienmitglieder verdreht, um gezielt Unfrieden zu stiften, die Familienmitglieder gegeneinander auszuspielen, sie zu verletzen.
- Sie vermittelte mir immer das Gefühl minderwertig zu sein, in dem sie meine Leistungen schmälerte. Sie wies mich darauf hin, wie ich es hätte besser machen können oder verwendete eine abwertende Sprache.

- Sie wurde nicht müde, zu betonen, was sie schon alles für einen getan hatte und geopfert hatte. Hier waren wieder die Schuldgefühle vordergründig.
- Wenn ich mit jemandem Streit hatte, stand sie immer auf der Seite des anderen.

Sicherlich würde mir noch mehr einfallen, aber ich denke die Richtung ist klar. Das Tückische an diesen Erfahrungen in der Kindheit und Jugend ist, dass sie wirklich so extrem subtil sind, so schwer zu greifen. Da ist keine offensichtliche, körperliche Gewalt im Spiel, sondern unsichtbare, emotionale Gewalt, deren Verletzungen für Kinder oft schwerer sind, als sie es bei Schlägen gewesen wären. Und aus dem Grund schreibe ich heute darüber. **Ich möchte allen Betroffenen sagen, dass sie sich nichts einbilden, dass sie sich nicht einfach nur anstellen und zu empfindlich sind. Da läuft bzw. lief etwas ziemlich schief in eurer Kindheit. Lasst euch nichts anderes einreden.** Und wenn sich ein Elternteil auf diese Weise verhält, dann trägt das Kind Wunden davon und zwar richtig tiefe.

Eine damalige Freundin von mir, die Psychologie studiert, hat mich darauf gebracht, dass es sich beim Verhalten von meiner Mutter, um eine narzisstische Persönlichkeitsstörung handeln könnte. Das war im Januar 2014 und ich war gerade mittendrin, die Problematik mit meinen Eltern aufzuarbeiten und meine Wunden zu heilen, hatte in dieser Phase auch keinen Kontakt zu meinen Eltern. Da kam der Hinweis wie gerufen.

Ich weiß noch, wie gut es mir getan hat, über all das mal zu lesen. Es gibt sogar eine grandiose Internetseite, bei der man fast meinen könnte, sie wurde eigens über meine Mutter geschrieben: www.narzissmus.org
Ich war mit all meinen Problemen und Wunden nicht alleine.

Ab da las ich viel über Narzissmus und mir fielen die Schuppen nur so von den Augen. Ich weinte viel, teilweise, weil ich den alten Schmerz noch einmal durchlebte, teilweise aus Erleichterung, weil ich schwarz auf weiß lesen konnte, dass mit meiner Wahrnehmung und dem Eindruck, dass hier irgendwas grundlegend falsch lief, total richtiglag. All die kleinen Sticheleien und Seitenhiebe konnte ich nun neu bewerten, all die Situationen, die mich fast in den Wahnsinn getrieben hätten und durfte feststellen, dass ich meinem Gefühl sehr wohl vertrauen kann, dass mit mir alles in Ordnung ist. (Ein Buch, das mir auch geholfen hat, ist Kinder egozentrischer Eltern.)

Die Wunden hatte ich natürlich trotzdem und die Auswirkungen und hinderlichen Glaubenssätze aus dieser Zeit waren heftig. (Mehr über die negativen Auswirkungen findest du in dem Artikel Wie die Kindheit in uns nachwirkt) Aber ich wusste, wie ich all das heilen konnte und hatte eine Riesenmenge neue Klarheit und Selbstvertrauen, sah meine Mutter in neuem Licht und konnte mich ihr gegenüber nun entsprechend verhalten, mich nicht mehr in diese Machtspielchen ziehen lassen. Ich lernte, dass ich nicht dazu da bin, sie zu beliefern und mit Aufmerksamkeit zu versorgen. Ich lernte, meine Grenzen wieder wahrzunehmen und auch vehement zu vertreten, ließ mir keine Schuldgefühle mehr einreden. Mein inneres Kind brauchte zu der Zeit enorm viel Zuwendung. Es wurde ja emotional nie richtig versorgt, vielmehr wurde es ausgesaugt, ihm Lebensenergie abgezogen, was sich auch heftig im Erwachsenenleben zeigte. Aber auch mit dem inneren Kind wusste ich umzugehen. (Mehr zur Heilung dieser Wunden findet ihr hier: Frieden mit den Eltern)

Allen Menschen, die Ähnliches erfahren haben, kann ich nur Mut machen. Es ist hart, aber man kann sich aus so einer Kindheit und deren Folgen befreien. (siehe Frieden mit den Eltern) **Es ist in Ordnung, Abstand zu seinen Eltern zu haben, während man sich seine Wunden anschaut und heilt. Es ist in Ordnung, seine Eltern nicht zu mögen, wir müssen das nicht. Wir dürfen wütend auf sie sein. Wir schulden ihnen nichts.** Sie haben uns in die Welt gesetzt. Es war ihre Entscheidung, nicht die unsere (zumindest bewusst, auf einer höheren Ebene ja schon). Wir dürfen ihnen ihre Verantwortung für ihr Leben und für die Befriedigung ihrer Bedürfnisse wieder zurückgeben.

Es wird wenig Sinn haben, das entsprechende Elternteil mit der Thematik des Narzissmus zu konfrontieren. Die meisten haben kein Einsehen und dafür auch viel zu wenig Selbstreflektion. Außerdem darf jeder sein wie er ist und auch so bleiben. Sie müssen sich nicht ändern. Sie müssen nichts nachholen oder wieder gut machen. Wichtig ist, dass ihr nun wisst woran ihr seid. Ihr braucht eure Eltern nicht, um euch selbst zu heilen. Ihr braucht eure Eltern nicht, um wieder in eure ganze Größe zu kommen, heil zu werden und vollständig, kraftvoll und lebensfroh. Wir können ihnen vergeben, auch wenn sie so bleiben wie sie sind. Betrachten wir ihre eigenen Geschichten und deren Kindheit, dann wird wahrscheinlich nur allzu schnell klar, warum sie genau so geworden sind und warum sie es nicht besser konnten. Sie konnten nur das weitergeben, was sie selbst als Kind bekommen haben und das war im Fall meiner Mutter nicht sehr viel. Ihre Entwicklung ist kein Wunder und sie hat mein vollstes Mitgefühl und Verständnis.

Ich wünsche mir, dass alle Menschen da draußen, denen es ähnlich ging, diese alten Wunden heilen können, die alten Beschränkungen ablegen können, ihren Eltern aus tiefster Seele vergeben können. Ich wünsche mir, dass sie sich selbst mit allem versorgen können, was ihnen die Eltern nicht geben konnten, ihr inneres Kind versorgen können. Ich wünsche mir, dass ihr erkennt, wie wunderbar ihr seid und zurück zu eurer euch ureigenen Kraft kommt, herauskommt aus der Opferrolle, die euch so lange auferlegt wurde und hinein in eure Schöpferkraft, zurück zu eurem wahren, genialen Wesen!

Fühlt euch ganz herzlich gedrückt! Ihr könnt es schaffen! ♥

Herzensgrüße von mir
Anja

Montag, 18. April 2016

Wiedergeburt am Geburtstag

Seit Samstag ist mir extrem nach Rückzug, nach Innenschau, nach Reinigung. Seit Samstag bekomme ich gefühlt jeden Moment meine Regel. Ich fühle mich voll an, randvoll und es möchte ganz viel Altes abfließen und losgelassen werden. Aber sie setzt nicht ein. In den 22 Jahren, die ich nun meine Regel habe, hatte ich sie immer nach spätestens 25-27 Tagen. Heute ist Tag 29. Auch habe ich die letzten Tage gemerkt, dass alte Glaubenssätze bezüglich der Zähne nochmal hochkommen. Dieses Dogma, dass man Zähne nicht selbst heilen kann, obwohl ich es besser weiß. Die Ohnmacht war wieder sehr präsent, was mich total überrascht hat. Ich war in einer Energie, die so niedrig war, so schwer und dicht, so gar nicht meine. Ein seltsamer Zustand. Mein Verstand weiß, dass ich eigentlich schon längst höher schwinge, aber ich kam an das Gefühl nicht mehr ran. Was hilft anderes als annehmen? Dann bin ich halt gerade niedrig schwingend. Das gehört dazu.

Und nun habe ich heute Geburtstag. Auch heute ist mir nach Ruhe, nach Rückzug, nach Innenschau, nach Frühjahrsputz bis in den letzten Winkel. Das Telefon habe ich gestern Nacht schon ausgesteckt. Mein Partner ist ganz normal bei der Arbeit. Ich bin für mich und das ist auch gut so. Also habe ich mir schön einen Tee gemacht und mich zum Meditieren hingesetzt. Ich wollte meine Ohnmacht nochmal in den Arm nehmen, aber dieser Schimpanse, als die sie sich mir immer zeigt, ist nicht mehr greifbar. Mein Verstand weiß um diese Figur, aber ich kann sie mir nicht mehr vor Augen rufen. Der Gorilla der Macht der steht da, abwartend, aber der Schimpanse der Ohnmacht ist nicht mehr zugegen. Na gut, dann ist das eben auch so. Also habe ich meine Seele, die Geistwesen, die Engel, das All-Bewusstsein Gott darum gebeten, dass sie mir zeigen sollen, was jetzt gerade wichtig ist.

Da fand ich mich in meinem Inneren wieder. Ich war am Kisten packen. Frühjahrsputz. Ausmisten. Alles Alte aussortieren, Platz machen, frischen Wind rein lassen. Ich hatte schon einige Kartons gepackt. Sie standen da. Gerade war ich dabei, den letzten zu packen. In ihn legte ich alle körperlichen Leiden, die nicht mehr zu mir gehörten. Jedes einzelne rief ich mir noch einmal ins Gedächtnis und sah es vor mir. Die Verspannungen in den Schultern konnte ich abstreifen wie ein viel zu enges T-Shirt. Als ich es auszog, hatte ich plötzlich Platz und meine Schultern, die ich meist viel zu hochziehe, sanken merklich nach unten, alles entspannte sich. Meine Knieschmerzen zeigten sich als Metallschale, die sich um mein Knie gelegt hatte. Sie sahen aus wie ein Knieschoner, der da aber sehr hinderlich war. Auch ihn legte ich in den Karton. Die Probleme mit meinen Zähnen zeigten sich wie eine Beißschiene aus grauem, alten Plastik. Ich legte sie ab, in den Karton. Der Hautausschlag zeigte sich als grauer, verblichener Ganzkörperanzug. Ihn streifte ich ebenfalls ab. Alles, was ich ablegte, machte die Sicht frei auf meinen strahlenden, ursprünglichen Zustand. Die Zähne weiß, gesund und kraftvoll, die sich bei einem strahlenden Lächeln zeigten, die ich aber auch knurrend blecken konnte, um mein Revier zu verteidigen. Die Haut golden schimmernd wie ein elastischer Panzer aus Liebe, der aber auch alles durchlässt, was mir guttut. Der ganze Körper vital, agil, gesund, fit, durchtrainiert, schlank und kraftvoll.

Die Emotionen wie Angst und Ohnmacht und alle anderen, mit denen ich die letzten Jahre Freundschaft schließen durfte, habe ich sorgsam in ein Körbchen gelegt. Alles zusammen habe ich dann in ein Boot geladen, alle Kisten und das Körbchen mit den Emotionen und das Boot raus auf den See geschoben. (Du kennst das Bild wahrscheinlich. Ich bekam es im Zuge einer Rückverbindung und habe darüber geschrieben: Rückverbindung mit der Seele) Alle Erzengel standen um mich rum an diesem See, Erzengel Michael und Zadkiel links und rechts von mir, und alle haben sich ehrfürchtig niedergekniet. Als das Boot weit genug draußen auf dem See war, habe ich gleichzeitig drei brennende Pfeile in das Boot geschossen und der Inhalt ging in Flammen auf. Plötzlich schoss alles nach oben und ergoss sich in einem wunderbaren Feuerwerk. Alles Alte flog in die Luft und explodierte in wunderschöne Farben. Die Erzengel fingen an zu tanzen und zu jubeln, umkreisten mich, warfen mich in die Höhe und fingen mich wieder auf. Es fühlte sich so grandios an. Ich spürte meine reine, ursprüngliche Energie. Meine Seele, wie sie ganz ursprünglich war, ohne Narben und Verletzungen, ohne Blockaden, hielt Einzug in meinen Körper, ganz rein, leuchtend, kraftvoll und super hochschwingend. Es ging mir durch und durch und geht es jetzt noch. Diese Schwingung ist der Wahnsinn. Mein Körper vibriert. Es fühlt sich an wie Mikrowellen, die eine jede Zelle wieder in ihre ursprüngliche Schwingung bringen und somit alle Krankheit und aller Schmerz von mir abfällt, wie wenn er durch die Schwingung regelrecht abgeschüttelt wird, wie wenn alles von innen heraus aufbricht. Die Schwingung ist so hoch, dass mir teilweise beim Meditieren der Atem wegblieb und jetzt noch wegbleibt. Das Boot kam irgendwann unversehrt ans Ufer zurückgeschwommen. Es war nicht leer. Darin saß mein unschuldiges inneres Kind, mein Paradieskind! Dieses innere Kind kennt keine Verletzungen. Es hat das Paradies noch nie verlassen. Es erinnert keine Wunden und kann so auch keine neuen Verletzungen anziehen. (Susanne Hühn hat neulich einen wunderbaren Artikel auf Facebook darüber geschrieben.) Dieses innere Kind sprang ans Ufer und mir direkt in die Arme. Da stand ich nun mit meiner heilen Seele, mit meinem heilen, inneren Kind und wir strahlten um die Wette. Was für ein Erlebnis!!! ♥

Ich fühle einen strahlenden, gesunden, kraftvollen Körper in einer mega Schwingung. Ich sehe kraftvolle, weiße, strahlende Zähne, jeder Körperteil strahlt und ist so kraftvoll, so gesund, so vital, so agil, so wundervoll stark und flexibel. Ich kann dir nicht beschreiben, wie sich dieser Körper, dieser heile Körper mit dieser mega Seele und Schwingung anfühlt. Das ist nicht in Worte zu fassen. Ich saß nach der Meditation noch ganz lange da und ein Schauer nach dem anderen jagte durch mich durch. Mega Vibrations!!!! DAS ist meine Energie!!! Damit kann ich was anfangen! DAS bin ich!!!!

An meinem Geburtstag eine Wiedergeburt! Wie perfekt!!!!

Ich bin einfach nur dankbar und wollte euch das gerne erzählen, diese Freude mit euch teilen!!!

Herzensgrüße von mir
Anja

Samstag, 30. April 2016

Was an die Nieren geht und die Blase belastet

Wir befinden uns mal wieder in einer stürmischen Phase. Wieder brodelt es gefühlt an allen Ecken und Enden, alte Konflikte schwappen hoch, längst abgelegt geglaubte Muster haben wieder ein Stelldichein, Schmerz von früher wird an die Oberfläche gespült. Das alles mag beängstigen und uns zweifeln lassen, ob wir auf unserem Weg ins Erwachen und zurück zu uns selbst wirklich schon so weit sind, wie wir uns wähnten.

Aus meiner Sicht kann ich sagen: "Ja, wir sind wirklich schon so weit, wie wir uns wähnen!" Was hier gerade passiert ist lediglich eine neuerliche Reinigung, ein weiterer Befreiungsschlag. Es darf wieder viel Altes gehen und belastet unseren Körper und unsere Seele nicht länger. Das alles passt schon so.

Und so bin auch ich nicht von diesem enormen Frühjahrsputz verschont geblieben. Was sich bei mir gezeigt hat, hat mich doch sehr überrascht. Mir war nicht klar, dass das noch Thema ist und noch in mir schlummerte. Seit Mitte April ungefähr war ich schon in einer eher seltsamen Stimmung. Ich war sehr in mich gekehrt und sehnte mich nach Ruhe, die ich mir auch gönnte. Auf der einen Seite war da eine enorme Kraft und ein Glücksgefühl, eine Klarheit und eine tiefe Verbundenheit mit allem, was ist und gleichzeitig war da aber auch Erschöpfung, Verwirrung und es schien äußerlich nichts vorwärts zu gehen. Ich spüre meine Schöpferkraft immer deutlicher. Sie ist großartig und kräftig und machtvoll und gleichzeitig waren da immer wieder Situationen, völlig banal und nebensächlich, die ein leises Gefühl von Ohnmacht in mir zurückließen. Alles schien gleichzeitig da zu sein. Der Schatten und das Licht und es fühlte sich völlig in Ordnung an. Ich wusste, dass das alles so sein darf. Wir leben in einer Welt der Polarität. Das eine schließt das andere nicht aus. Und obwohl alles so seltsam war, wusste ich ganz sicher, dass ich hier genau richtig bin, dass alles gut ist und dass für mich gesorgt ist. In mir wurde gearbeitet. Ich musste nicht mehr tun, als mir Ruhe gönnen. Die Träume waren wild und so eindrücklich, dass sie mich manchmal noch den ganzen Tag begleiteten. Aber auch das war ok. Ich ließ alles geschehen, alles da sein.

Die Reinigung legte vergangenen Montag allerdings nochmal einen ganzen Zacken zu. Ich bekam plötzlich und heftig eine Blasenentzündung. Dabei hab ich mir allerdings noch überhaupt nichts gedacht. Es fühlte sich unaufgeregt an, nach "Altes loslassen", dass da ganz viel Ballast abfließt. Dafür steht die Blase - altes Seelenwasser verabschieden, wie Ruediger Dahlke so schön schreibt. Ich habe direkt Globuli genommen und Dienstag war schon fast nichts mehr zu merken. Doch Mittwoch war sie wieder da, anders. Die Beschwerden hatten sich verändert. Ich suchte nach anderen passenden Globuli, fand aber nicht so recht etwas. Ich probierte dieses und jenes. Mal wurde es kurz besser, kam dann aber wieder und insgesamt wurde es immer schlimmer. Langsam machte ich mir Gedanken. Sowas kann ja schnell die Nieren beeinträchtigen. Ich musste an die vielen Male denken, die ich früher schon eine Blasenentzündung hatte. Das Thema ist mir nicht unbekannt. Tatsächlich habe ich mich zwischen meinem 18. Lebensjahr bis Mitte/Ende 20 ziemlich oft damit herumgeschlagen, habe damals sehr oft Antibiotika genommen. So richtig ausgeheilt war das also nicht...

Doch eine Erkrankung war mir sehr eindrücklich im Gedächtnis. Es war vor ca. 7 Jahren. Ich war auf einer Betriebsratsschulung zusammen mit dem Vorsitzenden des BR's. Es war der Sommer bevor ich meinen Job endgültig an den Nagel gehängt habe. Die Stimmung in der Firma war total angespannt. Im Gremium gab es immer mehr Ärger. Was haben wir uns manchmal angeschrien, was haben wir gestritten. Ich wusste nicht mehr, wer auf meiner Seite stand, wem ich trauen konnte, wie das alles je wieder in ruhigere Fahrwasser kommen sollte, wem man etwas glauben konnte. Das alles ging mir total an die Nieren. Dieses Misstrauen, das gerade auch der Vorsitzende plötzlich mir gegenüber hegte, obwohl wir uns bis dahin wirklich gut verstanden hatten, obwohl ich immer ehrlich zu ihm gewesen bin. Aber das alles kippte, unsere Meinung über das weitere Vorgehen in der Firma und im Gremium ging immer weiter auseinander und damit auch unsere Harmonie den Bach runter. Wir arbeiteten plötzlich nicht mehr zusammen, sondern mehr gegeneinander. Über lange Zeit war er ein Vorbild für mich gewesen. Ich habe viel von ihm gelernt. Und plötzlich passte es nicht mehr. Die ganze Situation passte nicht mehr zu meinen Werten, zu meinen Vorstellungen von konstruktiver, offener, ehrlicher Zusammenarbeit. Ich hatte keine Lust mehr auf Taktieren mit dem Arbeitgeber, auf Machtspielchen, auf Manipulation, auf Politik. Ich wollte mit Ehrlichkeit etwas erreichen, mit Herz, mit Ich-sein. Aber das wollten nicht alle. In dieser Phase waren wir also zusammen auf einer Schulung, in der es um Führung im Gremium ging. Wie passend...

Es war der Sonntag vor Schulungsbeginn und ich merkte abends in meinem Zimmer, dass es mir gar nicht gut ging. Schüttelfrost, Kopfschmerzen, Erschöpfung, Gliederschmerzen. Von jetzt auf gleich. Vorher hatte mir nichts gefehlt. Ich blieb am Montag auf meinem Zimmer, ging nicht zur Schulung, dachte, dass ich schon wieder fit werden würde. Aber es wurde immer schlimmer. Schweißausbrüche, Rückenschmerzen, Schmerzen in der Leiste, dass ich kaum aufrecht gehen konnte. Also ging ich zum Arzt und der diagnostizierte mir einen heftigen Infekt der oberen Harnwege. Ich bekam Antibiotika und Schmerzmittel. Die Woche Schulung war dahin. Ich lag die ganze Zeit flach.

An diese Krankheit und diese Zeit musste ich während meiner jetzigen Blasenentzündung immer öfter denken. Ich träumte sogar davon, dass ich jemandem erzählte, wie sehr mich das damals belastet hat und habe mich noch im Traum darüber gewundert, dass mir das beim Erzählen so nahegeht, obwohl ich doch schon damit abgeschlossen habe.

Von wegen abgeschlossen, mit dem Verstand vielleicht. Doch gestern kam nochmal richtig alter Schmerz hoch. Ich war total wütend und verzweifelt, weil ich nicht das richtige Mittel für die Entzündung fand. Dann kamen diese Schmerzen in der Leiste auch noch dazu, die ich ja nun schon von damals kannte und da brach es aus mir heraus. Ich weinte, was das Zeug hält und war mit jeder Faser meines Körpers wieder in dem Gefühl von damals. Die inneren Bilder, die ich dazu hatte, zeigten mir deutlich, wie sehr ich das alles in mich reingefressen hatte, wie sehr es mich belastete, wie sehr es sich in meinem Körper niedergelassen hatte. Ich habe den ganzen Frust, die ganze Verzweiflung, die ganzen Konflikte von damals regelrecht in mich aufgesogen wie ein Schwamm und nichts davon wieder rausgelassen, alles mit mir rumgetragen. Damals hatte ich es noch nicht gelernt, meinem Unmut Ausdruck zu geben, zu meinen Grenzen und Überzeugungen zu stehen und diese auch zu zeigen. Immer dachte ich, es liegt an mir, wenn etwas nicht stimmte, ich wäre zu sensibel, zu weich, ich müsste mich nur nicht so anstellen, dann ging das schon. Ich hatte es mir noch nicht erlaubt, wütend zu sein und diese Wut auch zu zeigen, ohne mich hinterher dafür zu schämen. Immer dachte ich, dass ich souverän und sachlich bleiben muss, dass es falsch ist, zu schreien. Und immer, wenn ich es doch tat und völlig ausflippte, dann schämte ich mich hinterher dafür, dass ich nicht ruhig geblieben war, dass ich mich nicht unter Kontrolle hatte. Das innere Bild sah aus, wie wenn ich immer nur einatmen würde. Ich wurde voller und voller und dass ich irgendwann platzen musste, war nur klar. Dass mir das alles an dir Nieren ging und mich belastete, war auch klar. Die Nieren stehen für den Ausgleich zwischen den Kräften, der Balance zwischen männlichem und weiblichem Prinzip, dafür, die Mitte zu finden. Aber ich gestand mir nur die eine Seite zu. Anspannung, Anspannung,

Anspannung. Durch die Situation in der Firma, durch das ständig im Tun sein, durch alles in sich aufnehmen und nichts wieder rauslassen, durch sich ständig beherrschen wollen, alles unter Kontrolle haben wollen, nicht loslassen können, durch ständiges Einstecken von Kränkungen und Ärger, auch im privaten Bereich.

Auch die Blase kann diesen Druck nicht ewig aushalten. Sie muss auch mal geleert werden. Es muss auch mal losgelassen werden. Man muss sich auch mal Erleichterung verschaffen. Tut man es nicht, zwingt einen der Körper dazu. Ständiger Harndrang und das unter Schmerzen. Freiwillig hat man es ja nicht gemacht.

Das alles hat sich gestern gelöst. Diese Thematik hatte ich wohl noch gespeichert. Ich habe mir seit damals in vielerlei Hinsicht Erleichterung verschafft und ganz viel losgelassen, mir alles erlaubt, was ich mir so lange verkniffen hatte. Mein Körper hat mir schon viel über das Leben beigebracht. (siehe körperliche Symptome und ihre seelische Bedeutung) Nun auch die Blase und die Nieren. Damit hatte ich nicht gerechnet und dennoch ist es so wertvoll, dass nun auch diese so lange belasteten Organe endlich in die Heilung gehen dürfen. Ein Geschenk, wie immer ein Geschenk! ♥ Und wie es bei mir so üblich ist, habe ich dann gestern nach all diesen Erkenntnissen auch das Mittel gefunden, das nun anschlägt. Ein Mittel, das man braucht, wenn die Ursache Ärger und Kränkungen sind. Das habe ich zwar diesmal nicht erfahren, aber damals zu Hauf. Wie doch alles immer so schön passt.

Ich wünsche euch weiterhin eine wunderbare und erkenntnisreiche Reinigungszeit!

Was haben dir Blase und Nieren schon offenbart? Welche Themen steckten bei dir dahinter? Ich freue mich auf deinen Kommentar.

Nachtrag vom 02.05.2016:
Heute Morgen kam noch einmal eine riesen Ladung Klarheit dazu und noch ein größerer Schwung alter Schmerz hoch. Die Entzündung will einfach nicht so recht gehen. Die letzte Nacht habe ich kein Auge zugetan, weil die linke Niere so schmerzte. Ich war drauf und dran, zum Arzt zu gehen und mir Antibiotika zu holen, obwohl sich das falsch anfühlte. Doch einen letzten Versuch mit dem Mittel, das so gut ansprach, will ich noch machen. Ich habe es bereits in D12 und in C200 genommen. Es hat jeweils kurz geholfen und dann wurde es wieder schlimmer. Jetzt nehme ich es in C30 über Wasser und habe mir auch Schmerzmittel gegönnt. Nach nur 15-20 Minuten nach Beginn der Einnahme war ich schmerzfrei. Nun bleibt abzuwarten, wie viel davon auf das Schmerzmittel fällt. Allerdings fing es dann eine Stunde später an, richtig in mir zu arbeiten. Da kam ganz viel hoch und ich heulte und schluchzte jedes Mal mehr, wenn ich den nächsten Schluck von dem Mittel nahm.

Mir ist nochmal so richtig aufgegangen ist, was mir wirklich über soooo viele Jahre an die Nieren gegangen ist. Und zwar richtig heftig! **Der Glaube, dass ich nicht so sein darf, wie ich bin.** Ich erinnere mich an so viele Situationen, die für mich nicht stimmig waren, die ich aber trotzdem hingenommen habe, schweren Herzens und zutiefst verletzt, weil ich immer glaubte, die anderen hätten recht und ich bin halt komisch und muss mich anpassen, darf eben nicht so sein wie ich bin. Ich habe das bereits im Artikel erwähnt, aber diesen Glaubenssatz dahinter, habe ich in der Deutlichkeit nicht gesehen. Ich habe geglaubt, dass meine Gefühle falsch sind und dass ich nie im Leben einfach ich sein darf. Das hat mich jedes Mal so tief getroffen und ging mir wirklich an die Nieren, weil ich mir nichts sehnlicher gewünscht habe. Es war jedes Mal eine so herbe Enttäuschung. All die Jahre war ich tief in mir drin so verzweifelt, weil sich so viel falsch angefühlt hat und ich aber glaubte, das ginge nicht anders. All das brach gerade voll raus, dieser Schmerz, diese Verzweiflung.

Ich darf mir und meiner Blase den Druck nehmen, dass ich mich anpassen muss, sonst geht mir dieser Druck, den ich mir selbst mache, weiter an die Nieren.

Und dann sehe ich all die Menschen, die ich heute in meinem Leben habe, die mich genau so lassen wie ich bin. Da sind Freunde, meine Schwester, mein Partner. So viel hat sich getan, bei so vielen darf ich 100% ich sein. Sie können meine "Heilungsvorstellungen" verstehen, meine Ansichten, meine Wünsche und Träume, meine Vorstellungen von diesem Leben. Ich habe mittlerweile so viele Menschen um mich, bei denen ich ich sein darf und ich bin so unendlich dankbar!!!!!!!! Da sind Menschen, die mir helfen, mein Leben auf meine Art zu leben, die da voll und ganz dahinterstehen und diesen Weg mit mir gehen. Ich bin nicht mehr die Komische, die die seltsamen Ansichten hat. Ich bin ich und es gibt meinesgleichen um mich rum.

Ich bin unendlich froh und dankbar, dass dieser alte Schmerz von früher heute fließen konnte, der Ballast herausgeflossen ist. Nun werde ich sehen, wie meine Blase und die Nieren das finden.

Mittwoch, 18. Mai 2016

Wenn ich nur wüsste, was ich will...

Ich widme diesen Artikel all jenen, die im Moment in beruflicher Hinsicht auf dem Schlauch stehen, die gerade im Job unzufrieden sind und nicht wissen, was sie stattdessen wollen, die nicht wissen, wo ihr Weg langgehen soll, wer sie sind, was sie gut können.

Solche Phasen hatte ich in meinem Leben zuhauf. Was hab ich nicht alles ausprobiert. Wie oft war ich verzweifelt und habe vor lauter Bäumen den Wald nicht gesehen. Immer wieder habe ich mich gefragt, wer ich bin und warum ich eigentlich hier bin. Eins habe ich auf jeden Fall gelernt: Groß denken, immer größer und mir das Allerbeste zuzugestehen, das scheinbar Unmögliche in Betracht zu ziehen und an meinen Träumen festzuhalten, auch wenn ich keine Ahnung habe, wie ich diese erreichen könnte. Was mein Herz begehrt und nach was meine Seele lechzt, das werde ich erreichen. Es war nicht die Frage, ob ich meine Berufung finden würde, sondern wann. Und so habe ich mich im wahrsten Sinne des Wortes durchgewurschtelt, wie der Franke sagt. ;) Mit jeder Idee, mit jedem Versuch kam ich mir näher, habe immer mehr gemerkt, was ich brauche und wer ich bin. Es war ein Weg, ein Prozess, der nicht mit einem Fingerschnippen getan war. Doch auch der längste Weg beginnt mit dem ersten Schritt.

Im Nachfolgenden findest du unzählige Fragen, die dir helfen könnten, herauszufinden, wer du bist und was du brauchst, um eine erfüllende Tätigkeit zu finden, vielleicht sogar deine Berufung. Vielleicht gibt es die EINE Tätigkeit für dich, vielleicht gibt es auch ganz viele, weil dir viel Spaß macht. Wer weiß das schon? Ich bitte dich, all diese Fragen vor allem mit deinem Herzen zu beantworten. Vielleicht schickst du jetzt deinen Verstand einfach in den Urlaub. Drück ihm gedanklich einen Cocktail in die Hand und leg ihn in eine Hängematte am Strand. Er wird gerade nicht gebraucht. Hier sind dein Herz und deine Seele gefragt.

Ganz unten findest du auch weiterführende Artikel zu dem Thema, quasi meine Erfahrungsberichte und Buchtipps!

Ich wünsche dir viele Antworten und etwas mehr Klarheit! Glaube an dich und daran, dass auch du etwas ganz Besonders mitgebracht hast auf diese Erde, etwas, das du den Menschen schenken kannst. ♥

1. Was würdest du tun wollen, wenn Geld keine Rolle spielen würde?
Stell dir vor, dass für dein Einkommen gesorgt wäre. Du hättest alles, was du brauchst. Jeden Monat genug Geld für deinen Lebensunterhalt. Was würdest du mit deinen Tagen anfangen? Was würdest du tun wollen? Wie sähe der perfekte Tag aus?

2. Auf welches Leben willst du mal zurückblicken?
Wenn du mal alt bist und du merkst, dass deine Tage so langsam gezählt sind, auf welches Leben willst du zurückschauen? Mit welchem Gefühl willst du diesen Körper verlassen? Was willst du auf jeden Fall erlebt haben? Welche Erfahrungen gemacht haben?

3. Was würdest du tun, wenn niemand hinschauen würde?
Oft lassen wir uns davon beeindrucken, was wohl die anderen von unserem Tun und Denken halten könnten. Doch wie würdest du dich verhalten, wenn dich niemand sehen könnte, wenn keiner urteilen würde? Würdest du länger schlafen wollen? Im Morgenmantel und mit zerstrubbelten Haaren am PC sitzen und arbeiten? Wie sähen deine Tage aus, wenn es jedem egal wäre, was du tust?

4. Welche Tätigkeiten erfüllen dich mit Glückseligkeit?
Wann bist du ganz bei dir? Was macht dich richtig zufrieden und glücklich? Gibt es vielleicht ein Hobby, das diesen Zustand in dir hervorruft? Wenn du diese Fragen nicht gleich beantworten kannst, dann fang an, dich im Alltag ständig zu beobachten. Wann geht es dir richtig gut? Was brauchst du, damit du dich wohl fühlst? Wann hast du das Gefühl, ein wertvoller Teil dieser Gesellschaft zu sein? Wann bist du so richtig zufrieden mit dir? Für welche Themen brennst du? Wann fangen deine Augen an, zu leuchten und du sprühst vor Begeisterung? Mit was könntest du dich stundenlang beschäftigen? Wann sitzt du abends erfüllt und zufrieden auf der Couch? Wie muss dein Tag da gewesen sein? Was muss passiert sein?

5. Was würdest du eh tun, auch wenn du dafür kein Geld bekommen würdest?
Oft liegen unsere Talente uns so nah, dass wir sie gar nicht mehr als etwas Besonderes sehen. Schau also genau hin. Was kannst du richtig gut? Welche deiner Vorzüge nehmen Freunde oft für sich in Anspruch. Kannst du gut zuhören? Oder findest du beim Shoppen immer die pas-

senden Teile? Bekochst du deine Freunde gerne oder sollst du ihnen öfter mal was nähen oder basteln? Fragen sie dich öfter bezüglich bestimmter Sachen um Rat? Für was schätzen dich deine Freunde?

Ich bitte dich, tu nichts als unwichtig ab oder als nicht erwähnenswert. Alles ist hier wichtig, auch wenn du es noch so banal findest. Wie lange habe ich nach dem großen WOW gesucht und dabei war das, was ich wirklich richtig gut kann, so selbstverständlich, so still und leise. Sei also achtsam! Die größten Fähigkeiten werden gerne übersehen, weil sie so normal für einen selbst sind.

6. Wo würden andere deine Stärken und Potentiale sehen?
Wie würden deine Freunde dich beschreiben, wenn sie es müssten? Wo würden sie deine Stärken sehen? Was trauen sie dir zu? Stell dir all deine Freunde und vielleicht auch deine Familie vor. Welche guten Seiten sehen sie an dir? Wenn es dir schwerfällt, dir das vorzustellen, dann frag sie doch einfach wirklich. Du wirst staunen, was andere in dir sehen.

7. Was hast du als Kind gerne gemacht oder gespielt?
Womit hast du als Kind deine glücklichsten Stunden verbracht? Bei welchen Beschäftigungen hast du die Zeit vergessen? Was konntest du stundenlang tun, ohne dass dir langweilig wurde? Wofür haben dich früher deine Freunde geliebt? Wobei konntest du ihnen helfen? Worin warst du richtig gut? Was wolltest du als Kind immer werden, wenn du mal groß bist?

8. Wenn alles möglich wäre, wie würde dein Leben dann aussehen?
Stell dir vor, es käme eine Fee und würde dir mit einem Fingerschnippen dein Leben so gestalten, wie du es immer haben wolltest. Alles, was im "echten" Leben scheinbar nicht möglich ist, wäre machbar. Der eigene Laden wäre kein Problem. Der Traumberuf, der all deine Fähigkeiten vereinbart, würde dir gebastelt werden, eine Stelle oder eine freiberufliche Tätigkeit, die genau auf dich zugeschnitten wäre und die auch unbedingt gebraucht wird. Es gäbe Kunden/Abnehmer/Klienten ohne

Ende. Wie sähe dein Beruf aus? Was dürfte dir die Fee alles zaubern? Aus welchen Berufen würdest du dir die Schokoladenseite rauspicken? Ich bitte dich inständig: Denke groß und immer größer! Greife bei diesen Fragen wirklich nach den Sternen und gehe vom Bestmöglichen aus!

9. Welcher Typ bist du?

Bist du eher für das Grobe oder für das Feine? Brauchst du eher den Überblick oder beschäftigst du dich lieber mit Details? Bist du jemand der gerne die Initialzündung für irgendwas gibt, aber mit der Ausführung nichts zu tun haben will oder bist du der Macher und Umsetzer? Arbeitest du lieber im Hintergrund oder an der Front? Delegieren oder selber machen? Möchtest du im Team arbeiten oder eher auf dich gestellt? Bist du eher morgens produktiv oder abends? Arbeitest du lieber geistig oder körperlich, oder braucht es die Mischung? Eigenständig oder angestellt? Arbeitsplatz oder von zu Hause?

10. Welche Vorbilder gibt es für dich?

Zu dieser Frage wurde ich durch den Blogbeitrag von Dasha Sky zu dem Thema Berufung inspiriert und ich frage mich, warum ich da nicht selbst draufgekommen bin. Ich hatte nämlich tatsächlich immer irgendein Vorbild, bei dem ich mir bestimmte Eigenschaften "abgeschaut" habe oder bei denen ich das Gefühl hatte/habe: "Ja, da willst du auch hin!" Wer ist das bei dir? Welche Menschen bewunderst du z. B. für bestimmte Wesenszüge oder vielleicht für die ganze Art? Von wem kannst du dir die berühmte Scheibe abschneiden? Wer übt eine Tätigkeit aus, die dich vielleicht neidisch werden lässt oder die du dir selbst von Herzen wünschst, von der du träumst und schwärmst und die du auch so gerne hättest?

11. Was gestehst du dir selbst alles zu?

Bei all diesen Fragen, die ich gestellt habe, geht es darum, das scheinbar Unmögliche in Betracht zu ziehen. Wie oft hat dein Verstand gesagt: "Das ist ja schön und gut, aber das ist ja eh nicht möglich!"?

Wo setzt du dir selbst Grenzen, weil du glaubst, dass etwas nicht geht, dir nicht zusteht? Oder weil du glaubst, dass man im Leben eben nicht immer alles haben kann? Dass man Abstriche machen muss, dass irgendwas immer schiefläuft oder dass man ohne Anstrengung eben nicht alles erreichen kann? Glaubst du, dass du so wie du bist, richtig Geld verdienen kannst? Wie viele Stunden würdest du "arbeiten" wollen? Wir sind immer noch bei "wünsch dir was". Wie würde dein Zeitplan aussehen?

Wo regt sich bei all dem innerer Widerstand? Was hältst du für möglich und was nicht? Sei dir bewusst, dass dein Denken deine Realität erschafft. Wenn du glaubst, dass etwas nicht geht oder dir nicht zusteht, dann wird es so sein. Mach dir diese Muster und Glaubenssätze bewusst. Dann kannst du sie auch auflösen. Nur, wenn ich weiß, was ich denke, kann ich es ändern.

Es gibt tausend Möglichkeiten und alles, was du für dich in Erwägung ziehst, kann Wirklichkeit werden. Ich glaube, dass es für jeden eine Tätigkeit gibt, die genau JETZT richtig ist. Versuche nicht, dir einen Job auszumalen, der für die nächsten 40 Jahre der gleiche bleiben soll. Schau einfach, was genau JETZT für dich gut und richtig wäre. Wir verändern uns ständig, die Ansprüche an unsere Tätigkeit, an unseren Beruf ändern sich mit.

Es ist ok, wenn du jetzt gerade nicht weißt, wo es für dich langgehen soll. Es ist in Ordnung eben nicht zu wissen, was man will und wer man ist. Und das darf man auch ruhig sagen, wenn man danach gefragt wird. Ich habe mich lange dafür verurteilt, dass ich eben nicht wusste, was ich will und wo meine Stärken liegen, wo mein Weg langgehen soll. Doch als ich mir erlaubt habe, verwirrt zu sein und unklar, fiel enormer Druck von mir ab. Wir müssen nicht immer wissen, was gerade Phase ist. Ich bin auch verwirrt ein wertvoller Mensch! Der Moment neuer Klarheit wird kommen.

Es ist in Ordnung, wenn du alle paar Jahre Lust auf etwas Neues hast. Wer sagt denn, dass wir Zeit unseres Lebens das machen müssen, für das wir uns mal entschieden haben? Es ist ok, seine Meinung zu ändern. Es ist ok, auszuprobieren und die Sache nach einem halben Jahr wieder zu lassen. Hey, wir sind hier um Erfahrungen zu machen. Warum denn nicht auch in diesem Lebensbereich? Versuch macht klug! ;)

Was immer du tun kannst oder träumst es zu können,
fang damit an.
(Johann Wolfgang von Goethe)

Haben dir die Fragen etwas geholfen? Ich wünsche dir, dass du auch im Beruflichen den Weg deines Herzens gehen kannst und den roten Faden in deinem Leben findest. Du bist wertvoll! Du kannst etwas richtig gut! Du hast Freude und Erfüllung, Fülle und Reichtum verdient! ♥

Herzensgrüße von mir
Anja

PS: Mehr zum Thema Berufung und Lebenssinn findest du hier:
Vom Finden der Berufung
Vom vermeintlichen Scheitern und der Sorge um Geld
Wozu wir hier sind

PSS: Bücher zu diesem Thema, die mir sehr weitergeholfen haben:
The Lazy Way To Success, Fred Gratzon
Ich könnte alles tun, wenn ich nur wüsste, was ich will, Barbara Sher, Barbara Smith
arbeitslos und trotzdem glücklich, Bärbel Mohr, Laila Schmid
Gespräche mit Gott - Band 1, Neale Donald Walsch
Flow - der Weg zum Glück, Mihaly Csikszentmihalyi

Samstag, 28. Mai 2016

Ohnmacht darf sein - alles darf sein!

Ich habe die letzten Tage aufgehört, mich gegen das Ohnmächtigsein zu wehren. Ich habe aufgehört, zu kämpfen. Und dieses Loslassen fühlt sich extrem gut an. Über das Loslassen habe ich schon öfter geschrieben, aber ich hatte dazu noch nicht alles gesagt, weil mir noch nicht alles bewusst war. Meine neuesten Erkenntnisse will ich gerne mit euch teilen. ;) Loslassen heißt für mich auch, sein lassen. Es sein lassen, mich sein lassen, wie ich bin, alles sein lassen, wie es gerade ist, ohne es zu verurteilen oder zu bewerten.

Mit dem körperlichen Gefühl der Ohnmacht habe ich mich schon lange befasst und auch Freundschaft damit geschlossen. Dennoch kamen immer wieder Situationen, in denen ich mich total ohnmächtig gefühlt habe und es oft auch tatsächlich war. Das körperliche Gefühl konnte ich annehmen, aber das SEIN, das OhnmächtigSEIN habe ich abgelehnt und verurteilt. Das war mir so nicht klar. Facebook sei Dank, weiß ich es jetzt. Wofür Facebook nicht so gut ist. ;)

Es tut unheimlich gut, mir zu erlauben, ohnmächtig zu sein. Das ist so befreiend!! Bei der Wut z. B. kann ich es immer gut haben, wenn sie da war/ist. Das körperliche Gefühl so wie das WütendSEIN ist völlig in Ordnung, auch wenn andere wütend sind, dann darf das sein und ich erinnere die Menschen gerne daran, dass dieses Gefühl und dieser Zustand Platz haben dürfen. Wenn aber jemand ohnmächtig ist oder zu sein scheint, so wie ich z. B. meinen Bruder oder meine Eltern erlebe, dann hab ich das immer verurteilt, weil man ja schließlich immer was machen kann. Und als dann neulich Facebook so rumgezickt hat und mich für einen Monat aus mir unerklärlichen Gründen für das Liken von Seiten blockiert hat, da war ich sowas von ohnmächtig und wütend darüber, dass ich nichts machen kann und dass mir niemand helfen kann. Du kannst dir gar nicht vorstelle, wie sehr mich das gewurmt hat. Alle Versuche, eine Erklärung zu finden, jeglicher Versuch mit dem Support von

Facebook Kontakt aufzunehmen, verliefen im Sande. Ich konnte nichts tun, als hinnehmen, dass es nun mal für einen Monat so ist.

Ich hatte dann kurz drauf mit meiner Schwester telefoniert und ihr erzählt, dass es eigentlich nur die Technik schafft, mich so zu fuchsen, weil ich immer der Meinung bin "Geht nicht, gibt's nicht!". Und als ich ihr genau diesen Satz gesagt habe, ist dann der Groschen gefallen. Geht nicht, gibt's eben doch und das darf sein. Ich darf ohnmächtig sein. Dass mich diese Annahme, dann in meine tatsächliche Macht führt, steht auf einem anderen Blatt. Im Moment genieße ich einfach nur das ohnmächtig sein dürfen. So verrückt wie das klingt: Es ist befreiend und machtvoll, ohnmächtig sein zu dürfen. ♥

Sicher, ich kann immer etwas tun und etwas ändern und wenn es nur meine Einstellung zu mancher Sache ist. Und das habe ich damit getan. Ich habe meine Einstellung geändert. Es ist ein Unterschied, ob ich die Ohnmacht da sein lasse, ohne sie zu verurteilen oder zu bewerten und mich dann in aller Ruhe für die Macht entscheide, oder ob ich die Ohnmacht verfluche und auf Biegen und Brechen meine Macht haben will. Bei ersterem treffe ich eine Wahl zwischen zwei Möglichkeiten, die in ihrem Wert neutral sind. Bei letzterem wähle ich etwas und verurteile das andere, halte es für schlecht und nicht lebenswert. Ich sage mir, dass es nicht sein darf. Und es darf doch sein! Denn alles darf sein, alles hat seinen Platz und alles hat seine Berechtigung. Verurteile ich etwas, lehne ich es ab und darf mich dann nicht wundern, wenn es verstärkt in mein Leben drängt und Annahme und Liebe von mir will. So wie es all die Situationen getan haben, die mich an meine Ohnmacht erinnert haben. Sie will sein. Zu Recht! Das habe ich bezüglich der Ohnmacht tatsächlich verstanden und es tut unendlich gut, diesen Kampf aufgegeben zu haben. Es darf sie geben und es darf Menschen geben, die sie wählen.

Nicht die Dinge und Zustände halten uns fest, sondern wir halten die Dinge und Zustände damit fest, dass wir sie ablehnen. Lassen wir sie

SEIN, da SEIN und nehmen sie in Liebe an, dann lassen wir sie los und sie können sich wandeln, transformieren und uns den Weg freigeben, um in ihr Gegenteil zu kehren. Aus Angst kann Liebe werden, aus Wut Kraft, aus Kleinheit Größe, aus Ohnmacht Macht!

♥ Es ist machtvoll, ohnmächtig sein zu dürfen! ♥

Generell ist es sehr entspannend, wenn alles da sein darf. Heute bin ich z. B. ziemlich matsch und es darf SEIN. Das wechselt die letzten Tage von "Ich hab Energie für fünf und reiße Bäume aus." zu "Ich krieg gar nichts gebacken und will einfach nur SEIN und atmen.". Heute ist B angesagt. ;)

Die letzten Wochen und Tage sind echt krass. Der Körper ziept mal hier und dann mal da. Mal der Darm, mal die Blase, mal die Zähne, mal der Rücken, mal stolpert das Herz. Alles immer nur ein bisschen. Ich lass es SEIN wie es ist. Der Ausschlag ist auch noch da. Mal mehr, mal weniger. Dennoch habe ich das sichere Gefühl, dass ich da, wo ich bin, genau richtig bin. Es ist ein inneres Wissen und lässt mich das alles sehr gelassen erleben. Es darf SEIN!

Die Energien und der stetige Schwingungsanstieg sind manchmal echt anstrengend und ich kann zeitweise förmlich merken, dass die Schwingung, die auf die Erde kommt und um mich ist, höher ist als die von meinem Körper und dass der sich erst anpassen muss. Das sind immer so Phasen. Gestern hab ich das wieder extrem gemerkt. Dann brauch ich auch ein Nickerchen und auch das darf SEIN.

Koste mal den Satz: **Alles darf sein!** Schmeckt er nicht wunderbar nach Freiheit?

Ich glaube tatsächlich, der größte Schritt in Richtung Los-LASSEN ist das SEIN LASSEN!

Damit sende ich euch Herzensgrüße und gehe jetzt wieder SEIN und atmen! ;)

Dienstag, 31. Mai 2016

Im Geburtskanal der Transformation

Gott ist das im Moment anstrengend. Gefühlt bin ich eine einzige Baustelle. Die Emotionen fahren Achterbahn, alles scheint zu vibrieren. Ich bin total erschöpft, ganz viel Altes löst sich, wobei ich davon nichts wirklich greifen kann oder es benennen kann. Ich weiß einfach, dass es so ist. Auf der einen Seite bin ich mega dankbar und erleichtert im wörtlichen Sinne, fühle mich phasenweise total leicht und gelöst. Und auf der anderen Seite bin ich einfach nur fertig und wünsche mir, dass ich aus dem Strudel auch mal wieder rauskomme, dass es endlich vorbei ist.

Irgendwie fehlen mir die Worte für meinen momentanen Zustand. Gefühlt werden die nächsten Tage noch heftig. Ich sehe noch kein Licht am Ende des Tunnels. Die gewittrige Stimmung der Natur, die wir noch ein paar Tage haben werden, scheint auch in mir und direkt um mich herum zu sein. Es brodelt, da sind Spannungen, da entlädt sich ständig was und mit jedem Gewitter wird etwas gereinigt, Energie transformiert. Und kaum hat man sich etwas erholt, haben sich neue Spannungen gebildet und das Ganze geht von vorne los. Keine Zeit, um Luft zu holen.

Irgendwie auch wie eine Geburt. Die Wehen kommen in immer kürzeren Abständen und die Pausen dazwischen reichen nicht mehr aus, um wirklich durchzuatmen. Der Geburtskanal trifft es wohl auch ganz gut. Da bin ich gerade. Stecke mittendrin in meiner Neugeburt, werde von außen bearbeitet, von den Wehen, die mich austreiben sollen. Es ist eng, dunkel, anstrengend und mit viel Arbeit verbunden, obwohl ich gefühlt nicht viel dafür tun kann, als einfach da durch zu gehen und darauf zu vertrauen, dass ich irgendwann rauskomme. Und das will ich auch endlich: Ich will da raus! Aber es dauert eben alles so lange, wie es eben dauert.

Gefühlt bin ich Gebärende und der, der geboren wird, gleichzeitig. Ich bringe mich selbst zur Welt.

Ein Gedanke, der mich im Moment tröstet und hält ist der, dass ich mich dazu entschieden habe, diese Transformation mitzumachen, dass ich es aus tiefstem Herzen will und ganz und gar zurück zu mir selbst möchte, alles loslassen will, was nicht ich bin, um endlich meinen reinen, wahren Kern zum Ausdruck bringen zu können. Es ist mein freier Wille, dass ich jetzt genau an dem Punkt bin und es wird ein DANACH geben. Es wird irgendwann vorbei sein. Das ist sicher. Und daran halte ich mich fest und an der wunderbaren Freiheit und Leichtigkeit, die schon immer mehr zu merken ist und dann noch ausgeprägter da sein wird, weil sie durch nichts mehr blockiert wird.

Ich wünsche uns allen ganz viel Kraft und Liebe für diesen Endspurt! Gehen wir gemeinsam da durch und freuen wir uns auf das DANACH!

Wie geht es dir gerade? Machst du ähnliche Erfahrungen?

Erschöpfte Herzensgrüße von mir
Anja

Donnerstag, 2. Juni 2016

Eine neue Wahl

Eine Wahl, die ich treffe, hier und heute und aus tiefstem Herzen! ♥ Es ist an der Zeit!!! ♥

Ich lasse alles los, was jemals meinen Körper belastet hat und gerade belastet. Ich entlasse alle Blockaden und hinderlichen Überzeugungen,

die mir nicht mehr dienlich sind und nicht meinem wahren Wesen und der höchsten Wahrheit entsprechen. Ich löse jetzt alle Emotionen, die noch erlöst werden wollen. Ich entscheide mich hier und jetzt für die komplette körperliche und seelische Gesundheit, für heil sein auf allen Ebenen. Ich entscheide mich für mein heiles, gesundes Selbst, für Leichtigkeit und Freude, für Kraft und Energie. Alles Schwere entlasse ich aus meinem Körper und aus meinem Energiekörper. Ich brauche es nicht mehr. Es dient mir nicht mehr. Alle Heilung und Transformation geschieht in Leichtigkeit und Freude. Ich ehre und achte, was bisher war, denn es ist meine Schöpfung. Nun treffe ich eine neue Wahl und entscheide mich für mein wahres Wesen, meinen Kern, meine heile Seele, mein heiles SEIN, mein HEILSEIN!!!! Ich treffe diese Wahl aus tiefstem Herzen und entscheide mich für diese Qualitäten! Ich entscheide mich für LIEBE und FREUDE, für LEICHTIGKEIT und HEILSEIN mit jeder Faser meines Herzens!!!! So ist es!!!! ♥

Wer diese Worte gerade auch gebrauchen kann, darf sie gerne "benutzen"! ;)

Montag, 6. Juni 2016

Die Ernte wird kommen

Die letzten Wochen waren irgendwie wieder Hardcore! Mein Artikel Im Geburtskanal der Transformation hat gezeigt, dass ich damit nicht alleine bin. Ich habe so unfassbar viele Reaktionen und Rückmeldungen darauf bekommen, wie noch zu keinem Artikel zuvor. Innerhalb von zwei Tagen hatten über 6000 Menschen diesen Artikel gelesen und viele haben mir bestätigt, dass es ihnen ganz ähnlich geht.

Ich muss sagen, dass ich ganz schön in den Seilen hing und mir einfach nur gewünscht habe, dass diese krasse Phase zu Ende geht. Alles ging Schlag auf Schlag, ein Thema jagte das nächste, die Emotionen fuhren Achterbahn, der Körper pfiff mal wieder aus dem letzten Loch. Mitte

April hätte ich noch gesagt, dass ich der Heilung auf allen Ebenen zum Greifen nahe bin. Jetzt, kurz nach dieser anstrengenden Phase, war ich mir da nicht mehr so sicher und leichte Verzweiflung und Unmut machten sich breit, dass diese Anstrengung und Transformation wohl nie aufhören wird. Ich war wütend, ungeduldig, unzufrieden und einfach nur genervt davon, dass ich wohl doch noch nicht so weit bin, wie ich mich vermutet habe. Ätzend! Da kann man schon mal wieder alles anzweifeln und sich fragen, ob man hier überhaupt das Richtige tut.

Heute hat sich dann einiges wieder ins rechte Licht gerückt (inspiriert wurde ich von der Botschaft der Geistigen Welt für den Juni, übermittelt von Robert Betz) und ich kann mir und uns sagen:
Wir tun das Richtige! Die Ernte wird kommen und sie wird gut!

Die Anstrengung zahlt sich immer mehr aus und irgendwann werden wir einfach nur noch staunen und uns freuen, dass wir diesen Weg gegangen sind, dass wir durchgehalten haben, dass wir nicht aufgegeben haben, dass die innere Stimme, die uns immer wieder antreibt, weiterzumachen, stärker war als unsere Verzweiflung und das Hadern.

Ich möchte heute für euch ein solcher **Seelentröster** sein, wie er von der Geistigen Welt beschrieben wird. Wir haben schon sooo viel erreicht, schon so viel gewandelt, angeschaut, geheilt, sind schon so weit fortgeschritten in der Freude und Leichtigkeit, der Heilung. Wir heilen mit unserer Arbeit und unserem Mut nicht nur uns selbst, sondern auch die Welt. Wir lösen Themen, die schon so viele Generationen da waren. Wir lösen sie endgültig. Wir tun nicht nur uns selbst einen Riesengefallen sondern der ganzen Menschheit. Was wir an uns selbst heilen, heilen wir in der Welt. Und wir machen es wirklich gut. Wir sind mutig, wir sind ausdauernd, wir sind stark, wir sind die Liebe, die so dringend gebraucht wird. Lasst uns jetzt auf den letzten Metern nochmal alle Kraftreserven mobilisieren, lasst uns nochmal erinnern, warum wir damit überhaupt angefangen haben: Es gibt keine andere Option!!! Umkehren ist keine

Option! Tief in uns wissen wir alle wofür es gut ist. Unsere Seelen lechzen nach dem Heilsein, nach dem ganz wir selbst Sein, nach Freiheit und Frieden in uns. Sie sehnen sich nach Selbstverwirklichung, nach Wachstum und Selbstausdruck. Uns zieht es hin zu unserem wahren Kern, zu unserer uns ureigenen Kraft, zu unserem uns ureigenen Wissen, zu unserer Weisheit, auf unseren Seelenweg. Und wir spüren es, wir wollen es erleben, ganz bei uns zu sein, alles gelöst zu haben, was nicht wir selbst sind, was nicht mehr ausdrückt, wer wir wirklich sind. Danach sehnen wir uns. **Wir sehnen uns nach uns selbst!** Und dafür lohnt sich jede Anstrengung und jede Durststrecke. Wir werden dort ankommen, bei uns selbst, immer mehr und irgendwann sind wir ganz da! Das ist unsere Ernte, die kommen wird. Wie wunderbar!!!! ♥

Ich sende euch von Herzen ganz viel Kraft und Liebe für euch selbst und euren Weg zurück zu euch selbst! ♥

Die Ernte wird kommen und sie wird gut!!!!!

Sonntag, 12. Juni 2016

Entscheidest du dich für dich selbst?

Wir stehen jetzt an einem ganz wichtigen und im wahrsten Sinne des Wortes entscheidenden Punkt auf unserem Weg zurück zu uns selbst, in unserer Transformation.

Entscheiden wir uns für uns selbst?

Diese Frage stellt sich gerade. Sie wabert durch den Orbit, hängt im Raum, ist zum Greifen, kann nicht mehr übersehen werden. Sie drängt sich förmlich auf, steht momentan an jeder Ecke und wartet auf unsere Antwort.

Haben wir endlich den Mut, rigoros JA zu uns und unserem Wesen zu sagen? Haben wir den Mut, uns ohne Netz und doppelten Boden für unseren Seelenweg zu entscheiden? Haben wir den Mut, uns nun endlich anzuerkennen, mit allem, was uns ausmacht? Haben wir endlich den Mut, unsere wahre Größe und unseren wahren Wert anzuerkennen und auszudrücken? Haben wir den Mut, zu uns zu stehen, egal, was die anderen sagen? Haben wir den Mut, unsere Träume zu verfolgen und anzugehen, auch wenn wir keine Ahnung haben, wie genau sich das gestalten soll?

Haben wir all diesen Mut? Oder knicken wir wieder ein und lassen uns von den äußeren Umständen abbringen? Lassen wir es doch lieber bleiben, weil uns dann unsere alten Freunde lieber mögen? Lassen wir es wieder sein, weil doch gerade kein Geld da ist? Lassen wir es wieder sein, weil die Ideen noch nicht konkret genug sind, wir noch nicht gut genug sind, wir doch lieber wieder in die alten Muster der scheinbaren Sicherheit zurück verfallen? Passen wir uns lieber wieder an? Machen wir lieber wieder etwas, weil wir damit schließlich unsere Brötchen verdienen können, auch wenn uns diese Tätigkeit gar keinen Spaß macht? Schieben wir unsere Träume wieder auf die lange Bank, auf irgendwann, wenn dies oder jenes besser ist, Geld da ist, die Kinder aus dem Haus sind, der richtige Partner an unserer Seite?

Wir stehen auf dem Prüfstand. Das Leben will wissen, wie ernst es uns mit uns wirklich ist. Wir haben diese wichtige Entscheidung nun zu treffen. Das Universum will wissen, was es uns liefern darf: Den alten Mist von früher oder unsere Träume? Alte Muster oder neues Denken? Tretmühle und Scheinsicherheiten oder Selbstverwirklichung und Erfüllung? Altes Leid oder Wunder?

Was wollen wir? Er ist ein Wendepunkt dieser Juni! In welche Richtung gehen wir jetzt? Die Sommersonnenwende steht kurz bevor. Darf unser Leben auch eine Wende nehmen? Haben wir endlich genug gelitten, um zu verstehen, dass wir hier sind, um unsere wahre Größe zu leben? Haben wir endlich begriffen, dass wir seit tausenden von Jahren die erste Generation in unserer Ahnenreihe sind, die sich wirklich und wahrhaftig selbst leben darf? Dass wir endlich alle auferlegte Schuld und Selbstzweifel ablegen dürfen und auch können? Dass wir hier sind, um uns endlich von allem zu befreien, was nicht wir selbst sind, was nicht ausdrückt, wer wir im Kern sind?

Nicht nur das Universum, das Leben, wartet auf unsere Entscheidung. Auch unsere Ahnen tun es. Wir können so viel für sie lösen und ihren Weg gleichsam mit unserem zusammen heilen. Wir können jetzt ein für alle Mal Schluss machen mit Selbstverrat, Unterdrückung der eigenen Bedürfnisse und Wünsche, mit Verzagtheit, Kleinheit, Wertlosigkeit, eingeredeten Schuldgefühlen, Scham für das eigene Wesen, dem Fristen eines grauen Daseins aus Pflichten und Zwängen, dem Gefühl, verkehrt zu sein.

Wir können uns hier und heute für uns und unsere Freiheit, unseren Selbstausdruck, unsere Kraft, unser Potential, unseren Seelenweg entscheiden. Die Zeit ist reif! Dieser Juni wartet auf unsere Stimme!
Tun wir es? Sagen wir JA? Ich schon!

Mit jeder Faser meines Herzens sage ich JA zu mir, zu meinem wahren Wesen, zu allem, was mich ausmacht, zu meinen Vorlieben und Abneigungen, zu meinen Eigenarten und Besonderheiten, zu meinen Talenten und dem, was meine Seele hier auf die Erde bringen will. **Drunter mache ich es nicht mehr, weil ich es mir wert bin!** Ich will mich weder verbiegen noch verraten. Ich will ich sein. ICH BIN ICH! Immer, in jedem Moment! Das gestehe ich mir zu, dafür entscheide ich mich und dafür werde ich jeden Tag reichlich belohnt! Ich bin wertvoll! Ich bin göttlich! Ich verdiene das Beste! Ich verdiene Wunder am laufenden Band! Ich verdiene Erfüllung, Fülle und getragen werden. Ich verdiene Geschenke und alles, was mein Herz begehrt, weil ich wertvoll bin so wie ich bin. Weil ich etwas zu geben habe. Weil ich ICH bin! Weil ich BIN!

Wie fällt deine Antwort aus?

Freitag, 17. Juni 2016

Time to change - Auf zu neuen Ufern!

Alles, was die letzten Wochen an die Oberfläche gespült wurde, uns getriggert und beschäftigt hat, fließt nun nach und nach ab. Was für eine Erleichterung. Es wird wieder mehr Platz in unserem Energiesystem. Wieder haben wir alten Ballast verwandelt und entlassen. Und zwar einen ziemlich großen Brocken, denn was mich angeht, war da auch ein Haufen kollektiver Schuld meiner Ahnen dabei. Nun ist wieder ein Stück mehr Freiheit zu spüren. Leichtigkeit und neue Klarheit halten wieder Einzug. Uns steht wieder mehr Energie zur Verfügung. Zum einen, weil wir uns wieder gereinigt haben und nicht mehr so viel Energie in Blockaden gebunden ist und zum anderen, weil wir die Energie gerade nicht für die innere Arbeit brauchen. Wir können sie wieder mehr ins Außen richten und die Dinge tun, die uns am Herzen liegen. Daran war in den letzten Wochen ja irgendwie nicht zu denken. Zumindest ging es mir so.

Die letzten Nächte habe ich als unheimlich heilsam empfunden. Ich habe enorm bewusst geträumt und mit ganz vielen Situationen Frieden geschlossen, habe von Fülle geträumt, von Wundern und Überfluss. Beim Aufwachen war ich jedes Mal so erfüllt und zutiefst zufrieden, dass mir schon fast die Worte dafür ausgehen. ♥

Und nun spüre ich die Welle des Neuen auf mich zurollen. Ich habe mich die letzten Tage nochmal ganz bewusst für mich und meinen Seelenweg entschieden, mit aller Inbrunst, radikal, rigoros und mit absoluter Entschlossenheit. Ich habe mich für alle Veränderungen geöffnet, für alles, was nun in mein Leben kommen möchte, was jetzt gerade wichtig und richtig für mich ist. Wie immer es aussehen mag, es wird mir dienen. Ich habe mich für das große Unbekannte entschieden, für Wunder und wunderbare "Zufälle". Alles, was nicht zu mir gehört, geht und darf auch gehen. Alles, was ich leben will und zum Ausdruck bringen will, darf noch mehr kommen, ist schon spürbar. Die Zahnrädchen der Synchronizitäten rattern. Ich kann sie hören. Das Universum arbeitet auf Hochtouren. Die Weichen werden neu gestellt, alles vorbereitet für die nächste Ladung unfassbarer Begebenheiten.

Tatsächlich fühlt es sich an wie eine riesige Welle, die mit enormer Kraft auf mich zukommt und mich mitreißen wird. Das weiß ich. Allerdings macht mir das keine Angst mehr. Vielmehr bin ich freudig erregt und stehe schon in Position, um mich endgültig in die Fluten zu werfen. Auf zu neuen Ufern!!! Denn da wird sie mich hintragen diese Welle, zu neuen Ufern, in ein neues Ich, in eine neue Form des SEINS! Wieder ein Shift, wieder ein enormer Wandel und ich freue mich wie ein kleines Kind an Weihnachten. GESCHENKE!!!! ♥ Deren Energien sind schon da, schon fast greifbar und bald werden sie in materieller Form in unser Leben flattern, sich manifestieren, uns abermals staunen lassen über dieses grandiose System, das sich Leben nennt!!!

Time to change!!! Ich bin bereit für alles, was jetzt gut für mich ist! Aber sowas von... ♥♥♥

Montag, 20. Juni 2016

Angst vor der gewünschten Veränderung

Noch vor wenigen Tagen habe ich geschrieben und gefühlt, dass es Zeit für Veränderung ist. Time to change - Auf zu neuen Ufern! hieß der Artikel. Es rollt tatsächlich eine Welle der Veränderung auf uns zu und ganz viel Altes will gehen und eigentlich freue ich mich darauf. Dass ich aber trotzdem, tief in mir, eine enorme Angst vor dieser Veränderung habe, war mir nicht bewusst, nicht in diesem Ausmaß!

Ich wähnte mich in meiner körperlichen Heilung weiter. Ich fühlte mich gesund und nun hatte ich wieder Bauchkrämpfe, ziemlich übel, so wie ich sie ab 2012 regelmäßig hatte, bis ich das passende homöopathische Konstitutionsmittel gefunden hatte, bis ich verstanden hatte, was mir mein Körper damit sagen will. Dann wurde es besser und immer besser. Die Abstände wurden größer, die Schmerzen weniger. Aber es kamen neue "Krankheiten". Das Knie, der Ausschlag, die Zähne, die Blase. Irgendwas scheint immer zu sein. Und nun hatte ich wieder diese Krämpfe, mit denen ich überhaupt nicht mehr gerechnet habe. Es erschüttert mich gerade bis in die Grundfesten meines Seins: Wie verdammt nochmal erschaffe ich mir all diese Schmerzen, Krankheiten und Symptome? Wozu dienen sie mir noch? Was läuft da eigentlich?

Heute Nacht im Halbschlaf kamen dann die ersten Antworten. Mir wurde bewusst, dass ich Angst habe, Erkenntnisse zu verpassen, wenn ich plötzlich gesund bin, dass ich Wachstumschancen verpassen könnte. Mein Körper hat mir so viel über mich und das Leben beigebracht, hat mir gezeigt, wo ich Gefühle unterdrücke, wo ich nicht ich selbst bin. Bleibe ich in meiner Entwicklung stehen, wenn es nichts mehr zu heilen gibt? Das ist das eine.

Das andere ist, dass ich mich frage, wer ich wirklich sein will. Will ich jemand sein, der auch mal viele Termine aushält? Prinzipiell schon, aber die richtigen. Ich möchte keine Begegnung mehr haben, bei der ich das Gefühl habe, dass ich es über mich ergehen lassen muss und froh bin, wenn es "geschafft" ist. Ich hatte neulich einen Traum, in dem es darum ging, dass ich mich von Menschen trennen soll, die mir nicht guttun und nicht meine Sprache sprechen. Auch das fällt da gerade mit rein. Denn das haben mir die Schmerzen gezeigt: Ich habe mal wieder nicht richtig auf meinen Bauch gehört, habe viele Termine gehabt, habe wieder angefangen zu funktionieren, über meine Bedürfnisse hinwegzugehen. Ich kann ja wieder, ich bin ja wieder gesund. Dann mache ich das eben schnell, auch wenn ich eigentlich keine Lust habe. So fing es die letzten Wochen wieder an. Allerdings hätte es vielleicht auch eine andere Möglichkeit gegeben, dass ich das bemerkt hätte, dass ich bemerkt hätte, dass ich wieder von meinem Weg und meinen Bedürfnissen abkomme, dass ich mich wieder anpasse, funktioniere. Vielleicht hat es diese Möglichkeit gegeben, es zu merken, aber ich habe nicht richtig hingeschaut? Waren die Bauchschmerzen wieder eine Notbremse?

Alles in allem möchte ich verstehen und erkennen, was da läuft, es mir bewusst machen, loslassen und eine neue Wahl treffen. Ich möchte wissen wie ich mich selbst sabotiere. Die größte Angst ist aber wirklich, dass ich Wachstum und Erkenntnisse verpassen könnte.

Und dann kommt noch hinzu, dass mein Partner zeitweise das Gefühl hat, dass er sich nicht auf mich verlassen kann. Es gab schon einige Termine, die ich wegen gesundheitsbedingten Vorfällen nicht mit ihm wahrnehmen konnte. Das hat ihn manchmal bis ins Mark getroffen. Er fühlte sich total verlassen. Dieses verlassen fühlen ist klar sein Thema, allerdings frage ich mich, ob ich in dieser Hinsicht zuverlässig sein will und auch Termine weit im Voraus annehmen und dann auch einhalten will, auch wenn mir gerade nicht danach ist. Wer will ich sein? Ist es ein für mich sorgen, wenn ich in der Hinsicht keine festen Zusagen mache, oder ist es eine Flucht vor Verpflichtungen, eine Angst vor Verpflichtungen? Und was kann mein Partner mitgehen und was nicht? Führt ein "so sein" womöglich zu einer Trennung? Wer bin ich? Wer will ich sein? Diese Fragen stellen sich mir gerade an allen Ecken und Enden! So geht es mir. Geschüttelt und gerührt und in den Grundfesten erschüttert.

Ich glaube, dass das alles Auswirkungen von den anstehenden Veränderungen sind. Es scheint nochmal wirklich alles auf dem Prüfstand zu stehen. Kein Stein steht mehr auf dem anderen. Da wartet ein neues Leben. Es ist jetzt möglich. Aber wie will ich dieses Leben? Was darf anders sein? Und was macht das mit mir?

All die Krankheiten waren lange eine Legitimation für mein "so sein". Sie haben mir einen legitimen Grund gegeben, wieso ich nicht wieder einen normalen Job angenommen habe. Sie haben mir einen legitimen und gesellschaftstauglichen Grund gegeben, wieso ich manche Veranstaltungen/Familienfeiern nicht wahrgenommen habe. Sie haben es mir erlaubt, mich rauszuziehen aus Situationen, die ich eigentlich nicht wollte. Sie haben mir lange gedient. Und jetzt heißt es, selbst Verantwortung zu übernehmen, zu mir zu stehen und auch ohne gesellschaftliche Legitimation NEIN zu sagen. Kann ich das? Bin ich schon so weit? Habe ich den Mumm NEIN zu sagen und Gefahr zu laufen, dass ich dann vielleicht nicht gemocht oder verstanden werde, dass ich als komisch gelte, als sonderbar, als unlogisch, weil es für die anderen keinen offensichtlichen Grund für mein NEIN gibt?

Oh Gott!!! Und gerade bemerke ich, dass es bei meiner Mama genau so läuft. Für alles, was sie nicht tun möchte, entwickelt sie Krankheiten, weil es dann akzeptiert wird, dass sie es nicht tut. Himmel!!! Sie lebt dieses Leben, in dem Krankheiten ihr "so sein" ermöglichen. Was für ein "Zufall" und ich muss sagen, ich kann es verstehen. Es ist einfacher, einen offensichtlichen Grund für ein NEIN zu haben, als einfach "nur" auf sein Gefühl zu hören, zu merken, dass es sich nicht richtig anfühlt, ohne es vielleicht begründen zu können und es dann auch nicht zu tun. Mit einer Krankheit als Grund setzt man sich viel weniger in die Nesseln. Aber so will ich das nicht! Ich will lieber gleich zu mir stehen, auch wenn ich dann als komisch gelte. Ich möchte gesund sein UND ich sein dürfen.

Und noch weitere Fragen und Ängste drängen sich gerade auf, jetzt wo die Veränderung möglich und greifbar ist: Wie sieht ein Leben aus, in dem ich gesund bin? Verliere ich mich dann wieder? Fange ich wieder an zu funktionieren und übergehe meine Bedürfnisse? Wie sieht Wachstum dann aus, wenn es nicht aus Heilung entsteht? Wie entwickle ich mich weiter, wenn ich gesund bin, wenn es keine Symptome mehr anzuschauen gibt? Ich hätte nicht gedacht, dass ich vor Heilung und gesund sein so viel Angst habe. Dass ich so viele Fragen habe. Ich kann mir dieses Leben nicht vorstellen und doch will ich es. Ich wusste immer, dass der Moment kommen wird, in dem alles geheilt ist und es "nur" noch darum geht, meine Potentiale zu leben, über mich hinauszuwachsen und "einfach" ich zu sein. Aber wie sieht das aus? Wie sieht so ein Leben aus? Was mache ich? Wer bin ich da? Ich kann es mir nicht vorstellen. Wie krass ist das denn bitte? Das alles hat so viel Zeit in Anspruch genommen. Was tue ich mit dieser Zeit?

WER BIN ICH UND WER WILL ICH SEIN???

Die Antworten werden kommen. Das weiß ich und ich bin jetzt schon gespannt, wie sie wohl ausfallen mögen, was mir meine Seele dazu zu sagen hat. Ich entscheide mich für die Veränderung, für Gesundheit, für mich, auch wenn ich nicht weiß, wie das alles aussehen wird. Tief in mir weiß ich, dass es gut für mich ist. Tief in mir weiß ich, dass meine Seele den Weg kennt. Ich werde sie wohl vorausgehen lassen und ihr vertrauensvoll ins Ungewisse folgen.

Bitte verzeiht diesen etwas wirren Artikel. Ich musste es aufschreiben, um es mir selbst klar zu machen. Und irgendwie glaube ich auch, dass er euch trotz der Verwirrung hilft. Denn ich könnte mir vorstellen, dass viele vor einer Veränderung, die sie eigentlich wollen, Angst haben.

Herzensgrüße von mir
Anja

PS: Ich war im März schon einmal in so einer Phase, in der mich das Neue ziemlich überfordert hat. Damals ist dieser heilsame Artikel entstanden: Zeit für neue Wege! Wirklich? Darin findet ihr ein wunderbares, hilfreiches Gleichnis von Susanne Hühn zu dieser Zeit des Wandels!

Mittwoch, 22. Juni 2016

Weit und hell und leicht - die Urqualität unserer Seele

Als ich meinen letzten Artikel Angst vor der gewünschten Veränderung geschrieben habe, war ich echt ziemlich down und verzweifelt und ratlos. Doch eins wusste ich sicher: Die Antworten auf all meine Fragen würden kommen und so ist es auch.

Ich habe mir eine Bewusstseinserweiterung gewünscht, ein neues Denken, größeres Denken, neue Ansätze. Gestern kamen die ersten "Lieferungen" an und ich habe heute noch nicht das volle Ausmaß dieser wunderbaren Erkenntnisse verarbeitet. Ich will euch aber dennoch davon erzählen.

Ich habe mich gefragt, wie ein Leben in völliger Gesundheit aussieht, in dem nichts mehr zu heilen ist. Habe mich gefragt, wie wohl Wachstum dann aussieht, wenn ich keine Erkenntnisse mehr aus Krankheiten gewinnen kann. Und auch darauf habe ich Antworten bekommen. Ich liebe es, auf solche Fragen vom Leben einfach mal so Antworten zu erhalten, auf den unterschiedlichsten Wegen und so rasch und klar. Es ist eine wahre Wonne! ♥

Gestern Morgen habe ich mich nochmal hingesetzt und mit meiner Gallenblase gesprochen, denn sie ist es, die diese Krämpfe auslöst und gestern habe ich ihrerseits eine enorme Traurigkeit und Erschöpfung wahrgenommen. In der Meditation zeigte sich, sie ist wirklich total ko. Sie hat mir gesagt, dass sie zu diesen Krämpfen gezwungen wird. Sie will das gar nicht mehr und sie kann auch nicht mehr. Sie will sich einfach erholen und ihre normale Funktion ausfüllen. Diese Krämpfe strengen sie voll an. Ich habe mich bei ihr entschuldigt und gefragt, wie ich sie denn dazu zwinge und sie meinte, dass ich ihr ja aufgetragen hätte, auf mich aufzupassen. Ich habe ihr nun gestern diese Verantwortung genommen. Das Ding war aber, dass sich auch für mich diese Verantwortung des Aufpassens total schwer angefühlt hat. Ich will die auch nicht. Das ist ja mega anstrengend. Und die Schlussfolgerung ist, wenn ich es doch nicht schaffe, richtig auf mich aufzupassen, muss die Galle ja doch wieder einspringen. Das macht einen enormen Stress für mich, weil ich immer riiiichtig gut auf mich aufpassen muss, damit ich nicht wieder Krämpfe bekomme. Aber dieses Denken alleine macht ja schon Bauchschmerzen. Dann waren wir in der Meditation beide so weit, dass wir dieses "Päckchen" des aufpassen müssen meiner Seele gegeben haben. Und dann ist etwas sehr Schönes passiert. Die Seele hat gegrinst, das Päckchen genommen und es hat sich in Luft aufgelöst. Dieses Päckchen gibt es nicht.

Alles in mir und um mich wurde plötzlich ganz hell und weit und leicht und ich habe gemerkt, dass ich so bin, wenn ich mir meiner ganz bewusst bin. Dass ich das bin in meiner Urqualität und wenn ich so bin, mir dessen bewusst bin, dann kann mir keiner etwas anhaben, auch die niedrigste Schwingung nicht, weil ich sogar die noch mit meinem Licht anfüllen kann. **Ich muss überhaupt nicht auf mich aufpassen!!!** Mich hat dieser Gedanke schon lange gestresst, aber ich hatte keinen alternativen Gedanken, den ich stattdessen denken konnte, der sich besser angefühlt hat. Und jetzt hab ich einen: **Ich bin hell und leicht und weit und so kann ich in die Welt und leuchten und einfach sein und alles ist gut.** Ich kann begegnen wem ich will und mir kann nichts geschehen. Ich bin ganz bei mir und in meiner Kraft und Energie und in meiner Schwingung und die bleibt, egal wo ich bin. Dieser Gedanke ist so befreiend!!!!
Ich bin hell und leicht und weit und immer ganz bei mir!!!!!

Himmel, wie einfach das Leben ist!!!

Ich muss nicht auf mich aufpassen. Mir kann nichts geschehen, wenn ich mit meiner mir ureigenen Energie verbunden bin. Wenn ich immer glaube, dass ich auf mich aufpassen muss, dass ich mich schützen muss, weil ich ja hochsensibel bin, weil es Energieräuber gibt, dann habe ich immer Stress, dann bin ich immer angreifbar, dann lauern überall Gefahren, dann muss ich wirklich immer aufpassen und mich schützen, mich zurückziehen. Aber das ist so stressig. Nur der Gedanke "Ich muss auf mich aufpassen und mich schützen." bereitet Stress und meine Energie sinkt schon alleine deswegen.

Dieses aufpassen müssen hat sich schon so in mir festgesetzt, dass es sich schon im Körper zeigt: Ich muss aufpassen, mit wem ich mich umgebe, sonst bekomme ich wieder Bauchschmerzen. Ich muss beim Essen aufpassen, sonst tun mir die Zähne wieder weh. Ich muss aufpassen, wenn es kalt ist, sonst bekomme ich wieder Blasenentzündung. Ich muss beim Laufen aufpassen, nur nicht zu weit gehen, sonst tut mir mein Knie wieder weh. Und so weiter und so fort.

Ey, wie anstrengend und einengend ist das denn bitte? Ich muss überhaupt nicht auf mich aufpassen, weil es keine Gefahr gibt, wenn ich ganz bei mir und in meiner Energie bin. Wer sollte mir denn schaden? **ICH BIN HELL UND WEIT UND LEICHT!** Und alles, was nicht dieser Energie entspricht darf jetzt gehen, kann mich, mein Energiesystem und meinen Körper verlassen und wird es auch tun, weil es sich nicht mehr halten kann. Ich habe mir lange genug einreden lassen und selbst eingeredet, dass es anders ist, dass ich etwas anderes bin als hell und leicht und weit. Aber das war eine Lüge.

Ich bin erfüllt mit der Urkraft meiner Seele, mit meinem reinen Bewusstsein. Ich leuchte und schwinge so hoch und diese Kraft, diese Energie ist ein nie endender Strom. Wir können uns selbst damit anfüllen und sie hinaus tragen in die Welt, andere damit beschenken.

Dieser Zustand und ihn zu erkennen, löst wirklich alles und jedes vermeintliche Problem. Dieser Zustand kennt nämlich überhaupt kein Problem! In diesem Zustand halten sich keine Krankheiten, weil sie sich auf Grund der viel höheren Grundschwingung auflösen. In diesem Zustand halten sich keine Konflikte und Probleme, weil auch sie die hohe Schwingung gar nicht aushalten und sich auflösen. Wenn wir in dieser

Schwingung sind, in unserer uns ureigenen lichtvollen Schwingung unserer Seele, wenn wir mit ihr verbunden sind, sie uns ganz ausfüllt, durchdringt und umgibt, dann sind wir gesund und heil und voller Freude. Diese Energie kann durch nichts angegriffen werden. Das Leben kennt keine Gefahren. Selbst wenn jemand meint, meinen Körper töten zu müssen, wird genau diese helle, leichte, weite Energie, mein Bewusstsein, meine Seele weiterleben. Ich habe nichts zu verlieren. Gar nichts! Ich bin und ich bin ewig!

Wenn ich in dieser Energie bin, dann hab ich Lust auf Erfahrungen, dann will ich raus in die Welt, Menschen begegnen, spielen, mich ausprobieren. Und so wird Wachstum stattfinden, wenn wir ganz gesund sind - durch Erfahrungen, durch uns ausprobieren, durch das Hinausgehen in die Welt und das Leben kosten, in vollen Zügen leben und das machen, was uns Freude bereitet, was uns nährt und auf was wir jetzt einfach Lust haben, was wir schon immer mal machen wollten, was unser Herz zum Singen bringt. Wir sind hell und leicht und weit und voller Power, voller Liebe. Wir sind Freude, nie endende Freude und Liebe! Grenzenlos, machtvoll, schöpferisch, genial.

Ich will raus in diese Welt! Ich will meine Erfahrungen machen, mich ausprobieren, mich in den unterschiedlichsten Situationen erleben, die ich gerade als reizvoll erachte, den unterschiedlichsten Menschen begegnen und dann immer wieder reflektieren und entscheiden, ob diese Erfahrungen wiederholungswürdig sind.

Ich möchte die Menschen so sein lassen wie sie sind, ihnen begegnen, auch wenn sie vielleicht voller Wut und Hass sind und dabei bleibe ich in meiner Mitte und bei meinen Bedürfnissen. Ich möchte niemandem mehr ausweichen müssen, mich nicht zurückziehen müssen.

Ich möchte meinen Raum einnehmen, mein Strahlen in die Welt tragen, andere mit meinem Leuchten anstecken, einfach dadurch, dass ich selbst leuchte. Wenn ich meinen eigenen Raum einnehme mit all meiner wunderbaren Energie, mit all meiner hohen Schwingung, mit all meinem Leuchten, dann ist das das beste "Schutzschild" was ich haben kann. Es ist ein Bild, dass mein Körper von einer leuchtenden Energiekugel umgeben wird und so automatisch genug "Abstand" zu anderen entsteht, weil mein "Raum", den ich einnehme, weit größer ist als mein Körper. Meine Seele umgibt meinen Körper mit ihrer wunderbaren Kraft, durchdringt meinen Körper und meinen Geist bis in jede Zelle, durchwirkt mich und wirkt durch mich. Ich lasse sie bereitwillig in jeden Winkel meines Wesens und meines Seins fließen, sie ist es, die mir Leben gibt, sie ist es, die mir Kraft gibt, sie ist es, die mir Liebe gibt. Sie ist Liebe. Ich bin Liebe!

Mir steht die Welt offen, sie wartet auf mich und meine Freude, den Spaß am Entdecken und Ausprobieren. Mehr gibt es nicht zu tun!

Unsere Urqualität kennt keine Probleme! Lassen wir sie wieder Einzug halten!

Dienstag, 28. Juni 2016

Hin und her zwischen alt und neu!

Ich habe das Gefühl an einem Wendepunkt zu stehen. Das habe ich vor kurzem schon beschrieben. Gerade ist es so, dass ich unheimlich schnell zwischen den Welten hin und her pendele. Das geht oft innerhalb von Stunden. Mal ist da wieder alter Schmerz und alte Wunden, dann kann ich die neue Energie, meine Urqualität und meine neue Wahl ganz deutlich spüren und die Energie schießt mir aus allen Poren. Es ist ein stetes hin und her, das mich manchmal ganz schwindelig macht.

Neulich hatte ich ja schon diese herrliche Einsicht, dass ich hell und leicht und weit und frei bin, war mit besagter Urqualität in Kontakt und fühlte mein wahres Wesen, das keine Probleme kennt. Am Tag danach war diese Energie wieder nicht mehr so präsent und ich fragte mich, wie ich sie "halten" kann, wie ich mich wieder mit ihr verbinden kann. Die Antwort ist einfach, ich habe sie noch am gleichen Tag bekommen. Ich muss sie weder halten noch mich mit ihr verbinden. Ich BIN sie in jedem Moment, ich darf mir das nur wieder bewusst machen. All die niedrige Schwingung von Krankheit und Problemen bin ich nicht mehr. Das passt nicht mehr zu mir und drückt nicht mein wahres Wesen aus.

Die letzten Tage habe ich dann weiter in einem Buch gelesen, das mir mehr als eine Bewusstseinserweiterung verschafft hat. Es heißt Unterwegs in die nächste Dimension - Meine Reise zu Heilern und Schamanen von Clemens Kuby. Seine Erlebnisse mit Tibetern, dem Buddhismus und die Begegnungen mit Menschen, die sich ihrer selbst und ihrer Schöpferkraft total bewusst sind, die Dinge aus dem Nichts materialisieren können, unter deren Händen selbst Stein butterweich wird, die sagen können, wann sie ihren Körper verlassen können und wo sie wieder in einem Körper inkarnieren hat eine Saite in mir zum Schwingen gebracht und mich erinnert, wie machtvoll ich wirklich bin. Seither beflügelt mich ein Satz aus diesem Buch: **Die Materie unterliegt dem Geist!** Wow!!! Wie kraftvoll und wahr!!! ♥

Auch wurde mir durch das Buch nochmal richtig klar, was meine Aufgabe hier ist und warum es auch nötig war, all diese Krankheiten zu haben. Jeder Heiler und Helfer sollte wissen, wovon er spricht und eigene Erfahrungen gemacht haben mit Selbstheilung, sollte erfahren haben, wie es sich anfühlt, wenn der Panzer des Egos gesprengt wird und die Seele einen zwingt, sich ihr wieder anzuschließen. Es war nötig, so weit weg von mir zu sein, um mich dann in mir wieder zu finden. Das ist wichtig, wenn ich die Menschen wieder an ihr eigentliches Wesen erinnern will. Ich muss die Dunkelheit kennen, das Gefühl, sich verloren zu haben, den Körper krank gemacht zu haben, das Gefühl, mir alles anzuschauen, was mich in diese Lage gebracht hat. Ich sehe durch dieses Buch auch wieder die Wichtigkeit meiner Arbeit, das höhere Ziel, meine Heilkraft die ich auf meine Art habe. Aber damit hören die Erkenntnisse der letzten Tage nicht auf.

Ich konnte ja bisher Termine nicht so gut haben. Das war mir zu eng und alles in mir wurde auch eng, wenn es um Termine und deren Einhaltung ging. Ich fühlte mich bedrängt und zu etwas gezwungen, was ich nicht wollte, auch wenn das "Vorhaben" zu diesem Termin eigentlich ein schönes war. Jedes Mal drehte sich mir der Magen um, wenn es darum ging, dass ein Termin in welcher Form auch immer anstand. Ob nun jemand zu mir kam, dem ich beim Bewerbungen schreiben half (was mir total Spaß macht) oder ob es nur ein ausgemachtes Treffen zum Kubb spielen war. Also setzte ich mich letzte Woche hin und schaute, was es denn damit auf sich hatte.

Mein inneres Kind stand relativ schnell auf dem Plan und riet mir panisch, nur ja nicht raus in die Welt zu gehen, nur ja keinem Menschen zu begegnen, weil es dann wieder Dinge tun muss, die es nicht will. Mein Kind hatte diese Überzeugung, dass jede Begegnung mit Menschen, jedes sich zeigen und mit anderen in Kontakt kommen, Nachteile mit sich brachte und das Kind wieder Dinge tun musste, die es nicht will. Diese Erfahrungen habe ich tatsächlich als Kind gemacht, mit meinen Eltern, denen ich mich immer unterordnen musste und auch schon in anderen Leben. Ich sagte dem inneren Kind, dass das nun nicht mehr so wäre. Ich würde für es da sein und habe ihm erlaubt zu spielen und zu toben und nur das zu tun, was es wirklich will. Niemand würde es mehr zwingen, etwas zu tun, was es nicht will. Es darf NEIN sagen und dieses NEIN hätte auch keine negativen Auswirkungen mehr. Das Kind war total erschöpft und wollte sich einfach nur erst einmal ausruhen und all die Anspannung "wegschlafen". Ich nahm es in den Arm und dort schlief es auch sofort ein, völlig platt und erledigt von der ganzen Anspannung und dem Pflichten erfüllen. Mein Schutzengel kam und hüllte uns in seine Flügel. So saßen wir da. Doch ich merkte, dass das, was meinen Bauch immer so eng werden lässt, wenn es um Termine geht, nicht nur von mir kommt und nicht nur aus diesem Leben. Ich merkte all die Last und den Schmerz meiner Ahnen, denen es ebenfalls nicht möglich war, sie selbst zu sein. Auch deren negative Erfahrungen der Opferrolle und des unterordnen müssen waren in mir gespeichert, wurden seit Jahrhunderten in der Vererbung weitergegeben. Dann bekam ich das Bild, dass diese Steine, die mir im Magen lagen und die ja auch in meiner Galle zu finden waren, durch meine Bauchdecke ploppten und wie Seifenblasen draußen zerplatzten. Die Transformation dieser Last hatte begonnen.

Sie zog sich mehrere Tage hin. Mal stand ich im Sonnwendfeuer und alles, was nicht zu mir gehört, brannte weg. Mal kam ein großer, kosmischer Staubsauger und saugte alles aus mir heraus, was nicht ich bin. Das tat so gut! Alles heilte gleichsam immer auch meine Ahnenreihe und die Menschheit. Die Last der Unterdrückung und des verbiegen müssen wurde aufgelöst und abgesaugt.

Vorgestern hatte ich dann den Impuls, dass all meine Krankheiten, die ich so die letzten Jahre, Monate und Tage produziert habe, die gleiche Wurzel, den gleichen Ursprung haben. Es gibt einen Grund für alle. Ich sah die Krankheiten wie einen großen Bund an Luftballons. Sie waren mit Helium gefüllt, ein riesen Bündel und waren mit einem Karabiner an einem Gürtel festgemacht, den ich um die Hüfte trug. Ich hakte den Karabiner aus und wollte den Strauß an Ballons und Krankheiten fliegen lassen. Da stand plötzlich wieder mein inneres Kind und hielt mich panisch zurück. Würde ich die Krankheiten loslassen, müsste ich wieder tun was andere wollen. Sie schützen mich davor, mich anderen unterordnen zu müssen, davor, dass andere mich "benutzen" können. Das innere Kind ließ sich gar nicht beruhigen und so bat ich meine Seele, mich an den Ursprung dieser Überzeugung zu führen.

Ich reiste unendlich weit zurück in die Vergangenheit, alles rauschte an mir vorbei. Bis ich im Jahr 1055 ankam. Ich war der Sohn einer Bauernfamilie. Es gab einen Herrscher in unserem Ort, der sich aller Menschen einfach so bediente. Sie mussten seine Arbeit machen, seine Ländereien bestellen, immer in seinem Dienst stehen. Und wenn ihm danach war, dann auch für ihn Kämpfen und in den Krieg ziehen. Sie hatten keine eigenen Rechte. Der einzige Ausweg war damals für mich, dass ich krank wurde, um mich all dem zu entziehen. Ich war ständig krank und es war gut so für mich, denn so musste ich all das nicht mitmachen. Ich hatte keinen Wert für diesen Herrscher und so ließ er mich in Ruhe und völlig außer Acht. Damals schwor ich mir, dass ich immer krank sein wollte, damit ich mich nicht unterordnen musste und damit ich nichts tun musste, was ich nicht wollte. Denn die Welt ist gefährlich und ich kann mich besser krank zu Hause verkriechen, als da raus zu gehen und mich wieder für andere aufzuopfern. So mein Denken damals und das hatte sich festgesetzt. Ich sprach mit diesem Jungen und sagte ihm, dass er so aber auch nicht all die Schönheit der Welt erleben könnte, dass er krank auch nicht das machen könnte, was er selbst will. Er verbaute sich damit auch sein eigenes Leben, seine eigenen Ziele, Wünsche und Sehnsüchte. Er fragte mich, was er denn stattdessen tun sollte. Er sah einfach keinen Ausweg, weil dieser Herrscher in seinen Augen allgegenwärtig und allmächtig war. Ich sagte ihm, dass es auch bessere Orte auf dieser Welt gäbe und dass dieser Herrscher nicht alles ist, was es da draußen gibt. Es gibt auch schöne Flecken Erde, an denen gute Menschen wohnen. Es gibt die Freiheit. Und so packte er seine Sachen und ging in die Welt, weg von diesem Herrscher hin zu liebevollen Menschen. Es wird immer beides geben. Die Unterdrücker und die Förderer. Die Frage ist, was nehme ich wahr, wofür entscheide ich mich. Das hat der Junge nun verstanden. Er braucht seine Krankheiten nicht mehr. ♥

Das alles ist in den letzten Tagen passiert. Gestern war ich dann beim Zahnarzt, weil mir ein Stück von einem wurzelbehandelten Zahn abgebrochen war und mir ins Zahnfleisch stach. Hätte ich mir in dem Fall (jetzt schon) selbst helfen können, hätte ich es getan. Aber so war ich gezwungen zum Zahnarzt zu gehen, was ich nicht so gerne tue und was ich schon ein paar Jahre nicht gemacht habe. Ich habe meine eigene Ansicht von Heilung und da gehört Bohren sicher nicht dazu. Er konnte mir auch mit dem Zahn helfen, erzählte mir aber auch, dass hier und da Karies ist.

Meine Zähne sind auch so ein Thema, das ich schon lange habe. Allerdings habe ich sie die letzten Jahre mit Verachtung und vor allem Nichtachtung gestraft. Bis vor drei, vier Wochen hatten wir kein gutes Verhältnis. Dass so eine Einstellung meine Zähne nicht in strahlende Gesundheit versetzt, ist auch klar. Naja und nun ist da wieder was, was Heilung bedarf. Ich weiß auch, dass ich das kann. Gerade fühlt es sich aber richtig anstrengend an. Ich hab keine Lust mehr. Zeitweise habe ich das Gefühl, wie wenn ich insgesamt vor einem RIESENberg von Themen stehen würde, der angeschaut und geheilt werden will. Aber irgendwas sagt mir, dass das so gar nicht stimmt.

Und wieder macht sich das Gefühl breit, dass es eine universelle, einfache Lösung und Heilung für all das gibt. Ich habe das Gefühl, dass es da tatsächlich einen gedanklichen Schalter gibt, den ich umlegen kann und jetzt auch umlegen will. Nämlich den Schalter **"Ich bin genau jetzt glücklich, grundlos glücklich und gesund!"** Ich möchte meinen Blick von "Es gibt Probleme zu lösen und Dinge zu heilen" auf **"Ich bin glücklich und voller Freude und genieße das Leben und all das Schöne, all die Wunder!"** richten. Im wahren Kern bin ich ja schon gesund, meine Urschwingung, meine Urqualität ist gesund. Und diese wähle ich jetzt nochmal. Es ist jetzt an der Zeit. Alles andere fühlt sich nicht richtig an und nicht wie ich, mir nicht mehr zugehörig. Es entspricht mir nicht mehr. Hell und leicht und weit und frei und gesund! DAS entspricht mir! Voller Freude und Neugierde, voller Entdeckerdrang und Ausprobieren wollen, voller Frieden und Glück und Leichtigkeit! Es ist vor allem die Leichtigkeit und das Heilsein, das ich wähle, das grundlose Glücklichsein.

Mir wieder und wieder irgendwelche Baustellen anzuschauen, fühlt sich nicht mehr richtig an. **Es ist Zeit, nicht mehr durch Schmerz zu lernen und zu wachsen sondern durch Freude.**

All der Schmerz und die Krankheiten, die ich hatte, haben absolut ihre Berechtigung. Es war gut so. Ich habe sie erschaffen. Sie sind meine Kinder. Sie haben mir sooo viel gebracht und gezeigt und mich zurück zu meinen Fähigkeiten gebracht. Sie haben mir wirklich oft gedient, in Situationen, in denen ich selbst noch nicht in der Lage war, zu mir zu stehen. Sie haben mich reich beschenkt an Erfahrungen, die es mir möglich machen, mich in andere reinzuversetzen, mitzufühlen und sie zu verstehen, meine Arbeit zu machen. Ich bin dankbar für alles, was ich erleben durfte. Doch nun treffe ich eine neue Wahl. Es ist eine neue Zeit und es ist Zeit für Freude und HEILSEIN, für SEIN, für ich SEIN mit allem, was zu mir gehört. All das möchte ich ohne Einschränkung erfahren und voll und ganz entfalten, denn dazu bin ich hier. Zeit für ein neues Kapitel in meinem Leben, in der Geschichte all meiner Leben, in der Geschichte meiner Ahnenreihe.

Ich fühle, dass ich wirklich an einem Wendepunkt stehe. Wachstum geht jetzt anders als bisher. Der Schmerz ist nicht mehr nötig. Es reicht zu wissen, dass es ihn gibt, aber ich muss ihn nicht mehr erschaffen. Es fühlt sich an, wie die ersten unsicheren Schritte eines kleinen Kindes. Gefühlt habe ich das alles noch nie gemacht. Neuland.

Aber wie es mit allem so ist, wird sich auch dieses NEUE festigen und mir immer mehr in Fleisch und Blut übergehen, im wahrsten Sinne des Wortes!

Wie geht es euch gerade in dieser spektakulären Zeit? ♥

Herzensgrüße von zwischen den Welten ;)
Anja

Montag, 11. Juli 2016

Sich voller Vertrauen ins Leben stürzen

Gestern wurde mir nochmal richtig deutlich bewusst, wo ich gerade stehe. Es geht um den einen Schritt, den es noch zu machen gilt. Dieser eine Schritt, der unheimlich viel Mut erfordert.
Es gibt da dieses Bild, das ich vor ungefähr 3 Jahren in einer Meditation bekam. Meine Gefühle hatten mich damals an einen Abgrund geführt. Wir standen hoch oben an einer Klippe mit einer wunderschönen Aussicht. Vor mir, weit unten, lag eine beeindruckende, herrliche Landschaft. Es war das Paradies. Mein Paradies! An diese Klippe wurde ich in Meditationen noch oft geführt und eines Tages war es so weit, dass ich springen konnte. Ich wusste, dass ich springen konnte und auch muss und dass mir nichts geschieht. Ich tat es, landete sanft wie eine Feder, aufgefangen von vielen Engeln, und stand tatsächlich mitten in meinem Paradies. Ich fragte in dieser Medi, wie ich denn nun den richtigen Weg finden würde und die Antwort war, dass es immer diesen einen roten Faden gibt, dem ich nur zu folgen bräuchte. In dem Moment sah ich ihn auch schon auf dem Weg vor mir liegen. Klar und deutlich. Ich ging los, langsam und bewusst, schaute immer wieder nach links und rechts und wurde mir immer mehr gewahr, dass ich wirklich im Paradies war. Überall war Fülle, wunderbare Menschen und Wesen, alle Geistwesen und Engel, die immer für mich da waren und es noch sind, alles leuchtete voll Liebe und Güte und ich war versorgt. Es ist der sicherste und liebevollste Ort, den ich kenne. Es ist mein Leben.

Dieses Erlebnis habe ich tief verinnerlicht und heute weiß ich, dass es mal wieder eine "Vorausschau" auf mein Leben war, die mir da gegeben wurde. Denn seit gestern weiß ich, ich stehe nun wirklich genau JETZT an diesem Abgrund oben auf der Klippe und bin im Begriff zu springen. Der Sprung und das Vertrauen zu haben, dass ich sicher lande, ist jetzt der nächste Schritt. Und obwohl ich weiß, dass ich sicher landen werde und dass da unten alles ist, was ich je zum Leben brauche, zögere ich.

Ich habe sowas noch nie gemacht, mich voller Vertrauen ins Leben gestürzt. Aber es ist mehr ein freudiges Kribbeln, wie wenn man kurz vor einem Sprung vom 3-Meter-Brett ist. Ich weiß, ich werde es tun. Es gibt kein Zurück und kein Umkehren. Das Leben hat einen Vertrauensvorschuss verdient. Ich möchte mich hinein stürzen ins Leben, in den Fluss, in die Fülle, mich ganz hingeben und alles fließen lassen, mich versorgen lassen und einfach SEIN, das Leben feiern, mich feiern, die Einfachheit feiern, mir mit staunenden Augen dieses Paradies anschauen, es erleben, denn es ist da. Immer. Die Frage ist, ob wir es sehen und wahrnehmen und glauben können.

Da stehe ich also auf dieser Klippe und genieße noch die schöne Aussicht. Doch die Aussicht ist nicht mehr genug. Ich will mitten rein. Mitten ins Leben. Raus in die Welt. Ich will springen!

Dienstag, 26. Juli 2016

Der Moment der Entwurzelung und die Geschenke danach

Ich möchte dir von einem Erlebnis erzählen, das ich die Tage hatte. Ein inniger Moment des Erkennens und Heilens, den ich so gerne mit dir teilen will, weil ich glaube, dass er für dich gleichsam von Bedeutung ist.

Ich reiste gedanklich weit zurück zu allem Anfang, an die Stelle, an der ich noch keinen Schmerz und keine Enttäuschung kannte. Das war keine willentlich herbeigeführte Reise, nein. Viel mehr ist sie einfach passiert, weil ich mal wieder nach der höheren Wahrheit der Dinge gefragt habe. Ich reiste also an diesen Punkt in der Zeit, an den gesunden und heilen Ursprung meines Seins. Dort pflanzte ich mein zartes Pflänzchen nochmal ganz neu mit dem Wissen, dass es diesmal wachsen kann und sich komplett entfalten kann, ganz ohne Sturm und Dürre, ohne Verletzungen und äußere Widrigkeiten. Diese Pflanze kann nun wachsen und gedeihen und es fühlt sich an, wie wenn ich damit rückwirkend alle Verletzungen und Widrigkeiten heilen kann. Diese Pflanze fängt nochmal ganz von vorne an und schafft es diesmal in ihrer Kraft zu bleiben, gehütet, versorgt und geschützt vom Leben und kann vollständig erblühen. Ich bin am Ursprung allen Seins gewesen und habe eine ganz neue Wahl für mein Leben getroffen und das Leben selbst unterstützt mich mit allem, was ich brauche. Ich bin nochmal ganz zurück gegangen an meinen heilen Ursprung und wachse nun mit voller Kraft und aus einer ganz anderen Warte, mit einer ganz anderen Basis.

Bevor ich dieses kraftvolle Bild hatte, ist bei mir nochmal ganz extrem alter Schmerz geflossen. 2012 fing es an, dass ich mit Galle und Leber sowie mit dem Bauchraum allgemein ziemliche Schwierigkeiten hatte. Ich weiß nicht, ob du das auf meinem Blog schon gelesen hast. Bauchkrämpfe, heftigste Koliken, Nervenschmerzen, Blähungen, Magenschmerzen. All das... Mit alternativen Heilmethoden und intensiver geistiger Arbeit konnte ich das alles schon sehr entspannen. (Hier findest du mehr zu dieser Heilung) Die letzten Monate sind die Krämpfe und Koliken allerdings wieder sehr präsent und treten vermehrt auf. Ich durfte noch einmal hinschauen.

Nach der letzten Kolik überrollte mich uralter Schmerz. Ich habe geweint ohne Ende, weil ich ganz deutlich die Entwurzelung spüren konnte, die als ganz frühe Erfahrung dazu führte, dass ich mich innerlich total verkrampft habe, versteift habe, um diese bittere Enttäuschung über das Leben nicht mehr spüren zu müssen. Ich sah mich als kleines Kind, aber nicht aus diesem Leben, das stocksteif wurde nach dieser Enttäuschung und so vermied, diesen Schmerz, der so extrem weh tat, tiefer zuzulassen. Es war ein inneres Kind, das nicht in diesem Leben geprägt wurde, sondern schon viel früher. Welches Erlebnis das genau war, hat sich mir nicht gezeigt. Und ich muss es auch nicht wissen. Es ist einfach nur wichtig zu wissen, dass ich vom Leben damals bitter enttäuscht wurde. Damals wurde ich entwurzelt, damals verlor ich meine Heimat in der Welt. Ich wurde enttäuscht, weil ich nicht bedingungslos geliebt wurde, weil ich keinen sicheren Halt hatte, weil ich damals erlebt habe, dass ich mich nicht auf das Leben verlassen kann, so wie ich es immer gehofft und gedacht hatte, so wie es mir eigentlich als Geburtsrecht zusteht. Ich habe durch meine körperlichen Symptome wirklich schon viel erkannt und verstanden. Doch dieser Moment gab mir das Gefühl, dass ich so langsam wirklich an die Wurzel allen Übels komme, dass dies der Moment war, in dem ich das Urvertrauen das erste Mal verloren habe und alle weiteren Leben und Erfahrungen nur darauf basierten, dass das Urvertrauen eben schon weg war. Wie gesagt, in welchem Leben das war und wie lange das schon her ist, hat sich mir nicht gezeigt. Ich weiß nur, dass dieses Erlebnis uralt ist, wirklich richtig uralt.

Nun kann ich dieses innere Kind versorgen, trösten und halten und ihm sagen, dass diese Entwurzelung und diese Enttäuschung eigentlich nur eine Illusion waren. Es waren Erfahrungen, die meine Seele machen wollte, weil sie auch die andere Seite kennenlernen wollte. Ich kann nur Heimat und Urvertrauen erleben und erkennen, wenn ich weiß, wie es ohne ist. Diese Erfahrungen waren wichtig und nun kommt eine neue Zeit. Ich muss mich nicht mehr verkrampfen, ich darf den Schmerz fühlen und zulassen und damit gehen lassen, weil ich weiß, dass diese Entwurzelung nicht die eigentliche Wahrheit ist. Das Leben ist nicht so. Ich habe es nur so erlebt, weil es meine Seele so wollte und weil es wichtig war, es so zu erleben, um das Gegenteil erkennen und erleben zu können. Ich kann nur sagen und erfahren, dass ich groß bin, wenn ich das Kleine sehe und kenne. Ich kann nur sagen, dass ich reich bin, wenn es die Armut gibt. Und nun sind wir in der Entwicklung an einem Punkt, an dem wir uns das Gegenteil von dem, was wir eigentlich erfahren wollen, nicht mehr zu erschaffen brauchen. Wir kennen das Gegenteil schon, wir wissen, dass es das Gegenteil gibt, aber wir müssen es nicht mehr selbst erschaffen. Wir dürfen einfach eine neue Wahl treffen und das was bisher war, sein lassen, uns einfach der neuen Wahl zuwenden und das Gegenteil als ein Teil der Welt und unseres bisherigen Lebens akzeptieren, ohne es zu verfluchen.

Ich weiß, dass die Entspannung, die nun eintritt, weil ich dieses innere Kind versorgen kann, auch andere Symptome heilen wird, wie z. B.

meine chronisch hochgezogenen Schultern und meine verkürzten und verhärteten Faszien. Mir kommt es vor, wie wenn ich nun wirklich an der Wurzel der Anspannung und des Verkrampfens angekommen wäre. Der Moment der Entwurzelung. Und nun kann er heilen.

Noch am gleichen Tag, an dem auch der alte Schmerz floss, ich das Pflänzchen neu gesetzt habe, hatte ich gleich noch einen kraftvollen Moment. Alles kam Schlag auf Schlag.

Ich nahm mich zum ersten Mal als mein Bewusstsein wahr, als Geistwesen und betrachtete meinen Körper als das, was er ist, ein Vehikel. Zum ersten Mal habe ich mich von der Wahrnehmung gelöst, mein Körper zu sein. Zum ersten Mal habe ich begriffen und auch tatsächlich gefühlt, dass mein Bewusstsein diesen Körper erschaffen und geformt hat und dass er der Beschaffenheit meines Geistes und meines Bewusstseins unterliegt. Ich erlebte und fühlte mich als freier Geist, der hingehen kann wohin er möchte. Der alles sein kann, auch ein Stein. Mir war in dem Moment meine Kraft klarer denn je. Mir war klarer denn je, dass sich mein Körper unweigerlich der Schwingung meines Bewusstseins anpassen muss, weil er gar nicht anders kann, weil mein Bewusstsein diesen Körper überhaupt erst erschafft und in dieser Form erscheinen lässt. Wie krass! Wie einfach! Wie kraftvoll! Wie alles verändernd! Wie klar und wie schön, es nicht nur zu wissen, sondern es auch spüren zu können.

Ich bin mir sicher, dass es diesen Moment der Entwurzelung bei vielen gegeben hat, auch bei dir. Diesen Moment, in dem du vom Leben so bitter enttäuscht und entwurzelt wurdest. Auch bei dir mag er schon so viele Leben zurückliegen. Auch bei dir ist es vielleicht jetzt an der Zeit, in der Zeit zurückzureisen, dein Kind von damals zu trösten und zu halten und dein Pflänzchen noch einmal neu zu pflanzen, mit dem Wissen, dass es nun wunderbar gedeihen kann, mit dem Wissen, dass dieses nicht versorgt werden eine Illusion ist, die geschaffen wurde, weil deine Seele die Erfahrung machen wollte. Auch du hast das Geburtsrecht, das wir alle haben – **vom Leben mit allem versorgt zu werden, was du brauchst!**

Vielleicht bin ich schon für dich mit zurückgereist und habe deine Pflanze mit gepflanzt. Man weiß es nicht. Ich habe schon so oft als Katalysator für andere gedient. Vielleicht habe ich auch jetzt das, was ich für mich getan habe, für dich mitgetan. Du wirst es merken und wissen und spüren. Im Moment möchte ich dir auf jeden Fall diese Bilder geben und dir von meinem Erlebnis erzählen. Schau was das alles mit dir macht, wie es auf dich wirkt und erzähle mir gerne davon, hinterlasse einen Kommentar. Oft reicht schon das bloße Erkennen dessen, was ist und es verwandelt sich und kann heilen. Lass das alles ganz tief auf dich wirken!

Dienstag, 2. August 2016

Ein Brief an das liebe Geld

Liebes Geld,
ich liebe dich! Wenn ich an dich und deine Energie denke, dann kribbelt es am ganzen Körper, Freude durchströmt mich und ich muss grinsen. Du bist einfach toll. Deine Energie ist so strahlend und schön, so hell und leicht und freudig. Ich lade dich in mein Leben ein. Diese Leichtigkeit und Freude will ich zusammen mit dir erleben.
Mir scheint es, als ob irgendetwas noch nicht ganz im Fluss ist. Da sind diese Gedanken, dass du immer weniger wirst in meinem Leben, obwohl ich genau weiß und fühle, dass es nicht so ist, sondern dass du im Überfluss für alle vorhanden bist. Irgendwie denke ich ganz oft, unbewusst, dass du irgendwann weg bist. Mein Herz sagt mir, dass das nicht die Wahrheit ist. So bist du nicht und so ist dein wahres Wesen nicht. Dein wahres Wesen ist Liebe und Fülle, Leichtigkeit und Freude, Strahlen und Leuchten. Dein wahres Wesen ist der stete Fluss. Du bist ständig in Bewegung und alles, was an mir vorbei, durch mich durchfließt, alles, was ich von deiner Energie weggebe, kommt sofort wieder nach. Wie das

eben bei einem Fluss ist. Es gibt kein Ende von dir, du bist nicht irgendwann weg. Deine Quelle sprudelt ewig. So wie der Wasserkreislauf nie aufhört, so hört auch dein Kreislauf nie auf. Du bist immer.
Ich spüre, dass du nur darauf wartest, dass ich dich endlich in mein Leben lasse. Du sitzt da und grinst und wartest voller Freude, mich endlich beglücken zu können. Was trennt uns? Nein nicht im wirklichen Sinne. Ich weiß, dass uns prinzipiell nichts trennt. Wir sind eins, aus dem gleichen Stoff gemacht. Deine Freude ist meine Freude und meine Freude ist deine Freude. Du willst tanzen, forderst mich zu einem herrlichen Reigen auf und ich sitze da noch, zögere, hadere, frage mich, ob ich das darf, einfach fröhlich und ausgelassen und leicht sein. Wo kommt diese Schwere her? Dies Leben ist ein Freudentanz, das ist wahr. Warum tanze ich nicht? Warum tanze ich nicht mit dir? Ich spüre die freudige Erregung, ich spüre, wie es sein könnte, wie es sich anfühlt mit dir zu tanzen, mit dir umherzuspringen und das Leben zu feiern, dich bei den Händen zu nehmen und mich der Ekstase hinzugeben, der Leichtigkeit, der Ausgelassenheit. Du bist durch und durch freudvoll und liebevoll und gütig. Das weiß ich und das fühle ich ganz deutlich. Du willst mein Leben bereichern, im wahrsten Sinne des Wortes, auch das spüre ich. Du wartest nur noch auf mein Einverständnis, darauf, dass ich diese Freude zulasse, die Leichtigkeit zulasse, das Leben feiere. Und wieder ist da ganz leise dieser Gedanke „Ich kann doch nicht einfach das Leben feiern. Ich muss mich doch ums Geldverdienen kümmern. Ich muss doch was tun!“ Aber so läuft das nicht. So bist du nicht. Genau dieses Feiern wird es sein, das dich in mein Leben einlädt. Genau diese Leichtigkeit und Ausgelassenheit, die pure Freude wird es sein, die dich am Ende anzieht, wie Motten das Licht. Du bist Freude und wenn ich auch diese Freude bin, dann wirst du bei mir sein können, in meinem Leben fließen können und mich bereichern können, weil wir dann die gleiche Schwingung haben. Nicht deine Abwesenheit hindert mich an der Freude, sondern die abwesende Freude hindert dich daran, in meinem Leben zu sein. So rum läuft das.
Es wird wohl Zeit, zu tanzen!

Ich liebe dich und danke dir für dein Sein!

Mittwoch, 10. August 2016

Die Kraft des tosenden Wassers

Meterhohe Wellen begleiten mich seit Tagen in den Träumen. Mal wird ein ganzer Landstrich sintflutartig gespült und legt das Gold frei, das im Boden liegt, mal schießt das Wasser in Sturzbächen durch eine Stadt und lässt alles versinken, mal türmt sich das Meer haushoch auf und rollt über das Land dahinter. Mittendrin bin immer ich. Mal bin ich Beobachter, mal werde ich mitgerissen. Aber ich werde weder nass, weil ich gerade in einem Bus oder Haus bin, noch fühle ich mich bedroht. Ich weiß immer, dass ich überleben werde. Ich kenne immer die Stellen, an denen mir nichts geschieht und auch wenn ich gerade nicht an diesen Stellen bin, passiert mir trotzdem nichts.

Heute Nachmittag waren diese Wellen und das tosende Wasser auch im Wachzustand total präsent. Normalerweise habe ich eine Heidenangst, wenn es um hohe Wellen geht, aber diese Wellen sind irgendwie magisch und beruhigend, obwohl sie so kraftvoll und groß sind. Ihre Bedeutung kann ich noch nicht greifen. Sie faszinieren mich, scheinen irgendwas darzustellen, einen tiefen, ganz wichtigen Sinn zu haben. Ich sehe sie, ich höre sie, ich fühle sie auf subtile Art und sie geben mir ganz viel. Da ist eine Kraft, die unbeschreiblich ist, mächtig. Gänsehaut läuft mir hoch und runter. Die Wellen, sie scheinen mir diese Kraft zu geben, eine Power, die nur die Masse eines reißenden Flusses oder einer riesigen Welle haben kann. Nichts kann sie aufhalten, das Wasser findet immer seinen Weg. Es gibt nichts, was man ihm in den Weg stellen könnte, dass das Ganze aufhält. Das Wasser schießt einfach drum herum. Und wenn die Flut vorbei ist, dann scheint da erstmal Zerstörung zu sein, aber in Wahrheit sind Schätze freigespült, ist Platz für ganz viel Neues, wurde vieles gereinigt und bereinigt. Manches hält dieser Kraft auch stand, auch wenn es nicht viel ist. Das darf bleiben. Der Rest gehörte sowieso nicht zu mir und zu meinem Leben und kann gerne weg sein.

Nun habe ich das Bedürfnis in diesem inneren Bild in die Fluten zu springen, etwas, was ich mich im echten Leben niemals trauen würde, ins aufgewühlte Mee(h)r springen. Witzig! Das "h" hat sich gerade ganz unbewusst ins Meer geschlichen und ich muss feststellen, dass auch das irgendwie stimmt. Ich traue mich noch nicht, im echten Leben ins aufgewühlte, tosende, lebendige Mehr zu springen. Schon seit einigen Wochen geht es für mich darum, voller Vertrauen in das Leben zu springen.

Vor zwei Tagen wurde mir nochmal deutlich bewusst, was mich bislang abgehalten hat. Wieder war es ein inneres Bild, das half, für Klarheit zu sorgen. Das Leben liegt reich und großartig vor mir ausgebreitet, ich sehe den Weg, würde gerne loslaufen, den ersten Schritt machen, doch ich kann nicht. Ich kann mich einfach nicht bewegen, kann meine Füße nicht bewegen. Als ich dem Ganzen nachgespürt habe, wurde es mir schlagartig klar: Tief in mir drin glaubte ich immer noch, dass mir das alles nicht zusteht. Das pralle Leben, die Fülle, die Leichtigkeit - es steht mir nicht zu. Wenn ich doch mal etwas Schönes erleben will, mir was gönnen will, mir etwas leiste, dann muss ich es mir ergaunern, das Leben darum betrügen.

Dieser Glaubenssatz wurde sehr in meiner Kindheit geprägt. Da habe ich so oft erlebt, dass das Leben genauso ist. Wir Kinder mussten immer viel mithelfen und es gab unzählige Situationen, in denen ich hätte arbeiten sollen, mir aber heimlich eine Auszeit genommen habe, z. B. sollte ich putzen, hab mir aber ein Buch genommen und unerlaubter Weise gelesen. Wenn ich dann meine Mama auf der Treppe hörte, dann flog das Buch in eine Ecke und ich tat ganz schnell so, als würde ich was tun. Ich musste mir damals die schönen Momente und den Genuss, die Leichtigkeit wirklich ergaunern und das Leben darum betrügen. Und auf diese Überzeugung bin ich wieder gestoßen, als ich da so vor meinem ausgebreiteten Leben stand und nicht loslaufen konnte. Mir wurde auch sehr schnell klar, dass das nicht nur meine Überzeugung ist, sondern sie wirkt generationsübergreifend und wurde schon zigmal vererbt. Ich hatte sofort das Bild meiner Oma vor mir, die es ihr Leben lang genau so machen musste. Alles Schöne, jeden Genuss musste sie sich ergaunern und stehlen, weil es eigentlich nicht erlaubt war.

Seither habe ich mein inneres Kind, das damals angefangen hat, das alles zu glauben, ganz oft liebevoll in den Arm genommen und ihm gesagt, dass ihm das Allerbeste zusteht, das Allerallerbeste und noch viel mehr. Es hat jeglichen Reichtum, jegliche Fülle und vor allem Leichtigkeit und Freude aber sowas von verdient. DAS ist das wahre Leben - FREUDE!!!

Wieder bin ich um einiges leichter und freier, wieder ein Stück näher am Sprung, am Loslaufen. Und nun heute diese Kraft des Wassers, das nichts und niemand aufhalten kann. Wie Wasser immer seinen Weg findet, finde auch ich immer meinen Weg. Es geht gar nicht anders. Nichts und niemand kann mich aufhalten, in die Leichtigkeit, in die Fülle, in den Genuss, in die Freude zu gehen! NICHTS! Mein Weg liegt vor mir und ich werde ihn weitergehen. IMMER! Immer weiter und die Sonne scheint immer heller, ich werde immer leichter und immer mehr ich, immer mehr pure Freude! Ich nutze die Qualität des tosenden Wassers!

Ich liebe das klärende Wirken vom Schreiben!!! ♥

Mittwoch, 17. August 2016

Meine Vision - Wirkungskreis gesucht

Ich habe eine Vision und einen sehr großen Traum. Ich möchte Menschen begegnen von Herz zu Herz, ihnen meine Liebe schenken und sie erinnern wer sie wirklich sind, ihnen meine Gaben schenken und ihnen dienen auf ihrem Weg zu sich selbst. Ich möchte ihnen helfen, wieder sie selbst zu sein, in ihre wahre Größe zu kommen.

In Einzelarbeit und über die Ferne tue ich das schon einige Jahre und ich bin unendlich dankbar für eine jede Begegnung. Nun darf sich meine Arbeit verändern. Mich zieht es in die Welt. Ich möchte mehr Menschen begegnen, mehr Menschen die Hand reichen und ihnen die Möglichkeit geben, sich in mir zu erkennen, face to face. Ich möchte diesen Menschen dabei in die Augen sehen, tatsächlich und im wirklichen Leben in einer entspannten Atmosphäre, in der alles geschehen darf, was geschehen will, in der sich alles zeigen darf, was sich gerade zeigen möchte, in der der Fluss der Dinge Platz und Raum hat, in der es möglich ist, dass alles zur richtigen Zeit geschehen darf, sich die richtigen Menschen finden können, in einer Atmosphäre, in der alles und jeder einfach sein darf.

Mir schwebt eine Art Camp vor, eine Begegnungsstätte an der sich Menschen treffen, die sich selbst wiederfinden wollen. Sie treffen sich dort mit Menschen, die genau dabei helfen können. Ich sehe wunderschöne Landschaft, die überall auf der Welt sein kann. Ich sehe verzauberte Orte mit magischer Wirkung. Lagerfeuer am Strand mit nährenden Gesprächen, gemeinsame Aktionen, bei denen man sich selbst entdecken und erfahren kann. Ich sehe Freude und viele Erkenntnisse, Leichtigkeit und Liebe. Ich sehe Menschen, die weinen vor Glück, weil sie erkennen, wer sie sind und wie einfach das Leben wirklich ist. Dort möchte ich wirken und sein zusammen mit Gleichgesinnten und Weggefährten. Dort möchte ich ein Teil der Wandlung sein. Dort möchte ich den Menschen die Hand reichen.

Diesen Traum möchte ich leben. Ich weiß, dass es schon solche Begegnungsstätten gibt und diese dürfen mich jetzt finden oder die Menschen, die den gleichen Traum leben wollen. Wer weiß schon, was sich ergibt und was das Leben für wunderbare Möglichkeiten auftut, um das alles leben zu können. Ich bin bereit, mich zu geben, dem Leben hinzugeben und das, was ich an Fähigkeiten mitgebracht habe, noch mehr in die Welt zu tragen.

Darum teilt diesen Aufruf bitte! Ich bin bereit, gefunden zu werden. Vielleicht kennt ja jemand jemanden, der jemanden kennt. ;)

Schreibt mir gerne einen Kommentar oder eine persönliche Nachricht über meine Emailadresse:
wendungsreichekommunikation@googlemail.com

Ich danke euch von Herzen und freue mich auf alles, was sich ergeben mag.

Herzensgrüße von mir

Mehr zu meinen Gaben, die ich in diese Begegnungsstätte einfließen lassen will, findest du hier:
http://anja-reiche.blogspot.de/p/meine-gabe.html

Donnerstag, 18. August 2016

Was ist Glück?

Ich glaube viele jagen einem Trugbild von Glück hinterher und suchen nach dem dauerhaften Zustand von Glückseligkeit. Alles, was dem nicht entspricht, wird als falsch eingestuft, als „das darf nicht sein", als Rückschlag, als Fehltritt, als Schwäche oder was auch immer. Ein Unterfangen, das das Glück aus meiner Sicht regelrecht vertreibt.

Glück hat für mich eine ganz andere Definition. Ich bin auch glücklich, wenn ich traurig bin und weine. So absurd sich das anhören mag, ich liebe eine jede einzelne Emotion, einen jeden Zustand und gebe mich dem voll hin.

Glück ist für mich, auch die unangenehmen Gefühle zu fühlen. Jedes einzelne Gefühl hat seine Berechtigung und keins ist schlechter als das andere. Für die Seele ist es Glück, wenn sie alle Zustände fühlen darf und ich alles liebend annehme, nichts als schlechter oder besser werte. Auch die miesen Tage haben ihre Berechtigung und sie sind wichtig und dürfen sein. Ich bin auch manchmal richtig scheiße drauf und unzufrieden und unruhig und ungeduldig. Aber das darf sein. Ich mag das alles und weiß, dass meine Grundschwingung positiv ist und solche miesen Tage gelten bei mir nicht als Rückschlag oder Misserfolg oder als Fehltritt. Nein! Sie gelten als das Leben selbst. Durch jedes Gefühl bin ich lebendig. Ein glückliches Leben ist nicht 365 Tage Sonnenschein. Es ist vielmehr eine Fülle an unterschiedlichsten „Wetterlagen“. Was wäre das Leben langweilig, wenn wir uns immer gleich fühlen würden. Was wäre das Wetter langweilig, wenn immer nur die Sonne scheinen würde. Das wäre völlig gegen die Natur. Sie braucht auch den Regen. Genau wie die Seele alle anderen Emotionen neben der Freude braucht. Sie lebt davon und dafür.

Ich weine mit Hingabe, weil es unglaublich reinigend ist, weil es Berührung ausdrücken kann, weil es Trauer ausdrücken kann, weil es Freude ausdrücken kann, Liebe, Verzweiflung, Erleichterung, Dankbarkeit. Ich bin mit Hingabe wütend und genieße das Gefühl dieser Kraft, die hinter der Wut steckt und mittlerweile zeige ich diese Wut auch gerne. Sie kann guttun, wenn wir sie mögen. Wir brauchen sie manchmal, um zu unseren Grenzen zu stehen und anderen diese zu zeigen. Wir brauchen sie manchmal, um endlich Dinge zu verändern, zu denen uns bislang der Mut gefehlt hat. Wut kann uns Mut geben. Ich bin mit Hingabe neidisch, weil ich dadurch merke, was ich auch in meinem Leben haben will, wo meine Ziele sind. Ich habe gelernt mit Hingabe ohnmächtig zu sein, mit Hingabe Angst zu haben. Und jedes Mal, wenn ein Gefühl da ist und sich vielleicht doch noch ein Widerstand gegen dieses Gefühl in mir rührt, dann mache ich mir bewusst, dass dieses Gefühl einfach nur da sein will und angenommen werden will, Teil des Lebens ist und ich nehme es liebend an, fühle es bejahend und bewusst, lade es ein, da zu sein und schon wird es weit und leicht in mir und das Drama verschwindet. Es ist einfach nur eine Emotion, die fließen will. Sie ist nicht ich.

Nur wenn wir uns nicht wehren, dann kann diese Emotion durch uns durchfließen und unseren Energiekörper auch wieder verlassen. Wehren wir uns gegen das Gefühl, dann bleibt es stecken und verstopft auf die Dauer unseren Energiekörper, weil wir NEIN dazu sagen und den Fluss behindern. Ein JA erlaubt den Fluss. Das Gefühl kommt, fließt durch uns durch und verlässt uns auch wieder. Ganz einfach, ganz natürlich. Wir durften es fühlen, unsere Seele durfte es erfahren und sie freut sich darüber. So einfach.

Ich glaube, es ist immer eine Frage, wie wir Glück definieren. Glück ist für mich die Summe aller Erfahrungen. Glück ist für mich die Fülle an Emotionen, die Fülle des Lebens selbst, mit allem, was dazu gehört, mit Tag UND Nacht, mit Sonne UND Regen, mit einatmen UND ausatmen, mit Sommer UND Winter, mit Freude UND Angst, mit groß UND klein. Glück ist für mich, mit allem, was zu mir gehört, einfach ich zu sein. Ich zu sein, mit allen Emotionen, mit allen Charakterzügen und Eigenarten, mit allen Erfahrungen und Entscheidungen, mit allen Wesenszügen und „Macken".

Glück ist für mich, das zu lieben, was da ist, mit dem Wissen, dass ich es irgendwie erschaffen habe. Glück ist, mich ausprobieren zu können, mich verändern zu können, neue Sachen und Zustände erschaffen zu können und all das dann wieder zu erfahren und daran zu wachsen. Glück ist Wachstum, nie endende Entwicklung. Glück ist das Wissen, mit allem verbunden zu sein, ein Teil, ein ganz wichtiger und wertvoller Teil des großen Ganzen zu sein. Glück ist für mich, mir meiner selbst, mir meiner Kraft und Macht und Schönheit und Großartigkeit bewusst zu sein. Glück ist für mich, offen sein zu können, mich zeigen zu können, weil ich mich, so wie ich bin, liebe. Damit bin ich nicht mehr angreifbar, so kann ich mich zeigen, weil ich das liebe, was ich bin, seelisch wie körperlich. Glück ist anderen mit dieser Offenheit zu begegnen, dem Leben mit dieser Offenheit zu begegnen, weil nichts mehr falsch ist oder schlecht.

Glück ist, dass alles und jeder so sein darf, wie es/er gerade ist. Genau so!

Glück ist pures SEIN frei von Wertung!

Herzensgrüße von mir

Anja ♥

Dienstag, 23. August 2016

Mind blowing

Wow! Eigentlich bin ich hundemüde. Die Nacht war extrem kurz, der Kopf rattert unaufhörlich, weil er die unzähligen Impulse und Eindrücke nur schwer in der Fülle verarbeiten kann und mein Herz und meine Seele schlagen einen Purzelbaum nach dem anderen. Ich bin total geflasht von all dem, von dieser wunderbaren, zauberhaften, warmen, herzlichen, nährenden, Grenzen sprengenden, neue Welten eröffnenden, nahen, total offenen, neuen und doch so vertrauten, innigen Begegnung der letzten 24 Stunden. Ich bin hin- und hergerissen zwischen dem dringenden Bedürfnis, einfach nur zu schlafen und dem Bedürfnis jetzt diesen Artikel zu schreiben, weil alles noch so frisch und greifbar ist. Wie ihr seht, hat der Artikel gewonnen. ;)

Was diesen Boom ausgelöst hat? Ein grandioser Mensch, der gestern auf seiner Tour durch Deutschland auch bei uns einen Stopp eingelegt hat. Kein geringerer als der wunderbare Blogger, Autor, Mutmacher, Lebenskünstler, Ex-Hasenfuß und "Sein-Leben-um-180-Grad-Dreher" Mischa von Adios Angst! Schon als ich auf seinem Blog von seiner Reise durch Deutschland gelesen habe, auf der er interessante Menschen mal in echt kennenlernen wollte, die er bislang nur aus dem Internet kennt, habe ich mir gewünscht, dass sein VW-Bus Dr. D. auch in Ibbenbüren anhalten möge. Und so war es dann auch. Am Samstagmorgen überraschte mich die Anfrage, ob ich Montag Zeit hätte. Aber sowas von hatte ich da Zeit...

Gestern um 15 Uhr rollte dann das grüne Gefährt und mobile Zuhause samt Mischa auf den Hof und es war schnell klar, dass unsere Zuneigung und unser Einklang nicht nur im Netz funktioniert. Gefühlt haben wir bis zu seiner Abfahrt vorhin ununterbrochen geredet und uns keinen Millimeter bewegt. Selbst ein Klogang war zu viel Unterbrechung und hätte am liebsten gar nicht stattgefunden. ;)

Begegnet ist mir ein Mensch, dem die Lebensenergie und -lust förmlich aus allen Poren schießt, der Bock auf dieses Leben hat, der in allen Lebensbereichen völlig abgeklärt und ganz bei sich ist, der kompromisslos er selbst ist. Immer! Der voll und ganz in seiner Macht ist und, wie er so schön sagt, "das Leben an den Eiern packt" und sein Ding macht, es sich so gestaltet, wie er es für richtig hält, wie es ihm guttut. Man mag nicht glauben, dass der gleiche Mensch vor drei Jahren noch alle möglichen Ängste hatte, depressiv war, fünf verschiedene Psychopharmaka einnahm, kein Auto mehr fuhr und sein Leben in der Summe zum kotzen und alles, nur nicht lebenswert fand. Das alles, hat er aus eigener Kraft geschafft mit bloßem Willen und dem Wissen, dass es auch anders gehen muss. Er hat sich seine Themen angeschaut, hat sich seinen Schatten mehr als mutig gestellt und eine Wende hingelegt, wie sie im Buche steht. Die Tabletten sind Geschichte, die Depression und Ängste ebenfalls. Übrig ist sein wahrer Kern, sein Wesen, seine Freude!

Ich ziehe meinen Hut vor diesem Erfolg, vor diesem Mut, vor diesem Weg und vor allen Dingen vor diesem Ergebnis! Dieser Mensch ist ein wunderbares Beispiel dafür, dass uns nichts, aber auch schon gar nichts von einem geilen Leben abhalten kann, davon unser Ding zu machen, wie widrig die Umstände auch erscheinen mögen, davon eine positive Wende herbeizuführen - außer vielleicht wir selbst halten uns ab.

Wenn ihr mehr über Mischa und seinen Weg zurück zu sich selbst lesen wollt, dann schaut gerne auf seinen Blog. Eine wahre Fundgrube an Anregungen und Ansätzen, die beschreiben wie er diese Wende geschafft hat.

Mischa, ich danke dir für dein Sein und Wirken, dein wunderbares Beispiel, dein Mut machen! Du bist einfach großartig!!!

Samstag, 27. August 2016

Sei du selbst! Lebe dich!

Eine Prämiere!!! Die Tage hatte ich die Ehre, mein erstes Live-Interview zu geben. Das findet ihr hier in meiner Timeline unter dem 25.08.2016: https://www.facebook.com/wendungsReicheKommunikation/

In dem Interview ging es ganz viel darum, ich selbst zu sein. Da ich aber das Gefühl hatte, dazu noch so vieles sagen zu wollen, habe ich dieses Video aufgenommen. Mein erstes eigenes!!!! ♥ ♥ ♥ Ein bisschen stolz bin ich ja schon. ;)

Lasst die Botschaft um die Welt gehen!!!! Viel Spaß mit meiner Prämiere und viel Spaß mit mir live und in Farbe!

(Auf meinem Blog findest du an dieser Stelle mein erstes Video „Sei du selbst! Lebe dich!“.)

Dienstag, 30. August 2016

Panikattacken lieben lernen

Aus eigener Erfahrung weiß ich, wie ätzend Panikattacken sind. Ohnmacht, Angst, Angst zu sterben... All das ist nicht wirklich angenehm. Wie ich den Weg in die Freiheit wieder geschafft habe, erzähle ich euch in diesem Video! Teilt es gerne, wenn es euch geholfen hat oder ihr jemanden kennt, dem das helfen könnte.

Mehr zum Umgang mit Angst und Ohnmacht findet ihr hier auf dem Blog. Einfach die Begriffe ins Suchfenster eingeben oder rechts weiter unten bei den Schlagworten schauen.

Viel Spaß beim Video!!!

(Auf meinem Blog findest du an dieser Stelle mein zweites Video „Panikattacken lieben lernen".)

Mittwoch, 31. August 2016

Und plötzlich ist das Neue da

Die letzten Tage staune ich immer wieder. Ich staune wie machtvoll wir wirklich sind. Ich staune, wie schnell sich die Dinge ändern können, wenn wir den Fokus verschieben. Ich staune, wie hervorragend dieses System Leben funktioniert. Und ich staune darüber, wie grandios sich plötzlich alles fügt.

Das ganze Jahr war bisher das Neue ganz deutlich zu spüren. Wir konnten ahnen in welche Richtung sich unser Leben verändern wird. Es war fast zum Greifen und doch mochte es sich bisher nicht so richtig zeigen. Mal hatte man das Gefühl, dass es jetzt gleich losgehen würde, nur um quasi fünf Minuten später wieder total ausgebremst zu werden und wieder im alten Schlick zu stecken. Ständig hatte ich das Gefühl "Jetzt! Jetzt geht's los! Jetzt ist das Alte endgültig weg und das Neue breitet sich aus." Pustekuchen. Jedes Mal Pustekuchen. Es war ein ständiges hin und her, ein ständiges auf und ab von himmelhoch jauchzend bis zu Tode betrübt. Manchmal ging mir echt die Geduld aus. Manchmal hätte ich wahrlich alles an die Wand werfen können, weil ich scheinbar kein Stück vorankam. Und doch war aufgeben keine Option. Das war es nie! Tief in mir wusste ich ganz genau, dass ich total richtig bin, dass ich genau auf meinem Weg bin, dass das schon alles so passt, auch wenn ich das Gefühl hatte, mit angezogener Handbremse unterwegs zu sein, dass da draußen mein Leben ohne mich stattfindet.

Vor ungefähr zwei Wochen wurde mir dann total bewusst, wie sehr mir auch die Freude und die Leichtigkeit abhandengekommen sind, wie sehr wieder der Kopf übernommen hatte, wie weit ich vom jeweiligen Moment entfernt war, ganz weit weg von mir und meiner Intuition, habe mir ständig Gedanken über die Zukunft gemacht und darüber wie sie denn nun sein könnte. Ich war überrascht, nahm es aber wertungsfrei zur Kenntnis.

Dabei reicht es doch völlig aus, immer im Moment zu sein, nur im Moment können wir genau entscheiden, was JETZT dran ist. Mehr gilt es nicht zu tun. Wir müssen nicht das fertige große Ganze sehen und kennen. Unsere grandiose Intuition kennt in jeder Sekunde den Weg und den nächsten Schritt. Das durfte ich mir wieder ganz deutlich bewusst machen. Nach dieser Erinnerung folgte eine Aneinanderreihung von wunderbaren Impulsen und Entscheidungen.

Ich habe mich wieder ganz bewusst und mit jeder Faser meines Herzens **für die Freude entschieden**, habe angefangen, mir jeden Moment zu überlegen, was mir guttut und was genau JETZT dran ist, was mir JETZT Freude macht, mit was ich mir jetzt beweisen kann, dass ich es mir wert bin, dass ich wertvoll bin, dass ich mich liebe und habe mich entschieden, davon jeden Tag ein bisschen mehr zu machen.

Und auch folgende Entscheidungen habe ich nochmal getroffen, voller Inbrunst:

- **Meine Intuition entscheidet in JEDEM Moment!**
- **Meine Intuition ist MEINE Wahrheit!**

- **Ich gehe sicher meinen Weg, den Weg meiner Seele, wie immer er aussehen mag.**
- **Ich erlaube mir Freude, Leichtigkeit und Genuss!**
- **Ich werde immer mehr sichtbar und trete immer mehr mit meinen Fähigkeiten und allem, was mich ausmacht in Erscheinung!**
- **Ich feiere das Leben!**
- **Ich bin bereit für ein Leben aus und in der Fülle!**

Weiter Entscheidungen aus einem ganz wunderbaren Retreat von Heidi Marie Wellmann kamen hinzu:

- **Ich bin bereit, mein Mangeldenken aufzugeben. Ich bin bereit, mich von Mangel jeglicher Art auf allen Ebenen zu verabschieden.**
- **Ich bin bereit, die unendlichen Möglichkeiten, mich zu entfalten, zu erkennen und umzusetzen.**
- **Meine Wunden schließen sich, mein Herz heilt und ich (mein Licht) beginne, hell zu leuchten.**

Dann habe ich mich gefragt, warum ich meine Berufung leben will, was mein Motor ist, was mich antreibt. Und die Antwort ist, dass nichts erfüllender ist als das. Dass ich diesen meinen Seelenweg gehen will, mit allen Konsequenzen.

Dann habe ich mich gefragt, was meine Einzigartigkeit ausmacht, was mich besonders und grandios macht, hab mir alles in Erinnerung gerufen, was ich schon geleistet und geschafft habe, wie wunderbar und heilsam meine Fähigkeiten sind und habe angefangen, es tatsächlich wieder zu fühlen, meinen Wert zu fühlen. Davon war ich nämlich echt weit weg. Und dann kam alles wieder in Fluss.

Ich vertraue total auf meine Intuition und Entscheidungen werden nie mehr anders getroffen. Ich erinnere mich ständig und immer wieder an meine grandiose Einzigartigkeit und meinen Wert für diese Welt. Ich bleibe im Moment und schaue immer JETZT was dran ist, der Rest ergibt sich. Ich stehe voll und ganz zu mir und zeige mich mit dem, was ich will. Ich bin mir bewusst, dass es einen Grund hat, dass all diese Fähigkeiten in mir angelegt sind. Ich soll sie gebrauchen, sonst wären sie nicht da. Das Leben hat diesen meinen Weg für mich, denn das Leben verschwendet nichts. Es will die in mir angelegten Fähigkeiten erleben. (All diese Erinnerungen kamen ebenfalls von Heidi Marie Wellmann und zwar genau zur richtigen Zeit! Danke dafür!!! ♥)

Das alles hat dann in wenigen Tagen BOOM gemacht und plötzlich schießt mir die Freude und die Leichtigkeit aus allen Poren und die Gewissheit, dass alles bestens ist und ich an meinem Weg gar nicht vorbei komme ist wieder 1000%ig!

Seither überschlagen sich die Ereignisse, Inspirationen, Impulse und Ideen. Plötzlich fügt sich das Bild, das ich eh schon von mir hatte, noch besser zusammen, wird noch größer, wird noch deutlicher. Ich bin mir meiner noch mehr bewusst. Ich mutiere total zum Frühaufsteher, springe aus dem Bett, weil ich es kaum erwarten kann, all die Ideen umzusetzen. In einer Woche habe ich mehr von meiner To-Do-Liste fürs Leben abgehakt als vorher in fünf Jahren.

Das Neue ist nicht mehr nur zu spüren und zu erahnen, es zeigt sich ganz deutlich. Es ist JETZT da. Das ist so schön!!! Ich habe die Tage auch immer wieder Tränen in den Augen, weil das alles einfach so grandios ist. Plötzlich weiß man ganz deutlich wer man ist, noch deutlicher als eh schon. Plötzlich hat das Warten ein Ende. Plötzlich ist das Neue da, auf das man so lange hingearbeitet hat, an das man so lange geglaubt hat, ohne wirklich viele Ergebnisse zu sehen.

Ob das alles nun passiert ist und auf einmal klappt, weil die Zeit einfach reif dafür war oder ob es daran liegt, dass ich den Fokus so sehr und so bewusst auf die Freude gerichtet habe, so viele wichtige Entscheidungen getroffen habe oder ob es ein Zusammenspiel aus beidem ist, sei dahingestellt. Ich glaube, dass es jetzt einfach dran ist und dass ich mich nochmal ganz bewusst dafür entscheiden durfte, also an das Zusammenspiel. Und es scheint wieder kollektiv zu sein, denn um mich rum ereignet sich ganz Ähnliches. Immer mehr Menschen wissen plötzlich warum sie hier sind. Immer mehr trauen sich plötzlich, sich zu zeigen und der Welt ihre wunderbaren Fähigkeiten zu schenken. Immer mehr trauen sich plötzlich, anders zu sein und aus der Norm auszubrechen. Immer mehr finden zurück zu sich. Immer mehr kommen plötzlich ins Handeln, setzen ihre Ideen um und alles beginnt zu Fließen.

Plötzlich ist das Neue da und ich bin unsagbar dankbar, demütig und berührt! Ein denkwürdiger Moment, den ich so lange herbeigesehnt habe. ♥

Herzensgrüße von mir
Anja

Sonntag, 4. September 2016

Die großen Fragen des Lebens

Die großen Fragen des Lebens. Ein jeder hat sie irgendwo...

Stellt euch vor, ihr könntet eurem Leben all diese Fragen stellen und würdet ausführliche und für euch verständliche Antworten bekommen:

Was passiert nach dem Tod?
Gibt es einen Gott und wenn ja, wie ist er?
Gibt es Himmel und Hölle?
Warum sind wir hier?

Wer sind wir wirklich?
Was ist der Sinn des Lebens?
Wie ist das mit dem Geld wirklich gedacht?
Wie gelange ich in eine erfüllte Partnerschaft?
Wie kann ich wieder ganz gesund werden?
...

Und so weiter und so fort. Auch ich hatte/habe diese Fragen und ich habe für mich schon unzählige Antworten gefunden, meine Wahrheit, die mir ein immer leichteres Leben ermöglicht. Antworten auf all diese Fragen zu finden, bedeutet für mich authentisch zu werden, Klarheit zu haben und selbst-bewusst zu sein, mir meiner selbst bewusst zu sein. Umso mehr Antworten ich mir darauf geben konnte, umso ruhiger wurde ich, umso kraftvoller, umso gelassener. All diese Antworten bedeuten für mich, mich in einem bewussten Feld zu bewegen, die Spielregeln zu kennen von dem Spiel, das sich Leben nennt. Es hilft mir ungemein die kleinen Irrungen und Wirrungen des Alltags besser einschätzen zu können, aus dem Elefanten wieder eine Mücke zu machen. Seit ich mein Weltbild klar habe und für mich weiß, wie alles zusammenhängt, ist das Drama aus meinem Leben verschwunden. Jede Antwort hat mich wieder ein Stück zurück zu mir gebracht.

All diese Fragen möchte ich euch in der kommenden Zeit beantworten. Nein, das muss ich anders sagen. Ich möchte euch die Antworten geben, die ich für mich gefunden habe. So passt das besser. Denn all das, was ich euch erzählen werde, ist meine Wahrheit und ein jeder darf sie mit seinem Herzen prüfen und feststellen, ob es auch seine Wahrheit ist. Denn einen Rat kann ich euch jetzt schon geben: Glaubt nichts einfach so! Prüft alles mit eurem Herzen! Nichts und niemand kann je wissen, was wirklich gut und richtig für euch ist und wie eure Welt funktioniert.

Zu all diesen Fragen werde ich entweder Beiträge schreiben oder ein Video machen, je nach Lust und Laune. Wenn euch noch weitere Fragen unter den Nägeln brennen, dann immer her damit. Gerne beantworte

ich auch diese aus meiner Weltsicht, die für mich so herrlich entspannt und einfach ist. Also mailt mir einfach alles, was ihr gerne noch vom Leben wissen wollt:
wendungsreichekommunikation@googlemail.com

Wenn ihr keine der Antworten verpassen wollt, dann tragt gleich eure Email-Adresse oben rechts in das Feld "Jetzt diesem Blog folgen" und abonniert den Blog. Sicherheitshalber liked am besten auch noch meine Facebookseite. Dann geht auch wirklich nichts an euch vorbei. ;)

Ich freue mich total auf diese Aktion und auf eure Fragen!

Sonnenwarme Herzensgrüße von mir
Anja

Montag, 5. September 2016

Selbstliebe ist kein Egoismus

Oft wird Selbstliebe mit Egoismus gleichgesetzt und befürchtet, dass wir eine Welt voller Ellbogenmenschen haben, wenn sich jeder selbst liebt. Aber das Gegenteil ist der Fall. Die Welt braucht aus meiner Sicht dringend Menschen, die sich selbst lieben! Selbstliebe vs. Egoismus hier im Video!

Teilt das Video gerne!

(Auf meinem Blog findest du an dieser Stelle mein Video „Selbstliebe ist kein Egoismus".)

Hier nochmal das Zitat aus dem Video von Safi Nidiaye:
"Egoistisch ist nicht der, der sich um sich selbst kümmert, sondern der, der das versäumt hat und es jetzt von anderen erwartet."

Mittwoch, 7. September 2016

Entscheide dich - das WIE ist unerheblich

Wir sind machtvolle und kraftvolle Schöpfer. Das merke ich in den letzten Tagen und Wochen immer mehr. Es ist einfach atemberaubend wie schnell und wirksam meine Gedanken meine Realität erschaffen. Umso klarer ich mir darüber werde, dass ich ein geistiges Wesen bin, das aus Bewusstsein besteht und mit diesem Bewusstsein sein Leben, seinen Körper, seine Erfahrungen gestaltet, dass die Materie immer dem Geist, meinem Geist, unterliegt, umso kraftvoller werde ich beim Erschaffen und umso schneller verändert sich meine Welt, je nachdem wie ich meine Gedanken verändere.

Mehr als einmal hat es mir die Tränen ob dieser Tatsache in die Augen getrieben, Tränen der Dankbarkeit und der Demut des Lebens gegenüber. Wie lange in meinem Leben war ich in der Opferrolle!? Jetzt zu begreifen, dass ich alles andere als ein Opfer bin, dass ich Schöpfer und Gestalter bin, ist einfach unfassbar schön. Dieses Leben ist einfach ein Wunder, ein einziges komplexes, faszinierendes Wunder.

Natürlich geht dieses Erschaffen in zwei Richtungen. Nicht nur die positiven Gedanken zeigen sofort Wirkung, sondern halt auch die weniger zuträglichen. Auch das durfte ich die letzten Wochen erfahren. Dieses Erleben war sehr wichtig. Werde ich doch noch achtsamer mit meinen Gedanken und Worten, betreibe noch mehr "Psychohygiene" und Miste noch mehr aus, was ich sage und denke.

Und wie geht nun dieses Erschaffen?

Niemals hätte ich früher gedacht, dass das Leben tatsächlich so einfach ist. Denn das Erschaffen ist nichts weiter, als Entscheidungen zu treffen. Mehr braucht es nicht. Ich möchte ein anderes Haus? Ich entscheide mich dafür! Ich möchte einen Workshop geben? Ich entscheide mich dafür. Ich möchte gesund sein? Ich entscheide mich dafür. Doch hier geht es nicht um Entscheidungen, die das Ego trifft, sondern um Entscheidungen, die aus der Seele, aus dem Herzen kommen. Entscheidungen, die ein ganz tiefes, warmes JA in mir verursachen, bei denen ich Gänsehaut bekomme und unbändige Freude spüre, die ein weiterer Schritt auf meinem Herzensweg sind. Hier darf ich spinnen und träumen und gaaaanz groß denken.

Wir gestalten unser Leben mit Entscheidungen. Nicht mit Wünschen und mit "Es wäre schön, wenn...". Sondern mit Entscheidungen aus dem Wissen heraus, dass ich kraftvoll und machtvoll bin und dass nichts und niemand anders über mein Leben bestimmt als ich. Da gibt es keinen Gott, der meiner Bitte vielleicht entspricht. Da gibt es kein Schicksal, das dazwischenfunken könnte. ICH entscheide! Das ist wichtig zu verstehen. Ich bin die, die an erster Stelle steht, wenn es darum geht, wer darüber entscheidet, wie mein Leben läuft!

Meine Erfahrung zeigt mir, dass manche Entscheidung nicht sofort eingetreten ist. Auch das hat mit Schicksal nichts zu tun. Den Grund dafür darf ich ebenfalls in mir suchen. Wenn eine Entscheidung nicht eintritt, dann wirkt etwas ganz tief in mir dagegen. Dann glaube ich vielleicht noch nicht daran, dass ich wirklich so machtvoll bin, dann habe ich vielleicht noch Opfergedanken, dann glaube ich vielleicht noch, dass das vielleicht andere können, aber ich nicht. Dann habe ich vielleicht noch die Überzeugung, dass ich etwas falsch mache oder nicht gut genug bin, dass ich es nicht verdient habe oder, dass ich ja doch nicht das "Glück" haben werden, das zu erreichen, dass ja doch nichts in meinem Leben so wird, wie ich es gerne hätte, dass ich es nicht wert bin. Dann lehne ich vielleicht noch unangenehme Gefühle ab oder Wesenszüge und Anteile, die mir durch das Nichteintreten meiner Entscheidung deutlich gezeigt werden. Oder das, wofür ich mich entschieden habe, ist doch nicht der nächste Schritt auf meinem Herzensweg und das Leben "liefert" nicht, weil was anderes viel besser für mich ist und wenn ich ganz ehrlich zu mir wäre, wüsste ich das auch.

Hier hilft es nichts, das Leben zu verurteilen. Hier darf ich bei mir nach der Wurzel schauen, denn eins steht fest, nichts in meinem Leben passiert mir, ohne dass ich etwas damit zu tun habe. Es gibt immer eine Entsprechung in mir, die Wurzel in mir. Es gibt nichts und niemanden zu verteufeln oder diesen einen Umstand der Schuld daran ist, dass es nicht so wird, wie ich es gerne hätte. Es gibt also keinen Grund für Ausreden oder Schuldzuweisungen. ICH bin für mein Leben zu 100 % verantwortlich!

Das WIE ist unerheblich

Nun mag ganz schnell der Verstand daherkommen und Einwände bringen. Wie soll denn ich an ein anderes, schöneres Haus kommen? Wie soll ich mir das denn leisten können? Wie soll denn ich gesund werden, wenn die Ärzte gesagt haben, dass die Krankheit unheilbar ist? Die gute Nachricht ist, dass das WIE für mich und meine Entscheidung völlig unerheblich ist. Über das WIE brauche ich mir keine Gedanken machen. ICH entscheide aus Inbrunst, Überzeugung und mit Leidenschaft und das Leben kümmert sich um das WIE. Wenn ich eins gelernt habe, dann dass das Leben Lösungen parat hat, auf die ich nie und nimmer selbst gekommen wäre. Wieso sollte ich mich also selbst beschränken und diese wunderbaren Lösungen limitieren, indem ich selbst nach dem WIE suche? Das wäre ja direkt Quatsch. Dem Leben ist kein Wunder zu groß, meinem Verstand schon.

Ich entscheide mich und lasse die Entscheidung los, weil ich weiß, dass damit schon alles getan ist. Da ist kein "hoffentlich klappt das wirklich". Sondern mit der Entscheidung ist es Fakt und dann kann ich mich darauf verlassen, dass ich im richtigen Moment das Richtige tun werde, weil ich immer meinen Impulsen folge, ob die erst einmal logisch erscheinen oder nicht. Und so komme ich immer ans Ziel. Die Frage ist nicht ob, sondern lediglich wann. That's it! Mehr braucht es nicht.

Ich wünsche euch freudvolles Erschaffen ihr wunderbaren Schöpfer!!! ♥ Genießt eure Macht zu eurem höchsten Wohl und zum höchsten Wohle aller anderen!!! ♥

Sonnenwarme Herzensgrüße
Anja

Mittwoch, 7. September 2016

Krafttier Fischreiher

Ich könnt wohl heulen! Seit Tagen habe ich auf diese Gelegenheit gewartet, bin immer wieder mit der Kamera los, wenn ich sein Rufen gehört habe. Und heute durfte ich eine halbe Stunde ganz nah bei der Jagd dabei sein. Am Ende war er nur noch fünf Meter von mir weg. Was für ein Erlebnis!!! ♥

Der Reiher hat mich an so vieles wieder erinnert und dafür bin ich ihm unendlich dankbar:

- Er ist immer ganz präsent und im Moment.
- Er hat unendliche Geduld, steht einfach da und wartet, bis die Beute zu ihm kommt. Er rennt nichts hinterher. Er wartet voller Vertrauen und er wird belohnt, weil er weiß, dass für ihn gesorgt ist.
- Wenn Gefahr droht, dann schaut er erst zwei Mal hin und prüft, ob es sich wirklich um Gefahr handelt, bevor er sich in aller Ruhe und majestätisch in die Lüfte schwingt.

Er ist ein wunderbares Beispiel dafür, wie das Leben ist, wenn alles im Fluss ist, wenn ich ganz präsent bin und im Vertrauen! ♥ DANKE!!! ♥

Donnerstag, 15. September 2016

Tränen der Freude

Wisst ihr eigentlich wie oft ich weine? Weine, weil ich einfach nur glücklich bin, berührt vom Moment und unendlich dankbar.

Ich habe Tränen in den Augen, weil ich an einem wunderbaren Sommermorgen ganz früh ins Moor fahren kann, atemberaubende Fotos vom Sonnenaufgang im Nebel machen kann. Anschließend zum Bäcker fahren kann, mir ein frisches Croissant holen und es genießen kann, während andere zur Arbeit fahren.
Ich habe Tränen in den Augen, bin dankbar und fühle mich getragen, wenn ich barfuß durch unseren Garten laufe, bin verbunden mit Mutter Erde und weiß einmal mehr, dass ich ein wunderbarer Teil der Natur bin, versorgt, geliebt und wertvoll.

Ich habe Tränen in den Augen, wenn ich Menschen berühren kann. So vielen darf ich die Hand reichen, darf ihre Energie spüren und ihnen beim Wachsen zusehen, es miterleben, wenn sie sich wieder ein Stück näherkommen.

Ich habe Tränen in den Augen, weil ich essen kann, weil ich das Essen genießen kann, weil mein Bauch wieder gesund ist. Ich kann lachen, ohne Schmerzen, herzhaft lachen bis mir auch da die Tränen laufen und mir geht es gut dabei. Nichts schränkt mich ein.

Ich habe Tränen in den Augen, weil mir so viele kostbare Momente in der Natur geschenkt werden. Weil sich ein Schmetterling ganz lange auf meinen Arm setzt, weil sich ein Vogel auf mein Bein setzt, während ich auf der Bank in der Sonne sitze, weil mich ein Fischreiher ganz nah an sich ran lässt, damit ich zauberhafte Bilder machen kann und ihm beim Jagen zusehen kann.

Ich habe Tränen in den Augen, weil das Leben so wunderbar einfach ist, weil alles fließt und sich findet, wenn man nur den Mut hat, loszulassen und sich dem hinzugeben.

Ich habe Tränen in den Augen, weil sich alles so herrlich gefügt hat, weil ich ein Leben lebe, von dem ich früher nicht zu träumen gewagt hätte. Mein Büro ist auf der Terrasse. Ich arbeite, wenn ich Lust dazu habe, meine Klienten finden mich einfach so, ich muss nichts weiter dafür tun, als einfach ich sein und das machen, was ich sowieso machen würde - bloggen und mich zeigen.

Ich bin vollkommen frei in allem, was ich tue. Wenn ich ausschlafen will, tue ich das. Wenn ich früh aufstehen will, tue ich es. Wenn ich mir die Nacht um die Ohren schlagen will und morgens um drei noch eine Mail beantworten will oder einen Artikel schreiben will, dann tue ich das.

Himmel!!! Ich bin gesund, endlich wieder gesund. Ich bin frei, war es schon immer, wusste es nur nicht und habe es deswegen anders erlebt. Ich bin mächtiger Schöpfer und Gestalter meines Lebens. Nichts spüre ich im Moment deutlicher als das. Und ich bin getragen vom Leben.

Und nun sitze ich hier und weine wieder! Ich weine, weil es einfach unfassbar schön ist, zu leben und all das erleben zu dürfen. Ich weine, weil ich so dankbar bin für alles, was ich in meinem Leben habe, weil ich endlich verstanden habe, wie großartig das Leben ist. Ich weine, weil mich die Kraft des Moments einfach schier umhaut und mitreißt und erfüllt.

Ich danke dem Leben! Ich danke mir für meinen Weg!!! Nichts ist für mich erfüllender, als zu wissen und zu fühlen, wer ich wirklich bin!

Berührte Herzensgrüße von mir
Anja

Samstag, 24. September 2016

Durchdrungen vom Leben selbst

Ich habe es schon vor ein paar Tagen bemerkt: Da ist immer noch ganz tief unten ein Ohnmachtsthema. Eine Ohnmacht, die mit Geld in Zusammenhang steht. Eine Ohnmacht, die nicht aus diesem Leben stammt. Meine Träume handelten auf ganz unterschiedliche Weise die letzten Nächte von Ohnmacht, doch das Thema an sich bekam ich nicht zu fassen. Gestern Abend dann ging die erste Lampe an.

Ich lese gerade einen Roman über eine Bloggerin, die sich Hals über Kopf von ihrem Mann getrennt hat, weil sie ihn mit einer anderen erwischt hat. Aus Rache für die Trennung und wahrscheinlich auch weil sie sein geliebtes Cabrio im Pool versenkt hat, hat er ihr alle Kreditkarten, den Zugang zu den Konten und zu ihrem Blog gesperrt. Auch in das gemeinsame Haus kommt sie nicht mehr. Sie besitzt also nur das, was sie überstürzt in eine Reisetasche geworfen hat. Obwohl sie die ganze Kohle mit ihrem Blog verdient und ihm einen super Lifestyle ermöglicht, hat sie von jetzt auf gleich nichts mehr und er scheint immer am längeren Hebel zu sitzen, mit allem durchzukommen, hat ihr den besten Scheidungsanwalt vor der Nase weggeschnappt und sogar der Scheidungsrichter ist ein Frauenhasser. Diese ganze Ungerechtigkeit sprach mich gestern Abend total an und ich wusste und fühlte, dass ich Ähnliches auch schon erlebt habe. Nicht als Bloggerin ;) und nicht in diesem Leben, aber die ganze Situation, von jetzt auf gleich nichts mehr zu haben und um das betrogen worden zu sein, was mir rechtmäßig zusteht, kam mir nur allzu bekannt vor. Ohnmacht in Sachen Finanzen. Da regt sich was in mir, total! Das ist wie bei dem Roman damals über Ägypten. Da wusste ich auch plötzlich, dass ich ebenfalls schon sowas erlebt habe, wie die Frauen in dem Roman. (Hier der Artikel zu diesen so wichtigen Erkenntnissen von damals: Der Schlüssel zur Freiheit) Ich spürte auch wie essentiell das Thema für meine jetzige Freiheit ist, für meine Fülle. Da wollte endlich was gehen und es würde eine Riesenerleichterung sein.

Heute Nachmittag kam dann der Schmerz volles Rohr hoch. Plötzlich wusste ich auch, dass das Thema ganz viel mit dem Ausschlag zu tun hat, der sich gerade wieder zeigt. Du kannst dir nicht vorstellen, wie ich geweint habe. Ich hätte wohl schreien können, so groß war der Schmerz von damals, der heute floss. Es war seelischer Herzschmerz und das Herzchakra hat energetisch total weh getan. Ein Schmerz, der nicht körperlich ist, sondern mehr vor dem Körper auf Herzhöhe. Ich hatte das schon öfter in letzter Zeit, musste oft heftig weinen und wusste nicht so recht wo das herkam. Und heute war es dann ganz extrem.

Es tut so gut, dass der Schmerz ins Fließen kommt und geht. Es ging um all die alten Verletzungen, bei denen ich mich geöffnet hatte und dann mein Vertrauen missbraucht wurde. Tiefe, alte Wunden, in denen es ganz viel um materielle Verluste geht, die mein Vertrauen in das Leben diesbezüglich voll erschüttert haben, ähnliche Situationen wie in dem Roman. Hammer! Was für ein Schmerz. Immer wieder schüttelte es mich, ich krampfte mich beim Weinen richtig zusammen, konnte gar nicht anders.

Als ich mich etwas beruhigt hatte, hatte ich das dringende Bedürfnis in meinem Chakra-Handbuch zu lesen und was ich da über das Herzchakra gelesen habe, hat mich nochmal ordentlich weinen lassen. Es ist wie nach Hause kommen und ich könnte schon wieder weinen, weil es so schön ist. Es geht darum, mich wieder vom Leben berühren zu lassen (Haut, Ausschlag), mich von ihm durchdringen zu lassen und zwar hinsichtlich Fülle und Wohlstand. Es geht darum, mein Herz für das Leben selbst mit all seiner Großzügigkeit und Güte wieder zu öffnen, die harte Schutzschale knacken zu lassen und alles wieder ganz nah an mich ranzulassen. Und mit all den Tränen und den Schmerzen, die heute gegangen sind, ist Platz in mir geworden für die Liebe, für die Fülle, für das Versorgtsein. Ich bin mehr als je zuvor wieder eins mit dem Leben, habe wieder innigen Kontakt mit der Fülle und Güte des Lebens, bin durchdrungen, bin das Leben selbst. Alles, was ich an Trennung und Enttäuschung erfahren habe, war nötig, um all das jetzt begreifen und erkennen zu können, es zu schätzen zu wissen, weil ich das Gegenteil kenne.

Kannst du ahnen wie ich mich gerade fühle? Ich bin so dankbar für diesen Prozess, der mich nun auch hier zurück zu mir und in die wahre Fülle geführt hat. Ich bin voller Freude, voller Vorfreude. Ich kann die Fülle spüren wie noch nie. Ich bade förmlich in ihr. Es ist einfach nur unfassbar und wunderschön!

Ja, ich wurde verletzt, ja, mein Vertrauen wurde missbraucht, ja, ich habe schon öfter alles verloren, aber es ist Zeit, wieder so zu leben, als wäre das nie geschehen, Zeit dem Leben wieder voll und ganz zu vertrauen, mich versorgen zu lassen, weil das Leben das tut, wenn man es ganz nah an sich ranlässt. Das weiß ich sicher!

Ich habe heute dem Leben mein Herz komplett geöffnet. Tust du es auch?

Herzensgrüße von mir
Anja

Mittwoch, 28. September 2016

Alles wirbelt

Tausend Ideen und Gedanken wabern mir durch den Kopf, doch nichts davon kann ich wirklich festhalten, kann es nicht greifen. Ich fühle mich, wie in einer Schneekugel voller Ideen und Ansätze, voller Projekte und Möglichkeiten, die man ordentlich geschüttelt hat. Es wirbelt nur so um mich rum. Alles wunderbare Sachen, die da drin sind. Alles könnte ich machen und in Angriff nehmen, eigentlich... aber einfangen kann ich im Moment keine einzige. Und so stehe ich in diesem Schneegestöber und lächle. Sehe meinen Ideen zu, wie sie umhertreiben. Staune, was ich alles für Möglichkeiten habe und freue mich darauf, wenn sich alles wieder zu setzen beginnt, neu sortiert, sich beruhigt. Ich bin gespannt, wo jede einzelne Flocke landet, wie sie sich wohl mit den anderen anordnet, wie sich alles neu ausrichtet. Ich bin gespannt auf die Landschaft, die sich dann ergibt und wo mein Weg da durch dann wohl langgeht. Welche Schneeflocken dann wirklich von mir aufgegriffen werden wollen und welche ich getrost einfach liegen lassen kann. Aus all diesen Möglichkeiten kann ich wählen. Aber bis es so weit ist, genieße ich noch das Chaos und das Wirbeln um mich rum und in mir. Lasse meine Finger und Hände immer wieder durch dieses Gestöber gleiten und freue mich an dem neuen Wirbel, den ich dadurch auslöse, beobachte. Ein herrlicher Zustand bevor die neue Klarheit kommt. Einfach dastehen und staunen über die Vielfalt des Lebens, über meine Vielfalt.

Wie geht es dir gerade? Machst du ähnliche Erfahrungen?

Gerade wird mir noch etwas klar und ich glaube, das ist wichtig zu wissen. Ich glaube und fühle wirklich, dass wir gerade neu ausgerichtet werden, neue Synapsen entstehen, neue Verknüpfungen im Hirn und in unserem Energiesystem. Die Möglichkeiten werden eben neu sortiert und vielleicht, nein ganz sicher, kommen auch ganz neue dazu. Sei milde mit dir. Vielleicht können wir gerade keine Entscheidung treffen, keine Weichen stellen, weil es nicht die richtige Zeit ist. Das kommt wieder. Das Feld wird neu bereitet und so lange nicht alles wieder daliegt, wo es nach der Sortierung liegen soll, so lange kannst du nicht wissen, was gerade gut ist und was nicht. Das ist wie bei Teenies. Wir sind in einer energetischen Pubertät und wissen gerade selbst nicht, wer wir sind. Das passt schon so... Das Chaos vor neuer Klarheit gehört einfach dazu. Setz dich hin, trink nen Tee und lass es sein wie es eben ist. Durcheinander und komisch... ♥ Das wollte jetzt unbedingt noch geschrieben werden. Für dich! ♥

Donnerstag, 13. Oktober 2016

JETZT ist DEINE Zeit

Es drängt mich, etwas zu schreiben, etwas in die Welt zu bringen. Und noch während ich hier die ersten Worte tippe, hab ich keine Ahnung, was genau da raus will. Nur eine fette Gänsehaut, während ich auf den Button für einen neuen Artikel klicke, bestätigt mich in meinem Tun.

Diese Zeit ist gerade einfach nur der Hammer. Gerade überrollen mich die intensivsten Emotionen und die Gänsehaut hört gar nicht wieder auf. So intensiv gelebt wie jetzt, so leicht, frei, so selbstverständlich ICH habe ich noch nie. Vor etwa zwei Wochen habe ich es so beschrieben, dass ich mich fühle wie in einer Schneekugel voller Möglichkeiten. Jede Flocke eine mögliche Schöpfung von mir, jede Flocke eine Tür, die ich öffnen könnte, ein Projekt, das ich angehen könnte.

In den letzten Tagen war es so, dass ich mir viele Schneeflocken genauer anschauen konnte. Es ist einfach unfassbar wie viele Möglichkeiten ich habe, was das Leben für einen Reichtum, für eine Fülle bietet. Was für ein Raum für Selbstverwirklichung! Wir schöpfen aus den Vollen und in dieser Zeit habe ich das Gefühl, dass wirklich nichts unmöglich ist, kein Traum zu groß, keine Sehnsucht unerfüllbar. Das Leben wartet förmlich nur darauf, dass wir den Schöpfer in uns endlich wiederentdecken und uns dessen bewusst werden, dass wir unser Leben gestalten und sonst niemand. Es wartet darauf, dass wir die Sache wieder selbst in die Hand nehmen und uns leben und nicht leben lassen, dass wir die Dinge angehen.

So viele Jahre haben wir geträumt und gehofft. Mir ging es ganz genauso. Und oft habe ich mich gefragt, ob es je so kommen wird, wie ich es mir in meinen kühnsten Träumen vorgestellt habe oder ob ich die Welt zu rosarot sehe und einem Wunschtraum erliege. So lange schien es nicht vorwärts zu gehen und die Erinnerungen an früheres Scheitern in längst vergangenen Leben, die tief in unseren Zellen gespeichert sind, waren nur allzu fest verwurzelt.

Diese Erinnerungen lösen sich gerade ganz stark. Es scheint, als ob sich tatsächlich alles verabschiedet, was uns an der Selbstverwirklichung und unserer Freiheit hindert. Wir haben so viele Leben versucht, unseren Weg zu gehen und sind doch immer an irgendwelchen Hindernissen, Anforderungen und Umständen hängen geblieben, konnten nur einen Bruchteil unseres Potentials entfalten, wenn überhaupt. In so vielen Leben waren wir ganz weit weg von uns, wurden für das, was wir sind, verspottet, verachtet, verfolgt und gerichtet.

Das alles ist jetzt vorbei. Das alles gehört der Vergangenheit an. Was hier gerade anbricht ist eine absolut neue Zeit, eine neue Epoche, eine neue Ära, in der es ganz einfach möglich ist, komplett wir selbst zu sein, mit allem, was uns ausmacht. Wir dürfen all den alten Schmerz, die Unterdrückung, die Kleinheit und die Ohnmacht endgültig aus unserem Energiesystem entlassen. Wir dürfen unsere verletzten Anteile heilen in dem Wissen, dass wir uns nun endlich selbst leben können, ohne von unserem Umfeld, den Umständen, davon abgehalten zu werden. Wir dürfen raus in die Welt. Wir dürfen uns zeigen, mit allem, was wir sind und wir müssen keine Angst vor Verunglimpfung haben, vor Schande und Ärger, vor Strafe und Ausgrenzung. Nichts von all dem kann uns mehr wirklich in unserer Existenz bedrohen. Nicht mehr.

Und genau jetzt weiß ich auch, warum ich hier diesen Artikel schreiben soll. Ich soll euch erinnern. Daran erinnern, dass dieser alte Schmerz keine Macht mehr über euch hat. Ich soll euch erinnern loszulaufen und aus euren Verstecken herauszukommen. Ich soll euch erinnern aufzustehen, euch in eure volle Größe aufzurichten und euch zu zeigen. Habt Mut! Ihr seid wichtig für diesen Wandel. Ein jeder von euch. Du liest diese Zeilen nicht umsonst. Du bist Teil des Wandels. In dir ist etwas angelegt, das du der Welt genau JETZT schenken kannst und sollst. Es ist Zeit deine Aufgabe zu erfüllen, den Weg deiner Seele zu gehen und deine Gaben in die Welt zu bringen, um diese neue Zeit, diese neue Ära der Liebe zu gestalten und immer mehr Menschen mitzunehmen und zurück zu sich selbst zu führen.

Das Leben ruft dich lauter denn je! Das Leben braucht DICH genau JETZT! Vergiss das viele Scheitern. JETZT ist DEINE Zeit!

Ich sende dir Herzensgrüße und freue mich auf alle, die sich jetzt in die Öffentlichkeit wagen und der Welt endlich ihr wunderbares Wesen schenken!

Was hast du zu schenken und hast dich bisher nicht getraut?

Freitag, 14. Oktober 2016

Der Ballengang - und plötzlich tanze ich durchs Leben

Irgendwann in diesem Spätsommer ist es passiert. Mir war plötzlich einfach danach, meine Schuhe auszuziehen und den herrlich sonnenwarmen Boden direkt an meinen Füßen zu spüren. Also nahm ich die Schuhe in die Hand und ging barfuß zum Einkaufen. Wie herrlich!!! Da es sich auf der Strecke vorwiegend um Pflastersteine und groben Asphalt handelte, bekamen die Füße eine Extremmassage und nach nur wenigen hundert Metern hatte ich das Gefühl, dass meine Nervenenden an den Fußsohlen eine absolute Reizüberflutung hatten. Aber irgendwie cool...

Tatsächlich bin ich an diesem Tag ca. 1,5 km barfuß gelaufen. Die Sohlen brannten den ganzen Tag wie Feuer und nachts im Bett hatte ich so heiße Füße, dass ich sie ständig unter der Decke rausstrecken musste. Sonst bin ich der absolute Socken-Schlaf-Typ, weil ich eigentlich ständig kalte Füße habe. Dieses neue Erlebnis gefiel mir ganz gut.

Ab da war ich angefixt. Immer wieder ging ich barfuß raus, sogar in den Wald und ging da spazieren. Was für eine Erdung! Was für eine Verbundenheit mit der Natur! Was für eine ganz andere Körperhaltung nur dadurch, dass man erst vorsichtig mit dem Ballen aufsetzt und nicht wie gewohnt mit der Ferse! Was für eine komplett andere Achtsamkeit! Es fühlte sich an, wie wenn ich das Gehen ganz neu für mich entdeckte. Es fühlte sich an wie nach Hause kommen. Alles in mir jubilierte. Das Gehen wurde zum Erlebnis und ich freute mich noch während ich ging auf das nächste Mal.

Ich recherchierte im Internet über das Barfußlaufen und den Ballengang und was ich da fand war und ist einfach eine Offenbarung. Unzählige Erfahrungsberichte darüber, dass durch diese andere Art zu gehen, Gelenkbeschwerden und Schmerzen am Bewegungsapparat hinfällig wurden. Venenleiden, Blutdruckbeschwerden, Schweißfuß, ja selbst von Depressionen, die mit dem Ballengang verschwanden, ist zu lesen. Der gesamte Körper arbeitet einfach auf eine ganz andere, eben die natürliche Weise. Alles greift geschmeidig ineinander und die einzelnen Zahnrädchen funktionieren reibungslos. Die aus meiner Sicht beste Seite zum Ballengang und die vielen positiven Auswirkungen auf den Körper findet ihr hier:
https://www.zentrum-der-gesundheit.de/ballengang-ia.html

Barfußschuhe wollte ich schon lange, nun war der Zeitpunkt gekommen, mir endlich welche zu kaufen. Sofort als sie da waren, bin ich los in den Wald und ich hätte wohl heulen können vor Freude. Was für ein Lebensgefühl, im Ballengang durch den Wald zu gehen. Tatsächlich fühlte es sich nicht nach gehen an, sondern eher nach tanzen. Wendig wie nie zuvor ging es bergauf und bergab, über Wurzeln und Steine. Nichts war mehr ein Hindernis. Alles war eine Einladung zum Tanzen. Es war einfach ein Fest. Ich spürte, dass der Körper ganz anders arbeitet. Die Hüfte kommt plötzlich wieder ordentlich in Schwung, der untere Rücken hat kräftig zu tun, die Arme schwingen locker. Keine Chance mehr, beim Gehen die Schultern hochzuziehen. So zu gehen und gleichzeitig schlechte Laune zu haben, ist einfach unmöglich. Vielmehr ist es ein absoluter Selbstausdruck, Präsenz pur. Straight, stark und trotzdem leicht. Selbstbewusst, wie ein Model auf dem Catwalk des Lebens.

Ich könnte stundenlang so weiter schwärmen. Aber das Beste kommt erst noch. Wie ich hier schon öfter berichtet habe, hat mein rechtes Knie seit August 2014 nicht mehr so funktioniert, wie es wohl sollte. Wandern und weitere Strecken gehen war von jetzt auf gleich nicht mehr drin, ohne dass irgendwas vorgefallen wäre. Das Knie fing dann immer an, zu stechen und ich musste ihm wieder Ruhe gönnen. Tat ich das nicht, ging irgendwann gar nichts mehr.

Natürlich schaute ich mir die Sache auf seelischer Ebene an und hatte immer wieder ganz wunderbare Erkenntnisse. Es hatte schon alles seine Berechtigung, aber obwohl ich geistig heilte und heilte und hinschaute wurde es im Außen irgendwie nicht wirklich besser. Zum Haare raufen!!! Aber alles bleibt eben immer so lange, bis wir wirklich alles erkannt haben.

In den letzten Wochen und Monaten durfte ich merken, dass ich das Opferbewusstsein noch nicht ganz angenommen und damit losgelassen hatte. Ich hatte immer wieder das innere Bild, dass ich gerne loslaufen würde, dass ich gerne endlich MEINEN Weg gehen wollte, auch im übertragenen Sinne, im Sinne von meiner Lebensaufgabe, meines Herzensweges, doch immer hielt mich etwas am rechten Bein fest. Irgendwann sah ich, dass es mein inneres Opfer war, das am Boden lag und mich am Gehen hinderte. Mein innerer Schöpfer stand sofort auf der Matte und sagte mir, dass wir das Opfer einfach liegen lassen sollten, es ignorieren und ohne es losgehen sollten. Doch ich wusste, dass das falsch war. Auch das Opfer ist ein Teil von mir und so wendete ich mich dem Opfer zu. So verbrachten wir ein paar Tage, in denen ich dem Opfer all meine Liebe und mein Verständnis gab, mir zugestand, dass das Opferdasein ein Teil meines Lebens war, ein wichtiger Teil. Immer wieder schaute ich wie sich das Bild veränderte. Lange geschah nichts. Ich saß da einfach nur mit dem Opfer und hielt es in meinen Armen. Ziemlich genau zu dieser Zeit, entdeckte ich das Barfußlaufen, den Ballengang und merkte, dass auf diese Weise mein Knie sehr gut funktionierte. Wie das immer alles so schön passt...

Neulich, irgendwann in meiner Barfußeuphorie, erinnerte ich mich wieder an dieses innere Bild und bemerkte, dass ich mein inneres Opfer einfach Huckepack genommen hatte und zusammen mit meinem inneren Schöpfer losgelaufen bin. Alle drei glücklich und zufrieden, alle drei wissend, dass wir zusammengehören, dass jeder seinen Platz und seine Berechtigung hat, dass jeder da sein darf.

Könnt ihr euch vorstellen, wie ich mich nun nach über 2 Jahren Heilungsarbeit, nach über 2 Jahren, in denen ich nicht walken konnte, nicht wandern, nicht länger spazieren gehen, fühle, wenn ein Sonntagsspaziergang tatsächlich mal eben 7 km lang wird? Wenn ich im Ballengang wie ein junges Reh durch den Wald hüpfen kann? Wenn ich, wie heute, raus in den sonnigen Herbst gehe und über 5 km unterwegs bin? Einfach so und meinem Knie geht's gut? Könnt ihr euch vorstellen wie bedeutend und wichtig mir das Gehen nun ist, wie ich es genieße und feiere, jetzt wo ich weiß, wie es ist, wenn ich es nicht kann?

Plötzlich laufe ich nicht nur einfach, plötzlich tanze ich durchs Leben! ♥

Herzensgrüße von mir
Anja

Donnerstag, 20. Oktober 2016

Loslassen - zulassen - offen bleiben

„Wo will mein Leben jetzt hinfließen?"

Ein Zettel mit dieser Aufschrift liegt seit gestern auf meinem Schreibtisch. Wie alle Fragen, die ich gerade an das Leben habe, habe ich auch diese aufgeschrieben.

In mir toben seit mehreren Tagen unheimlich viele Gefühle. Alles wild durcheinander. Mal ist da Wut, mal Ohnmacht, mal Schmerz, mal Ungeduld, mal Unruhe. Alles alt, alles nicht mehr meins. Es fühlt sich an, wie wenn das alles in großen Massen aus meinem Energiesystem fließen würde, wie wenn es mich verlässt und ich es deshalb nochmal so deutlich spüre. Immer wieder habe ich das innere Bild, dass ich das alles aus mir herausschreie. Ein sehr kraftvolles, animalisches Bild. Befreiend!

Teilweise bin ich im Moment auch verwirrt und chaotisch, sodass ich überhaupt nicht mehr in der Lage bin, Dinge strukturiert anzugehen. Es gibt Tage, da sieht die Küche aus wie ein Schlachtfeld, wenn ich koche. Ich mache alles durcheinander und in keiner für mich normalen Reihenfolge und Ordnung. Ich bin schusselig, mache viel Sauerei und kleckere was das Zeug hält. Feinmotorik? Fehlanzeige! So kenne ich mich gar nicht. Aber das darf auch mal sein. Da wird wohl auch wieder ordentlich an meinen Synapsen rumgeschraubt.

Und anders als noch im Mai, als ich den Artikel Im Geburtskanal der Transformation geschrieben habe, geht es mir dieses Mal mit all der Achterbahnfahrt der Gefühle gut und ich bin total im Vertrauen. Ich bin mir absolut bewusst, dass ich all diese widerstreitenden und alten Gefühle nicht bin, sondern dass sie einfach durch mich durchfließen. Sie gehören nicht mehr zu mir. Ich fühle sie, ja, aber sie drücken nicht mehr aus, wer ich bin. Sie verlassen mich.

Gleichzeitig zu all der Unruhe ist da eine riesen Vorfreude in mir. Da ist Aufbruchsstimmung, ein Bedürfnis auch im Haus und im Leben aufzuräumen, auszumisten, Dinge neu zu machen, neu zu gestalten. Da ist eine riesige Sehnsucht nach etwas, das ich ahnen kann, aber noch nicht greifen. Es ist als täten sich mir neue Wege auf, auf die ich so lange gewartet und hingearbeitet habe, die ich aber noch nicht sehen kann im Grobstofflichen, nur im Feinstofflichen fühlen. Es geht um den Beruf, das Wirken. Hier entwickeln sich neue Aspekte, Weichen werden gestellt, das Leben arbeitet für uns. Ich habe eine Sehnsucht nach Veränderung, danach mich in neuen, mir ganz wichtigen, mich nährenden Situationen zu erleben. Wie diese konkret aussehen und wie ich da hinkomme, weiß ich nicht.

Ich glaube, dass es gerade in dieser Zeit sehr wichtig ist, dass wir das alles zulassen, dass wir loslassen und das Leben mal machen lassen. Wir haben alles getan, was wir tun konnten. Nun darf das Leben übernehmen. Wir sind gut vorbereitet und jetzt dürfen wir uns tragen lassen und uns überraschen lassen, wie die Früchte unserer Arbeit am Ende wirklich aussehen werden. Daher auch die Frage auf dem Zettel. **"Wo will mein Leben JETZT hinfließen?"**

Für mich geht es gerade darum, in jedem Moment genau hinzuspüren und absolut meiner Intuition zu folgen, zu vertrauen. Ich weiß, dass ich zur richtigen Zeit, das Richtige tue. Immer! Also spüre ich hin. Wenn es gerade nichts zu tun gibt, tue ich nichts und wenn ich den Impuls habe, etwas in Angriff zu nehmen, mache ich es. Alles wird immer leichter. Was mal in meinem Kopf Formen angenommen hat, kommt immer schneller zur Welt und wird Realität. Ich merke, wie ich mich immer leichter aus alten Strukturen und Mustern befreien kann und immer mehr in Fluss komme. Manchmal sind da noch Zweifel, aber die sind so leise und kraftlos, dass sie mir gar nichts mehr anhaben können. Der Ruf des Lebens ist viel lauter. Ich bin von meinem Königsfelsen, von der Klippe gesprungen, mitten ins Leben und das fühlt sich sooo gut an. Es gibt nichts mehr, was ich kontrollieren will, ich kann alles sein lassen. Ich schwimme im Fluss des Lebens.

Ich kenne das Ziel noch nicht, ich weiß nicht, was letztlich meine Sehnsucht stillen wird. Aber ich weiß, dass es großartig sein wird und wahrscheinlich auch wie so oft so unfassbar, dass ich es mir jetzt gar nicht ausmalen kann. Also versuche ich es gar nicht erst. Ich bleibe offen für alles, was sich das Leben gerade ausdenkt, bleibe offen für das Meer an Möglichkeiten und verabschiede mich von bestimmten Vorstellungen.

Vielleicht sind die ja gar nicht so gut für mich, wie das, was das Leben gerade so zaubert.

Wo will mein Leben jetzt hinfließen? Ich werde es merken...

Freitag, 21. Oktober 2016

Der größte Schmerz, den wir uns antun können

Gerade hat es mich noch einmal wie ein Hammerschlag getroffen: Der größte, wirklich allergrößte Schmerz, den wir uns antun können, ist, nicht wir selbst zu sein und uns zu verleugnen und zu verbiegen, Dinge zu tun, die wir eigentlich gar nicht wollen oder Dinge nicht zu tun, die wir so gerne tun würden. Die Wurzeln dafür liegen meist in der Kindheit. Mich hat dieser Schmerz von früher eben nochmal ordentlich geschüttelt. Deshalb ist diese sehr emotionale Botschaft entstanden. Beenden wir diesen Schmerz! Es ist an der Zeit!

(Auf meinem Blog findest du an dieser Stelle mein Video „Der größte Schmerz, den wir uns antun können".)

Montag, 31. Oktober 2016

Was seit meiner Kündigung passiert ist - Ein Rückblick

Sieben Jahre ist es nun her, dass ich meinen sicheren, gut bezahlten Job aufgegeben habe. Ziemlich genau um diese Zeit vor sieben Jahren wurde mir immer klarer, dass es so nicht mehr weitergehen konnte und Mitte November 2009 hab ich dann wirklich meinen Aufhebungsvertrag unterschrieben ohne Netz und doppelten Boden, ohne eine neue Stelle, ohne eine Ahnung, wo mein Weg hingehen soll. Ich wusste nur, dass etwas anders werden muss. Was, wusste ich nicht.

Heute, sieben Jahre später, möchte ich zurückblicken und euch daran teilhaben lassen. Es ist wirklich beachtlich, was seither passiert ist und wie unfassbar anders, leichter, freier, liebevoller, reicher mein Leben geworden ist. Niemals hätte ich vermutet, dass ich mal da stehe, wo ich heute stehe. Wir können so viel mehr erreichen und erschaffen, als wir meist glauben.

Ich blicke zurück auf eine Zeit der verzweifelten Suche nach mir selbst, nach meinem Glauben, nach meinen Potentialen und Werten, nach meinem Weg, auf tausend Mal hinfallen und aufstehen. Ich blicke zurück auf meine persönliche Hölle, körperlich wie seelisch. Ich blicke aber auch zurück auf eine grandiose Partnerschaft, die es wert war und ist, all die Tabus zu brechen, die anfangs scheinbar dagegensprachen. Eine Partnerschaft, die mir in dieser herausfordernden und manchmal auch echt harten Zeit so viel Halt gegeben hat und immer noch gibt, auf unzählige Erkenntnisse und einen riesen Haufen Schätze, auf einen Berg an Schalen und Schleiern, die ich von meinem wahren Wesenskern entfernt habe, auf zig Aha-Momente und auf eine immer größer werdende Leichtigkeit und Freiheit, auf ein beharrliches Festhalten an meinen Herzenswünschen und Träumen.

Ich wollte wissen wer ich bin und warum ich hier bin, wie alles zusammenhängt und wie diese Welt wirklich funktioniert, was ihr wahres Wesen ist und ich habe meine Antworten bekommen, durfte entdecken, dass ich hochsensibel bin, dass ich die geistige Welt wahrnehmen kann, dass ich hellfühlig bin und in Seelen lesen kann, wie in offenen Büchern. So oft habe ich mich selbst überrascht und niemals vermutet, dass das alles zu mir gehört.

Mein Körper wurde/war krank und ich entschied mich für eine alternative Heilung, litt höllische Schmerzen, hatte Zweifel, ob ich das Richtige tat und mich wirklich heilte oder mich Stück für Stück umbrachte. Ich habe verstanden, was Krankheit wirklich bedeutet, dass wir ihr nicht ausgeliefert sind, sondern dass wir sie selbst erschaffen, dass sie uns nur sagen will, dass wir nicht mehr auf unserem Weg sind. Und so schaute ich hin und verstand immer mehr, weshalb ich krank war, suchte auch hier meine Wahrheit und war wild entschlossen, wieder gesund zu werden, es zu schaffen, wieder mit Genuss zu essen, wieder weite Strecken laufen zu können und hatte Erfolg. Es dauerte, aber ich hatte Erfolg.

Ich wollte Frieden mit meinen Eltern und das zerrüttete und marode Verhältnis heilen, mich und meine Kindheit heilen, vergeben und auch hier in wahre Freiheit kommen. Wie oft habe ich mein inneres Kind gehalten und es gewiegt, habe mir alte Wunden angeschaut und sie mit Liebe versorgt und darf nun auch hier die Erfolge genießen.

In diesen sieben Jahren habe ich so viel über mich und das Leben gelernt wie nie zuvor. In diesen sieben Jahren habe ich in die dunkelsten Winkel und die tiefsten Abgründe meiner Seele geschaut. Ich hatte mich entschlossen, mich all meinen Ängsten zu stellen, mir alle Wunden anzusehen, in allen Bereichen meine Wahrheit zu finden und werde jeden Tag aufs Neue für diesen Mut belohnt.

Rückblickend kann ich sagen, dass mir wirklich nichts, aber auch gar nichts einfach widerfahren ist, ohne dass es einen Ursprung in mir gegeben hätte. Für alles, was ich in meinem Leben vorgefunden habe, war und bin ich selbst verantwortlich. Ich habe gelernt mit Herausforderungen umzugehen und begriffen, dass ich mich in allem, was sich in meinem Leben jeweils zeigt, selbst erkennen kann wie in einem Spiegel. Ich habe begriffen, dass meine innere Stimme immer den Weg kennt und nur mein Bestes will, dass es nichts Wertvolleres gibt, als ihr zu folgen. Ich habe begriffen, dass es sich lohnt, an seinen Träumen und Sehnsüchten, an seiner tiefsten Wahrheit und Weisheit festzuhalten, egal wie oft man hinfällt und was die anderen denken.

Und so blicke ich zurück auf sieben Jahre, in denen ich von der Dunkelheit ins Licht gegangen bin, vom Leid in die Freude, von der Angst ins Vertrauen, von der Schwere in die Leichtigkeit, vom Opferbewusstsein ins Schöpferbewusstsein, vom Unwissen ins Erwachen, vom Krieg in den

Frieden, von der Unfreiheit in die Freiheit, von der Krankheit in die Gesundheit, vom Außen ins Innen, in allen Bereichen zurück zu mir selbst!

Mittwoch, 2. November 2016

Existenzangst - lieben statt kämpfen

Es ist gerade eine sehr herausfordernde Zeit. Die tiefsten und unangenehmsten Emotionen kommen hoch und können nicht mehr ignoriert werden. Bei dir mögen das Kleinheit, Verlustangst, Minderwertigkeit, Schuld, Scham, Einsamkeit oder Ohnmacht sein. Bei mir sind es gerade Existenzängste. Ein Thema, das immer mal wieder auftaucht und mich schon lange begleitet.

Beim Gedanken an mein Bankkonto bekomme ich kaum Luft, ein lähmendes Gefühl macht sich in mir breit und sofort verspüre ich Druck. Den Druck, dass ich dafür verantwortlich bin, dass mein Konto gut gefüllt ist, dass Einnahmen kommen. Den Druck, wissen zu müssen, wie ich noch mehr Geld verdiene, einen Plan zu haben. Diese Verantwortung und diese Last fühlen sich falsch für mich an. So ist das Leben nicht gedacht, das spüre ich genau.

Ich trage die tiefe Sehnsucht in mir, mich dem Leben komplett hinzugeben, die Kontrolle abzugeben und mir von meiner Seele den Weg zeigen zu lassen. Den Weg in das Versorgtsein. Ich möchte mich in die Arme meiner Seele fallen lassen und ihr nun endlich auch in dieser Hinsicht die Führung übergeben. Ich muss nicht wissen, auf welche Art ich versorgt werde, was es für mich im rechten Moment zu tun gilt. Ich muss es mir nicht mit meinem Verstand ausdenken, meine Seele kennt bereits die Antwort und sie wird sie mir zuflüstern, wenn ich endlich loslasse, mich hingebe und mich dem natürlichen Fluss überlasse.

Ich möchte mich noch tiefer mit dem Leben verwurzeln, noch tiefer in Mutter Erde Wurzeln schlagen, noch mehr vertrauen, wieder mal durch die Angst hindurchgehen, sie lieben und annehmen und damit wandeln. So oft habe ich diesen Prozess schon durchlebt und dennoch ist die Existenzangst für mich die allergrößte Herausforderung. Sicher sie ist nicht mehr so stark und bedrohlich wie noch vor ein paar Jahren. Damals war sie so heftig, dass ich manchmal einen ganzen Tag im Bett lag und nur noch weinte, obwohl ich Ersparnisse in Höhe von 10.000 EUR hatte. Die Angst hat im Laufe der Zeit an Schrecken verloren, habe ich sie doch immer wieder in Liebe angenommen.

Dass sie noch nicht ganz ausgeheilt war, war mir klar. Ich merkte, dass ich dieses Thema nur allzu gerne ausblendete und verdrängte, mein Konto als Feind sah, der mich dazu zwingen konnte, etwas zu tun, das ich nicht will, nur damit Geld reinkommt. Mein Konto hat über so viele Jahre die Rolle des Mächtigen übernommen, des Bestimmers und mich damit zum Opfer gemacht. Naja, ich hab mich selbst zum Opfer gemacht... Und dabei war es völlig egal, ob das Konto rote oder schwarze Zahlen aufwies, denn selbst wenn Geld vorhanden war, hatte ich sofort wieder Bedenken, ob ich es halten kann und die Befürchtung, dass es weniger wird.

Es war ein Leichtes mein Konto zu ignorieren, Kontoauszüge nicht anzuschauen und das Ganze einfach auszublenden. Dass so was nicht auf ewig gut geht, ist auch klar. Denn alles, was wir ablehnen und ignorieren fordert über kurz oder lang unsere Aufmerksamkeit und Liebe und zwar immer vehementer, bis wir hinschauen MÜSSEN.

Das Konto, das vielleicht überzogen ist oder nahe an Null, ist nichts anderes wie ein Körperorgan, das krank ist. Es ist eine Schöpfung unserer selbst. Ich weiß noch genau, wie ich mich damals gefühlt habe, als mir gesagt wurde, dass meine Galle im Arsch ist. Verzeiht mir die Ausdrucksweise, aber so war es nun mal. Lange Zeit habe ich mich ihr ausgeliefert gefühlt, wie wenn ich Opfer ihrer Krankheit wäre. Sie fühlte sich an wie ein Fremdkörper in mir, ein Pulverfass, das ich nicht loswerden kann und das jeden Moment in die Luft gehen könnte. Ich habe es gehasst, diese

Ohnmacht zu empfinden. Das Organ war mein Feind und lange versuchte ich die Krankheit zu bekämpfen. Irgendwann wurde mir dann schlagartig bewusst, dass ich meine Galle in diesen Zustand gebracht habe. Nicht ich war ihr Opfer, sondern sie war mein Opfer. Ich habe sie so zugerichtet, durch meine Art zu leben und zu denken, durch meine unterdrückten Gefühle, durch meine hinderlichen Überzeugungen. Sie hatte gar keine andere Chance, als krank zu werden.

Als mir das damals klar wurde, habe ich bitterlich geweint, weil es mir so unendlich leidtat, meinem Körper das angetan zu haben. Tausend Mal habe ich mich bei meiner Galle entschuldigt. Ich hatte es einfach nicht besser gewusst.

Und nun ging es mir mit meinem Bankkonto lange ähnlich. Ich betrachtete es als Feind, mich als Opfer davon. Lange habe ich dagegen gekämpft oder versucht es zu ignorieren, mich an ihm vorbeizumogeln, in der Hoffnung, dass ich unentdeckt bleibe. Habe einfach nicht hingesehen. Zu groß war die Angst, dass mich der Kontostand zu etwas zwingen könnte, was ich nicht will. Diese Angst, dass ich etwas tun muss, was ich nicht will, ist eines der größten Themen in meinem Leben. Ich strebe mit jeder Zelle meines Körpers nach absoluter Freiheit. Freiheit ist meine Wahrheit!

Das Verdrängen und Ignorieren des Kontos ging nun einige Jahre so. Doch die Tage wurde mir schlagartig auch hier bewusst, dass nicht ich das Opfer des Kontos bin, sondern das Konto mein Opfer. Ich habe es krank gemacht mit meinen Gedanken, mit meinen hinderlichen Überzeugungen, mit dem dagegen kämpfen. Das Konto ist nichts anderes als ein Organ. Wir dürfen es lieben und verstehen, dass es nur so gut sein kann wie unsere Gedanken. Es spiegelt unser Inneres wider und es hat keinen Sinn das Konto dafür zu verfluchen, dass es nicht das macht, was wir gerne hätten. Es kann nur das machen, was wir mit unseren Gedanken und Empfindungen vorgeben.

Meine Entscheidung steht fest! Ich will diese Angst lieben und annehmen und da sein lassen. Ich will durch sie hindurchgehen in die Liebe und in die Freiheit, ins Vertrauen. Mir ist klar, dass es nicht um die Situation an sich geht, nicht ums Geld, um Aufträge, ums scheinbare Überleben. Es geht lediglich um die Emotion, die dadurch ausgelöst wird. Das ist etwas, was ich gelernt habe im Leben.

Ich entscheide mich dafür, mein Konto liebevoll in mein Leben zu integrieren. Es ist nicht mein Feind, es ist mein Freund und Spiegel meines Inneren. Ich liebe mein Konto und nutze sein wahres Wesen der Liebe, seine Natur, lebe mit ihm im Einklang wie ich es mit meinen Organen tue. Sie sind für mich da, dienen mir, ebenso wie mein Konto. Ich arbeite mit meinem Konto zusammen, wir sind ein Team! Ich bin entschlossen mein Konto zu heilen. Ich bin entschlossen, hier meiner Seele die Führung zu übergeben und mich von ihrer Liebe leiten zu lassen.

Heute habe ich aufgehört gegen mein Konto zu kämpfen, ums Überleben zu kämpfen und das tut unendlich gut. Wir sind nicht hier, um kämpfen zu müssen. Mir zu erlauben, loszulassen und die Führung abzugeben, mir nicht mehr den Kopf zerbrechen zu müssen, wie ich denn nun Geld verdiene, nimmt mir gerade einen enormen Druck, einen Druck der absolut unnatürlich ist. Wir machen ihn uns nur allzu gerne, weil wir nicht glauben können, dass loslassen funktioniert und dass wirklich für uns gesorgt ist. Aber ich fühle es, tief in mir ist das meine Wahrheit und das spüre ich schon lange. Meine Seele kennt den Weg in die Fülle. Meine Seele weiß genau, wie ich mein Potential einsetzen und damit Geld verdienen kann. Meine Seele will nichts anderes, als für mich zu sorgen und mir den Weg zu weisen. Ich muss sie nur lassen...

Mittwoch, 16. November 2016

Totale Umwälzung

Was für eine Umwälzung! So viel Altes verlässt mein Energiesystem. Weinen ist angesagt, viel Schlaf, komische Sachen essen und von einer Ecke in die nächste schleichen. Es fühlt sich an, wie wenn eine ganz lange Epoche des Schmerzes, der Unterdrückung und des sich verbiegen zu Ende geht. Mir ist danach, mich einfach fallen zu lassen, mich dem Leben und allem, was jetzt Raum braucht, komplett hinzugeben. Alles sein lassen wie es ist. Gleichzeitig zu dem Reinigen und Loslassen spüre ich, dass sich ganz viel Neues anbahnt, noch nicht greifbar, aber fühlbar. Es bricht eine ganz neue Zeit an, eine Zeit, in der es für mich gefühlt tatsächlich seit Ewigkeiten wirklich möglich ist, mich dem Leben hinzugeben und nicht verletzt zu werden. Dies ist jetzt wirklich möglich. Wir dürfen in allen Belangen ganz wir selbst sein, dürfen einen jeden Aspekt von uns leben und das Leben wird uns nicht daran hindern. Vielmehr unterstützt uns das Leben genau darin, fordert diese Qualität von uns ein, will uns versorgen und uns in unserem wahren Kern erleben. Wir dürfen und sollen echt sein. So vieles ist jetzt möglich, was früher (in vielen alten Leben) nicht denkbar war. Ein Leben in Echtheit und Wahrhaftigkeit, ganz wir selbst sein, uns leben und ausleben und dabei vom Universum die vollste Unterstützung bekommen. Ich gebe mich dem hin, weine um den Abschied, freue mich gleichzeitig auf das Neue, genieße den innerlichen Umbau und lass mich fallen, rückwärts in mein Leben, in die Arme meiner Seele, die so genau weiß, was in jedem Moment richtig und wichtig ist. Es gibt für mich nichts zu steuern, nur geschehen lassen und staunen.

Wie geht es dir in dieser spektakulären Zeit?

Donnerstag, 1. Dezember 2016

Man wird nicht nur vom Essen dick

Eine Diät ist genauso nur eine Symptombehandlung, wie z. B. Tabletten gegen hohen Blutdruck zu nehmen. Die Ursache an sich wird nicht gelöst. Das ist so, wie wenn am Auto die Kontrollleuchte für die Motorsteuerung aufleuchtet und wir einfach das Birnchen rausschrauben. Damit ist man keinen Schritt weiter und der Motorschaden vorprogrammiert.

Auch "Übergewicht" hat meist seine Ursache nur teilweise bei der Ernährung. Schauen wir das Thema auf seelischer Ebene an, finden sich verschiedenste Hintergründe:

1. alles in sich reinfressen

Diese Redewendung spricht für sich. Das Körpergewicht kann dir zeigen, dass du etwas in dich reinfrisst, dass du etwas mit dir alleine ausmachst, mit niemandem drüber sprichst. Etwas auszusprechen und sich Luft zu machen, kann erleichtern. Im wahrsten Sinne des Wortes. Was du rauslässt, musst du nicht mehr mit dir herumtragen. Externalisiere deine Sorgen, deine Probleme, deine Bedenken, deine Pläne, deine Wünsche, deine Hoffnung. Du musst nicht alles alleine stemmen und manche Dinge lösen sich schon von ganz alleine, wenn man drüber spricht.

2. ein dickes Fell brauchen

Manchmal brauchen wir das dicke Fell auch als Schutzschild. Gerade wenn wir oft Verletzungen und Grenzüberschreitungen erlebt haben, besonders in der Kindheit, kann Übergewicht eine Art Schutz sein, ein Wall, der andere auf Abstand hält. Wenn dann jemand deine Grenzen überschreitet, verletzt er dich nicht so schnell, weil eine dicke Schicht Schutz bietet. Schau dir also an, ob du glaubst, dich vor irgendetwas schützen zu müssen, ob du dir als Kind ein dickes Fell zulegen musstest, um zu überleben, weil die emotionalen Verletzungen dich sonst umgebracht hätten. Heilst du diese Wunden, wird die Schutzschicht überflüssig.

3. Gefühle oder Bemerkungen runterschlucken

Die meisten von uns haben gelernt, brav zu sein. Bei vielen hat z. B. Wut keinen Platz. Wie oft verkneifen wir uns eine bissige Bemerkung und schlucken sie stattdessen runter, weil wir meinen, dass wir so nicht sein dürfen. Wie oft kommen Emotionen oder Tränen hoch und wir schlucken sie runter, weil wir glauben, dass es unangebracht ist, den Dingen freien Lauf zu lassen. Doch was wir runterschlucken sammelt sich unweigerlich in uns an, verklumpt und verhärtet und zeigt sich nicht selten auf der Waage. Die Emotionen wollen fließen, genau wie Tränen. All das rauszulassen, erleichtert ebenfalls ungemein. Und jede Emotion hat ihre Berechtigung und ihren Platz. Was du rauslässt statt runterschluckst, erschwert dich schon nicht.

4. dick sein verurteilen

Nicht selten werden Dicke verurteilt. Es wird als falsch dargestellt, nicht schlank zu sein. Wie ist deine Familie Dicken gegenüber eingestellt? Werden sie verlacht oder verachtet? Verspottet oder als Versager dargestellt, als undiszipliniert, schwach und unfähig? Oft ist es so, dass gerade in solchen Familien einer "der Dicke" ist, um diese Ablehnung sichtbar zu machen, um dieses Urteil vor Augen zu führen. Wenn du als Kind gelernt hast, dass es falsch ist, dick zu sein, dann kann es gut sein, dass du diese Verurteilung unbewusst übernommen hast und das eigene Übergewicht dich damit konfrontiert. Hier kann es helfen, die eigenen Verurteilungen zurückzunehmen und dich so zu lieben, wie du bist, mit jedem einzelnen Gramm. Es gibt eben immer zwei Seiten. Dick und dünn, groß und klein, leise und laut. Wenn ich nur eine Seite dahaben will und die andere ablehne, wird sich die abgelehnte Seite so lange in dein Leben drängen, bis du sie auch liebst. Erst dann kann sie gehen.

5. verzerrtes Selbstbild/hinderliche Überzeugung

Auch kann es sein, dass dir als Kind eingeredet wurde, dass du zu dick bist, weil du z. B. viel Babyspeck hattest. Die Eltern mochten das nicht böse gemeint haben. Sie haben dich liebevoll als Pummelchen bezeichnet, als Dickbacke, Pausbäckchen oder Moppelchen. Es könnte sein, dass du diese Bezeichnungen als dein Selbstbild angenommen hast und angefangen hast zu glauben, dass du wirklich dick bist. Diese hinderliche Überzeugung von damals könnte heute dazu führen, dass du tatsächlich füllig bist. Hast du als Kind angefangen, etwas Derartiges über dich zu denken?

Weitere Denkanstöße

- Brauchst du die Masse, um deinen Worten mehr Gewicht zu verleihen?
- Würdest du dich lieber verstecken und unscheinbar sein, aber deine Fülle lässt es nicht zu?
- Hast du viel im Leben zu stemmen und brauchst es, stämmig zu sein?
- Welchen Nutzen könnte dein Gewicht haben?
- Welche Emotionen holt dein Gewicht in dir hoch? Scham? Schuld? Das Gefühl, zu versagen? Das Gefühl, falsch zu sein? Schwach? Undiszipliniert?
- Wie würde dein Körper aussehen, wenn du sein dürftest wie du bist, ohne verurteilt zu werden? Wie würdest aussehen, wenn du ganz alleine auf einer einsamen Insel wohnen würdest und niemand dich sehen und bewerten kann?
- Mit welchem Gewicht fühlst du dich wohl, unabhängig davon, was andere denken könnten?

Eigene Erfahrungen

"Übergewicht" kann zeigen, dass etwas nicht im Fluss ist, dass sich etwas staut, anstaut. Lösen wir all die ungeklärten Themen, kommt auch unser Stoffwechsel wieder in Schwung, unser Energielevel steigt an, wir können "schwere Kost" leichter verdauen und wir haben dann auch nur noch Hunger auf Dinge, die dieser Schwingung entsprechen, also auf höher schwingende Lebensmittel. Erhöhen wir unsere eigene Schwingung, wenn wir alten Ballast loswerden, Gefühle wieder fließen lassen, unsere Schutzmauern einreißen, dann nehmen wir automatisch höher schwingende Nahrung zu uns, weil sie zu uns passt, weil wir dann Hunger darauf haben, weil unser Körper danach verlangt. Wir müssen uns dann nicht dazu zwingen, Salat zu essen, Vollkornprodukte zu essen oder Süßigkeiten wegzulassen. Das passiert dann wie von alleine, weil es uns besser entspricht.

Im Laufe meiner Bewusstwerdung und Heilung hat sich mein Essverhalten total gewandelt. Ich trinke keinen Alkohol mehr, ich esse viel Gemüse und Obst, Vollwertprodukte, die so naturbelassen wie möglich sind. Industriezucker und damit Süßigkeiten reizen mich gar nicht mehr. Meine Schokolade stelle ich selbst her und süße vieles mit Honig oder Vollrohrzucker. Um nur einen kleinen Einblick zu geben. All meine Veränderungen in der Ernährung kamen wie von selbst. Ich musste mich zu nichts zwingen. Ich habe mein Essverhalten verändert, weil ich mich innerlich verändert habe.

Wir alle haben eigentlich ein ganz natürliches Navigationssystem. Unser Körper spricht mit uns und signalisiert uns ganz klar, was uns gerade guttut und was wir brauchen. Mein Essen wähle ich im wahrsten Sinne des Wortes nur noch mit dem Bauch. Schon beim Gedanken an die Lebensmittel reagiert der Körper und ich spüre deutlich, was ich jetzt zu mir nehmen will, weil da gerade alles drin ist, was wichtig ist. Und ich spüre auch ganz deutlich, was nicht geht und passt.

Ich gestehe mir alles zu

Wenn mir nach einer Portion Chips ist, dann esse ich die auch und zwar mit gutem Gewissen. Es gibt nichts Schlimmeres, als etwas zu essen, nur um hinterher ein schlechtes Gefühl zu haben. Wenn ich Schokolade esse und dann denke: "Mann, das hättest du mal besser bleiben lassen. Das geht direkt auf die Hüften.", dann wird das auch so sein und von Genuss kann hier keine Rede sein. Ich verbiete mir nichts. Verbotene Sachen haben schon bei kleinen Kindern eine magische Wirkung. Bei uns Erwachsenen ist das nicht anders. Das Verbotene reizt. Erlaube ich mir alles, dann kann das schon mal nicht passieren. Es gibt nichts für mich, was ein Tabu darstellt. Es gibt nichts, was ich verteufele. Wenn ich unsäglichen Appetit auf Fleisch habe, dann esse ich es auch. Neulich hatte ich so eine Phase, in der ich mir fast ausschließlich niedrig schwingende Dinge reingespachtelt habe: Wurst, Weißmehlprodukte, Süßes, Fastfood. Das war in einer Phase, in der ich einen enormen inneren Reinigungsprozess durchlaufen habe, in denen die hohen Energien, die auf die Erde einströmten, förmlich für mich zu spüren waren. Ich hatte den Eindruck, dass ich diese Lebensmittel brauchte, um mich zu erden und das Ganze zu überstehen. Mittlerweile esse ich wieder Obst und Gemüse und vollwertige Sachen. Diese Phase hat mir nicht geschadet.

Du stehst da, wo du stehst. Dir schmeckt, was dir schmeckt. Du wiegst, was du wiegst. Übergewicht ist Ansichtssache und niemand sagt, dass jeder schlank und rank sein muss. Nimm dich an wie du bist und lass dich sein. Wenn sich am Gewicht und der Ernährung etwas verändern soll, dann tut es das von ganz alleine in dem Maße, in dem wir uns innerlich verändern. Nimm dir den Stress und den Druck, dringend etwas am Essen und am Umfang verändern zu müssen. Frage dich lieber, ob ein Thema dahintersteckt und wenn nicht, dann genieße dein SEIN und deine Fülle!

Herzensgrüße von mir
Anja

Donnerstag, 15. Dezember 2016

Ein Gebet für die Selbstachtung

Ich bin ein heiliges Wesen. Ich achte und ehre mich in jeder Sekunde und tue mir das Beste. Ich tue mir nur das, was ich einem jeden in größter Liebe tun würde. Ich sorge daher gut für mich. Es gibt nichts, was ich nicht tun und sein kann. Mein Wille ist Gottes Wille. Und Gottes Wille, der die höchste Version meiner selbst für mich vorsieht, ist mein Wille. Was ich für mich möchte, will er für mich, also richte ich meine Gedanken und Worte auf das Beste aus, auf die höchste Liebe auf das höchste Wohl von mir und von einem jeden Wesen. Ich bin machtvoller, heiliger Schöpfer. Durch mich fließt Liebe und Licht in die Welt. Ich bin mir meiner Kraft und Heiligkeit voll und ganz bewusst. Gott wirkt durch mich, das Leben wirkt durch mich und erfährt sich durch mich. Ich verneige mich in Ehrfurcht und Demut vor mir und meiner wunderbaren Seele, vor meiner Einzigartigkeit, vor meiner Göttlichkeit. Ich achte und ehre mich! Amen!

Sonntag, 18. Dezember 2016

Ein ganz besonderes Weihnachtsgeschenk

Heute möchte ich euch eine Weihnachtsgeschichte schenken. Eine Geschichte, die in den letzten Tagen auf die Welt wollte und von der ich bei den ersten Sätzen, die mir in den Kopf kamen, nicht wusste, wie sie ausgehen würde. Heute wollte sie zu Ende geschrieben werden. Ich bin einfach nur dankbar und tief berührt von diesem Schöpfungsprozess. Für mich ein großes Wunder...

Ein ganz besonderes Weihnachtsgeschenk

Die Straße lag dunkel da. Der Schnee ließ sie dennoch magisch leuchten. Er war alleine, hörte nur das Knirschen unter seinen Füßen, wenn er den nächsten Schritt in das jungfräuliche Weiß machte. Er klappte den Kragen von seinem Mantel hoch und zog die Mütze noch tiefer in die Stirn, schob das Kinn weiter in den Schal. Es war rattenkalt und normalerweise wäre er um die Uhrzeit nicht mehr draußen unterwegs. Doch es hatte ihm keine Ruhe gelassen. Er musste zu ihr. Während er so ging kamen ihm bunte Erinnerungen an gemeinsame Zeiten. Lachende Gesichter, Albernheiten und ganz nahe, vertraute Momente zogen in seinem Geist vorbei und erhellten sein Inneres, wärmten ihn. Was hatten sie nicht alles zusammen erlebt. Auch schwere Zeiten voll Trauer und Schmerz hatten sie geteilt, gemeinsam durchgestanden. Und mochte es auch noch so hart gewesen sein, sie konnten sich immer aneinander festhalten wie Ertrinkende am Rettungsring. Sie standen sich bei, hörten sich zu, fingen sich auf und irgendwann ging immer wieder die Sonne auf und das Unwetter des Lebens verzog sich wieder. Nach jedem Sturm waren sie sich noch näher, kannten sich besser, liebten sich mehr. Sie waren sich sicher, dass sie alles zusammen meistern würden, dass sie ewig zusammenbleiben würden. Er blieb stehen und schaute sich um. War er überhaupt noch richtig? Irgendwie kam ihm die Gegend fremd vor. Aber vielleicht schlugen ihm auch nur die Dunkelheit und die schneebedeckten Gassen ein Schnippchen. Er senkte den Kopf wieder in seinen Mantelkragen und setzte den Weg fort. Wieder kamen Erinnerungen. Sie stritten sich. Das geschah damals zu der Zeit sehr oft. Fast täglich. Irgendwann hatte das angefangen. Er konnte gar nicht mehr genau sagen, wann. Ein jedes Gespräch, so harmlos es auch angefangen hatte, endete in einer Auseinandersetzung. Sie schienen, nicht mehr die gleiche Sprache zu sprechen, nur noch aneinander vorbei zu reden. Dann hatten sie sich irgendwie gar nichts mehr zu sagen und eines Abends als er nach Hause kam, war sie weg. Einfach weg. Ihre Abwesenheit riss riesige Löcher in die Wohnung. An den Stellen, an denen vorher ihre Sachen gestanden hatten, klafften große Lücken, die sich anfühlten wie Wunden, wenn er sie betrachtete. Was war schiefgelaufen? Wie hatte das passieren können? Wieso hatten sie das nicht verhindern können? Abwenden? Wieder blieb er stehen und sah sich um. Er stand vor der Kirche. Da hatte er sich ja ganz schön verfranzt. Wie von selbst ging er die zwei Stufen zur Eingangstür hoch und drückte die schwere, eiserne Klinke. Tatsächlich öffnete sich die Tür. Er trat ein und zog leise das massive Holz hinter sich ins Schloss. Das Innere war schwach von den Kerzen erleuchtet, die vorne im Altarraum brannten. Noch nie zuvor war er nachts in einer Kirche gewesen. Seltsames Gefühl, irgendwie unheimlich aber auch tröstlich. Nach ein paar Schritten setzte er sich in eine Bank und ließ die Stille und das Kerzenlicht auf sich wirken. Hier hatten sie damals geheiratet. Was für ein glücklicher und schöner Tag das gewesen war. Niemand hätte damals vermutet, dass ihre Beziehung irgendwann den Bach runterging. Er schloss die Augen und Tränen rannen über seine Wangen, kullerten ungehindert auf seinen Mantel.

„Du hast dich selbst verloren und damit auch sie."

Er riss erschrocken die Augen auf und sah sich um. Aber niemand war zu sehen, zu dem diese Stimme gehören könnte. Eine Gänsehaut jagte ihm über den Körper. Und obwohl das gerade ziemlich spooky war, wusste er, dass er keine Angst haben brauchte, dass er sicher war. Er schloss wieder die Augen und lauschte.

„Ich bin froh, dass du mir endlich zuhörst. Ich habe schon so oft versucht, mit dir zu reden. Es musste wohl erst zum Äußersten kommen."

Langsam fand er sich mit der Situation ab, dass er diese herrenlose Stimme hörte. Also saß er da einfach mit geschlossenen Augen und hörte zu. Es schien, wichtig zu sein. Plötzlich spürte er, dass sich jemand neben ihn in die Bank setzte. Wieder riss er die Augen auf und sah einen alten Mann neben sich, graue Haare, grauer Bart, schwarzer Mantel, schwarzer Hut und trotz des Alters eine stattliche Erscheinung. Der Mann blickte unverwandt geradeaus.

„Erkennst du mich nicht?"

Stumm schüttelte der Jüngere den Kopf. Er hatte den Alten noch nie zuvor gesehen.

„Normalerweise siehst du mich auch nicht, Ben. Aber ich dachte, du hörst mir vielleicht besser zu, wenn du mich sehen kannst."

Ben starrte den Alten nur mit großen Augen an und sagte nichts.

„Gesprächig bist du ja nicht gerade, was? Na, umso besser. Dann kann ich ja loslegen."

„Warte!" Ben hatte seine Sprache wiedergefunden. „Sag mir erst, wer du bist."

„Hast du wirklich keine Ahnung? Nicht mal eine Vermutung?"

Ben senkte den Kopf und schluckte. Doch, eigentlich wusste er es schon, seit dem ersten Satz, der ihn hier in der Kirche so unerwartet getroffen hatte. Eigentlich hatte er die ganze letzte Zeit gespürt, dass ihm was fehlte. Erst hatte er gedacht, dass Lara ihm fehlte, seine Frau. Aber wenn er ehrlich war, dann hatte er diese Leere auch schon gespürt als Lara noch da war. Tief in ihm hatte er irgendwann erkannt, was ihm wirklich fehlte, aber er hatte Angst. Angst, hinzusehen, Angst vor dem, was sich zeigen würde, Angst, überrollt und überwältigt zu werden, den Boden unter den Füßen zu verlieren, Angst, seinen Schatten ins Auge zu sehen.
„Dacht ich's mir doch."
Ben sah den alten Mann nun an. Es kostete ihn einige Überwindung, ihm fest in die Augen zu sehen. „Du bist meine Seele, richtig?"
Der Alte nickte langsam und ließ den Blick auf Ben ruhen. **„Weißt du, Ben, eigentlich brauchst du überhaupt keine Angst vor mir zu haben. Ganz im Gegenteil, eigentlich solltest du dich auf mich und über mich freuen. Ich weiß nicht, was euch Menschen immer dazu veranlasst, vor dem wegzulaufen, was eure größte Freude, euer größtes Geschenk, euer größter Halt ist. Ihr versucht euch an allem Möglichen im Außen festzuhalten, versucht euch über Dinge und Gegenstände zu definieren, ja sogar zu identifizieren und vergesst dabei, wer ihr wirklich seid. Ihr seid nicht euer Auto und auch nicht euer Kontostand, ihr seid nicht eure Diamantohrringe und auch nicht der Dienstgrad auf der Arbeit. Wenn ihr am Ende dieses Erdenlebens euren Körper verlasst, dann hat das alles keinen Wert mehr. Das letzte Hemd hat keine Taschen, wie ihr immer so schön zu sagen pflegt. Was ihr am „Ende", das in Wahrheit keine Ende ist, wirklich mitnehmt, das sind die Momente, in denen ihr gefühlt habt, in denen ihr geliebt habt, in denen ihr ganz da ward, präsent. Es sind die Momente, in denen ihr euch voll und ganz lebt, in denen ihr euch entdeckt und an euch selbst erfreut, in denen ihr der Welt eure Potentiale schenkt, eure Freude schenkt. Diese Momente sind es, die ihr wirklich mitnehmt und in eurer Seele speichert, die eure Seele nähren. Und wenn ich sage „voll und ganz lebt" dann meine ich damit nicht nur die schönen Gefühle. Das ist einfach. Nein, damit meine ich alle Gefühle, alle Seinszustände. Denn kein Gefühl,**

kein Seinszustand ist weniger wert als der andere. Es geht nicht darum, etwas weghaben zu wollen, eine Seite auszuschließen und nur die andere leben zu wollen. Es geht nicht darum, gut zu sein und das „Schlechte“ zu verurteilen und zu bekämpfen. Das Schlechte gibt es nicht. Das Schlechte ist eine wechselhafte Definition von euch Menschen. Es geht hier darum, wieder vollständig zu werden und dann auch zu sein. Einen Teil vom Leben ablehnen, heißt einen Teil von dir ablehnen und damit schwächst du dich, machst dich krank und hart und unvollständig. Ihr orientiert euch so sehr an äußeren Werten und materiellen Dingen, lauft irgendwelchen Dogmen und Richtlinien hinterher, passt euch der Masse an, bis ihr wirklich vergessen habt, wer ihr überhaupt seid, was euch ausmacht, was IHR wollt. Dieses Spiel treibt ihr so lange, bis selbst eure Seelen keine Lust mehr haben und einen Großteil von sich abspalten, euch ihre Energie entziehen und nur noch einen kleinen Anteil zurücklassen, der euren Körper am Leben hält. Aber dieses Leben ohne eure Seele ist kein Leben. Es ist eine bloße Existenz, die euch nicht nährt, die euch nicht erfüllt, die euch leer fühlen lässt. Und ihr seid ja auch tatsächlich leer. Innerlich leer. Denn eure Seele füllt euch nicht mehr aus. Damit habt ihr den Zugang zu eurer inneren Weisheit verloren, zu eurer Intuition, zu eurem Herzensweg, zu euch selbst. Die Leichtigkeit ist weg, die Freude, die Fülle. Ihr seid nur mehr Hüllen, die umherwandeln und die Leere zu stopfen versuchen. Mit Liebe und Aufmerksamkeit, die ihr von anderen einfordert, mit Gegenständen und Nervenkitzel, der euch kurzfristig wieder das Gefühl gibt, lebendig zu sein. Und ihr merkt, dass euch was fehlt, dass ihr haltlos umherirrt, aber ihr wisst nicht, was ihr dagegen tun könnt, weil ihr an der falschen Stelle sucht. Die Lösung wird sich nicht im Außen zeigen, sie wird euch nicht von anderen geliefert werden. Die Lösung werdet ihr nur in eurem Inneren finden, wenn ihr endlich mal still werdet, die Klappe haltet und die Füße stillhaltet. Aber davor habt ihr Angst. Denn in der Stille könnten eure Schatten hochkommen, eure dunkelsten Ängste, eure unliebsamsten Gefühle.“

Ben saß da, den Kopf schuldbewusst gesenkt und hörte zu. Er fühlte sich ertappt. Jedes einzelne Wort traf ins Schwarze. Sich das einzugestehen, tat echt weh.

„Ich wollte gar nicht so hart mit dir ins Gericht gehen, aber manchmal könnte ich schon verzweifeln, ob so viel Sturheit und Blindheit der Menschen."

Ben sah auf. „Was kann ich tun, dass du bei mir bleibst?" Er klang kleinlaut und sehnsüchtig. Ja, er sehnte sich wirklich danach, sich endlich wieder vollständig zu fühlen, nicht mehr suchen zu müssen, ohne zu wissen, nach was er suchte. Er wollte wieder ganz er selbst sein. Er wollte wieder Freude und Leichtigkeit in seinem Leben haben, Halt und eine gefühlte Sicherheit, Wärme und Liebe, innere Ruhe und vor allem Frieden in sich. Er wollte ankommen, bei sich ankommen. Seine Wurzeln in diesem Leben schlagen und sich Flügel wachsen lassen. Er wollte einen Platz in diesem Leben, SEINEN Platz!

Seine Seele griff nach seiner Hand. **„Machen wir uns an die Arbeit."**

Mit diesem Satz riss es Ben fort. Er fühlte sich in einen Strudel gezogen, wurde weggesogen, herumgewirbelt. Wilde Farben und Formen tanzten um ihn, er hörte die seltsamsten Geräusche und Klänge, tausend Stimmen und ein Brausen. Fetzen aus Erinnerungen schossen an ihm vorbei, flackerten auf, verschwanden wieder. Wirre Bilder, Fratzen, Gestalten. Und dann war es still und ruhig. Er schlug die Augen auf und fand sich mitten in einem weißen, leeren Raum. Er lag am Boden. Helles, warmes Licht kam aus einer unsichtbaren Quelle. Ben richtete sich auf. Ihm gegenüber in der Wand war eine Tür, ebenfalls weiß. „Hallo?" Nichts. Ben sah sich um. „Seele, bist du da irgendwo?" Ben rief lauter. Wieder nichts. Nur Stille, das Licht und der Raum. Plötzlich öffnete sich zaghaft die Tür einen spaltbreit. Ben rutschte ein Stück zurück und wurde wachsam. Die Tür ging noch etwas weiter auf und eine kleine, verwahrloste Gestalt kam zum Vorschein. Verängstigt und zurückhaltend trat sie ein. Bei genauerem Hinsehen sah Ben, dass es sich um einen Stoffhasen handelte, der zum Leben erwacht zu sein schien. Das

ehemals weiße Fell war zottelig und schmutzig. Die Nähte waren teilweise aufgegangen und die Füllung aus Watte quoll an diesen Stellen heraus. Das eine Ohr war abgeknickt und hing schlaff nach unten. Generell wirkte das Kerlchen ziemlich verkommen und ausgemergelt. Verschüchtert stand der Hase, der im Stehen nicht größer war als Ben im Sitzen, da, starrte zu Boden und hätte sich wohl am liebsten in Luft aufgelöst. Ben bekam Mitleid. „Wer bist du?“, fragte er den zerknautschten Hasen. Der Hase knetete verlegen seine Pfotenhände und nuschelte: „Ich bin deine Angst.“ Ben musste lachen. „Entschuldigung, habe ich dich eben richtig verstanden? Du bist meine Angst?“
„Ja.“, kam es leise vom Hasen. Ben zog die Beine in den Schneidersitz und lehnte den Oberkörper etwas nach vorne. „Komm her!“, bat er freundlich und streckte ihm die Hand entgegen. Der Hase bewegte sich keinen Millimeter. „Traust du dich nicht?“, fragte Ben und ließ die Hand wieder sinken. Der Hase schüttelte den gesenkten Kopf: „Du wolltest mich so lange nicht bei dir haben.“ Ben durchzuckte ein Schmerz. Das hatte gesessen. Tränen stiegen ihm in die Augen und plötzlich wurde er von Reue gepackt und er verstand. Dieses Wesen sah so verwahrlost aus, weil er es nicht dahaben wollte, weil er es vernachlässigt hatte, weil er sich nicht gekümmert hatte, es immer wieder fortgeschickt hatte. So viele Situationen fielen ihm plötzlich ein, in denen er Angst gehabt hatte und sie einfach weggedrängt hatte, sich abgelenkt hatte, sie nicht dahaben wollte, nicht fühlen wollte. Auf einmal tat ihm das unheimlich leid und er hätte sich ohrfeigen können. Auf allen Vieren kroch er das kurze Stück zum Hasen und setzte sich vor ihn hin. „Es tut mir leid! So unendlich leid!“ Der Hase blickte hoch, Hoffnung im Blick, doch auch Zweifel waren noch darin zu erkennen. „Meinst du das ernst?“, fragte er zögerlich. Ben nickte. „Darf ich jetzt da sein?“, hakte die Angst nach. Ben nickte wieder, diesmal mit vor Schuldgefühlen verzerrtem Gesicht. Er streckte noch einmal die Hand aus und diesmal griff der Hase danach und legte seine plüschige Pfote in Bens Hand. Das tat gut, beiden. Ben zog den Hasen auf seinen Schoß und in seine Arme, drückte ihn fest an sich. Was war er für ein Hornochse gewesen. Dieses Wesen wollte doch auch nichts weiter als geliebt werden und da sein dürfen, angenommen

und akzeptiert werden und was hatte er gemacht? Er hatte es immer wieder fortgestoßen, weggeschickt und mit Verachtung gestraft. Ben ließ nun seinen Tränen freien Lauf und auch der Hase weinte. Vor Erleichterung und Freude darüber, dass er jetzt endlich angenommen wurde. So saßen die beiden eine ganze Weile und hielten sich einfach nur fest, weinten immer wieder ein bisschen und genossen die Nähe des anderen. Nach einiger Zeit rückte der Hase ein wenig von Ben ab. Ben staunte. Das vorhin noch so zerzottelte Fell war wieder sauber und geschmeidig, glänzte in dem warmen Licht des Raumes. Das abgeknickte Ohr hatte sich wieder aufgerichtet, die Nähte waren wieder ganz. Der Hase sah wieder wohlgenährt aus und die Augen strahlten. „Das hat deine Liebe bewirkt.", erklärte der Hase und noch während er den Satz sprach, löste er sich in tausend Lichtfunken auf und verschwand. Ben blieb überrascht, aber auch zufrieden zurück. Während er noch so dasaß und in Gedanken dem eben Erlebten nachhing, ging die Tür wieder auf. Wieder stand da eine verwahrloste, zerlumpte Gestalt und Ben begann zu verstehen. Eins ums andere Mal öffnete sich wieder die Tür und all seine verdrängten und abgelehnten Gefühle kamen nacheinander in den unterschiedlichsten Gestalten in den Raum und damit zu Ben. Alle wollten das Gleiche – sie wollten einfach nur da sein dürfen und angenommen werden. Ben nahm ein jedes liebevoll in den Arm und fühlte die einzelnen Gefühle aufmerksam und bejahend. Da waren die Wertlosigkeit und die Kleinheit, die Schuld und die Scham, die Ohnmacht und die Wut, die Unzulänglichkeit und noch viele mehr. Sie alle hatte er im Laufe seines Lebens immer wieder verdrängt, nun aber war er bereit, sie anzunehmen und aufrichtig zu lieben. Sie waren ein Teil von ihm und gehörten genauso zum Leben wie all die angenehmen Gefühle. Das hatte Ben nun begriffen. Es war völlig in Ordnung, sich klein zu fühlen, schwach zu sein oder traurig, auch wenn in der heutigen Gesellschaft kaum einer dazu stand, ja es sogar als unerwünscht galt und unnormal sich so zu fühlen. Wie viele rannten dem immerwährenden Glück nach, den 365 Tagen Sonnenschein. Aber so war das Leben nicht. Das Leben hatte so viele Facetten und eine jede hatte ihre Berechtigung und machte es bunt und reich, machte die Welt größer.

Als sich das letzte Wesen in hellen Funken aufgelöst hatte, blieb die Tür zu. Ben saß da und war einfach nur überwältigt. Überwältigt von all den „negativen" Gefühlen, die so schlimm gar nicht waren. Es waren lediglich die Geschichten, die er sich über diese Gefühle erzählt hatte, die sie schlimm machten. Er war kein Versager, nur weil er auch mal Angst hatte. Er war kein schlechter Mensch, nur weil er auch mal schwach war. Mit ihm war alles in Ordnung, auch wenn er sich manchmal ohnmächtig fühlte. All das durfte sein und mit der Erlaubnis, die er sich nur selbst geben konnte, all das fühlen zu dürfen und SEIN lassen zu können, fiel eine riesen Last von ihm ab. Es war, als ob er einen inneren Kampf endlich beendete und die Waffen sinken ließ. Es tat so gut, sich gegen all das nicht mehr wehren zu müssen. Es war so viel einfacher, es einfach SEIN zu lassen. Dieses SEIN lassen war ein einziges LosLASSEN. Er merkte, wie er sich immer mehr löste, entspannte, lockerer wurde. Die Schultern, die er so oft angespannt Richtung Ohren zog, sanken nach unten. Alles schien weicher zu werden.

Da saß er nun und blickte auf die letzten Jahre zurück. Auf das hektische Rennen im Hamsterrad, höher, schneller, weiter. Er hatte Ziele verfolgt, von denen er sich nun gar nicht mehr sicher war, ob es überhaupt seine Ziele waren. Er wollte ES schaffen, wollte aufsteigen, Ansehen gewinnen, Einfluss, wollte sich hocharbeiten und ganz nach vorne kommen. Doch wozu, fragte er sich jetzt. Wozu das Ganze? Kein einzelner Teilschritt hatte ihn glücklicher gemacht. Kaum war ein Etappenziel erreicht, hatte er schon das nächsthöhere Ziel im Visier und der Stress wurde noch größer. Anstatt wie erhofft zufriedener zu werden, wurde er immer unzufriedener, wollte noch mehr in noch kürzer Zeit. Die Arbeitstage wurden länger und länger, die Laune schlechter und schlechter, die Energie immer weniger. Er war gefangen in seiner eigenen Welt und nahm nichts mehr um sich herum wahr. Und warum das alles? Weil er geglaubt hatte, nicht genug zu sein, nicht wertvoll zu sein, so wie er war, sondern dass er erst noch etwas werden musste, dass er etwas aus sich machen musste. Und bei all dem Wahnsinn hatte er sich erst selbst verloren und dann seine Frau.

So klar wie jetzt, hatte er noch nie gesehen. Er hatte sich verrannt und zwar gründlich. Die ganze Geschäftigkeit und das Streben nach Erfolg waren nur der schwache Versuch, sich von seiner eigenen vermeintlichen Unzulänglichkeit abzulenken, sie wett zu machen. Lara hatte so oft versucht, ihm das alles klar zu machen, aber er hatte es nicht hören wollen, hatte es immer besser gewusst. Kein Wunder, dass sie irgendwann die Nase voll hatte und ging. Erschöpft von all diesen Erkenntnissen ließ er sich nach hinten umfallen und schloss die Augen.

Ben erwachte vom Zuschlagen einer schweren Holztür. Er öffnete die Augen und sah über sich eine stuckverzierte Kirchendecke. Er lag auf der Kirchenbank, auf der er vorhin noch mit seiner Seele gesessen hatte. Ruckartig setzte er sich auf und sah sich um, doch der Alte war nirgends zu sehen. Er war verschwunden. Wie lange mochte er hier gelegen haben? Ben sah auf seine Armbanduhr. Seit er die Kirche betreten hatte war gerade mal eine Stunde vergangen. Es kam ihm vor wie eine Ewigkeit. So viel war seither in ihm passiert. So viel war ihm seither klargeworden. Er war nicht mehr der Mensch, der er noch vor einer Stunde war. Er fröstelte, aber er konnte noch nicht gehen. Mit einer entschlossenen Bewegung glitt er von der Bank und kniete sich auf das dafür vorgesehene Brett im Fußraum, faltete die Hände und legte seine Stirn darauf. Dann sprach er leise ein Gebet, das ihm wie von selbst in den Sinn kam. Worte, die er vorher noch nie gehört hatte, Worte, die aus seinem Inneresten kamen, die das ausdrückten, was ihn gerade bewegte und am Herzen lag:

„Meine liebe Seele, ich möchte, dass du dich in mir und um mich wohl fühlst. Ich möchte, dass du gerne bei mir bist. Hilf mir dabei, meinen Geist und meinen Körper mit dir zu vereinen und in Einklang zu bringen. Du kennst den Weg, den ich hier gehen will. Du weißt, warum ich hier auf diese Erde gekommen bin, welche Erfahrungen ich machen möchte, was wirklich wichtig und richtig für mich ist. Du bist der Anführer. Zeig mir den Weg. Ich folge dir. Hilf mir, dich in dem Lärm des Alltags zu hören und gib mir den Mut, meinen ganz eigenen Weg zu gehen. Du hast mein höchstes Wohl im Sinn. Ich weiß das und ich vertraue dir. Niemals will ich wieder den Kontakt zu dir und damit zu mir verlieren. Ich will dir und mir treu bleiben. Ich will ich sein, mit allem, was mich ausmacht, echt sein, mich selbst leben und als das annehmen, was ich bin. Ich bin ein heiliges, wertvolles Wesen, einfach nur, weil ich BIN. Ein jeder ist das. Ich achte und ehre mich in jeder Sekunde und tue mir das Beste. Ich tue mir nur das, was ich einem jeden in größter Liebe tun würde. Ich sorge daher gut für mich. Durch mich fließt Liebe und Licht in die Welt. Ich bin mir meiner Kraft und Heiligkeit voll und ganz bewusst. Gott wirkt durch mich, das Leben wirkt durch mich und erfährt sich durch mich. Ich verneige mich in Ehrfurcht und Demut vor mir und meiner wunderbaren Seele, vor meiner Einzigartigkeit, vor meiner Göttlichkeit, vor jedem Aspekt des Lebens, vor jedem Gefühl und jedem Seinszustand. Ich achte und ehre mich und ein jedes Wesen und alles, was existiert! Amen!"

Als er verstummte, merkte er, dass er weinte. Das alles war so wahr und so bewegend und so wohltuend. Er hatte seit Jahren mal wieder das Gefühl, sich selbst zu spüren und zu sehen, sich wahrzunehmen. Eine tiefe Wärme breitete sich in seinem Körper aus. Er hob seinen Kopf und atmete mit geschlossenen Augen ganz tief ein. Wie lebendig er sich fühlte, wie kraftvoll und vollständig. Keine von all den vermeintlichen Sorgen im Job war noch wichtig. Kein erreichtes Unternehmensziel konnte ihm je dieses Gefühl geben, das er jetzt gerade hatte. Tiefe Liebe durchströmte ihn und eine unendliche Dankbarkeit dafür, dass er vorhin dem irrsinnigen Impuls gefolgt war, mitten in der Nacht loszulaufen. Voller Übermut stand er auf, trat in den Mittelgang, breitete seine Arme aus und drehte sich überschwänglich im Kreis, lachte und weinte gleichzeitig. Was für ein Geschenk! Das beste Geschenk, dass er je an Weihnachten bekommen hatte und er hatte es sich selbst gemacht.

„Geh zu ihr! Sie wartet auf dich - auf den echten Ben!" Ben hielt inne und blieb stehen. Diese Stimme kannte er jetzt. Sie kam aus seinem Herzen und ab sofort hatte sie das Sagen. Und damit lief Ben los, raus in die kalte Nacht des 24. Dezembers, raus in sein neues Leben, zu Lara, zurück zu sich selbst und seinem wahren Wesen.

Donnerstag, 29. Dezember 2016

2017 - Jahr des Lichts

Wo ich mich gerade befinde? In einem ganz heiligen und unschuldigen Raum. Die letzten Tage habe ich immer mal wieder überlegt, wie sich mein derzeitiger Zustand in Worte fassen ließe. Ich bin total ruhig und ganz bei mir. 2016 mit all den Themen und der intensiven Transformation ist vorbei, 2017 mit all dem Neuen ist noch nicht da. Und genau dazwischen bin ich gerade. Das Alte ist abgelegt, das Neue nur zu erahnen. Ich bin nackt und es fühlt sich herrlich an. Es gibt gerade nichts zu tun...

Und während es um mich herum brodelt und so viele Menschen extrem schüttelt, fühle ich mich wie im Auge eines Hurrikans. Hier ist es still und ich beobachte. Es fühlt sich an, wie wenn ich alles von mir abgestreift habe, was nicht zu mir gehört, was ich nicht bin. Und ich glaube deswegen schüttelt es auch so viele. Das Leben will endlich, dass wir loslassen, was wir doch eh nicht sind. Es schüttelt uns so lange, bis wir wirklich nicht mehr daran festhalten können, weil wir keine Kraft mehr haben oder ganz die Orientierung verloren haben von dem vielen Geschüttele. Zwischendurch habe ich mich gefragt, ob diese Ruhe bei und in mir trügt, ob bei mir der große Hammer auch noch kommt, weil es um mich gar so tobt. Ich habe hingespürt und dann aber gemerkt, dass diese Ruhe schon passt. Es war irgendwann Mitte Dezember als ein ganz einschneidender Satz mir diese Ruhe brachte. **Was wäre, wenn genau jetzt alles in Ordnung ist?** Diese einfache Frage hat mich aufatmen lassen. Denn wenn genau JETZT alles in Ordnung ist, alles, was gerade in meinem Leben ist, die körperlichen Symptome, der Kontostand, die Vorlieben, die Abneigungen, wenn das alles da sein darf, weil es vielleicht gerade wichtig für mich ist, dann kehrt Ruhe ein, denn dann will ich nichts mehr unbedingt verändern, dann ist nichts mehr falsch und muss weggemacht werden. Es darf einfach sein wie es ist und was es ist, nämlich vorübergehend. Wie alles im Leben... Und somit habe ich auch die größte Lüge von mir abgestreift, die Lüge, dass ich so wie ich gerade bin nicht richtig bin.

Was aber wirklich zu mir gehört, was ich wirklich bin, was 2017 verstärkt in den Vordergrund treten wird, ist zwar schon erahnbar, aber die Form noch völlig unklar. Es ist, als liegen alle meine Puzzleteile, die mich in diesem Leben ausmachen, vor mir. Ich habe sie in den letzten Jahren entdeckt, die Teile aussortiert, die nicht zu dem Bild gehören. Aber das fertige Bild ist noch nicht zu sehen, die einzelnen Teile noch nicht an ihrem Platz. Ich bin nackt, unschuldig, erwartungsfrei, wie ein leerer Bilderrahmen, in den dieses Puzzle gehört. Ich bin tatsächlich frei von Erwartung und ich glaube, dass ist im Moment extrem wichtig. Wir dürfen alle Vorstellungen davon loslassen wie 2017 zu sein hat, was zu passieren hat, wie es zu passieren hat und uns dafür öffnen, dass alles kommen darf, was gerade richtig und wichtig für uns ist, was uns am besten ausdrückt, ohne zu wissen, wie es genau aussehen wird, wie es passieren soll. 2017 braucht Raum, ganz viel Raum und Platz zur Entfaltung.

Gefühlt wird im/ab dem neuen Jahr alles anders. Für mich geht nicht nur ein Jahr zu Ende, sondern eine ganze Ära, die Ära der Heilung und Transformation. Ab jetzt sind andere Themen wichtig und vordergründig, es wollen ganz andere Erfahrungen gemacht werden. Gefühlt kommt für viele das innere Licht erst so richtig zum Leuchten, es kommt nach außen. Wir haben aufgeräumt die letzten Jahre, haben wirklich viel dafür getan, uns zu heilen, wieder ganz und vollständig zu werden. Es war teilweise hart und von vielen Durststrecken durchzogen, aber immer mehr merken wir, wie sehr sich das alles wirklich gelohnt hat. Und nun stehen wir vor einer Wende. Die letzten Jahre waren nach innen gerichtet. Wir haben unser Licht gesucht, es freigeschaufelt und die Flamme immer größer werden lassen. In den kommenden Jahren dürfen wir mit diesem

Licht nach außen gehen, es in die Welt tragen und es immer heller leuchten lassen. Dafür steht für mich 2017. Auf welche Art dieses Licht leuchten wird, wie dieses Leuchten aussehen wird? Keine Ahnung! Und die muss ich auch nicht haben. Ich brauche nur einen Schritt beiseitetreten und das Leben machen lassen, meine Seele vorangehen lassen, in jedem Moment. Und so werde ich einfach SEIN, wenn es gerade nichts zu tun gibt und TUN, wenn es an der Zeit ist und zwar nur das, was sich absolut richtig anfühlt. Ich werde das eine vom anderen unterscheiden können, weil ich das jetzt schon kann und in jedem einzelnen Moment das für mich Richtige "tun", meinen Impulsen folgen.

Und genau das ist mein "Vorsatz", meine Entscheidung und mein tiefes Gefühl für das neue Jahr:

Ich gebe dem Leben urteilsfrei seinen Raum! Ich gebe mir meinen Raum!

Wie immer das aussehen mag. Auf jeden Fall bin ich tierisch neugierig!

Ich wünsche euch allen einen zauberhaften und magischen Start in das neue Jahr. Vielleicht wollt auch ihr einen Schritt beiseitetreten und mit staunenden Augen zusehen, wie sich das Leben, euer Leben, vor euch entfaltet.

Herzensgrüße von mir
Anja

Mittwoch, 18. Januar 2017

In uns ist alles angelegt

Die letzten Tage schlafe ich fast immer 12 Stunden und das in einer Mischung aus Halbschlaf, wirrer Träume und einer endlosen Schwere, die es mir unmöglich macht, vorher aufzustehen. Gefühlt findet gerade ein enormer Umbauprozess statt. Gestern Abend hatte ich einen ganz heiligen klaren Moment (sonst bin ich eher vernebelt).

Nun ist es wirklich so weit, dass wir nur noch beiseitetreten müssen, um unsere Seele vorausgehen zu lassen. (siehe dazu auch den Artikel über 2017) Es ist alles in uns angelegt. Wir müssen nichts steuern oder kontrollieren, nichts erzwingend in die Wege leiten oder für irgendwas kämpfen. Ich habe das gestern ganz deutlich an dem Beispiel mit meinen Zähnen gespürt. Mir ist gestern ein Stück Füllung abgebrochen, ziemlich groß, so dass gefühlt der halbe Zahn fehlt. Ich habe ein ganz starkes inneres Bild und das schon lange, dass ich irgendwann komplett starke, gesunde, vollkommen heile Zähne habe. Auch die Zähne, die jetzt mit Füllungen versehen sind, sind irgendwann wieder heil und ganz und vollkommen natürlich. Es ist ein Bild, dass neue nachwachsen, sie sich erneuern, auf welche Weise auch immer. Diese Wahrheit und dieser Zustand sind in mir angelegt. Wie ich da hinkomme, weiß ich nicht. Wann das so sein wird? Keine Ahnung, gefühlt ganz bald. Das muss ich aber auch nicht wissen. Es ist alles in mir angelegt und ich trete beiseite, meinen Geistführer oder Schutzengel an meiner Seite, gut behütet und wir schauen zu, wie meine Seele das richtet und in die Wege leitet, das umsetzt, was eh schon angelegt ist.

Es ist wie ein Samenkorn. Niemand kann diesem Samenkorn vorschreiben, was es werden soll. Wenn es sich um eine Eichel handelt, dann wird eine Eiche daraus. Daran kann niemand etwas ändern, kein Ego und kein Einfluss von außen. Diese Eichel wird eine Eiche und zwar dann, wenn es dafür an der Zeit ist. In der Eichel ist alles dafür gespeichert und nichts und niemand kann daran etwas ändern. Es können sich noch so viele um die Eichel herum aufstellen und auf sie einreden, aber es wird kein Rosenstrauch aus ihr. Wir dürfen also getrost beiseitetreten und der Natur ihren Lauf lassen. Und genauso ist in uns alles angelegt für dieses Leben. Unsere Seele hat unseren Samenspeicher mit allem gefüllt, was in diesem Leben wichtig ist. Wir müssen nichts werden, wir sind schon. Wir müssen uns nicht anstrengen, es geschieht von alleine. Alles immer zur rechten Zeit. Auch die Eichel braucht eine Phase in der Dunkelheit der Erde, um eine Entwicklung zu machen, die von außen nicht sichtbar ist. Beobachter würden sagen, dass da ja gar nichts passiert. In Wahrheit aber, bereitet sich die Eichel vor, treibt ihren Keim aus. Das ist Arbeit. Von außen nicht sichtbar, aber unheimlich wertvoll und nötig. Es passiert so viel im Untergrund, auch wenn wir es nicht sehen können. Es ist wichtig, damit wir irgendwann in das Licht der Sonne vorstoßen können und in unsere ganze Größe wachsen können. In diesem Samenkorn ist alles gespeichert, was wir für unser Leben brauchen, für unser Leben als Eiche, nicht als Rose oder Karotte. Und für diese Eiche ist alles perfekt in die Wege geleitet.

Und so ist es in unserem Leben auch. Alle unsere Sehnsüchte und Herzenswünsche sind in uns angelegt, genauso wie ihre Umsetzung. Es ist alles da. Wir hätten diese Sehnsüchte nicht, wenn es nicht auch einen Weg dahin gäbe. In mir ist es angelegt, komplett gesund zu sein. In mir ist es angelegt, Bücher zu schreiben. In mir ist es angelegt, zu wandern. In mir ist es angelegt, zu heilen. Und so weiter... Und der Weg dahin ist auch angelegt, sonst wäre die Sehnsucht nicht da. Ich muss nicht wissen, wie oder wann, nur dass. Und das weiß ich. Dieses Wissen ist die Kraft, die erschafft. Mehr braucht es nicht. Das ist so herrlich einfach und mich hat gestern Abend eine Welle der Geborgenheit und Liebe überflutet, dass ich wirklich weinen musste. Diese wunderbar weißen, gesunden, kraftvollen Zähne gibt es schon in mir. Sie sind da und alles andere auch. Jetzt lasse ich einfach geschehen und mich führen. ♥

Freitag, 20. Januar 2017

Knacken wir die Schale von innen heraus auf

Heute habe ich das erste Mal in diesem Leben zu schamanischen Trommeln getanzt und durfte feststellen, dass ich dies in früheren Leben schon sehr oft getan habe. Ich habe mich erinnert, wie kraftvoll und machtvoll dieses Ritual ist. Die Erinnerung kam beim Tanzen. Alte Bilder aus früheren Leben, Bewegungen, die mir neu waren und doch so vertraut, schon tausend Mal gemacht. Ich sah mich am Lagerfeuer mit meinem Stamm, hörte das Rufen und Gellen der anderen Tänzer, fühlte meine Berufung und mein wahres Wesen deutlicher denn je.

Dieses Bedürfnis, heute zu tanzen, kam einfach über mich. Derzeit fließt wieder so viel alter Ballast ab und ich hatte plötzlich den Impuls, dass das Tanzen diesen Reinigungsprozess herrlich unterstützen wird. Und so war es auch... Die rhythmischen, intuitiven Bewegungen helfen so gut, das Abfließen von Blockaden, überholten Glaubenssätzen, Verhärtungen und Anspannungen im Körper zu fördern. So viel hat sich über all die Leben in unserem Energiekörper angesammelt, das unseren menschlichen Körper belastet, was wir nun nicht mehr sind. Es ist, wie wenn wir einen zu engen Panzer tragen, der nun aufgesprengt werden kann. All unsere harten Gedanken, alles vermeintliche Müssen, jeder Zwang und jede Einschränkung, all das Verbiegen und Anpassen hat uns eng und hart gemacht, hat sich im Körper festgesetzt, zeigt sich in Form von Nackenschmerzen, eingerosteten Gelenken, Gelenkproblemen generell, Ablagerungen und Verhärtungen in den Venen, in den Faszien, im Bindegewebe. Alles, was über so lange Zeit hart und unbeweglich geworden ist, darf wieder weich und geschmeidig werden. Es ist jetzt an der Zeit.

Was mir gerade noch sehr guttut, ist Ingwertee. Den inhaliere ich zurzeit förmlich, ohne wirklich etwas über die Wirkung zu wissen, eher fühle ich sie. Weinen tut mir immer sehr gut und auch jetzt. Tiefes, kraftvolles Atmen reinigt auch enorm, vor allem an der frischen Luft. Viel Ruhe, langes Schlafen - hier kann die Seele ihren Teil der Arbeit gut machen. Und natürlich alles fühlen und zulassen, was gerade Aufmerksamkeit braucht. Spürt einfach jeden Moment ganz intensiv in euch rein und handelt ganz nach eurem Gefühl. Esst, was sich gut anfühlt, von dem ihr merkt, dass ihr es gerade braucht, so "unlogisch" es erscheinen mag. Und wenn euch danach ist, tanzt!!!

Brechen wir die harte Schale von innen heraus auf. Wir haben schon so viel getan und gereinigt, geheilt und entlassen. Nun darf sich unser menschlicher Körper der höheren, leichteren Schwingung unseres Energiekörpers anpassen. Weichen wir ihn auf, lassen wir auch hier die Leichtigkeit einfließen, die Entspannung, die Heilung.

Herzensgrüße von mir
Anja

Dienstag, 31. Januar 2017

Wie wir unsere Ohnmacht selbst erschaffen

Immer wieder lese und höre ich, dass viele meinen, sich vor Fremdenergie schützen zu müssen, vor emotionalen Vampiren, vor Energieräubern, vor negativen Schwingungen und vielleicht sogar Besetzungen.

Dazu möchte ich euch in diesem Artikel meine Wahrheit erzählen, denn ich glaube, dass da ein Missverständnis vorliegt. Es geht in diesem Leben nicht darum, sich zu schützen. Wir sind nichts und niemandem hilflos ausgeliefert, nicht als Erwachsener. Andere haben genau die Macht über uns, die wir ihnen, meist auf unbewusste Weise, zusprechen und zugestehen. Niemand kann mich aussaugen oder meinen Raum einnehmen, wenn ich es nicht zulassen würde. Nichts geschieht, ohne eine Entsprechung in mir, ohne dass ich es irgendwie erschaffen hätte.

Unser wahres Wesen ist weit und hell und leicht. Das ist die Urqualität unserer Seele. Wir sind mächtige Schöpfer. Wenn ich als Erwachsener erlebe, dass ich ohnmächtig bin, dass jemand Macht über mich ausübt, dass mich jemand manipuliert, dass mich jemand aussaugt und auslaugt, dann darf ich mich fragen, wie ich das erschaffe.

Ich bin die Tochter einer narzisstischen Mutter. Meine Kindheit war davon geprägt, geben zu müssen, ihre Bedürfnisse zu erfüllen, meine Bedürfnisse hintenanzustellen, sie mit Aufmerksamkeit zu versorgen, für sie da zu sein, ihren Ansprüchen gerecht zu werden. Ich war auf Geben programmiert, wurde emotional ausgesaugt, anstatt versorgt zu werden. Ohnmacht, Wut, ausgeliefert sein, nicht ich sein dürfen, eingeengt sein, keine Luft zum Atmen haben, mich nicht entfalten können, Freiheitskämpfe das alles war damals an der Tagesordnung.

Am vergangenen Freitag habe ich das Bild gemalt, das du ganz unten in dem Artikel findest. Es zeigt diese Thematik von mir, die ich die letzten Tage mal wieder bearbeitet habe - Ohnmacht. Dieses Thema kommt immer mal wieder hoch und Stück für Stück löse ich mich daraus, komme wieder in meine Kraft. Wenn ich mich mit etwas auskenne, dann mit Ohnmacht und der dazugehörigen Wut. ;)

Deswegen kann ich mich auch heute hier guten Gewissens hinstellen und sagen, dass Ohnmacht, die wir als Erwachsener erleben, auf welche Art auch immer, hausgemacht ist. Unser wahres Wesen ist Freiheit und Schöpferkraft.

Wie erschaffen wir uns also all diese Situationen, in denen wir ohnmächtig sind, uns ohnmächtig fühlen, scheinbar nichts machen können?

Unsere Kindheit hinterlässt Spuren und beeinflusst unser Erwachsenenleben mehr als wir glauben. Wenn für dich Ohnmacht auch öfter ein Thema ist, dann schau dir Folgendes an:

1. hinderliche Überzeugungen/verletztes inneres Kind
Die Erfahrungen, die wir als Kind machen, prägen unser Bild darüber, wie wir glauben, dass die Welt ist. Wenn wir also mit unseren Eltern, Geschwistern oder anderen wichtigen Bezugspersonen Erfahrungen gemacht haben, in denen wir wirklich ohnmächtig waren (als Kinder sind

wir wirklich ausgeliefert und ohnmächtig, angewiesen auf die Erwachsenen und deren Versorgung), dann lernen wir, dass wir immer einer höheren Macht unterstellt sind, dass wir uns im Leben unterordnen müssen, dass wir unsere Bedürfnisse hinten anstellen müssen, dass wir nicht wichtig genug sind, dass wir nichts ausrichten können, dass wir schwach sind, dass wir andere beliefern und versorgen müssen. Das, was unser Kind von damals angefangen hat, über das Leben zu glauben, das wird sich ihm immer wieder zeigen. Wir erschaffen es durch unsere Überzeugung, die wir damals erlangt haben. Das Kind in uns hat angefangen, eine Lüge über das Leben zu glauben. Erzählen wir ihm endlich, dass es Schöpfer ist.

2. verdrängte Gefühle

Wenn wir als Kind wirklich diese ohnmächtigen Situationen erlebt haben, dann hat sich das scheußlich angefühlt. Wir mochten dieses Gefühl nicht und haben auch nie gelernt mit unangenehmen Gefühlen umzugehen. Also haben wir sie verdrängt, in uns vergraben, uns abgelenkt oder wurden sogar auch von Erwachsenen abgelenkt, wenn wir geweint haben. Verdrängte Gefühle setzen sich in unserem Energiesystem fest. Sie durften nicht fließen und bilden Blockaden. Diese tragen wir auch als Erwachsener noch mit uns herum. Das Leben möchte aber fließen und so kann es sein, dass wir immer wieder in Situationen geraten, in denen wir uns ohnmächtig fühlen, damit wir das Gefühl endlich fühlen und annehmen und in Fluss bringen. Die Ohnmacht klopft quasi immer wieder an und fragt uns, ob wir jetzt Zeit für sie haben. Umso mehr wir die Ohnmacht bejahend fühlen, umso weniger Grund hat sie, immer wieder anzuklopfen.

3. verlorener Zwilling

Was bei mir auch enorm mit dem Ohnmachtsthema zu tun hatte, ist die Tatsache, dass ich einen verlorenen Zwilling habe. Das ist mir vor einiger Zeit plötzlich klargeworden. Ich war im Bauch meiner Mutter nicht alleine. Das sind die wenigsten. Ich habe mal gelesen, dass 80 % aller Schwangerschaften als Mehrlingsschwangerschaft beginnen und im

Laufe der Schwangerschaft nur ein Embryo überlebt (googelt das einfach mal). Die meisten Eltern wissen nicht, dass da mal mehr Embryos waren. Der Verlust, den das überlebende Kind aber erleidet, ist groß.

Mir hat der Verlust meines Zwillings einen enormen Schmerz zugefügt. Ein Wesen, das mir so nah war und dessen Herzschlag ich spüren konnte, war plötzlich weg, ist verschwunden, ohne mich zu fragen. Ich konnte nichts dagegen tun. Auch diese Erfahrung prägt hinderliche Überzeugungen. Bei mir war es die Überzeugungen, dass es immer Menschen geben wird, die Entscheidungen über meinen Kopf hinweg treffen. Auch hier habe ich meinem inneren Kind gesagt, dass das eine Lüge ist und es mit Liebe geheilt.

4. abgespaltene Seelenanteile

Dieser Aspekt ist auch für mich ganz neu. Ich habe schon öfter von abgespaltenen Seelenanteilen gelesen, hatte aber nie einen Bezug dazu. Als nun am Wochenende das Thema Ohnmacht wieder so präsent war und ich das Gefühl hatte, dass die Energie meiner Mutter mich überlagert, sie wieder in meinen Raum eingedrungen ist (obwohl wir gerade keinen Kontakt haben), mir viel zu nah ist, da habe ich mich gefragt, wie ich sie wohl dazu ermächtige, mir so ungesund nah zu kommen. Und plötzlich schoss es mir in den Kopf: abgespaltene Seelenanteile!!! Der Schmerz, den ich damals als Kind in all den Situationen erlebt habe, war so groß, dass ich ihn mit einem Anteil meiner Seele abgespalten habe. Ich hätte sonst nicht überlebt. Wenn wir uns unsere Seele als Energiekugel vorstellen, die eigentlich in uns und weit um unseren Körper herum existiert, dann resultiert aus einer Abspaltung, dass diese Energiekugel kleiner wird. Wenn das öfter passiert, dann wird diese Kugel immer kleiner und kleiner. Wir sind nicht mehr in unserer Macht, wir nehmen unseren Raum nicht mehr ein und deshalb können uns andere so verdammt nahekommen, zu nahekommen. Sie können aber nur den Raum einnehmen, den wir freigemacht haben. Abgespaltene Seelenanteile können für andere Tür und Tor öffnen und dazu braucht es keine böse Absicht. Für die Rückholung dieser Seelenanteile braucht es nicht viel - wir müssen sie nur darum bitten, und wenn es wirklich an der Zeit ist, dann kommen sie sehr schnell zurück. Mit ihnen auch der Schmerz, den wir damals nicht ertragen haben. Diesen dürfen wir annehmen. Das ging bei mir innerhalb weniger Stunden. Dieses Gefühl, wieder vollständig zu sein, mich wieder um mich herum wahrzunehmen, wieder tief atmen zu können, wieder Luft zu bekommen, ist einfach herrlich. Ich fülle mich wieder aus und wenn ich das tue, dann kann es niemand anders.

Wir müssen uns nicht vor anderen schützen. Wir dürfen uns selbst wieder heilen, unseren Raum wieder einnehmen, uns vollständig machen, Lebenslügen ausräumen, die Ohnmacht annehmen. Niemand hat Macht über uns - es sei denn wir geben sie ihm!

Ich sende euch machtvolle Herzensgrüße
Anja

Auf meinem Blog kannst du das Bild vergrößern und so auch den Text lesen.

Donnerstag, 9. Februar 2017

Bei mir sein

bei mir sein
mich selbst in den Arm nehmen
mir all die Liebe und Geborgenheit geben, die ich heute brauche
heilsame Nähe mit mir selbst
Sanftheit
Wärme
Güte
von mir für mich
wattig weich
weil ich mich achte

♥ Anja ♥

Sonntag, 12. Februar 2017

Wer oder was ist Gott?

In meinem Artikel Die großen Fragen des Lebens habe ich angekündigt, dass ich in nächster Zeit all diese beantworten will und euch erzählen will, was ich so generell über das Leben glaube. Gott, den Tod, Himmel und Hölle, etc. Den Artikel habe ich Anfang September letzten Jahres geschrieben und seither keine Frage davon beantwortet. ;) War irgendwie nicht dran...

Nun möchte ich damit anfangen, denn der Glaube, den ich mittlerweile über das Leben habe, ist so enorm wichtig für meinen inneren Frieden, für mein Wohlgefühl, dafür, in mir ruhen zu können und dafür, in meiner Kraft zu sein. Dadurch habe ich erkannt, wer ich eigentlich wirklich bin. Das Beste, was mir je passiert ist. ♥

Mein Gott von früher

Meine Suche nach Gott begann mit Anfang zwanzig. Rückblickend habe ich bemerkt, dass diese Suche und die damit einhergehende, grundlegende Veränderung meines Weltbildes der Dreh- und Angelpunkt sind, wenn es darum geht, wieder in seine Macht zu kommen und zurück zu sich selbst zu finden. Nichts war für mich wichtiger als mein Weltbild gründlich auf links zu drehen. Diese neue Sicht der Dinge ermöglichte mir erst alle weiteren Schritte der Heilung, weil sie dadurch erst „logisch" und denkbar waren.

Aufgewachsen bin ich mit einem evangelischen, christlichen Weltbild. Das Gute daran ist, dass ich von Anfang an glaubte und wohl auch irgendwie wusste, dass es eine Art „höhere" Macht gibt, die wir Gott nennen. Auch Engel waren von Kindesbeinen an für mich real. Nicht weil ich sie wahrnehmen und mit ihnen sprechen konnte wie heute, sondern es war eher ein inneres Wissen. Das war schon mal gut. Der Rest von diesem Glauben eher nicht so. ;)

Der Gott, der mir vermittelt wurde, erwartete gewisse Verhaltensweisen. Es durften keine Witze über ihn gemacht werden. Generell durfte man in der Kirche keine Freude haben, sondern musste immer ernst und seriös sein. Mit allen Predigten, an die ich mich so erinnere, verbinde ich immer den gedanklichen mahnend erhobenen Zeigefinger. Nur alleine, weil man existiert, so wurde mir vermittelt, ist man schon Sünder. Man kommt da gar nicht dran vorbei. Das verunsichert schon ziemlich, muss ich sagen. Bei allen Beichtgottesdiensten, an denen ich teilgenommen habe, wusste ich nicht wirklich, was ich zu beichten hätte und dennoch musste es doch da was geben, weil sich doch keiner von der Sünde freisprechen kann. Wie bescheuert! Die Sache mit dem Fegefeuer hat mir schon ziemlich Angst gemacht, vor allem weil so unklar war, was denn nun eigentlich dazu führt, dass man dazu vom jüngsten Gericht verteufelt wird. (Schönes Wortspiel! ;)) Mir war nie ganz klar, was dieser Gott denn nun gut findet und was nicht. Deswegen waren mir Kirchen auch lange irgendwie unheimlich. Ich fühlte mich immer, wie wenn ich da unter noch strengerer Beobachtung stand. Ziemlich stressig das Ganze.

Zum Gottesdienst musste man in unserer Familie schon alleine deswegen, damit die Nachbarn nicht reden. Der Rest war eigentlich gar nicht so wichtig. Also ganz so streng erzogen wurde ich dahingehend nicht. Das meiste der christlichen Prägungen lief eher über Predigten, Religionsunterricht und dem heißgeliebten Präparanden- und Konfirmandenunterricht ab. Das zu meiner Ausgangslage in Sachen Gott.

Lange war mir der Glaube ziemlich schnuppe. Nachdem ich konfirmiert hatte, sah ich Kirchen nur noch auf Hochzeiten, Taufen und an Weihnachten von innen. Doch wie gesagt, mit Anfang zwanzig machte ich mich auf die Suche nach meinem eigenen Glauben, weil ich allzu viele Fragen hatte.

Mir wollte es nicht in den Kopf, dass nur Menschen in den Himmel kommen (sofern es diesen gibt), die an Jesus glauben. Das war für mich so unlogisch. Was war denn dann mit all den Religionen, in denen es keinen Jesus gab? Hatten die schon nur deswegen Pech, weil sie mit dem falschen Glauben groß geworden sind? Das machte für mich alles keinen Sinn. Aber das war nicht das einzige, was sich für mich nicht rund und stimmig anfühlte.

Warum sollte ich von vorne herein ein Sünder sein, nur weil Adam und Eva, dessen Existenz mal dahingestellt sei, irgendwas getan oder eben nicht getan haben. Was hatte denn bitte ich damit zu tun?

Dann die Schöpfungsgeschichte... Das hatte ich als Kind in der Schule schon nicht verstanden. Wie ist denn nun die Welt entstanden? Urknall oder die Schöpfungsgeschichte aus der Bibel? Was ist denn nun wahr? Und wieso passt die Theorie von Wissenschaft und Religion nicht zusammen?

Warum steht ein Papst oder ein Pfarrer oder sonst irgendein Geistlicher Gott näher als ich? Was qualifiziert sie dazu? Ein Theologiestudium? Wieso brauch ich denn Mittelsmänner zu Gott? Warum glauben diese Menschen, Gott besser zu verstehen als andere?

Und wenn der Papst, wie das neulich der Fall war, mal eben beschließt, dass Katholische in Ausnahmefällen nun doch zwei Mal kirchlich heiraten dürfen und dass das nun keine Sünde mehr ist, sagt er dann in der Hölle Bescheid, damit die sich auch an die neuen Richtlinien halten können?

Mal wurden Hexen verbrannt, weil es angeblich der Glaube so wollte, dann wieder nicht mehr. Mal wurden Geisteskranke verfolgt und dann wieder nicht mehr. Mal wurden Heterosexuelle verpönt, nun nicht mehr ganz so streng. Nun dürfen manche Katholische zweimal kirchlich heiraten. All die Meinungsumschwünge und „Regeländerungen" kamen aber vom Menschen. Die Menschen haben jeweils entschieden, was sich gehört und eben nicht, immer so, wie sie den Glauben gerade ausgelegt und verstanden haben. Was hat das denn alles mit einem Gott zu tun? Bringt er regelmäßig neue Gesetze raus?

Die evangelischen Pfarrer dürfen heiraten, Sex haben, Kinder kriegen. Da ist das in Ordnung. Die katholischen müssen im Zölibat leben. Haben die unterschiedliche Fegefeuer? Misst Gott da mit zweierlei Maß und wenn ja, warum?

Was ist mit all den Änderungen und Zensierungen, die bewiesener Maßen immer wieder an der Bibel stattgefunden haben? Die Sache mit der Wiedergeburt wurde rausgenommen, weil sich irgendwelche Herrscher davon bedroht fühlten. Auch alle anderen Änderungen haben ähnlichen Hintergrund – irgendjemand fühlte sich durch die Worte und deren mögliche Auslegung bedroht und der Mensch hat die Bibel umgeschrieben. Was davon kann man denn dann noch glauben? (Genaueres googelt bitte - ihr wisst ja, diese Beweissache ist nicht meins - ich hab das mal gelesen und mein Herz sagt mir, dass es stimmt ;))

Wenn Gott ein richtendes Wesen ist, der beurteilt wer gut und schlecht ist und welche Gebete erhört werden und welche nicht, nach welchen Regeln macht er das? Die 10 Gebote alleine reichen da ja wohl nicht aus, oder? Und auf die Bibel braucht er auch nicht mehr zurückgreifen. ;) Handelt er nach dem Zufallsprinzip? Ist er ein Gott der Willkür? Und wo um alles in der Welt bleibt dann unser freier Wille, wenn wir zwar tun und lassen können was wir wollen, aber hinterher dann doch bestraft werden?

Mal ehrlich, das macht doch alles keinen Sinn, oder?

Hab ich schon erwähnt, dass ich aus der Kirche ausgetreten bin? ;)

Mein Gott heute

Nun will ich euch also erzählen, was ich so gefunden habe auf meiner Suche nach meinem Gott und meinem Glauben. Ich habe einen Glauben gefunden, der in mir ein großes, warmes JA erzeugt, der sich für mich stimmig anfühlt, bei dem mein Herz sagt, dass er wahr ist. Ich möchte euch dieses Angebot machen und bitte euch, nichts einfach so zu glauben, sondern alles mit eurem Herz zu prüfen. Ihr sollt nach eurer Wahrheit leben und nicht nach der Wahrheit eines anderen, nur weil es für ihn gut ist.

Ich glaube, dass Gott Energie ist, Bewusstsein, die Summe allen Bewusstseins, das All-Bewusstsein. Jede einzelne Seele ist ein Teil von ihm. Gott, die Energie, die er ist, hat sich zerteilt. Diese Teile, ich nenne sie Seelen, erschaffen sich einen menschlichen Körper und machen damit auf dieser Erde Erfahrungen und so erfährt sich Gott selbst. Nur so ist es ihm möglich, alles, was ist, zu erfahren, das Leben zu erfahren. Hier auf dieser Erde, in einer Welt der Dualität, in der wir das Getrenntsein erfahren können, das Getrenntsein vom All-Bewusstsein. Wir erleben uns als Individuen und sind doch Teil des großen Ganzen. Es gibt nicht entweder oder, sondern und. Wir sind Individuen und doch alle eins. Wir sind geistige Wesen, die sich einen Körper erschaffen haben und diesen in jeder Minute immer noch erschaffen. Wir sind in unserem Kern Energie. Alles ist in seinem Kern Energie. Jede Materie, jeder Tisch, jeder Stein, jedes Lebewesen ist in seinem Kern Energie. Materie besteht aus Atomen, die ihm Kern nur aus Schwingung bestehen. Daher ist es für mich das Normalste von der Welt, dass ich mit allem und jedem in Verbindung stehe und geistig kommunizieren kann, dass ich mich einfühlen kann, dass ich zu allem in Beziehung stehe. Ich sprach im Geiste mit unserem Auto, als wir es verkaufen wollten, um reinzuspüren, ob es auch ok ist. Und so mache ich es mit allem.

Und so ist mein Gott, wie ich ihn verstehe, kein Wesen, das über Wohl und Übel der Menschen entscheidet, ein Wesen, dem wir untergeordnet sind und auf dessen Gutdünken wir angewiesen sind. Weit gefehlt. Wir selbst sind Gott und wir gestalten unser Leben. Wir sind aus dem gleichen Stoff und mit der gleichen schöpferischen Macht ausgestattet.

Für viele, die dem Glauben anhängen, wie ihn die christliche Kirche verbreitet, mag sich das anhören wie die bloße Gotteslästerei, wenn man sich mit Gott auf die gleiche Stufe stellt. Aber mein Herz sagt mir, dass genau das wahr ist. Und tatsächlich erfahre ich es jeden Tag und jeden Tag mehr wie machtvoll und kraftvoll unser Schöpferwesen ist. Wir dürfen uns an den Gedanken gewöhnen, dass die Materie immer dem Geist unterliegt und dass die geistigen Wesen, die wir nun einmal sind, Schöpferkraft pur sind.

Ich bin Gott! Ich bin göttlich! Ich bin kraftvoller, machtvoller Schöpfer! Wie hört sich das für dich an? Was geht da in dir vor? Kommt da direkt Widerstand oder kannst du dich mit dem Gedanken anfreunden?

Als ich das erste Mal von diesem Weltbild gelesen habe, habe ich gelacht und geweint gleichzeitig. Endlich stand da schwarz auf weiß, was ich tief in meinem Inneren schon immer gefühlt habe, was ich aber nicht zu glauben gewagt habe, weil es zu schön war, um wahr zu sein. Und endlich stand genau das in diesem Buch „Gespräche mit Gott 1“ von Neale Donald Walsch. Was für eine Befreiung und Offenbarung das damals für mich war. Ich konnte mein Glück kaum fassen. Ab da durfte ich mein gesamtes Weltbild auf den Kopf stellen und alles hinterfragen, was mir je über das Leben und die Welt beigebracht wurde. Das Beste, was ich je gemacht habe. Plötzlich steht alles in einem ganz anderen Zusammenhang. Plötzlich bist du kein Opfer mehr von Umständen, vom Leben, von Gottes Wille. Plötzlich bist du Schöpfer und alles, was sich in deinem Leben zeigt, ist dein Werk, deine Schöpfung, Produkt deiner Gedanken und Überzeugungen. Plötzlich hast du alles selbst in der Hand und bist nicht mehr ausgeliefert oder hilflos.

Gott schätzt eine jede Erfahrung, die wir machen, weil er sich dadurch erfährt. Er unterteilt nicht in gut oder schlecht. Das tun nur wir Menschen. Alles, was existiert, hat seine Berechtigung und darf sein. Er bestraft auch nicht, das "Schlechte", weil es das für ihn nicht gibt. Wir haben den freien Willen und zwar absolut. Wir entscheiden, was wir leben wollen und wie wir unser Leben gestalten.

Genau diese Weltsicht ermöglicht es mir, mich selbst zu heilen, mein Leben komplett in die Hand zu nehmen, denn ich habe die Macht und die Kraft, das, was ich an Schmerz erschaffen habe, auch wieder zu ändern. ICH bin der Gestalter meines Lebens und sonst niemand.

Das ist meine Wahrheit!

Fortsetzung folgt...

Dienstag, 14. Februar 2017

Wir werden mit Licht geflutet

Ich weiß ja nicht, wie es euch heute geht, aber bei mir geht die Post ab. Die Empfindungen sind so extrem, dass ich manchmal kaum Luft bekomme, das Gefühl habe aus den Latschen zu kippen und ohnmächtig zu werden, weil es körperlich kaum auszuhalten ist, was da in mich einströmt und gleichzeitig aus mir herauskatapultiert wird.

Eben saß ich einfach nur da und habe gefühlt. Es ist eh gerade nichts anderes möglich. Ich wollte wissen, was da los ist. Da war eine unsägliche Wut, gefühlt in meinen Zähnen gespeichert, die so heftig war, dass ich kaum atmen konnte. Mein Gesicht verzog sich, ich fletschte die Zähne und hatte das innere Bild, dass ich jedem die Zähne zeige und jeden anknurre, der mir auch nur im Entferntesten zu nahe kommt, der was von mir will, was ich nicht will. Diese Wut, die über Generationen da war, aber nicht gelebt werden durfte, nicht da sein durfte. Die Wut darüber, in eine Form gepresst worden zu sein, in die man gar nicht passt und nicht gehört. Diese Wut hat sich heute Bahn gebrochen, hat sich aus mir gelöst, aus den Zähnen, aus meinem gesamten Körper und ist explosionsartig aus mir heraus geschossen mit einem imaginären Knall. Alles in mir vibrierte und tut es noch. Gefühlt ist da eine extrem hohe Schwingung, die alles Alte aufbricht, wie eine Nuss, deren Schale aber nicht von außen geknackt wird, sondern aus eigener Kraft mit einem Riesenschwall Energie von innen heraus explodiert.

Und dann war da plötzlich dieser Satz in meinem Kopf. "Wir werden mit Licht geflutet!" Genauso fühlt es sich an. Dieses Licht, diese extrem hochschwingende Energie, die gerade in uns einfließt, lässt keinen Platz mehr für Altlasten, für Blockaden, für niederschwingende Emotionen, die sich festgesetzt haben. Es ist, wie wenn diese Energie, dieses Licht wie mit einem Kompressor in uns reingeblasen wird und uns alles wegfliegt, was wir nicht sind, wie wenn alles aus unseren Poren schießt, was uns hinderlich ist. Es geht gar nicht anders. Mich würde es nicht wundern, wenn wir in den nächsten Tagen Pickel bekommen würden wie in der besten Teenyzeit oder wir Durchfall haben und den Scheiß so loswerden. Reinigung auf allen Kanälen, weil sich der Dreck nicht mehr halten kann, zu hoch sind die Schwingungen, die uns jetzt ausmachen.

Dieses Licht macht Platz in uns, weitet uns und lässt uns im wahrsten Sinne des Wortes in unsere wahre Größe explodieren. Wir werden wieder noch größer und noch weiter, noch lichter und heller, noch freier und reiner und heiler, noch mehr wir.

Wie immer in solchen Phasen sorge ich gut für mich, schlafe, wenn ich müde bin, egal welche Tageszeit, esse, nach was mir gerade ist, mache nur das, was wirklich dran ist, zwinge mich zu nichts.

So heftig habe ich diese Energien noch nie wahrgenommen. Ich genieße sie in vollen Zügen. Mein Körper darf sich wieder und wieder an die Schwingungserhöhung anpassen. Und auch wenn das manchmal echt unangenehm ist, so kann ich mir fast nichts Schöneres vorstellen, als ständig weiter zu wachsen.

Kommt gut durch diese faszinierende Zeit und achtet euch und eure Bedürfnisse!

Herzensgrüße von mir
Anja

Donnerstag, 16. Februar 2017

Ich erfülle mich selbst

In mir hat sich die letzten wilden Tage wieder so einiges getan und das will sortiert werden. Schreiben hilft ja bekanntlich... ;)

Gerade eben hab ich all die Briefe und Karten samt Fotos, die mir meine Mutter je geschickt hat und in denen es meist darum ging, dass sie mich ja so liebt und dass ich ihr doch die Freude machen und mich melden soll, genommen und habe sie verbrannt. Es ist irgendwie Zeit für einen Schlussstrich, ein noch weiteres Loslösen, eine Befreiung aus ihren Energien, aus allen Verstrickungen mit ihr. Und tatsächlich fühlt es sich heute genau so an. Wie eine Befreiung. Da passiert gerade was in mir, was ich noch nicht greifen kann und deswegen schreibe ich auch, damit ich mich sortieren kann und Klarheit bekomme. Ihr kennt mich ja.

Ich kann ihre Energien kaum noch wahrnehmen. Sie sind ganz weit weggerückt. Sie entfernen sich aus meiner Welt, driften davon in ein anderes Universum. Ihre Umrisse sind nur noch schemenhaft. Sie verlässt mein Energiesystem.

Ich bin gewachsen, noch mehr und nehme meinen Raum noch mehr ein. Ich weiß nicht, ob ich ihn jetzt vollständig einnehme, aber auf jeden Fall wieder noch mehr als vorher. Da ist ganz viel passiert in den letzten Tagen. Da ist noch mehr Kraft, noch mehr Vehemenz, noch mehr Größe, noch mehr ich! Ich erfülle mich so sehr, dass wirklich nichts mehr anderes in meinem Raum Platz hat. Ich nehme mich selbst wieder ein und mein Energiefeld reicht weit über meinen menschlichen Körper hinaus, eine leuchtende, pulsierende Kugel, golden, kraftvoll, mächtig, meine Seele. Gefühlt nehme ich meinen Raum selbst wieder so ausgedehnt ein, dass irgendwelche Fremdenergien keine Chance mehr haben. Mir kann gar keiner mehr zu nahe treten. Ich selbst bilde meinen "Schutzwall" aus goldenem Licht. Ich bin wieder rund. Eine geschlossene Kugel bietet keine Angriffsfläche.

Bin ich nun ganz zurück zu mir gekommen? Ich weiß es nicht und eigentlich ist es auch unwichtig. Denn die Entwicklung geht immer weiter. In dem Moment, in dem ich wieder ganz bei mir angekommen bin, kommt auch schon der nächste Schritt zur nächsthöheren Version meiner Selbst. Das Wachstum wird nie enden. Das ist die schönste und genialste

Tatsache, die dieses Leben zu bieten hat und so wie es jetzt gerade ist, ist es gut, wieder ein Stück besser, freier, leichter, runder!

Die Reise geht weiter

Das war er mein letzter Artikel. Zumindest der letzte Artikel für dieses Buch. Was für ein heiliger Moment, als ich vorhin gemerkt habe, dass mit dem letzten Artikel nicht nur ich wieder rund geworden bin, sondern auch mein Buch!!! Ein jahrelanger Schöpferprozess hat seinen Abschluss gefunden. Eine tiefgefühlte Vision wurde Wirklichkeit. Es ist einfach faszinierend wie wir die Dinge erschaffen. Wie lange manches reifen muss und dennoch im steten Prozess und in der Entwicklung ist, auch wenn wir noch nichts davon sehen können, nur spüren. Genau das meine ich, wenn ich davon spreche, dass wir Schöpfer sind. Mit diesen tiefen Gefühlen von unseren Visionen erschaffen wir unsere Realität. Herrlich!

Wie ihr dem letzten Artikel entnehmen könnt, geht die Reise weiter, wird nie aufhören. Der Weg ist tatsächlich das Ziel, jeder einzelne Moment ein Geschenk und berechtigt, egal, was gerade vorherrscht. Auch mein Blog wird weitergehen. Zu viele Dinge beschäftigen mich, zu viele Dinge wollen noch gesagt werden. Fühlt euch eingeladen, mir zu folgen und euch in meinem Blog mit eurer Mailadresse einzutragen. Fühlt euch weiterhin eingeladen, eure Gedanken, die ihr zu den einzelnen Artikeln hattet, während ihr das Buch gelesen habt, gerne als Kommentar auf meinem Blog zu hinterlassen. Ich freue mich auf jede einzelne Zeile von euch.

Was nun?

Steh auf! Steh auf und zeige dich! Geh raus in die Welt und lasse dein Licht leuchten. Geh raus in die Welt und sei dein eigener König. Erkenne das wunderbare, schöpferische, kraftvolle Wesen, das du bist. Dein wahres Wesen ist Liebe und Freiheit.

Doch wo sollst du jetzt anfangen, wo aufhören? Zu mir sagte einmal jemand, Veränderung sei wie ein Netz. Fang irgendwo an, zu ziehen und der Rest zieht sich von ganz alleine nach. Ich finde diese Vorstellung sehr schön und vor allem sehr tröstlich.

Du wirst deine Erfahrungen machen, in deinem Tempo und auf deine Weise. Es wird kein Richtig und kein Falsch geben. Die Erkenntnis kommt, wann sie kommt. Nicht früher und nicht später. Also genau zur richtigen Zeit. Du kannst sie weder beschleunigen noch verhindern.

Du bist ein Individuum auf deinem ganz eigenen Weg. Nur du kannst wissen, was du wirklich willst. Was du brauchst, um glücklich zu sein. Wovon du träumst. Was du schon immer einmal tun wolltest. Woran du großen Spaß hast und wann du wirklich tiefe Ruhe und Zufriedenheit fühlen kannst. Niemand kann dir diese Fragen beantworten. Auch wenn du das vielleicht manchmal gerne hättest. Aber du brauchst niemanden, um Antworten zu bekommen. Du trägst die Antworten bereits in dir. Höre genau hin. Nimm dich ernst. Hör auf dich selbst, auf dein Gefühl. Geh den Weg deines Herzens.

Dein ICH ist wie ein wunderschöner Urlaubsort. Es gibt viel zu entdecken und zu bestaunen. Viele Kleinigkeiten, die nur auffallen, wenn man ganz genau hinsieht. Viele versteckte Ecken, die man nur findet, wenn man wirklich gewillt ist, alles von dem Ort zu sehen. Beeindruckende Landschaften, bizarre Gegensätze, viele kleine Wunder. Wenn du anfängst, diesen Ort zu erkunden, werden dir die unterschiedlichsten Persönlichkeiten über den Weg laufen. Du wirst vielleicht auch den ein oder anderen „Makel" feststellen. Aber auch diese Makel sind auf ihre Weise perfekt und jeder von ihnen ist ein Teil von einem bezaubernden großen Ganzen und vervollständigt das Bild.

Willst du diesen Ort gerne sehen? Dann folge einfach deiner inneren Stimme. Sie wird dich sicher leiten. Verbringe viel Zeit mit dir alleine, in aller Ruhe und mach es dir mit dir bequem. Sei neugierig auf alles, was sich dir offenbaren mag und nimm es liebevoll an. Mache dir klar, wer du bist! Lerne dich kennen! Beantworte dir deine Fragen! Mach dich innerlich reich und trage diesen Reichtum in die Welt!!!

Ich wünsche dir eine gute und angenehme Reise zurück zu dir selbst!

Danksagung

Das ist dann wohl die Stelle, an der unzählige Namen aufgereiht werden sollten, von Personen, die zu einem Buch beigetragen haben. Natürlich gibt es diese Personen auch in meinem Fall, sogar zu Hauf. Da sind all die Leser meines Blogs, die mir so viel Zuspruch gegeben haben, der mir erst richtig klargemacht hat, dass es wichtig ist, mich zu zeigen, zu schreiben, mich mitzuteilen, dass ich damit irgendwie helfen kann. Ohne all die liebevollen, positiven und dankbaren Rückmeldungen würde es dieses Buch nicht geben, weil ich immer noch denken würde, dass es niemanden interessiert, was in mir vorgeht. Ich danke euch!!!

Dann ist da noch mein Partner. Er ist eins der größten Geschenke in diesem Leben, der erste Mensch, der mich einfach so angenommen hat, wie ich bin, einfach so, ohne zu verurteilen, ohne mich verändern zu wollen. Er lässt mich in jedem Moment so sein wie ich bin, auch wenn er mir manchmal nicht folgen kann. Und damit noch nicht genug. Er glaubt auch noch an mich, wie es wahrscheinlich kein anderer tut, hat es auch getan, wenn ich es mal wieder selbst nicht konnte. Dieser unerschütterliche Glaube beflügelt und bestärkt mich immer wieder. Ich danke dir dafür! Du bist wunderbar! Du hast mir so viel ermöglicht und tust es noch, hast mir einen Schutzraum gegeben, in dem ich mich in Ruhe heilen konnte, einen Rückzugsort, eine Heimat, Geborgenheit und bedingungslose Liebe. Danke!!! Von Herzen danke!!!

Dank gilt auch meiner Schwester, bei der ich mich so oft ausgeweint habe, während meines „steinigen“ Weges der Heilung, wenn ich verzweifelt war und nicht mehr wusste, was ich tun soll, wenn mich die Schmerzen verrückt gemacht haben. Sie hat mich unheimlich auf diesem unkonventionellen Weg der Selbstheilung unterstützt und tut es noch. Ich danke dir!!!

Auch meiner Seelenfamilie gilt Dank. Brüder und Schwestern im Geiste, die auf dem gleichen Weg sind, Wesen, die mir so nahe und ähnlich sind, die ich spüren kann, wie einen Teil von mir. Wir haben uns hier getroffen, um uns immer wieder gegenseitig die Hand zu reichen und uns zu erinnern, wer wir wirklich sind. Menschen, bei denen es keine Worte braucht, weil wir auf einer anderen Ebene kommunizieren und Worte auch meistens nicht ausreichen. Das erleben zu dürfen und diese Art Beistand zu haben, ist einfach wunderbar, zauberhaft, magisch. Ich danke euch für euer SEIN und dafür, dass wir uns in diesem Leben wiedergefunden haben.

Aber vor allen Dingen und ganz besonders danke ich mir. Ich danke mir dafür, dass ich so aufmerksam und vehement der Stimme meines Herzens gefolgt bin, dass ich diesen Mut hatte, andere Wege zu gehen, meinen Weg, dass ich den Mut hatte, anders zu sein, auszubrechen, auch mal anzuecken, zu träumen, zu glauben und an meinen Visionen festzuhalten, auch wenn es gerade nicht danach aussah, dass ich sie je erreichen würde.

Danke, Anja. Du hast mir gezeigt, was wirklich möglich ist.

Ich liebe dich!

Meine Buchempfehlungen und alles, was mir sonst noch geholfen hat

Hier findest du so ziemlich alles, was mich auf meinem Weg vorwärtsgebracht und unterstützt hat.

Nach den Büchern sind auch noch Kartensets aufgelistet, mit denen ich immer wieder arbeite, Filme mit Tiefgang und die Vorträge und Meditationen von Robert Betz, die mir so sehr geholfen haben.

Bewertung von mir:
♥♥♥ = super wichtig, würde ich nie mehr hergeben wollen
♥♥ = wichtig und gut
♥ = nur ein paar wichtige Inhalte für mich

Sach-/Fachbücher:

2012; Diana Cooper ♥♥ Ansata, 2010
Am Arsch vorbei geht auch ein Weg; Alexandra Reinwarth ♥♥ Mvg Verlag, 2016
Arbeit und Geld; Byron Katie ♥ Arkana, 2006
Arbeitslos und trotzdem glücklich; Bärbel Mohr, Laila Schmid ♥♥ Koha-Verlag GmbH, 2009
Außergewöhnlich normal - Hochbegabt, hochsensitiv, hochsensibel: Wie Sie Ihr Potential erkennen und entfalten; Anne Heintze ♥ Ariston, 2013
Begegne deiner Seele; Diana Cooper ♥♥ Heyne, 2007
Bestellungen beim Universum; Bärbel Mohr ♥♥ Omega, 2010
Das Chakra-Handbuch; Shalila Sharamon und Bodo J. Baginski ♥♥ Windpferd, 2007
Das Geheimnis des Herzmagneten; Ruediger Schache ♥♥ Goldmann, 2010
Das innere Kind - Selbstwert entwickeln; Susanne Hühn ♥ Schirner Verlag, 2015
Das Kind in dir muss Heimat finden; Stefanie Stahl ♥ Kailash, 2015
Das Wunder der Selbstliebe; Bärbel Mohr, Manfred Mohr ♥♥♥ Gräfe & Unzer, 2011

Der geheime Plan Ihres Lebens - Woher, wohin, warum? Ruediger Schache ♥♥ Goldmann, 2013

Der Selbst-Entwickler; Jens Corssen ♥♥ Marix Verlag, 2004

Der Sturm vor der Ruhe; Neale Donald Walsch ♥♥ Allegria, 2012

Die 7 Schleier vor der Wahrheit; Ruediger Schache ♥♥ Goldmann, 2011

Die Frau, die nicht lieben wollte – und andere wahre Geschichten über das Unbewusste; Stephen Grosz ♥ S. Fischer, 2013

Die Heilkraft buddhistischer Psychologie; Thich Nhat Hanh ♥ Goldmann, 2013

Die Physik der Wunder; Dr. Richard Bartlett ♥♥♥ VAK, 2010

Die Psychologie des Geldes; Ruediger Dahlke ♥♥ Goldmann, 2011

Du bist ok, so wie du bist; Katharina Saalfrank ♥♥♥ Goldmann, 2014

Einen Scheiß muss ich; Tommy Jaud ♥♥ Fischer Taschenbuch Verlag, 2016

Flow - der Weg zum Glück; Mihaly Csikszentmihalyi ♥ Herder, 2012

Gespräche mit Gott - Band 1 - 3; Neale Donald Walsch ♥♥♥♥♥♥ (die Bücher haben mein Leben verändert!!!) Goldmann, 2006; Goldmann 2008; Goldmann 2008

Gesundheit für Körper und Seele; Louise L. Hay ♥♥♥ Ullstein Verlag, 2004

Hermann – vom klugen Umgang mit dem inneren Kritiker; Tom Diesbrock ♥♥ Patmos Verlag, 2011

Hochsensibilität; Brigitte Schorr ♥ SCM Hänssler, 2016

Ich könnte alles tun, wenn ich nur wüsste, was ich will; Barbara Sher, Barbara Smith ♥ dtv, 2011

In Licht und Liebe leben; Diana Cooper ♥♥ Heyne, 2006

Jedes Kind ist hoch begabt; Gerald Hüther, Uli Hauser ♥♥♥ btb, 2013

Jetzt – Die Kraft der Gegenwart; Eckhart Tolle ♥ J. Kamphausen Verlag, 2000

Kinder egozentrischer Eltern – Eine Kindheit mit narzisstischen Eltern bewältigen; Nina W. Brown ♥ Junfermann, 2010

Komm, ich erzähl dir eine Geschichte; Jorge Bucay ♥♥ Fischer Taschenbuch Verlag, 2007

Krankheit als Sprache der Seele; Ruediger Dahlke ♥♥♥ Goldmann, 2007

Krankheit als Symbol; Ruediger Dahlke ♥♥♥ C. Bertelsmann, 2007

Lieben was ist; Byron Katie ♥♥♥ Arkana, 2002

Mary – Die unbändige, göttliche Lebenslust; Ella Kensington ♥♥ Goldmann, 2008

Miteinander reden 1-3; Friedemann Schulz von Thun ♥♥♥ Rohwolt, 2009; Rohwolt, 2010; Rohwolt, 2010

Raus aus den alten Schuhen; Robert Betz ♥♥♥ Integral, 2008

Regelschmerz ade! Die freie Menstruation: Methode ohne Binden, Tampons und Co.; Caroline Oblasser ♥♥♥ edition riedenburg, 2015

Seelenwährung; Ernest D. Chu ♥ Goldmann, 2009

Selbstverwirklichung; Byron Katie ♥ Arkana, 2006

The Lazy Way To Success; Fred Gratzon ♥♥♥ J. Kamphausen Verlag, 2014

The Power; Rhonda Byrne ♥ Knaur MensSana, 2010

The Secret; Rhonda Byrne ♥♥ Arkana Verlag, 2007

Unterwegs in die nächste Dimension - Meine Reise zu Heilern und Schamanen; Clemens Kuby ♥♥♥ Goldmann, 2008

Wer war ich im Vorleben? Die positive Wirkung Spiritueller Rückführungen; Ursula Demarmels ♥♥ Südwest, 2007

Wunder und Wissenschaft; Franz & Ingrid Maria Moser ♥ Frankfurter Taschenbuchverlag, 2015

Zuhause in Gott - über das Leben nach dem Tode; Neale Donald Walsch ♥♥♥ Goldmann, 2009

Romane mit Tiefgang:

Das Herzenhören; Jan-Philipp Sendker ♥♥♥ Heyne, 2012

Das Lavendelzimmer; Nina George ♥♥♥ Droemer Knaur Verlag, 2014

Der große Trip – Tausend Meilen durch die Wildnis zu mir selbst; Cheryl Strayed ♥♥♥ Goldmann, 2014

Der Pfad des friedvollen Kriegers; Dan Millman ♥♥ Ansata, 2003

Die Hütte; William Paul Young ♥♥♥ Allegria, 2015

Die Prophezeiungen von Celestine; James Redfield ♥♥ Ullstein Verlag, 2004

Ich bin dann mal weg; Hape Kerkeling ♥♥ MALIK, 2006

Momo; Michael Ende ♥♥♥ Thienemann, 2013

Plötzlich Shakespeare; David Safier ♥♥♥ Rohwolt, 2011

Sara und das Geheimnis des Glücks; Esther & Jerry Hicks ♥♥ Ansata, 2005

Sara und die Eule; Esther & Jerry Hicks ♥♥ Ansata, 2004

Sara und Seth; Esther & Jerry Hicks ♥♥ Ansata, 2005

Siddhartha; Hermann Hesse ♥♥ Suhrkamp Verlag, 1969

Und Gott sprach: Wir müssen reden! Hans Rath ♥♥ Rohwolt, 2013

Kartensets:

Das Engel-Therapie Orakel; Doreen Virtue ♥ Allegria, 2009

Die Kraft der Sprache; Mechthild R. von Scheurl-Defersdorf ♥♥♥ LINGVA ETERNA, 2012

Engelkarten; Diana Cooper ♥♥♥ Ansata, 2007

Entdeckung; Chuck Spezzano ♥♥♥ Via Nova, 2005

Heilende Engel Transformationssymbole; Ingrid Auer ♥ ekonja, 2006

Karten der Erkenntnis auf dem Weg nach innen – Dein Schlüssel zu Selbsterkenntnis und persönlicher

Filme:

8 Sekunden – Ein Augenblick Unendlichkeit ♥♥♥ Warner Home Video, 2016

Alles steht Kopf ♥♥♥ Walt Disney, 2016

Der Film deines Lebens ♥ TRIAS Power, 2010

Der Chor – Stimmen des Herzens ♥ Universum Film, 2015

Mein Kind vom Mars ♥♥♥ Warner Home Video, 2008

Merida – Legende der Highlands ♥♥♥ Walt Disney, 2012

The Secret – Das Geheimnis ♥ SJ Entertainment, 2012

Wie im Himmel ♥ Paramount, 2006

Zoomania ♥♥♥ Walt Disney, 2016

Meditationen und Vorträge von Robert Betz (die haben alle ♥♥♥ verdient):

Alles zu finden unter: https://robert-betz-shop.de/ Die Namen der Titel könnten sich mittlerweile leicht verändert haben.

Angst, Wut, Schmerz in Freude verwandeln

Befreie und heile das Kind in dir - Geführte Meditation zur Verwandlung deines inneren Kindes

Befreiende Begegnung mit Urvätern und Urmüttern

Befreiung von Kirche und Religion

Das Ende aller Probleme - The Work nach Byron Katie

Das Herz führt immer zum Erfolg. Wie du Erfolg, Wohlstand und Glück in dein Leben ziehst
Deinen Körper durch Liebe heilen
Der Vater meiner Kindheit
Die Mutter meiner Kindheit
Die Zeit heilt keine Wunden - Verletzungen verstehen und überwinden
Erkenne dich in den Spiegeln deines Lebens
Frieden mit meinen Arsch-Engeln - Verstrickte und zerstrittene Beziehungen verstehen und verwandeln
Fürchtet euch nicht
Glücklich in einem gesunden Körper - ein Leben lang. Deinen Körper ehren, heilen, lieben und genießen
Ich muss es schaffen. Über Leistungsdruck, Erfolg und Lebenserfüllung
Kümmer' dich endlich um das Wesentliche - um dich selbst! Wege aus dem Angepasst-Sein zum eigenen Lebensweg
Lass dich tragen vom Fluss des Lebens - Anleitung zu einem Leben in Leichtigkeit
Lebe dein Leben und sei du selbst
Mach' endlich was aus Deinem Leben! Wie finde ich Sinn und Erfüllung meines Lebens
Mein Leben meistern in unsicherer Zeit Gedanken zu einer neuen Lebensführung
Mich selbst lieben lernen
Mich von alten Begrenzungen befreien
Muss ich mir das bieten lassen - Vom Umgang mit Menschen, die uns nerven
Negative Gefühle in Freude verwandeln – Meditation
Nimm deinen Thron wieder ein! Zwei geführte Meditationen zur Erinnerung deiner göttlichen Größe
Ohne Vergangenheit bist du sofort frei
Pinke Kohle Mäuse. Der Weg in die Fülle
Raus aus den alten Schuhen
Schluss mit Hetze, Druck und Stress. Meditation zur Entlassung des inneren Antreibers
Sei nicht gut, sei wahrhaftig
Tu' das, was du zu tun liebst... Vom Sinn der Arbeit und vom Unsinn der Freizeit

Umarme das Böse in dir! Die Trennung in 'gut' und 'böse' und was die Liebe dazu sagt

Wahre Liebe lässt frei - Worin sich Partner chronisch täuschen und dann enttäuscht werden

Warum hast du´s nicht leicht - Entdecke die Wahrheit und du bist frei!

Was bringt mein Herz zum Singen

Was stützt dich von innen, wenn alles andere wegbricht - Innere Stabilität finden in Zeiten äußeren Umbruchs

Was will mir mein Körper sagen

Wer liebt, der leidet nicht

Willkommen im Reich der Fülle

Willst Du normal sein oder glücklich

Wo komm' ich her? Wo geh' ich hin? Was soll ich hier?

Zeugung, Schwangerschaft und Geburt noch einmal bewusst erleben

Printed in Poland
by Amazon Fulfillment
Poland Sp. z o.o., Wrocław

78981720R00268